VERWEVEN
LEVEN

MERLIN SHELDRAKE

VERWEVEN LEVEN

DE VERBORGEN WERELD VAN SCHIMMELS

**VERTAALD DOOR
NICO GROEN**

UITGEVERIJ ATLAS CONTACT
AMSTERDAM | ANTWERPEN

Eerste druk oktober 2020
Tweede druk november 2020
Derde druk december 2020
Vierde druk maart 2021
Vijfde druk mei 2021
Zesde druk augustus 2021
Zevende druk januari 2022
Achtste druk oktober 2022
Negende druk april 2023

Oorspronkelijke titel *Entangled Life. How Fungi Make Our Worlds, Change Our Minds, and Shape Our Futures*
Oorspronkelijke uitgeverij Random House
Omslagontwerp Marry van Baar/Lucas Heinrich
Omslagbeeld Tim O'Brien
Foto auteur Hanna-Katrina Jedrosz
Typografie binnenwerk Bart van den Tooren
Illustraties schimmels binnenwerk Collin Elder (https://www.collinelder.com), 2020, met inkt van van de geschubde inktzwam
Drukkerij Wilco

ISBN 978 90 450 3614 4
D/2020/0108/718
NUR 922/410

www.atlascontact.nl

Met dank aan de schimmels
waarvan ik heb geleerd

INHOUD

VOORWOORD

IK KEEK OMHOOG NAAR DE TOP VAN DE BOOM. VARENS en orchideeën groeiden op de stam, die in een wirwar van lianen in het bladerdek verdween. Hoog boven me wiekte een toekan er vanaf een tak vandoor, een groep brulapen hief langzaam een collectieve roep aan. Het was nog maar net opgehouden met regenen en vanaf de bladeren boven me viel soms zomaar een buitje van dikke waterdruppels. Dicht boven de grond hing mist.

De boomwortels draaiden vanaf de onderkant van de stam naar buiten toe weg en verdwenen al snel in de dikke hopen bladeren die de bodem van het oerwoud bedekten. Met een stok tikte ik op de grond om slangen te verjagen. Een tarantula scharrelde ervandoor, waarna ik neerknielde om langs de stam en een wortel omlaag in een massa sponzig afval te tasten, daar waar kleinere wortels zich ineenvlochten tot een dikke, roodbruine wirwar. Er steeg een intense geur op. Termieten krioelden door het labyrint en een duizendpoot rolde zich op om te doen alsof hij dood was. De wortel verdween in de bodem en met een troffel maakte ik het stuk grond eromheen vrij. Met mijn handen en een lepel maakte ik de bovenste laag aarde los, waarna ik zo voorzichtig mogelijk begon te graven, zodat ik de wortel blootlegde, die van de boom vandaan liep en vlak onder het bosoppervlak door kronkelde.

Na een uur was ik ongeveer een meter opgeschoten. De wortel was inmiddels dunner dan touw en was zich woest gaan vertakken. Je kon hem moeilijk volgen, want hij raakte verstrengeld in naastgelegen wortels. Daarom ging ik op mijn buik liggen en liet mijn gezicht in de ondiepe greppel zakken die ik had gegraven. Sommige wortels hebben een scherpe, nootachtige geur, andere ruiken houtig en bitter, maar de wortels van deze boom roken pittig en harsachtig toen ik er met een nagel aan krabde. Een paar uur lang groef ik stukje bij beetje verder en krabde en rook ik om de paar centimeter aan de wortel om er zeker van te zijn dat ik nog goed zat.

Naarmate de dag verstreek zag ik nog meer vezels ontspringen aan de wortel die ik had blootgelegd. Sommige volgde ik helemaal tot aan de punt, waar ze zich in stukjes rottende bladeren of takjes boorden. Ik stopte de uiteinden in een flesje water om de modder eraf te spoelen en bekeek ze door een loep. De piepkleine wortels vertakten zich als een boom en het oppervlak was bedekt met een dun laagje vers, plakkerig spul. Om dat tere materiaal was het me te doen, dat wilde ik bestuderen. Vanaf die wortels verspreidde een schimmelnetwerk zich door de bodem, rondom de wortels van de nabijgelegen bomen. Zonder dat schimmelweb zou mijn boom niet bestaan. Zonder vergelijkbare schimmelnetwerken zou nergens ook maar een plant bestaan. Al het leven op het land, ook het mijne, was ervan afhankelijk. Ik trok voorzichtig aan de wortel en voelde de grond bewegen.

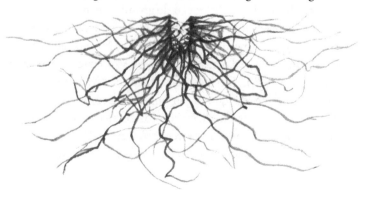

INLEIDING:
HOE IS HET OM
EEN SCHIMMEL TE ZIJN?

*Op sommige momenten van vochtige liefde is de
hemel jaloers op wat we op aarde kunnen.*[1]
— HAFEZ

SCHIMMELS ZIJN OVERAL, MAAR JE ZIET ZE GEMAK-
kelijk over het hoofd. Ze zitten in je en zijn overal om je heen. Ze
houden jou en alles waarvan je afhankelijk bent gaande. Op het
moment waarop je deze woorden leest, veranderen schimmels de
manier waarop het leven zich voltrekt, zoals ze dat al langer dan
een miljard jaar doen. Ze eten gesteenten, brengen de bodem
voort, verteren milieuverontreinigende stoffen, voeden én doden
planten, kunnen in de ruimte leven, veroorzaken visioenen, produceren voedsel en medicijnen, manipuleren het gedrag van dieren
en beïnvloeden de samenstelling van de atmosfeer. Schimmels zijn
een sleutel om de aarde waarop we leven te begrijpen, en ook de
manieren waarop we denken, voelen en ons gedragen. Toch speelt
hun leven zich grotendeels buiten ons blikveld af en is meer dan
negentig procent van alle schimmelsoorten niet op naam gebracht.
Hoe meer we over schimmels te weten komen, des te duidelijker
de dingen worden.

Schimmels vormen een van de rijken binnen alles wat leeft, even uitgestrekt en drukbevolkt als het 'dierenrijk' en het 'plantenrijk'. Microscopisch kleine gistsoorten zijn schimmels, evenals de uitgebreide netwerken van honingzwammen, oftewel *Armillaria*, die tot de grootste organismen ter wereld behoren. De huidige recordhouder, in Oregon, weegt honderden tonnen, spreidt zich uit over tien vierkante kilometer en is ergens tussen de twee- en achtduizend jaar oud. Waarschijnlijk zijn er nog veel grotere en oudere exemplaren, maar die zijn nog niet ontdekt.[2]

Veel van de ingrijpendste gebeurtenissen op aarde zijn het resultaat van de activiteit van schimmels, en dat zal zo blijven. Planten verlieten zo'n vijfhonderd miljoen jaar geleden pas het water toen ze gingen samenwerken met schimmels, die tientallen miljoenen jaren hun wortelstelsel waren, totdat de planten er zelf een ontwikkelden. Tegenwoordig is meer dan negentig procent van de planten afhankelijk van mycorrhiza – van de Griekse woorden voor 'schimmel' (*mykes*) en 'wortel' (*rhiza*) – die bomen met elkaar verbinden tot netwerken die wel het *wood wide web* worden genoemd. Dat oeroude verbond was het begin van al het herkenbare leven op het land, en de toekomst daarvan hangt af van het blijvende vermogen van planten en schimmels om vruchtbare relaties met elkaar aan te gaan.

De aarde mag dan groen zijn geworden dankzij de planten, als we zouden kunnen terugkijken naar het devoon, vierhonderd miljoen jaar geleden, dan zou ons een andere levensvorm opvallen: *Prototaxites*. Dat waren een soort levende zuilen die verspreid in het landschap stonden. De meeste waren hoger dan een gebouw van twee verdiepingen. De rest viel erbij in het niet. Er bestonden al planten, maar die werden niet hoger dan een meter. Niet één gewervelde diersoort had het water al verruild voor het land. Piepkleine insecten bouwden een onderkomen in de gigantische stammen van *Prototaxites*, waar ze holtes en gangen in knaagden. Die raadselachtige organismen – waarvan men denkt dat het enorme schimmels waren – waren minstens veertig miljoen jaar lang de grootste op land levende levensvormen, twintig keer zo lang als het genus *Homo* bestaat.[3]

Tot op de dag van vandaag ontstaan dankzij schimmels nieuwe ecosystemen op het land. Zodra een vulkanisch eiland zich vormt of een gletsjer zich terugtrekt, zijn korstmossen of lichen – een symbiotische levensvorm van schimmels en algen of bacteriën – de eerste organismen die zich er vestigen en de bodem vormen waar planten vervolgens wortel in kunnen schieten. De bodem van een goed ontwikkeld ecosysteem zou door regen worden weggespoeld als hij niet werd bijeengehouden door een dicht netwerk van schimmelweefsel. Er zijn maar weinig plaatsen op de wereld waar geen schimmels voorkomen; je vindt ze van sediment diep op de zeebodem en in woestijnen tot in bevroren dalen op Antarctica en onze ingewanden en lichaamsopeningen. Er kunnen tienduizenden soorten voorkomen in de bladeren en de stengel van één plant.[4] Ze vlechten zich in de ruimte tussen de cellen van een plant ineen tot een soort fijnmazig brokaat en helpen de plant zich tegen ziekten te verweren. Er is geen plant die onder natuurlijke omstandigheden is gegroeid waar ze niet op worden aangetroffen; ze zijn evenzeer onderdeel van een plant als de bladeren en de wortels.

Dat schimmels zo goed in zoveel verschillende leefomgevingen gedijen, komt door hun variabele metabolische vermogen. Metabolisme of spijsvertering is de kunst van chemische transformatie. Schimmels zijn metabolische tovenaars die op ingenieuze wijze kunnen experimenteren, aas kunnen eten en kunnen hergebruiken. In dat opzicht doen alleen bacteriën niet voor ze onder. Met hun cocktails van krachtige enzymen en zuren kunnen ze enkele van de weerbarstigste stoffen op aarde afbreken, van lignine (ook wel houtstof, het hardste bestanddeel van hout), gesteente en ruwe olie tot kunststoffen van polyurethaan en de springstof TNT. Er zijn maar weinig omgevingen die te extreem voor ze zijn. Een soort die werd geïsoleerd uit mijnafval is voor zover bekend een van de stralingsbestendigste organismen, die zou kunnen helpen kernafvaldepots op te ruimen. In de ontplofte kernreactor in Tsjernobyl komt de grootste populatie van zulke schimmels voor. Sommige van deze straling-minnende soorten groeien zelfs naar de radioactief 'hete' deeltjes toe en lijken de straling als energiebron te gebruiken, zoals planten de energie in zonlicht.[5]

Als het over schimmels gaat, prikkelen vooral paddenstoelen de verbeelding. Maar zoals fruit aan struiken en bomen slechts een deel is van een veel groter geheel dat uit takken en wortels bestaat, zo zijn paddenstoelen niet veel meer dan de vruchtlichamen van schimmels, het deel dat de sporen voortbrengt. Schimmels gebruiken sporen zoals planten zaad gebruiken: om zichzelf te verspreiden. Paddenstoelen zijn het middel waarmee een schimmel zich in de buitenschimmelijke wereld waagt, van wind tot eekhoorn, om de verspreiding van sporen te bevorderen of om te voorkomen dat die wereld zich met dat proces bemoeit. Ze zijn het zichtbare, onwelriekende, verlokkelijke én giftige deel van de schimmel. Maar paddenstoelen zijn slechts één van vele middelen: de overgrote meerderheid van de schimmels verspreidt sporen zonder paddenstoelen te produceren.

Allemaal ademen we de sporen in die we met ons meedragen dankzij het spectaculaire vermogen van schimmelvruchtlichamen om die sporen te verspreiden. Sommige soorten vuren ze met explosieve kracht af, waardoor ze tienduizend keer sneller accelereren dan een Spaceshuttle direct na de lancering en snelheden bereiken van maar liefst honderdduizend kilometer per uur, een van de snelste verplaatsingen van levende organismen. Andere soorten scheppen hun eigen microklimaat: sporen worden opgestuwd door een windvlaag die de paddenstoelen zelf opwekken door water uit hun plaatjes of lamellen te laten verdampen. Schimmels produceren elk jaar ongeveer vijftig megaton sporen, een gewicht dat gelijkstaat aan dat van een half miljoen blauwe vinvissen, wat ze tot de grootste bron maakt van levende deeltjes die door de lucht zweven. Er zijn sporen in wolken aangetroffen die het weer beïnvloeden doordat ze ervoor zorgen dat zich waterdruppeltjes vormen waaruit regen ontstaat en ijskristallen waaruit sneeuw, natte sneeuw en hagel ontstaan.[6]

Sporen

Sommige schimmels, zoals de gistsoorten die suiker omzetten in alcohol en ervoor zorgen dat brooddeeg rijst, zijn eencelligen die zich door deling vermenigvuldigen. Maar de meeste schimmels vormen netwerken van vele cellen die bekendstaan als hyfen of schimmeldraden: tere, piepkleine buisjes die zich vertakken, samengaan en verstrengelen tot het anarchistische filigrein dat mycelium of zwamvlok heet. Mycelium beschikt over de meest voorkomende van alle schimmeleigenschappen en kan beter niet als ding maar als proces worden opgevat: een verkennend-onderzoekende, grillige geneigdheid. Water en voedingsstoffen gaan via myceliumnetwerken door ecosystemen. Het mycelium van sommige schimmelsoorten kan elektrisch worden geprikkeld en geleidt elektriciteitsgolven door de hyfen, zoals elektrische impulsen door dierlijke zenuwcellen gaan.[7]

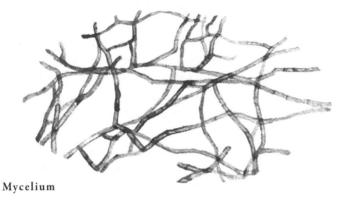

Mycelium

De hyfen vormen het mycelium, maar ook de basis van veel specialistischer weefsel. Vruchtlichamen, zoals paddenstoelen, ontstaan door een soort vervilting van hyfenstrengen. Zulke organen zijn tot veel meer in staat dan het uitstoten van sporen alleen. Sommige, zoals truffels, mogen zich dankzij hun aroma tot het duurste voedsel ter wereld rekenen. Andere, zoals de geschubde inktzwam (*Coprinus comatus*), kunnen door asfalt heen dringen en zware straatkeien optillen, hoewel ze zelf niet eens uit stevig materiaal bestaan. Pluk er een en je kunt hem bakken in een pan. Stop hem in een pot en het helderwitte vlees verandert binnen een paar dagen in pikzwarte inkt (de illustraties in dit boek zijn gemaakt met *Coprinus*-inkt).[8]

Geschubde inktzwam,
Coprinus comatus, getekend
met inkt die uit die soort is
vervaardigd

Dankzij hun metabolische vernuft kunnen schimmels uiteenlopende banden smeden. Sinds er planten bestaan, zijn die voor hun voedsel en verdediging afhankelijk van de schimmels in hun wortels en stengels. Ook dieren kunnen er niet buiten. Na mensen vormen bladsnijdersmieren de grootste en meest complexe gemeenschappen op aarde. Sommige kolonies, met nesten van ruim dertig meter doorsnee, tellen wel acht miljoen mieren. Hun leven draait om een schimmel die ze in spelonkachtige ruimten bewaren en voeren met stukjes blad.[9]

Menselijke samenlevingen zijn niet minder nauw verweven met schimmels. Door schimmels veroorzaakte ziekten leiden tot miljardenschades; de schimmel *Magnaporthe grisea* verwoest elk jaar een hoeveelheid rijst die genoeg is om ruim zestig miljoen monden te voeden. Door schimmels veroorzaakte boomziekten, van de iepenziekte tot kastanjekanker, transformeren hele bossen en landschappen. De Romeinen baden tot de god van de meeldauw, Robigus, om schimmelziekten af te wenden, maar konden daarmee niet de hongersnood voorkomen die tot de ondergang van het Romeinse Rijk leidde. De gevolgen van schimmelziekten zijn over de hele wereld steeds ingrijpender: als gevolg van niet-duurzame landbouwpraktijken vermindert het vermogen van planten om relaties aan te gaan met goedaardige schimmels waarvan ze afhankelijk zijn. Het wijdverbreide gebruik van schimmelbestrijdingsmiddelen heeft geleid tot een ongekende toename van nieuwe superschimmels, die de gezondheid van mens en plant bedreigen. Doordat wij mensen ziekteverwekkende schimmels verspreiden, bieden we ze nieuwe kansen om te evolueren. In de afgelopen vijftig jaar heeft de dodelijkste ziekte ooit geregistreerd – een schimmel die amfibieën aantast – zich via het handelsverkeer over de wereld verspreid. Hij heeft negentig amfibiesoorten op het randje van uitsterven gebracht en dreigt er nog eens honderd weg te vagen. De bananensoort die goed is voor negenennegentig procent van het wereldwijde bananentransport, de Cavendish, wordt gedecimeerd door een schimmelziekte en zal in de komende decennia met uitsterven worden bedreigd.[10]

Net als bladsnijdersmieren hebben mensen manieren bedacht om met behulp van schimmels allerlei problemen op te lossen. Dat doen we zelfs al langer dan we *Homo sapiens* zijn. In 2017 reconstrueerden onderzoekers het voedingspatroon van neanderthalers, de neven van de moderne mens die naar schatting zo'n vijftigduizend jaar geleden uitstierven. Ze ontdekten dat één neanderthaler met een tandabces een schimmelsoort had gegeten – een penicillineproducerende zwam – wat doet vermoeden dat hij wist dat die over antibiotische eigenschappen beschikte. Er zijn andere, minder oude voorbeelden, waaronder Ötzi, de goed geconserveerde mummie van ongeveer vijfduizend jaar geleden die in 1991 in gletsjerijs werd gevonden. Op de dag van zijn dood had Ötzi een leren buidel vol stukjes echte tonderzwam (*Fomes fomentarius*) bij zich, die hij vrijwel zeker gebruikte om vuur te maken. Daarnaast had hij zorgvuldig geconserveerde stukjes berkenzwam of berkendoder (*Fomitopsis betulina*) mee, die hij naar alle waarschijnlijkheid als medicijn gebruikte.[11]

De inheemse bevolking van Australië verzorgde wonden met schimmels die werden geoogst aan de schaduwkant van eucalyptusbomen. In de Talmoed komt een schimmelkuur voor, de 'chamka' of 'kutach', van beschimmelde mais die is gedrenkt in dadelwijn. Egyptische papyrusrollen van 1500 v.Chr. verwijzen naar de geneeskrachtige eigenschappen van schimmels en in 1640 beschreef de Engelse hofbotanicus in Londen, John Parkinson, het gebruik van schimmels voor de behandeling van wonden. Maar pas in 1928 ontdekte Alexander Fleming een schimmel die een bacteriedodende chemische stof aanmaakt, penicilline. Penicilline werd het eerste moderne antibioticum en heeft sindsdien ontelbare levens gered. Flemings ontdekking wordt algemeen beschouwd als een van de belangrijkste momenten uit de hedendaagse geneeskunde. Er valt iets voor te zeggen dat die het machtsevenwicht in de Tweede Wereldoorlog heeft laten omslaan.[12]

Penicilline, een middel dat schimmels beschermt tegen bacteriële infecties, bleek ook mensen te kunnen beschermen. Dat is niet ongebruikelijk: hoewel schimmels lange tijd op één hoop zijn gegooid met planten, zijn ze in feite nauwer verwant aan dieren, een voorbeeld van een classificatiefout die onderzoekers geregeld maken wanneer ze het leven van schimmels proberen te begrijpen. Op moleculair niveau lijken schimmels en mensen genoeg op elkaar om te profiteren van veel van dezelfde biochemische innovaties. Wanneer we geneesmiddelen gebruiken die door schimmels worden geproduceerd, lenen we vaak een oplossing van een schimmel die we toepassen op ons eigen lichaam. Schimmels zijn farmaceutisch gezien veelzijdig, en tegenwoordig zijn we voor veel andere geneesmiddelen dan penicilline van ze afhankelijk, zoals cholesterolverlagende statines, cyclosporine (een middel dat het afweersysteem onderdrukt om orgaantransplantaties mogelijk te maken), krachtige middelen tegen virussen en kanker (waaronder het voor miljarden ontwikkelde Taxol, oorspronkelijk geëxtraheerd uit een schimmel die leeft in taxusbomen) en niet te vergeten alcohol (gefermenteerd door een gist) en psilocybine (het actieve bestanddeel van geestverruimende paddo's, waarvan klinisch onderzoek onlangs heeft aangetoond dat het zware depressies en angstaanvallen kan verlichten). Zestig procent van de enzymen die in de industrie worden gebruikt is afkomstig van schimmels, net als vijftien procent van alle vaccins van gemodificeerde gistsoorten. Citroenzuur, dat wordt geproduceerd door schimmels, zit in elk frisdrankje. De markt voor eetbare paddenstoelen groeit enorm en neemt naar verwachting van 42 miljard dollar in 2018 toe naar 69 miljard dollar in 2024. Ook de verkoop van medicinale paddenstoelen neemt elk jaar toe.[13]

Van schimmels afkomstige oplossingen zijn niet alleen bruikbaar om de menselijke gezondheid te verbeteren. Radicale schimmeltechnologie kan ons helpen enkele van de vele problemen op te lossen die worden veroorzaakt door de verwoesting van het milieu.

Antivirale bestanddelen van mycelium kunnen massale bijensterfte tegengaan. De grote eetlust van schimmels kan worden benut om vervuilende stoffen af te breken, zoals ruwe olie die vrijkomt bij een olieramp, een proces dat wel 'mycosanering' wordt genoemd. Mycofiltratie houdt in dat water door myceliummatten wordt geleid, die er de zware metalen uit filteren en giftige stoffen afbreken. Mycofabricage houdt in dat van mycelium bouwmaterialen en textiel worden gemaakt, ter vervanging van plastic en leer, die voor allerlei toepassingen worden gebruikt. Melanine, een pigment dat wordt aangemaakt door stralingstolerante schimmels, is een veelbelovende nieuwe bron voor stralingsbestendige biomaterialen.[14]

De mensheid heeft altijd gedraaid om het veelzijdige metabolisme van schimmels. Het zou maanden duren om alle chemische wapenfeiten van schimmels op te sommen. Maar ondanks de grote belofte die ze inhouden en de centrale rol die ze spelen in veel oeroude fascinaties van de mens, krijgen ze slechts een fractie van de aandacht die dieren en planten genieten. Volgens de nauwkeurigste schattingen komen er naar schatting tussen de 2,2 en 3,8 miljoen schimmelsoorten op de wereld voor – zes tot tien keer zoveel als het aantal plantensoorten – wat wil zeggen dat zes procent van alle schimmelsoorten is beschreven. We beginnen nog maar net de complexiteit en de subtiliteit van het leven van schimmels te begrijpen.[15]

Zolang ik me kan herinneren ben ik gefascineerd door schimmels en door de veranderingen die ze teweegbrengen. Een boomstam verandert in aarde, een bal deeg rijst en wordt brood, en van de ene op de andere dag staat er zomaar ergens een paddenstoel. Maar hoe? Als tiener leefde ik mijn verwondering uit door te zoeken naar manieren waarop ik me met schimmels kon bezighouden. Later stookte ik alcohol in de hoop meer te weten te komen over gist en de uitwerking die het spul op me had. Ik verwonderde me erover dat honing in mede kon veranderen en fruit in wijn, en dat die producten mijn eigen zintuigen en die van mijn vrienden konden veranderen.

Tegen de tijd dat ik schimmels officieel begon te bestuderen, namelijk als student aan de faculteit Plantkunde van de universiteit van Cambridge – er bestaat geen faculteit Schimmelkunde – was ik gefascineerd geraakt door symbiose: de nauwe betrekkingen tussen niet-verwante organismen. De geschiedenis van het leven bleek te bestaan uit allerlei vormen van innige samenwerking. Ik leerde dat de meeste planten voor voedingsstoffen uit de bodem – zoals fosfor en stikstof – afhankelijk zijn van schimmels, in ruil voor de energierijke suikers en vetten (lipiden) die ze aanmaken door middel van fotosynthese, het proces waarbij ze licht 'eten' en kooldioxide uit de lucht opnemen. Dankzij de relatie tussen planten en schimmels ontstond de biosfeer zoals we die kennen en die tot nu toe al het leven op het land in stand houdt. Toch leken we nog maar zo weinig te begrijpen. Hoe waren die relaties ontstaan? Hoe communiceren planten en schimmels met elkaar? Hoe kon ik meer te weten komen over de levens van deze organismen?

Ik accepteerde het aanbod om voor een promotieonderzoek mycorrhizarelaties te gaan bestuderen in het tropisch regenwoud van Panama. Kort daarna vertrok ik naar een onderzoeksstation op een eiland dat wordt beheerd door het Smithsonian Tropical Research Institute. Het eiland en de omringende schiereilanden maakten deel uit van een natuurreservaat dat volledig bestond uit bos, op een open plek voor slaapverblijven, een kantine en laboratoriumgebouwen na. Er waren kassen om planten in te kweken, droogkasten vol zakken bladafval, een ruimte met een rij microscopen en een koelcel vol monsters: flesjes met sap uit bomen, dode vleermuizen en buisjes met teken erin die van de rug van stekelratten en boa constrictors waren geplukt. Op postertjes op het mededelingenbord werden beloningen uitgeloofd voor degenen die verse ocelottenkeutels uit het bos leverden.

Het oerwoud krioelde van het leven. Er waren luiaards, poema's, slangen, krokodillen en helmbasilisken, een hagedissensoort die over water kan rennen zonder kopje-onder te gaan. Op slechts enkele hectaren kwamen evenveel houtige plantensoorten voor als in heel Europa. De diversiteit van het bos weerspiegelde zich in de diversiteit van de biologen die er onderzoek kwamen doen. Sommigen klommen in bomen en observeerden mieren. Anderen trokken er elke dag voor dag en dauw op uit om apen achterna te gaan. Weer anderen bestudeerden de bliksem die tijdens tropische stortregens insloeg in bomen. Er waren erbij die de dag hangend aan een hijskraan doorbrachten om de ozonconcentratie in het bladerdek te meten. Sommigen verwarmden de bodem met behulp van elektrische elementen om te bekijken hoe bacteriën op de opwarming van de aarde reageren. En anderen onderzochten hoe kevers de weg kunnen vinden door zich op de sterren te oriënteren. Hommels, orchideeën, vlinders: elk onderdeel van het woudleven werd wel door iemand bestudeerd.

Het viel me op dat de onderzoekers over veel creativiteit en humor beschikten. Biologen die onderzoek doen in een lab hebben de stukjes leven die ze bestuderen meestal volledig in hun macht. Hun leven speelt zich af buiten de flesjes waar hun onderzoeksobject in zit. Veldbiologen hebben zelden zoveel controle over hun studieobject. De *wereld* is hun flesje, dus ze zitten er zelf in. Het machtsevenwicht is anders. Een bui vaagt de vlaggetjes weg waarmee ze hun experimenten markeren. Er valt een boom in hun proefveldjes om. Er gaat een luiaard dood op de plek waar ze voedingsstoffen in de bodem willen meten. Ze worden gestoken door kogelmieren wanneer ze door het oerwoud snellen. Het bos en zijn bewoners maken korte metten met de illusie dat de onderzoekers de baas zijn. Nederigheid wordt erin geramd.

De relaties tussen planten en mycorrhizaschimmels zijn onmisbaar als je wilt snappen hoe ecosystemen functioneren. Ik wilde meer te weten komen over de manier waarop voedingsstoffen door schimmelnetwerken heen gaan, maar het duizelde me wanneer ik me een voorstelling maakte van wat zich allemaal onder de grond afspeelde. Planten en mycorrhizaschimmels zijn promiscue: er komen veel schimmels in de wortels van één enkele plant voor en veel planten kunnen contact maken met één schimmelnetwerk. Daardoor kunnen allerlei stoffen, variërend van voedingsstoffen tot stofjes waarmee signalen worden overgebracht, via schimmels tussen planten heen en weer gaan. Simpel gezegd: planten onderhouden dankzij schimmels een sociaal netwerk. Dat is de ware betekenis van de term *wood wide web*. Het tropisch regenwoud waarin ik onderzoek deed, telde honderden planten- en schimmelsoorten. Zulke netwerken zijn onvoorstelbaar complex en de implicaties zijn enorm en worden nog niet goed begrepen. Stel je de verbazing voor van een buitenaardse antropoloog die ontdekt, nadat hij tientallen jaren de moderne mens heeft bestudeerd, dat we zoiets kennen als het internet. Zo is het ongeveer voor hedendaagse ecologen.

In mijn pogingen de netwerken van mycorrhizaschimmels in de bodem te bestuderen, verzamelde ik duizenden bodemmonsters en stukjes boomwortel, die ik tot een pasta vermaalde om er de vetten en het DNA uit te distilleren. Ik plantte honderden planten in potten met verschillende mycorrhizaschimmels en mat de lengte van de bladeren. Ik strooide brede ringen zwarte peper rond de kassen om katten af te schrikken die erin konden komen en in dat geval ongewenste schimmels meenamen. Ik diende chemische stoffen aan planten toe en volgde ze terwijl ze door de wortels heen gingen, de bodem in, zodat ik kon meten welk deel ervan overging op de schimmels die ermee verbonden waren: nog meer malen, nog meer pasta's. In een bootje waarvan de motor het vaak begaf pruttelde ik rond de beboste eilanden, ik klom langs watervallen omhoog op zoek naar zeldzame planten, ploeterde kilometers over modderige paden met een rugzak vol drijfnatte grond en reed pick-uptrucks vast in hopen vette rode oerwoudmodder.

Van alle organismen die in het regenwoud voorkwamen was ik het meest in de ban van één bepaalde plantensoort die aan de bodem ontsproot. Het waren plantjes zo hoog als een koffiekopje, met stakerige, vaalwitte stengels met één helderblauw bloempje eraan. Het waren een soort oerwoudgentianen, *Voyria* genaamd, die lang geleden het vermogen tot fotosynthese waren kwijtgeraakt. Daardoor hadden ze geen chlorofyl meer, het pigment dat fotosynthese mogelijk maakt en planten hun groene kleur geeft. *Voyria* verbijsterden me. Fotosynthese is een van de dingen die planten tot planten maken. Hoe bleven planten zonder fotosynthese in leven?

Ik vermoedde dat *Voyria* er ongewone betrekkingen met schimmelpartners op na hielden en vroeg me af of de bloemen me konden vertellen wat zich onder de grond afspeelde. Wekenlang zocht ik in het oerwoud naar *Voyria*. Sommige bloemen groeiden op open plekken in het bos en waren gemakkelijk te vinden. Andere gingen schuil achter steunwortels. Op stukjes grond ter grootte van een kwart voetbalveld stonden soms wel honderden bloemen, die ik allemaal moest tellen. Het bos was zelden vlak, zodat ik moest klauteren en bukken. Lopen kwam er zelfs bijna niet aan te pas.

Elke avond keerde ik vuil en bekaf terug naar het onderzoeksstation. Onder het eten maakten de Nederlandse ecologen met wie ik bevriend was geraakt grappen over mijn schattige bloemetjes op hun tere steeltjes. Zij onderzochten de manieren waarop tropische bossen koolstof opslaan. Wanneer ik langs kwam schuifelen, turend naar de grond omdat ik bloemetjes zocht, maten zij de omtrek van bomen. Op het koolstofbudget van het bos hadden de *Voyria* hoegenaamd geen enkele invloed. Mijn vrienden plaagden me met mijn kneuterige ecologie en mijn tuttige voorkeuren. Ik pestte terug omdat de ecologie die ze bestudeerden zo lomp was en ze zich als macho's gedroegen. De volgende dag trok ik er weer op uit en tuurde ik naar de grond in de hoop dat die merkwaardige planten me konden helpen me de weg te wijzen onder de grond, naar die verborgen, krioelende wereld.

Of ik ze nu in het bos, het lab of de keuken tegenkom, schimmels hebben mijn beeld van de manier waarop leven ontstaat veranderd. Het zijn organismen die bestaande indelingen in twijfel trekken, en wanneer je goed over ze nadenkt ziet de wereld er heel anders uit. Omdat ik er steeds meer plezier in kreeg dat ze dat kunnen, besloot ik dit boek te schrijven. Ik heb geprobeerd te bedenken waarom ik de dubbelzinnigheid leuk vind waarmee schimmels ons confronteren, maar je voelt je niet snel op je gemak op het lege terrein dat open vragen ontsluiten. Je raakt bevangen door pleinvrees. Het is verleidelijk om je terug te trekken in de knusse hoekjes van eenvoudige antwoorden. Ik heb mijn best gedaan om daar niet aan toe te geven.

Een vriend van mij, filosoof en goochelaar David Abram, was ooit de vaste goochelaar van Alice's Restaurant in Massachusetts, dat bekend is geworden door het gelijknamige nummer van Arlo Guthrie. Elke avond liep hij langs de tafels; hij liet munten tussen zijn vingers wandelen, die ergens opdoken waar je ze niet verwachtte, weer verdwenen, zich vermenigvuldigden en in het niets oplosten. Op een avond keerden twee klanten naar het restaurant terug kort nadat ze het hadden verlaten. Ze keken zorgelijk. Toen ze waren vertrokken, zeiden ze, had de lucht er angstaanjagend blauw uitgezien en waren de wolken groot en helder. Had hij soms iets in hun drankje gedaan? De weken verstreken en het gebeurde telkens weer: klanten kwamen terug en zeiden dat het verkeer veel luider klonk dan eerst, dat de straatlantaarns feller schenen, dat de patronen van de stoeptegels ineens veel boeiender waren, dat de regen veel verfrissender was. Davids toverkunstjes veranderden blijkbaar iets aan de manier waarop ze de wereld ervoeren.

David legde me uit waar dat volgens hem door kwam. Onze perceptie berust grotendeels op verwachtingen. Er is minder mentale arbeid voor nodig om de wereld te begrijpen aan de hand van vaste ideeën die telkens met een beetje nieuwe zintuiglijke informatie worden geüpdatet dan om voortdurend vanuit het niets nieuwe ideeën te moeten vormen. Die vaste ideeën veroorzaken de blinde vlekken waarbinnen goochelaars hun werk kunnen doen. Trucjes met munten zetten geleidelijk de verwachtingen die we van handen en munten hebben op losse schroeven. Uiteindelijk zetten ze ook de verwachtingen van alles wat we waarnemen op losse schroeven. Toen de gasten het restaurant verlieten, zagen ze de lucht anders omdat ze hem zagen zoals hij op dat moment was, in plaats van hoe ze dachten dat hij eruitzag. Wanneer onze verwachtingen op losse schroeven komen te staan, vallen we terug op onze zintuigen. Het verschil tussen wat we verwachten te zien en wat we daadwerkelijk zien is verbluffend.[16]

Ook schimmels zetten vastgeroeste ideeën op losse schroeven. Hun leven en hun gedrag zijn verbazingwekkend. Hoe langer ik ze bestudeer, des te meer ze mijn verwachtingen op losse schroeven zetten en des te vaker je niet meer van vertrouwde concepten op aan blijkt te kunnen. Dankzij twee snelgroeiende biologische onderzoeksterreinen kon ik laveren tussen die voortdurende verbazing en de vorming van een kader aan de hand waarvan ik de schimmelwereld kon verkennen.

Het eerste onderzoeksterrein heeft ermee te maken dat we steeds meer beseffen dat geavanceerd, probleemoplossend gedrag is geëvolueerd bij organismen die niet over hersenen beschikken en niet tot het dierenrijk behoren. Het bekendste voorbeeld zijn slijmzwammen of *Physarum polycephalum* (hoewel dat amoeben zijn en geen schimmels, wat echte zwammen wél zijn). Zoals we nog zullen zien, hebben slijmzwammen geen monopolie op het hersenloos oplossen van problemen, maar ze zijn gemakkelijk te bestuderen en gelden als modelorganismen, die deuren naar nieuwe onderzoeksrichtingen openen. *Physarum* vormen verkennende netwerken van nerfachtige tentakels zonder dat ze beschikken over een centraal zenuwstelsel of iets wat daarop lijkt. Toch kunnen ze 'besluiten nemen' door mogelijke oplossingsrichtingen te vergelijken en de kortste weg te vinden tussen twee punten in een labyrint.

Japanse onderzoekers deden slijmzwammen in bakken in de vorm van de grootstedelijke regio rond Tokyo. Havermoutvlokken stelden stedelijke knooppunten voor, felle lampen stonden voor obstakels, zoals bergen (slijmzwammen houden niet van licht). Na een dag hadden de slijmzwammen de efficiëntste route tussen de havervlokken gevonden en vertakten ze zich straalsgewijs tot een netwerk dat bijna identiek was aan het metronetwerk rond Tokyo. In vergelijkbare experimenten bootsten slijmzwammen het snelwegennetwerk van de Verenigde Staten na en het netwerk van Romeinse wegen in Midden-Europa. Een slijmzwammenfan vertelde me over een experiment dat hij had gedaan. Hij raakte vaak de weg kwijt in de Ikea en was dan minutenlang bezig de uitgang te zoeken. Hij besloot het probleem aan slijmzwammen voor te leggen en bouwde een doolhof op basis van de plattegrond van de Ikea bij hem in de buurt. En ja hoor, zonder bewegwijzering of hulp van medewerkers vonden de slijmzwammen de kortste route naar de uitgang. 'Je begrijpt,' zei hij lachend, 'dat ze slimmer zijn dan ik.'[17]

Of je slijmzwammen, schimmels of planten 'intelligent' noemt, hangt af van je perspectief. In klassieke definities van intelligentie wordt de mens als maatstaf genomen waar alle andere soorten langs worden gelegd. Op grond van die antropocentrische definities staat de mens altijd boven aan de intelligentieladder, gevolgd door dieren die op ons lijken (chimpansees, bonobo's et cetera), die weer worden gevolgd door andere 'hogere' diersoorten enzovoort, totdat er een competitieranglijst ontstaat, één lange intelligentiereeks die al werd opgesteld door de oude Grieken en die om de een of andere reden tot op de dag van vandaag bestaat. Omdat die organismen er niet uitzien of zich gedragen zoals wij – of geen hersenen hebben – krijgen ze van oudsher een plek ergens onder aan de ladder. Vaak worden ze als het inerte behang van het dierenrijk beschouwd. Maar veel van die soorten zijn in staat tot complex gedrag dat ons op andere gedachten zou moeten brengen over wat het voor een organisme betekent om 'problemen op te lossen', te 'communiceren', 'besluiten te nemen', te 'leren' en te 'herinneren'. Als we dat doen, worden enkele van de aloude hiërarchieën die aan het moderne denken ten grondslag liggen aan het wankelen gebracht. En als dat gebeurt, begint onze rampzalige houding tegenover de meer-dan-menselijke wereld misschien te veranderen.[18]

In het tweede onderzoeksveld dat me tot mijn onderzoek heeft gebracht, houdt men zich bezig met de manier waarop we denken over microscopisch kleine organismen – of microben –, die zich op elke centimeter van de aarde ophouden. In de afgelopen vier decennia hebben nieuwe technologieën ervoor gezorgd dat we meer inzicht in het leven van microben hebben gekregen dan ooit tevoren. Het resultaat? Voor jouw microbengemeenschap – je 'microbioom' – is jouw lijf een complete wereld. Sommige microben geven de voorkeur aan je kruin, andere aan de droge vlakte van je onderarm, weer andere aan het tropisch regenwoud van je kruis of oksel. Je darmkanaal (dat in uitgevouwen toestand een oppervlakte van ongeveer tweeëndertig vierkante meter beslaat), je oren, je tenen, mond, ogen, huid en elk ander oppervlak, elke andere doorgang of holte in je lichaam, krioelt van de bacteriën en schimmels. Je hebt meer microben dan 'eigen' cellen. Er zitten meer bacteriën in je darmen dan er sterren in het melkwegstelsel zijn.[19]

Wij mensen staan er over het algemeen niet bij stil waar we ophouden en waar we beginnen. Voor ons spreekt het meestal vanzelf – althans, voor ons in onze hedendaagse industriële samenleving – dat we beginnen waar ons lichaam begint en dat we ophouden waar ons lichaam eindigt. Ontwikkelingen in de moderne geneeskunde, zoals orgaantransplantaties, hebben dat onderscheid op scherp gezet, maar ontwikkelingen in de bacteriologische wetenschap doen het op zijn grondvesten schudden. Wij zijn ecosystemen, die bestaan uit – en uiteindelijk worden afgebroken door – een ecologie van microben, waarvan het belang nu pas tot ons begint door te dringen. De ongeveer veertig triljoen microben die in en op ons leven stellen ons in staat voedsel te verteren en produceren onmisbare mineralen die ons voeden. En net als de schimmels die in planten voorkomen, beschermen ze ons tegen ziekten. Ze sturen de ontwikkeling van ons lichaam en van ons immuunsysteem en beïnvloeden ons gedrag. Als ze niet in toom worden gehouden, kunnen ze ziekten veroorzaken en ons zelfs doden. En we zijn geen uitzondering. Zelfs bacteriën dragen virussen bij zich (een nanobioom?). En zelfs virussen bevatten nog kleinere virussen (een picobioom?). Symbiose is een alomtegenwoordig kenmerk van leven.[20]

In Panama woonde ik een conferentie over tropische microben bij. In drie dagen begonnen de implicaties van ons onderzoek mij en vele andere onderzoekers steeds meer te duizelen. Iemand sprak over een groep planten die in hun bladeren een chemische stof aanmaken. Tot dat moment werd die stof als onderscheidend kenmerk van die groep beschouwd. Het begon echter duidelijk te worden dat die in feite werd geproduceerd door schimmels die in de bladeren van die planten leven. Ons idee over die planten moest terug naar de tekentafel. Een andere onderzoeker onderbrak de spreker en opperde dat misschien niet de schimmels in het blad de stof voortbrachten, maar de bacteriën die in die schimmels leven. En zo ging het nog een tijdje door. Na twee dagen had het idee van wat een individu is zich onherkenbaar verdiept en uitgebreid. Het had geen zin meer om het over individuen te hebben. Biologie – de bestudering van levende organismen – was veranderd in ecologie: de bestudering van relaties tussen levende organismen. Dat we zo weinig wisten maakte het alleen maar nog ingewikkelder. Bij allerlei onderdelen van schema's die populaties bacteriën moesten voorstellen, stond 'onbekend'. Het deed me denken aan de manier waarop hedendaagse natuurkundigen het heelal voor zich zien, waarvan meer dan vijfennegentig procent wordt omschreven als 'donkere materie' en 'donkere energie'. Donkere materie en energie zijn donker omdat we er niets over weten. Dit was biologische donkere materie, oftewel donker leven.[21]

Het ontbreekt veel wetenschappelijke concepten – van tijd tot chemische verbindingen en van genen tot soorten – aan keiharde definities, hoewel het nuttige indelingen blijven om mee te werken. Met het concept 'individu' is het, vanuit één gezichtspunt bezien, al net zo: gewoon de zoveelste indeling om het denken en het gedrag van de mens te sturen. Toch hangen zoveel dingen in het dagelijks leven en van onze dagelijkse ervaringen – om nog maar te zwijgen van onze filosofische, politieke en economische stelsels – af van het individuele, dat het moeite kost om te blijven toekijken terwijl het hele idee op de helling gaat. Waar blijven 'wij' dan? Hoe zit het met 'hen'? Met 'mij'? Met 'het mijne'? Met 'iedereen'? Met 'wie dan ook'?

Mijn reactie op de discussies tijdens de conferentie was niet louter intellectueel. Zoals de bezoekers van Alice's Restaurant voelde ik me anders: het gewone was ongewoon geworden. Het 'verlies van een gevoel van eigen identiteit, waanideeën over de eigen identiteit en de ervaring "door onbekende krachten te worden beheerst"' kunnen symptomen zijn van een geestelijke aandoening, merkte een oude rot in het onderzoek naar het microbioom op. Mijn hoofd tolde van alle ideeën die op de schop moesten, vooral de in onze cultuur gekoesterde opvattingen over identiteit, autonomie en onafhankelijkheid. Vorderingen in het microbenonderzoek zijn onder meer zo opwindend vanwege dat ontregelende gevoel. Intiemer dan onze relaties met microben kunnen relaties niet zijn. Meer te weten komen over die relaties verandert de manier waarop we ons lichaam ervaren en de plaats die we in het geheel innemen. 'Wij' zijn ecosystemen die zich over grenzen heen uitstrekken en categorieën overstijgen. Onze individualiteit is het resultaat van een complexe kluwen relaties die nu pas aan het licht komt.[22]

De bestudering van relaties kan verwarrend zijn. Ze zijn bijna allemaal ambigu. Hebben bladsnijdersmieren de schimmel gedomesticeerd waarvan ze afhankelijk zijn? Of heeft de schimmel de mieren gedomesticeerd? Kweken de planten de mycorrhizaschimmels waar ze mee samenleven of kweken de schimmels de planten? Welke kant wijst de pijl uit? Het is een gezonde vorm van onzekerheid.

Een hoogleraar van mij, Oliver Rackham, ecoloog en historicus, bestudeerde de manier waarop ecosystemen duizenden jaren lang van invloed zijn geweest op – en zijn beïnvloed door – menselijke culturen. Hij nam ons mee naar bossen in de buurt en vertelde over de geschiedenis en de mensen die er hadden gewoond door de kronkels en splitsingen in de takken van oude eiken te lezen, door te kijken waar brandnetels woekerden, door erop te wijzen welke planten er wel en niet in een heg groeiden. Door toedoen van Rackham begon het heldere onderscheid te vervagen dat naar mijn idee 'natuur' scheidde van 'cultuur'.

Later, toen ik veldwerk deed in Panama, stuitte ik op talloze complexe relaties tussen de veldbiologen en de organismen die ze bestudeerden. Ik plaagde de vleermuizenonderzoekers door te zeggen dat ze de gewoonten van vleermuizen overnamen omdat ze de hele nacht opbleven en overdag sliepen. Zij vroegen mij op mijn beurt welke uitwerking de schimmels op mij hadden. Dat weet ik nog steeds niet zeker. Maar ik blijf me afvragen of we niet veel meer naar hun pijpen dansen dan we ons realiseren omdat we zo volledig van ze afhankelijk zijn, aangezien ze de natuur herstellen, recyclen en werelden met elkaar verbinden.

Als dat zo is, dan zien we dat maar al te gemakkelijk over het hoofd. Vaak laat ik het los en beschouw ik de bodem als iets abstracts, als een troebele arena van cijfermatige interacties. Mijn collega's en ik zeggen dingen als: 'Die en die melden een toename van ongeveer vijfentwintig procent van de koolstof in de bodem tussen het ene droge seizoen en het natte seizoen erna.' Hoe kan het ook anders? We beschikken niet over een manier om de wilde bodemnatuur en de ontelbare levensvormen die erin woekeren te ervaren.

Met de bestaande middelen heb ik het toch geprobeerd. Duizenden van de monsters die ik maakte gingen door dure machines die de inhoud van de buisjes tot rijen getallen schudden, bestraalden en uiteen deden spatten. Maanden achtereen tuurde ik door een microscoop en ging ik op in wortellandschappen vol wriemelende hyfen, bevroren in hun ambigue geslachtelijke omgang met plantencellen. Toch waren de schimmels die ik zag dood en geprepareerd en werden ze in nepkleuren weergegeven. Ik voelde me net een stuntelende luiaard. Terwijl ik wekenlang op mijn knieën modder in buisjes schraapte, krasten de toekans, brulden de brulapen, raakten lianen verstrengeld en likten miereneters hun prooien op. Het leven van de microben, vooral die in de grond, liet zich niet benaderen zoals dat van de bruisende, aantrekkelijke, grote bovenwereld. Om mijn resultaten aanschouwelijk te maken, om ervoor te zorgen dat ze konden worden begrepen en aan het algehele begrip bijdroegen, was verbeelding nodig. Ik kon er niet omheen.

In wetenschappelijke kringen staat verbeelding gewoonlijk gelijk aan speculatie en wordt ze met enig wantrouwen bezien; in publicaties gaat ze meestal vergezeld van een obligate waarschuwing voor de gezondheid. Een onderzoek beschrijven bestaat gedeeltelijk uit het wegpoetsen van al die keren dat de verbeelding een hoge vlucht nam, het nutteloze nietsdoen en de duizenden keren vallen en opstaan die slechts het geringste resultaat opleverden. Wie een artikel leest wil niet door al dat gedoe heen ploeteren. Bovendien moeten wetenschappers geloofwaardig overkomen. Neem een kijkje achter de schermen en je treft er mensen aan die meestal niet op hun paasbest zijn. En zelfs achter de schermen, tijdens de meeste nachtelijke overpeinzingen van mij en mijn collega's, was het ongebruikelijk om in details te treden over de manier waarop we ons – toevallig of opzettelijk – de organismen voorstelden die we bestudeerden, of het nu vissen, bromelia's, lianen, schimmels of bacteriën waren. Het had iets gênants om te moeten toegeven dat een wirwar van ongefundeerde vermoedens, invallen en metaforen ons onderzoek gestalte had helpen geven. Maar verbeelding maakt onmiskenbaar deel uit van de manier waarop we elke dag wetenschap bedrijven. Wetenschap is geen oefening in kille rationaliteit. Wetenschappers zijn – en zijn dat altijd geweest – emotionele, creatieve, intuïtieve, complete mensen, die vragen stellen over een wereld die nooit is bedoeld om in hokjes te worden onderverdeeld en gesystematiseerd. Wanneer ik me afvroeg wat schimmels deden en experimenten bedacht om te proberen hun gedrag te doorgronden, moest ik me er noodzakelijkerwijs een voorstelling van maken.

Eén experiment dwong me ertoe door te dringen tot de diepere lagen van mijn wetenschappelijke verbeelding. Ik gaf mezelf op voor deelname aan een klinisch onderzoek naar de effecten van LSD op de probleemoplossende vermogens van wetenschappers, ingenieurs en wiskundigen. Het onderzoek paste in de algehele heropleving van de belangstelling van wetenschappers en medici voor het onbenutte potentieel van geestverruimende middelen oftewel psychedelica. De onderzoekers wilden weten of LSD wetenschappers toegang kon verschaffen tot hun beroepsmatige onderbewustzijn en hen kon helpen bekende problemen vanuit nieuwe gezichtspunten te benaderen. Onze fantasie, die gewoonlijk opzij wordt geschoven, zou vol in de schijnwerpers komen te staan, worden geobserveerd en zo mogelijk zelfs gemeten. Een eclectische groep jonge onderzoekers uit het hele land was aangezocht met behulp van postertjes op wetenschappelijke faculteiten ('Heb je een belangrijk probleem dat moet worden opgelost?'). Het was een gedurfd experiment. Het is bekend dat creatieve doorbraken zich niet laten dwingen, laat staan op een ziekenhuisafdeling voor klinisch onderzoek naar drugs.

De onderzoekers die het experiment uitvoerden, hadden de muren met psychedelische voorstellingen versierd, een stereo-installatie neergezet en gekleurde 'sfeerverlichting' opgehangen. Hun pogingen om de setting zo min mogelijk op die van een klinisch onderzoek te laten lijken, maakten die er alleen maar kunstmatiger op: ze erkenden daarmee dat ze invloed uitoefenden op hun onderzoeksobject. Het was een opstelling die blijk gaf van de vele gezonde tekortkomingen waar onderzoekers dagelijks mee te maken krijgen. Als alle onderzoeksobjecten van biologische experimenten hun eigen equivalent van sfeermuziek en -verlichting zouden krijgen, zouden ze zich misschien heel anders gedragen.

Verpleegkundigen zorgden ervoor dat ik de LSD om precies negen uur 's avonds tot me nam. Ze zagen er nauwlettend op toe dat ik alle vloeistof waarmee die was vermengd opdronk, ongeveer een klein wijnglas vol. Ik ging op het bed in de ziekenhuiskamer liggen, terwijl de verpleegkundigen via een canule in mijn onderarm een buisje bloed afnamen. Drie uur later, toen ik de 'kruishoogte' had bereikt, moedigde mijn onderzoeksassistent me voorzichtig aan om aan mijn 'werkgerelateerde probleem' te denken. Tussen de batterij persoonlijkheids- en psychometrische tests door die ons werd afgenomen voordat we aan onze trip begonnen, was ons gevraagd ons probleem – de 'knoop' in ons onderzoek die we niet konden ontwarren – zo gedetailleerd mogelijk te beschrijven. Als we die knoop drenkten in LSD, zou hij misschien loskomen. Al mijn onderzoeksvragen hadden met schimmels te maken, en ik voelde me gesterkt door de gedachte dat LSD oorspronkelijk afkomstig was van een schimmel die in teeltgewassen leefde: een schimmeloplossing voor mijn schimmelproblemen.

Wat zou er gebeuren?

Ik wilde het LSD-experiment gebruiken om in bredere zin na te denken over die blauwe bloemen, *Voyria*, en hun relaties met schimmels. Hoe konden ze zonder fotosynthese leven? Bijna alle planten houden zich in leven door mineralen te halen uit de netwerken van mycorrhizaschimmels in de bodem. Dat gold ook voor *Voyria*, te oordelen naar de kronkelende schimmelmassa die hun wortels binnendrong. Maar zonder fotosynthese konden *Voyria* niet de energierijke suikers en lipiden aanmaken die ze voor hun groei nodig hadden. Dus waar haalden ze hun energie dan vandaan? Konden ze via de schimmelnetwerken stoffen aan andere groene planten onttrekken? En zo ja, hadden ze dan iets om in ruil aan hun schimmelpartners terug te geven, of waren het gewoon parasieten, de hackers van het wood wide web?

Ik lag met mijn ogen dicht op het ziekenhuisbed en vroeg me af hoe het was om een schimmel te zijn. Ik merkte dat ik me onder de grond bevond, omringd door groeiende wortelpunten die zich rondom mij verdrongen. Grazende kuddes bolvormige dieren – de bedrijvigheid van plantenwortels – het Wilde Westen van de bodem – allemaal bandieten, struikrovers, einzelgängers, gokkers. De grond was een uitwendig darmkanaal zonder einder – vertering en hergebruik alom – horden bacteriën reden mee op elektrisch geladen golven – chemische weerstelsels – ondergrondse snelwegen – slijmerige besmettelijke verstrengelingen – tierende intieme contacten aan alle kanten. Toen ik een schimmeldraad een holle wortel in volgde, viel me op dat die een toevluchtsoord bood. Er waren maar heel weinig andere soorten schimmels, en al helemaal geen wormen en insecten. Het was er veel minder druk en rumoerig. Hij was een vrijhaven waarvan ik me kon indenken dat ik er geld voor zou overhebben. Zouden de blauwe bloemen de schimmels dat te bieden hebben in ruil voor de voedingsstoffen die ze leverden? Beschutting in de drukte?

Ik maak geen aanspraak op de validiteit van deze visioenen. Die zijn op z'n hoogst aannemelijk en op z'n slechtst aan een delirium ontsproten onzin. Ze zijn zelfs niet eens onjuist. Toch leerde ik een waardevolle les. Ik was gewend om over schimmels te denken in termen van abstracte 'interacties' tussen organismen, die er in feite uitzagen als de schematische voorstellingen die leraren op een schoolbord tekenen: semiautomatische entiteiten die zich gedroegen volgens de logica van een Game Boy-computerspelletje uit het begin van de jaren negentig. Maar de LSD had me ertoe gedwongen te erkennen dat ik over fantasie beschikte, en nu bekeek ik schimmels met heel andere ogen. Ik wilde ze begrijpen, niet door ze te reduceren tot iets mechanisch dat tikte, tolde en knipperde, zoals we zo vaak doen. Nee, ik wilde dat die organismen me uit mijn versleten denkpatronen lokten om me een voorstelling te maken van de mogelijkheden die ze bieden, om ze de grenzen van mijn begripsvermogen te laten oprekken, mezelf toe te staan me te verwonderen – en in de war te laten brengen – door hun verweven levens.

Schimmels leven in werelden vol verstrengelingen; er lopen ontelbare draden door die labyrinten. Ik heb er zoveel gevolgd als ik kon, maar er zijn spleten waar ik me niet doorheen heb kunnen wurmen, hoezeer ik ook mijn best heb gedaan. Ook al zijn ze ons zo nabij, schimmels stellen ons voor raadsels, hun capaciteiten zijn zo... *anders*. Schrikt ons dat af? Kunnen wij mensen, met ons dierlijke brein, ons dierlijke lichaam en onze dierlijke taal, zulke volkomen andere organismen leren begrijpen? Hoe zouden we daar gaandeweg zelf door veranderen? Wanneer ik in een optimistische bui was, stelde ik me voor dat dit boek een portret zou worden van een verwaarloosde tak van de levensstamboom, maar het is veel ingewikkelder dan dat. Het is zowel een relaas over de weg die ik heb afgelegd om het leven van schimmels te doorgronden als een verhaal over de afdruk die schimmels op mij hebben achtergelaten en op de vele andere levens die ik onderweg ben tegengekomen, menselijk of niet. 'Wat moet ik aan met de nacht en de dag, met het leven en de dood?' schrijft dichter Robert Bringhurst. 'Elke stap, elke ademtocht rolt als een ei naar de rand van die vraag.' Schimmels voeren ons naar de rand van allerlei vragen. Dit boek is voortgekomen uit mijn ervaringen met het turen over enkele van die randen. Omdat ik de schimmelwereld heb verkend, ben ik anders gaan aankijken tegen veel van wat ik wist. Evolutie, ecosystemen, individualiteit, intelligentie, leven: niets is wat ik dacht dat het was. Ik hoop dat dit boek enkele van jouw zekerheden op losse schroeven zet, zoals schimmels dat met de mijne hebben gedaan.

1

LOKAAS

Who's pimping who?[1]
— PRINCE

EEN HOOPJE WITTE TRUFFELS (*TUBER MAGNATUM*) lag op een ruitdoek op een weegschaal. Ze waren zanderig als ongewassen kiezels, onregelmatig als aardappelen, vol gaten als schedels. Twee kilo, twaalfduizend euro. Hun zoete aroma vulde de hele ruimte, en daarin school hun waarde. Dat aroma was onbeschaamd en met niets te vergelijken: een lokmiddel, zwaar en bedwelmend genoeg om je helemaal in te verliezen.

Het was begin november, het hoogtepunt van het truffelseizoen, en ik was naar Italië afgereisd om op pad te gaan met twee truffeljagers die actief waren in de heuvels rond Bologna. Ik had geluk. Een vriend van een vriend kende iemand die in truffels handelde. Die vond het goed dat ik aan twee van zijn beste jagers werd gekoppeld, die er op hun beurt in toestemden dat ik met hen meeging. Jagers op witte truffels staan erom bekend dat ze zeer terughoudend zijn. Truffels zijn schimmels die men nooit heeft kunnen kweken en die alleen in het wild worden aangetroffen.

Truffels zijn de ondergrondse vruchtlichamen van verschillende soorten mycorrhizaschimmels. Het grootste deel van het jaar bestaan ze alleen in de vorm van myceliumnetwerken, die zich gedeeltelijk in leven houden met de voedingsstoffen die ze aan de bodem onttrekken en de suikers die ze uit plantenwortels halen. Maar hun ondergrondse leefomgeving stelt ze voor een elementair probleem. Truffels zijn sporen producerende organen, vergelijkbaar met de zaadvoortbrengende vruchten van een plant. Sporen zijn bij schimmels geëvolueerd opdat die zich kunnen verspreiden, maar onder de grond kunnen de sporen niet wegwaaien en zijn de truffels onzichtbaar voor dieren.[2]

Hun oplossing is dat ze geuren. Maar het is niet eenvoudig om boven het olfactorische rumoer van een bos uit te komen. In bossen barst het van de geuren, die stuk voor stuk dieren aantrekken dan wel afstoten. De geur van een truffel moet sterk genoeg zijn om door de bodemlagen heen te dringen en in de lucht terecht te komen, voor een dier onderscheidend genoeg om in het geurenlandschap op te vallen en lekker genoeg om ervoor te zorgen dat het de truffel opspoort, opgraaft en opeet. Elk visueel nadeel – in de bodem begraven liggen, na opgraving niet opvallen, er niet uitzien zodra ze eenmaal wel met het oog zijn waargenomen – compenseren ze met hun geur.

Zodra een truffel is opgegeten, zit zijn taak erop: hij heeft een dier ertoe verleid in de grond te wroeten en het zover gekregen de sporen met zijn ontlasting mee ergens anders naartoe te brengen. De aantrekkingskracht van een truffel is zo het resultaat van een honderdduizenden jaren lange evolutionaire dans met de smaakzin van dieren. Natuurlijke selectie bevoordeelt truffelsoorten die passen bij de voorkeuren van de beste sporenverspreiders. Truffels met een goede 'chemie' zullen met meer succes dieren aantrekken dan die met een slechte. Zoals orchideeën het uiterlijk van seksueel gewillige vrouwtjesbijen nabootsen, presenteren truffels een beeld van wat dieren lekker vinden: een evolutionair ontwikkeld beeld-in-geuren van de voorliefde van een dier.

Ik was in Italië omdat ik door een schimmel mee onder de grond genomen wilde worden, de chemische wereld in waarin hij leeft.

We zijn er niet voor toegerust om deel te nemen aan het chemische leven van schimmels, maar rijpe truffels spreken een zo duidelijke, eenvoudige taal dat zelfs wij die kunnen begrijpen. Daardoor geven ze ons heel even toegang tot hun chemische ecologie. Wat te denken van de lawine aan interacties tussen ondergrondse organismen? Hoe moeten we die domeinen van meer-dan-menselijke communicatie begrijpen? Misschien zou ik door achter een hond aan te rennen die iets op het spoor was en mijn gezicht in de grond te duwen het dichtst in de buurt komen van de beloftevolle chemische aantrekkingskracht die schimmels voor zoveel aspecten van hun leven gebruiken.

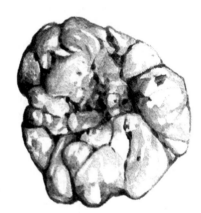

Witte truffel,
Tuber magnatum

Het reukvermogen van de mens is uitzonderlijk. Onze ogen kunnen zeven miljoen kleuren onderscheiden en onze oren een half miljoen toonhoogten, maar onze neus weet raad met ontelbare geuren. Mensen kunnen nagenoeg elke vluchtige chemische stof ruiken waarop ze worden getest. We kunnen beter dan knaagdieren en honden bepaalde geuren ruiken en geursporen volgen. Geur speelt een rol in de keuze van degenen met wie we de liefde bedrijven en in ons vermogen om angst, opwinding en agressie bij anderen te bespeuren. En geur maakt deel uit van onze herinneringen; het is heel gewoon dat mensen die aan posttraumatische stressstoornis lijden soms olfactorische flashbacks krijgen.[3]

De neus is een nauwkeurig afgesteld instrument. Je reukvermogen kan complexe mengsels scheiden in de stoffen waaruit ze zijn samengesteld, zoals een prisma wit licht in de samenstellende kleuren verstrooit. Daarvoor moet het de precieze samenstelling van de atomen in een molecuul kunnen detecteren. Mosterd ruikt naar mosterd vanwege de verbindingen tussen stikstof, koolstof en zwavel. Vis ruikt naar vis vanwege verbindingen tussen stikstof en waterstof. Verbindingen tussen koolstof en stikstof ruiken metaal- of olieachtig.[4]

Chemische stoffen herkennen en erop reageren is het vermogen van een oerzintuig. De meeste organismen gebruiken chemische zintuigen om hun omgeving te verkennen en te duiden. Planten, schimmels en dieren gebruiken allemaal dezelfde soorten recepto- ren om chemische stoffen te onderscheiden. Wanneer moleculen zich aan die receptoren binden, zetten ze een reeks signalen in gang. Eén molecuul zorgt voor een celverandering, die tot een grotere verandering leidt enzovoort. Op die manieren kunnen kleine oor- zaken langzaam maar zeker grote gevolgen hebben: een mensen- neus kan sommige stoffen in een concentratie van vierendertigdui- zend moleculen op één vierkante centimeter ruiken, het equivalent van één druppel water in twintigduizend Olympische zwembaden.[5]

Wil een dier een geur kunnen ruiken, dan moet een molecuul ervan op zijn reukepitheel terechtkomen. Bij mensen is dat een membraan in en achter de neus. Het molecuul bindt zich aan een receptor en activeert zenuwen. De hersenen komen om de hoek kijken zodra de chemische stof moet worden benoemd of zodra die stof gedachten en emotionele reacties in gang zet. Schimmels be- staan niet uit verschillende organen. Ze hebben geen neus en geen hersenen. Maar hun hele oppervlak gedraagt zich als reukepitheel. Een myceliumnetwerk is één groot membraan dat gevoelig is voor chemische stoffen: een molecuul kan zich overal op het oppervlak aan een receptor hechten en een reeks signalen in gang zetten die het gedrag van de schimmel verandert.

In de geschiedenis van de mens worden truffels al heel lang in ver- band gebracht met seks. Het woord voor 'truffel' is in veel talen hetzelfde als dat voor 'testikel'. Zo betekent *turmas de tierra*, het woord voor truffel in het Oud-Castiliaans, 'aardkloten'. Truffels zijn geëvolueerd om een dier het hoofd op hol te brengen, want hun leven hangt ervan af. Toen ik met Charles Lefevre, een truf-felspecialist en -teler uit Oregon, sprak over zijn werk aan de zwarte truffel, werd hij even van zijn à propos gebracht: 'Grappig, nu ik dit zeg "baad" ik in het virtuele aroma van *Tuber melanosporum*. Alsof er een hele wolk van in mijn werkkamer hangt, maar er zijn hier op dit moment helemaal geen truffels. Zulke olfactorische herin-neringen zijn bij mijn weten heel normaal in het geval van truffels. Ze roepen zelfs visuele en emotionele herinneringen op.'

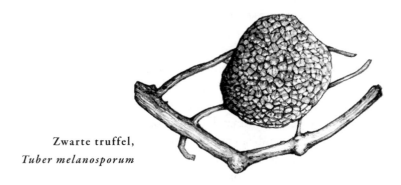

Zwarte truffel,
Tuber melanosporum

In Frankrijk wordt de heilige Antonius – beschermheilige van ver-loren voorwerpen – beschouwd als de schutspatroon van de truffel en worden er ter ere van hem truffeldiensten gehouden. Gebeden halen weinig uit tegen bedrog. Goedkope truffels worden mod-derig gemaakt of met een geurstof bewerkt om ze voor hun kost-baarder neefjes te laten doorgaan. Geliefd truffelbos is het doelwit van truffelstropers. Speciaal afgerichte honden, vaak duizenden euro's waard, worden gestolen. Vergiftigd vlees wordt in het bos neergelegd om de honden van rivaliserende truffeljagers te doden. In 2010 schoot een Franse truffelboer, Laurent Rambaud, in een soort crime passionnel een truffeldief dood die hij betrapte toen hij 's nachts de ronde deed door zijn truffelgaard. Na Rambauds ar-restatie liepen tweehonderdvijftig sympathisanten mee in een mars om hun steun te betuigen, want volgens hen had hij het recht zijn eigendom te verdedigen. Ze maakten zich boos over de toename van het aantal gevallen van diefstal van zowel truffels als truffel-honden. De adjunct-voorzitter van de unie van truffeltelers van

Tricastin vertelde aan de krant *La Provence* dat hij zijn collega's had geadviseerd om op de ronde over hun terrein nooit een geweer mee te nemen, omdat 'de verleiding te groot is'. Lefevre verwoordt het mooi: 'Truffels halen het slechtste in de mens naar boven. Het is alsof er geld in de grond zit, alleen is het bederfelijk en vluchtig.'[7]

Truffels zijn niet de enige schimmels die de aandacht van dieren trekken. Aan de westkust van Noord-Amerika duwen beren die op zoek zijn naar de geliefde matsutakepaddenstoel bomen om en graven greppels. Paddenstoelenjagers uit Oregon beweren dat ze elanden met bebloede snuiten hebben gezien, die in bodems met harde puimsteen naar matsutake hebben gezocht. Sommige orchideeënsoorten uit het tropisch regenwoud zijn zo geëvolueerd dat ze de geur, de vorm en de kleur van paddenstoelen nabootsen om er bepaalde paddenstoelen-minnende vliegen mee te lokken. Paddenstoelen en andere vruchtlichamen zijn de meest in het oog (en de neus) springende schimmels, maar ook mycelium kan als lokaas dienen. Een vriend van mij die onderzoek doet naar tropische insecten, liet me een filmpje zien van bijen (van de stam *Euglossini*) die zich verdringen rond een opening in een rottende boomstam. De mannetjes verzamelen allerlei geuren en brouwen er een cocktail van waarmee ze de vrouwtjes het hof maken; het zijn ware parfumeurs. De paring neemt slechts luttele seconden in beslag, maar de mannetjes zijn hun hele volwassen leven bezig geuren te verzamelen en te mengen. Hoewel die vriend van mij die hypothese nog niet heeft getoetst, had hij het donkerbruine vermoeden dat de bijen chemische verbindingen oogsten die ze aan hun boeket konden toevoegen. Van deze bijensoort is bekend dat ze dol zijn op complexe aromatische stoffen, waarvan er veel worden aangemaakt door schimmels die hout afbreken.[8]

Mensen hullen zich in geurtjes die door andere organismen worden gemaakt en het is zelfs niet ongewoon dat schimmelaroma's onderdeel zijn van onze seksuele rituelen. Agarhout – ook wel adelaarshout of *oudh* – is hout dat ontstaat wanneer een *Aquilaria*-boom, die in India en Zuidoost-Azië voorkomt, besmet raakt met een schimmel. Het is een van de kostbaarste ruwe grondstoffen ter wereld. Die wordt gebruikt om een geur te maken – van bedompte lucht, donkere honing, complexe houttonen – die al sinds de tijd van de Oud-Griekse natuurkundige Dioscorides in trek is. Eén gram van de beste oudh is meer waard dan een gram goud of platina – ongeveer honderdduizend dollar per kilo – en de destructieve oogstmethoden van *Aquilaria*-bomen hebben ertoe geleid dat ze in het wild bijna zijn uitgestorven.[9]

De achttiende-eeuwse Franse natuurkundige Théophile de Bordeu beweerde dat elk organisme 'onophoudelijk dampen, geuren, uitwasemingen om zich heen verspreidt. Die uitwasemingen tekenen zijn stijl en manier van doen; in feite zijn ze er een onvervreemdbaar onderdeel van.' Het aroma van een truffel en de geur van een bij kunnen om elk organisme heen hangen, maar het zijn geurvelden die tot hun chemische incarnatie behoren en zich met andere vermengen als spoken op een dansvloer.[10]

Ik bracht enkele minuten door in de ruimte waar de truffels werden gewogen en ging volledig op in het aroma. Mijn gemijmer werd onderbroken toen mijn gastheer, Tony de truffelhandelaar, gehaast binnenkwam met een van zijn klanten. Hij deed de deur achter zich dicht, zodat de geur niet naar buiten kon. De klant inspecteerde de hoop truffels op de weegschaal en wierp een blik op de schalen ongesorteerde, niet-schoongemaakte exemplaren die op een vieze werkbank lagen. Hij knikte naar Tony, die de hoeken van de doek samenbond. Ze liepen de binnenplaats op, schudden elkaar de hand, en de klant reed weg in een chique zwarte auto.

Het was een droge zomer geweest, die een schrale truffeloogst had opgeleverd. De prijs weerspiegelde de schaarste. Wanneer je rechtstreeks van Tony kocht, kostte een kilo truffel je tweeduizend euro. Kocht je diezelfde kilo op de markt of in een restaurant, dan was je maar liefst zesduizend euro kwijt. In 2007 werd een truffel van anderhalve kilo op een veiling verkocht voor honderdvijfenzestigduizend dollar. Net als bij diamanten neemt de prijs van truffels niet-lineair toe met de omvang.[11]

Tony was een warme persoonlijkheid met het lef van een handelaar. Hij leek verbaasd dat ik met zijn jagers mee wilde en temperde mijn verwachtingen over de kans dat we een truffel zouden vinden. 'Je mag met mijn mannen mee, maar jullie vinden waarschijnlijk niets. En het is hard werken. Omhoog en omlaag, door struiken, door modder, door beken. Heb je geen andere schoenen bij je?' Ik drukte hem op het hart dat het me niet uitmaakte.

Truffeljagers hebben hun eigen jachtgebied, soms legaal, soms niet. Toen ik aankwam, hadden beide jagers – Daniele en Paride – camouflagekleding aan. Ik vroeg of dat hielp wanneer je truffels besloop en ze gaven eerlijk antwoord. Met die kleding konden ze naar truffels zoeken zonder dat andere truffeljagers hen in de gaten konden houden. Bij de truffeljacht gaat het erom dat je weet waar je moet zoeken. Truffeljagers beschikken over waardevolle kennis, die net als de truffels zelf kan worden gestolen.

Paride was de vriendelijke van de twee en stond buiten op me te wachten met Kika, zijn favoriete truffelhond. Hij had vijf honden van verschillende leeftijd, allemaal in een ander stadium van het africhtingsproces en elk gespecialiseerd in zwarte of witte truffels. Kika was een lieve hond en Paride liet haar trots aan me zien. 'Ze is heel slim, maar ik ben nog slimmer.' Kika's ras – ze was een Lagotto Romagnolo – is een van de rassen die het meest voor de truffel-jacht worden gebruikt. Ze kwam tot mijn knie en haar haar viel in slordige krulletjes voor haar ogen; ze leek op een truffel. Maar na een ochtend truffels ruiken, een nest puppy's van truffelhonden te hebben gezien en truffels te hebben gegeten, leken zelfs de ronde, rotsige heuvels op truffels. Paride begon over de subtiele signalen waarmee Kika en hij met elkaar communiceerden. Ze hadden ge-leerd de kleinste veranderingen in elkaars gedrag te interpreteren en coördineerden hun bewegingen bijna zonder geluid te maken. Truffels waren zo geëvolueerd dat ze dieren lieten weten dat ze er rijp voor waren om gegeten te worden. Mens en hond hadden ma-nieren ontwikkeld om met elkaar te communiceren over het che-mische aanbod van truffels.

Het aroma van een truffel is een complex geheel dat lijkt voort te komen uit de relaties die de truffel met zijn microbengemeenschap onderhoudt en met de bodem en het klimaat waarin hij voorkomt: zijn terroir. In het vruchtlichaam van de truffel komen hele gemeen-schappen van bacteriën en gistsoorten voor: tussen één miljoen en één miljard bacteriën per gram droog gewicht. Veel ingezetenen van het microbioom van truffels kunnen de karakteristieke, vluch-tige verbindingen voortbrengen die aan het aroma bijdragen. Vermoedelijk is de cocktail van chemische stoffen die je neus binnendringt het werk van meer dan één enkel organisme.[12]

De chemische basis van het verleidelijke truffelaroma is nog steeds onbekend. In 1981 bleek uit een Duits onderzoek dat zowel de witte als de zwarte truffel in niet-verwaarloosbare eenheden androstenol aanmaakt, een steroïde met een muskusachtige geur. Androstenol is een geslachtshormoon van varkens; beren maken het aan, zeugen nemen prompt de paarhouding aan zodra ze de stof ruiken. Dat onderzoeksresultaat voedde de speculatie dat androstenol het indrukwekkende vermogen van zeugen zou kunnen verklaren om truffels op te graven die op grote diepte liggen. In een onderzoek dat negen jaar later werd gepubliceerd werd dat in twijfel getrokken. Onderzoekers begroeven zwarte truffels, een synthetische truffelgeur en androstenol vijf centimeter diep in de grond en lieten die opsporen door een varken en vijf honden, waaronder de winnaar van de plaatselijke truffelhondenwedstrijd. Alle dieren vonden de echte truffels en de synthetische truffelgeur, geen van de dieren vond de androstenol.[13]

In een reeks vervolgonderzoeken brachten de onderzoekers de truffellokstof terug tot één molecuul: dimethylsulfide. Het was degelijk onderzoek, maar waarschijnlijk maar de halve waarheid. De geur van een truffel bestaat uit een hele wolk verschillende moleculen, ruim honderd in het geval van witte truffels en zo'n vijftig als het gaat om andere populaire soorten. Aan dat complexe boeket gaat veel energie verloren, en het is onwaarschijnlijk dat ze zo zijn geëvolueerd als daar niet een of ander doel aan ten grondslag lag. Bovendien verschilt de smaak van verschillende diersoorten. Niet alle truffels zijn aantrekkelijk voor mensen en sommige zijn zelfs licht giftig. Van de duizend en nog wat truffelsoorten die in Noord-Amerika voorkomen is hooguit een handvol van culinair belang. En zelfs die zijn niet bij iedereen geliefd. Lefevre vertelde dat veel mensen walgen van het aroma van verder zeer geliefde soorten. De geur van sommige soorten is zelfs ronduit weerzinwekkend. Hij vertelde over *Gautieria*, een geslacht van truffels met een geur van bederf, type 'rioollucht' of 'babydiarree'. Zijn honden zijn er dol op, maar als het aan zijn vrouw ligt komen ze de deur niet in, zelfs niet voor determinatiedoeleinden.[14]

Hoe ze het ook voor elkaar krijgen, truffels creëren geurlagen om zich heen die elkaar overlappen: mensen richten honden af om truffels te zoeken, want varkens zijn er zo dol op dat ze er eerder een verslinden dan hem aan hun baasje geven. Restaurateurs uit New York en Tokyo reizen naar Italië af om een goede band met truffelhandelaren op te bouwen. Exporteurs hebben geavanceerde koelsystemen ontwikkeld om de truffels optimaal te bewaren terwijl ze gewassen, verpakt, met de hand op het vliegveld afgeleverd, de wereld overgevlogen, van het vliegveld opgepikt, door de douane ingeklaard, herverpakt en aan de consument geleverd worden, en dat allemaal binnen achtenveertig uur. Truffels moeten net als matsutake vers op het bord van de klant belanden, dat wil zeggen: binnen twee of drie dagen nadat ze zijn opgegraven.[15] Het aroma wordt voortgebracht door een actief proces van levende cellen. De geur van een truffel wordt intenser naarmate de sporen zich ontwikkelen en het aroma verdwijnt wanneer de cellen afsterven. Je kunt een truffel niet drogen in de verwachting hem later met smaak te kunnen verorberen, zoals je dat met bepaalde soorten paddenstoelen kunt. Chemisch gezien zijn ze uiterst spraakzaam, om niet te zeggen luidruchtig. Zodra je een einde maakt aan de stofwisseling, maak je een einde aan de geur. Om die reden worden verse truffels in de meeste restaurants voor je geschaafd waar je bij staat. Slechts weinig andere organismen slagen er zo goed in mensen ervan te overtuigen dat ze onmiddellijk moeten worden verspreid.

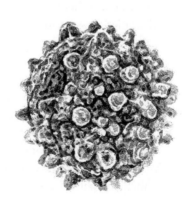

Truffelspore

We wurmden ons in de auto van Paride en reden over een smalle landweg een dal in, tussen de geel- en roodtinten van een eikenbos dat de heuvels bedekte. Paride praatte over het weer en maakte grappen over het africhten van honden en de voor- en nadelen van werken met een 'boef' als Daniele. Na enkele minuten sloegen we een pad in en zette Paride de auto aan de kant. Kika sprong uit de kofferbak en we liepen langs een wei een bos in. Daniele was er al en liep steels heen en weer met zijn hond. Er was een andere truffeljager in de buurt, zei hij, dus we moesten stil zijn. De hond van Daniele zag er verfomfaaid en onverzorgd uit, met takjes in zijn krullen. Hij had geen naam, maar Paride zei dat hij Daniele hem eerder die ochtend Diavolo (Duivel) had horen noemen.

Anders dan Kika, die goedaardig en aanhankelijk was, had Diavolo de neiging om te bijten en te grommen. Paride legde uit waarom. Waar hij zijn honden africhtte om ze op truffels te laten jagen alsof het een spel was, richtte Daniele ze af met honger als drijfveer. 'Kijk,' Paride wees naar Diavolo, 'hij is uitgehongerd, hij eet eikels.' Ze dolden elkaar een beetje. Daniele zei dat zijn honden effectievere truffeljagers waren dan de weldoorvoede, vertroetelde 'huisdieren' van Paride. Paride pleitte voor een verlichte truffelhondenschool en somde de voordelen op: 'Daniele jaagt 's nachts, ik overdag. Hij is zenuwachtig, ik niet. Zijn hond bijt, de mijne is vriendelijk. Zijn hond is graatmager, de mijne niet. Hij is slecht, ik ben goed.'

Ineens stoof Diavolo ervandoor. Wij gingen achter hem aan, Paride voorzag ons van commentaar terwijl we voortploeterden. 'Het kan een truffel zijn. Of een muis. De hond is in elk geval opgetogen.' We troffen Diavolo snuivend en tot de helft ingegraven aan in een zompige aardwal. Daniele liep op hem af en duwde een braamstruik opzij. Op dat moment, legde Paride uit, moest de truffeljager goed de lichaamstaal van de hond lezen. Een kwispelstaart wees op truffels, een roerloze staart op iets anders. Graven met twee poten betekende witte truffels, graven met één poot betekende zwarte. Het zag er goed uit, en Daniele begon de grond losser te maken met een stomp stuk gereedschap met een platte punt, een soort reuzenschroevendraaier, terwijl hij telkens aan een beetje aarde rook naarmate hij dieper kwam. De hond en hij groeven om de beurt, maar hij keek wel uit dat Diavolo niet al te woest tekeerging. Paride zei met een glimlach: 'Een hongerige hond eet de truffel op.'

Ten slotte vond Daniele de truffel, een centimeter of vijftig diep, stevig verzonken in de klamme aarde. Met zijn vingers en een metalen haakje verwijderde hij de modder. Het aroma steeg op uit het gat, scherper en voller dan in de kamer met de weegschaal. Dit was zijn natuurlijke habitat, en de geur combineerde fraai met die van de vochtige grond en het rottende bladafval. Ik stelde me voor dat mijn neus gevoelig genoeg was om het truffelaroma van grote afstand te ruiken en ikzelf gedreven genoeg om alles uit mijn handen te laten vallen om erachteraan te gaan. Terwijl ik de geur opsnoof, moest ik denken aan de passage uit *Brave New World* waarin Aldous Huxley een opvoering van een reukorgaan beschrijft, een instrument dat olfactorische recitals ten beste geeft, zoals een muziekinstrument. Dat idee laat zich gemakkelijk vertalen naar truffels – reukorganen in een andere betekenis van het woord – die op eigen wijze suites van vluchtige stoffen opvoeren.

Wat werkte het goed! Daar stonden we dan met z'n allen, vies en modderig rond een truffel. Die had een reeks signalen in werking gezet door een groep dieren aan te trekken: eerst een hond, toen een truffeljager, daarna diens wat langzamere medewerkers. Toen Daniele de truffel lostrok, zakte de grond eromheen in. 'Kijk!' Paride maakte de aarde eromheen vrij. 'Een muizenhol.' We waren niet de eersten.

Wanneer we het aroma van een truffel ruiken, ontvangen we een boodschap van de truffel aan de wereld. Het is geen erg subtiel proces. Om een dier aan te trekken, moet het aroma opvallen, en ja: verrukkelijk zijn. Maar het moet vooral doordringend en sterk zijn. Het kan de truffel niet veel schelen of zijn sporen worden verspreid door een wild zwijn of een vliegende eekhoorn, dus waarom zou hij kieskeurig zijn? De meeste hongerige dieren gaan achter een lekkere geur aan. Bovendien verandert het aroma van een truffel niet in reactie op jouw aandacht. Het kan opwinding veroorzaken, maar zelf niet opgewonden raken. Het signaal verspreidt zich luid en duidelijk, en is het eenmaal begonnen, dan staat het altijd aan. Een rijpe truffel verstuurt een ondubbelzinnige oproep in chemische lingua franca, een popgeur voor een groot publiek, die ervoor kan zorgen dat Daniele, Paride, twee honden, een muis en ik samenkomen op één punt onder een braamstruik op een zompige aardwal ergens in Italië.

Truffels zijn (zoals zoveel geliefde vruchtlichamen van schimmels) het grofste communicatiemiddel dat hun schimmelouders ter beschikking staat. Een groot deel van het leven van schimmels, waaronder de ontwikkeling van het mycelium, berust op veel subtielere vormen van verleidingskunst. Er zijn twee belangrijke manieren waarop hyfen kunnen uitgroeien tot een myceliumnetwerk. Ten eerste vertakken ze zich. Ten tweede gaan ze samen. (Het proces aan de hand waarvan hyfen met elkaar samengaan staat bekend als *anastomose*, Grieks voor 'van een mond voorzien'.) Als hyfen zich niet zouden kunnen vertakken, zou één hyfe er nooit vele kunnen worden. Als hyfen zich niet met elkaar konden verenigen, zouden ze geen complexe netwerken kunnen vormen. Maar voordat ze zich kunnen verenigen, moeten ze eerst andere hyfen vinden, wat ze doen door elkaar aan te trekken, een verschijnsel dat 'oriënteren' heet. De vereniging van hyfen is de verbindende schakel die mycelium tot mycelium maakt: de meest elementaire stap in het netwerken. Zo bezien ontstaat het mycelium van elke schimmel uit zijn vermogen zichzelf aan te trekken.[16]

Mycelium groeit uit
een spore.
Naar Buller 1931

Een myceliumnetwerk komt niet alleen zichzelf tegen, maar ook andere netwerken. Hoe hebben schimmels weet van zichzelf terwijl ze voortdurend aan verandering onderhevig zijn? Hyfen moeten in staat zijn om te bepalen of ze op een aftakking van zichzelf stuiten of op een heel andere schimmel. Is het een andere, dan moeten ze in staat zijn om te bepalen of die van een mogelijk vijandige soort is, een lid van de eigen soort waarmee ze zich geslachtelijk kunnen verenigen of geen van beide. Sommige schimmels kunnen het met wel tienduizenden andere schimmels doen, ongeveer evenveel als ons eigen geslacht (recordhouder is het waaiertje, *Schizophyllum commune*, met meer dan drieëntwintigduizend potentiële sekspartners, die het bijna ook allemaal met elkaar kunnen doen). Het mycelium van veel schimmels kan zich verenigen met andere myceliumnetwerken als beide genetisch voldoende overeenkomen, zelfs al zijn ze geslachtelijk onverenigbaar. De eigen identiteit van een schimmel doet er wel degelijk toe, maar is niet zwart-wit. Ze kan geleidelijk in een andere overgaan.[17]

Aantrekkingskracht ligt aan de basis van de voortplanting van veel schimmels, waaronder truffelzwammen. Truffels zelf zijn het resultaat van geslachtelijke omgang: wil een zwarte-truffelzwam bijvoorbeeld vrucht dragen, dan moeten de hyfen van het ene myceliumnetwerk zich verenigen met die van een ander afzonderlijk, geslachtelijk compatibel netwerk en er genenmateriaal mee delen. Het grootste deel van hun bestaan, namelijk als myceliumnetwerk, behoren truffelzwammen tot verschillende zogeheten paringstypen, hetzij 'min', hetzij 'plus'. Naar schimmelmaatstaven gemeten is hun seksleven rechttoe rechtaan. Van voortplanting is sprake wanneer een min-hyfen een plus-hyfen aantrekt en ermee versmelt. De ene partner heeft een vaderrol en levert uitsluitend genenmateriaal. De andere speelt een moederrol, want levert genenmateriaal én voorziet in het 'vlees' dat rijpt tot truffels en sporen. Truffels verschillen in die zin van mensen dat minnen en plussen zowel vader als moeder kunnen worden, alsof mensen man en vrouw zijn en even goed in staat om de moeder- dan wel de vaderrol op zich te nemen, vooropgesteld dat we seks zouden kunnen hebben met een partner van het andere paringstype. Hoe truffelzwammen elkaar seksueel aantrekken is onbekend. Nauw verwante schimmels gebruiken feromonen om partners aan te trekken, en onder onderzoekers leeft het sterke vermoeden dat ook truffels feromonen voor dat doel gebruiken.[18]

Zonder dat oriënteren zou er geen mycelium bestaan. Zonder mycelium zouden min- en plustypen elkaar niet aantrekken. Zonder seksuele aantrekkingskracht zou er geen voortplanting zijn. En zonder voortplanting zou er geen truffel zijn. Maar de relaties tussen truffelzwammen en hun boompartners zijn minstens zo belangrijk, en hun chemische interactie is al even nauwkeurig geregeld. De hyfen van jonge truffelzwammen zullen snel afsterven tenzij ze een plant tot partner nemen. Planten moeten schimmelsoorten tot hun wortels toelaten die tot een wederzijds bevorderlijke relatie leiden, en niet een van de vele soorten die ziekten veroorzaken. Zowel hyfen als plantenwortels staan voor de uitdaging elkaar te vinden te midden van al dat chemische kabaal in de bodem, waar ontelbare andere wortels, schimmels, en microben rondgaan en contacten leggen.[19]

Het is een ander geval van lokken en aantrekken. Zowel plant als schimmel gebruikt vluchtige chemische stoffen om de ander aan te trekken, precies zoals truffels dieren in het bos aantrekken. Gewillige plantenwortels produceren wolken vluchtige verbindingen die zich door de bodem verspreiden en ervoor zorgen dat sporen ontkiemen en hyfen zich vertakken en sneller gaan groeien. Schimmels brengen hormonen voor plantengroei voort die wortels manipuleren en ervoor zorgen dat die zich massaal veerachtig vertakken, want met een groter oppervlak wordt de kans op een treffen tussen wortelpunten en hyfen des te waarschijnlijker. (Veel schimmels maken plantaardige en dierlijke hormonen aan om de fysiologie van hun andersoortige partners te veranderen.[20])

Niet alleen de bouw van de wortels moet veranderen wil een schimmel zich aan een plant binden. In reactie op elkaars onderscheidende chemische profiel sturen planten- en schimmelcellen reeksen signalen heen en weer, die op hun beurt genenreeksen activeren. Allebei passen ze hun stofwisseling en hun ontwikkeling aan. Schimmels scheiden chemische stoffen af die de immuunreacties van hun plantenpartners opschorten, omdat ze anders niet dicht genoeg in de buurt kunnen komen om een symbiose aan te gaan. Wanneer dergelijke mycorrhizapartnerschappen eenmaal een feit zijn, blijven ze zich ontwikkelen. Verbindingen tussen hyfen en wortels zijn dynamisch en veranderen naarmate hyfen oud worden en afsterven. Zulke partnerschappen blijven zich eindeloos ontwikkelen. Als je je reukepitheel aan de bodem zou kunnen uitlenen, zou je het idee krijgen dat er een jazzformatie aan het werk is, met muzikanten die naar elkaar luisteren, samenspelen en op elkaar reageren.[21]

Twee van de redenen waarom we witte truffels en andere geliefde mycorrhizaschimmels, zoals eekhoorntjesbrood, cantharellen en matsutake, nooit hebben kunnen kweken is dat ze zulke veranderlijke relaties met planten aangaan en omdat hun seksleven zo complex is. Onze kennis over de basale communicatie van schimmels vertoont nog te veel gaten. Sommige truffelsoorten kunnen worden geteeld, zoals de zwarte truffel, maar de truffelcultuur staat nog in de kinderschoenen vergeleken bij het eerbiedwaardige vakmanschap waar de meeste teeltvormen op kunnen bogen. Zelfs de successen van de meest ervaren telers lopen enorm uiteen. Bij New World Truffieres van Lefevre schommelt het percentage zaailingen dat op het mycelium van zwarte truffel groeit rond de dertig procent. Eén keer had hij voor de volle honderd procent succes, zonder dat hij zijn teeltmethode had aangepast. 'Dat resultaat heb ik nooit kunnen evenaren,' vertelde hij me. 'Ik weet niet wat ik toen goed heb gedaan.'

Om effectief truffels te kweken, moet je niet alleen de eigenaardigheden en de behoeften van schimmels begrijpen, met hun idiosyncratische voortplantingssysteem, maar ook die van de bomen en bacteriën waar ze mee samenleven. Ook zou je het belang moeten begrijpen van subtiele variaties in de omringende bodem, het seizoen en het klimaat. 'Intellectueel gezien is het een erg boeiend vakgebied omdat het zo interdisciplinair is,' vertelde Ulf Büntgen me, hoogleraar geografie in Cambridge en de eerste die meldde dat er een zwarte truffel op de Britse eilanden was gevonden. 'Het is microbiologie, fysiologie, landbeheer, agricultuur, bosbouw, ecologie, economie en klimaatverandering. Je moet het echt vanuit holistisch perspectief bekijken.' De relaties die truffels aangaan leiden binnen de kortste keren tot hele ecosystemen. De wetenschappelijke kennis schiet voorlopig tekort.[22]

Voor sommige dieren die zich laten verleiden door de aantrekkingskracht van schimmels loopt het minder goed af: met de dood.

Tot de indrukwekkendste staaltjes zintuiglijke waarneming behoren die van roofschimmels die rondwormen vangen en verteren. Over de hele wereld zijn honderden schimmels te vinden die op wormen 'jagen'. De meeste verteren hun hele leven lang plantaardig materiaal en gaan pas jagen wanneer er niet genoeg te eten is. Maar het zijn subtiele predatoren: anders dan bij truffels, waarvan de geur altijd 'aan staat' zodra die er eenmaal is, hebben schimmels die rondwormen eten organen die uitsluitend voor de wormenjacht dienen en geven ze pas een chemische stof af zodra ze merken dat er een rondworm in de buurt is. Ligt er genoeg plantaardig materiaal te rotten, dan kan het ze niet schelen dat het wemelt van de wormen. Om dat gedrag te vertonen, moeten deze schimmels met uiterste sensitiviteit de aanwezigheid van rondwormen kunnen detecteren. Alle rondwormen zijn voor verschillende functies – van de regulering van hun groei tot het aantrekken van partners – afhankelijk van dezelfde klasse moleculen. De schimmels gebruiken die moleculen om hun prooi te bespieden.[23]

De methodes waar schimmels zich van bedienen om op rondwormen te jagen zijn even weerzinwekkend als divers. Dat gedrag is verschillende keren geëvolueerd: veel schimmelsoorten zijn er via verschillende wegen op uitgekomen. Sommige schimmels hebben netten of vertakkingen waar de wormen aan blijven plakken. Andere gebruiken mechanische middelen en beschikken over hyfenlussen die ze binnen een tiende van een seconde kunnen activeren en waarmee ze hun prooi strikken. Weer andere – waaronder de in grote hoeveelheden gekweekte gewone oesterzwam (*Pleurotus ostreatus*) – hebben een soort hyfenstengels met een gifdruppeltje eraan dat de worm verlamt, wat de hyfen de tijd geeft om hun mondopening binnen te dringen en de worm van binnenuit te verteren. Andere produceren sporen die zich door de bodem kunnen voortbewegen en door rondwormen worden aangetrokken, waar ze zich aan vasthechten. Is dat eenmaal gebeurd, dan ontkiemen ze en harpoeneert de schimmel de worm met speciale hyfen.[24]

De wormenjacht van schimmels is variabel gedrag: verschillende exemplaren van één soort kunnen elk op hun eigen manier te werk gaan en verschillende soorten vallen maken of op verschillende manieren een val zetten. Eén soort – *Arthrobotrys oligospo-*

ra – gedraagt zich 'normaal' als schimmel die organisch materiaal verteert wanneer er daar genoeg van is, maar kan indien nodig rondwormen in zijn mycelium verstrikken. Hij kan zijn mycelium ook rond andere schimmelsoorten wikkelen en ze op die manier de hongerdood laten sterven én hij kan met speciaal gevormd weefsel tot plantenwortels doordringen en zich daar tegoed aan doen. Het is onbekend hoe hij tussen al die opties kiest.[25]

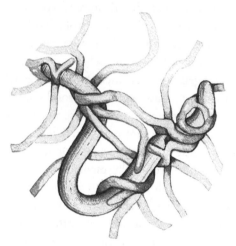

Schimmel verslindt rondworm

In welke bewoordingen kunnen we de communicatie van schimmels vangen? In Italië, toen we ons rond het gat in de zompige aardwal verdrongen en erin keken, probeerde ik me de situatie voor te stellen vanuit het perspectief van de truffel. In alle opwinding kwam Paride met een lyrische interpretatie. 'De truffel en de boom zijn net geliefden, of man en vrouw,' zei hij zangerig. 'Als de band verbroken is, is er geen weg meer terug. De band is voor altijd verdwenen. De truffel is aan de boomwortel ontsproten en wordt verdedigd door de wilde roos.' Hij gebaarde naar de braamstruik. 'Daar ligt hij onder, beschermd door de doorns, als Doornroosje, die wacht tot ze door de hond wakker wordt gekust.'

De dominante wetenschappelijke opvatting is dat het verkeerd is om je in te denken dat niet-menselijke interactie intentioneel is. Truffelzwammen praten niet. Zoals zoveel van de planten en dieren waarvan ze afhankelijk zijn, reageren ze automatisch op hun omgeving, op basis van automatische gewoonten die hun kans op overleving maximaliseren. Dat staat in schril contrast tot de levendige ervaring van het mens-zijn, waarin een kwantitatieve stimulus naadloos overgaat in de kwaliteit van een zintuiglijke ervaring, waarin stimuli worden ervaren die emoties opwekken, waarin we worden beroerd.

Ik balanceerde op de zompige aardwal en hing met mijn neus boven de geurige schimmelkluit. Hoe ik ook mijn best deed om de truffel tot een soort automaat te reduceren, ik zag hem telkens weer voor me als iets wat leefde.

Wanneer we de wisselwerking tussen niet-menselijke organismen proberen te begrijpen, hebben we slechts de keuze uit twee perspectieven: dat van het onbezielde gedrag van voorgeprogrammeerde robots aan de ene kant en dat van de rijke, menselijke ervaring aan de andere. Het zou schimmels, die worden geframed als organismen zonder hersenen, ontbreken aan de basale vereisten om zelfs de eenvoudigste 'ervaring' te hebben, en hun interacties zouden niet meer zijn dan automatische reacties op een reeks biochemische stimuli. Maar net als het mycelium van veel andere schimmelsoorten ervaart dat van truffelzwammen zijn omgeving op een zintuiglijk actieve manier en reageert het erop. De hyfen kunnen chemisch worden gestimuleerd, zijn reactief, prikkelbaar. Hun vermogen om de chemische uitstoot van andere organismen te interpreteren stelt schimmels in staat uiteenlopende complexe handelsrelaties met bomen te onderhouden, om voorraadjes voedingsstoffen in de bodem te 'kneden', zich voort te planten en aanvallers af te slaan.

Antropomorfisme wordt gewoonlijk beschouwd als een illusie die als een blaar opzwelt in een zwak, want ongeoefend, ongedisciplineerd en ongehard brein. Daar zijn goede redenen voor: wanneer we de wereld vermenselijken, verhinderen we mogelijk dat we het leven van andere organismen proberen te zien zoals zij dat zelf doen. Maar laten we bepaalde elementen uit die manier van kijken niet ten onrechte aan ons voorbijgaan of zien we die niet over het hoofd?[26]

Bioloog Robin Wall Kimmerer, lid van de Citizen Potawatomi Nation, merkt op dat de taal van de inheemse Potawatomi rijk is aan werkwoorden die leven toekennen aan de meer-dan-menselijke wereld. Het woord voor 'heuvel' is bijvoorbeeld een werkwoord: 'heuvel zijn'. Heuvels zijn voortdurend bezig met heuvelen, met actief heuvel *zijn*. Met die 'grammatica van bezieldheid' kan over het leven van andere organismen worden gesproken zonder ze te reduceren tot een 'het' of zonder concepten te gebruiken die van oudsher voor mensen zijn weggelegd. Daarentegen heeft het Engels, schrijft Kimmerer, geen manier om het 'elementaire bestaan van een ander levend wezen' te erkennen. Zolang je geen menselijk *subject* bent, ben je automatisch een levenloos *object*: een 'het', 'niet meer dan een ding'. Wanneer je een menselijk concept gebruikt om je een beeld te vormen van het leven van een niet-menselijk organisme, ben je in de val van het antropomorfisme gelopen. Zeg 'het' en je hebt het organisme geobjectiveerd en bent in een andere val gelopen.[27]

De biologische werkelijkheid is nooit zwart-wit. Dus waarom zouden de verhalen en de metaforen die we gebruiken om betekenis aan de wereld te geven – ons onderzoeksgereedschap – dat moeten zijn? Zouden we sommige van onze concepten niet kunnen oprekken of uitbreiden, zodat voor praten niet altijd een mond nodig is, oren niet vereist zijn om te horen, en interpreteren ook mogelijk is zonder zenuwstelsel? Zijn we daartoe in staat zonder andere levensvormen te bedelven onder vooroordelen en suggestie?

Daniele pakte de truffel in en maakte het gat in de grond zorgvuldig dicht, waarna hij de bramenstruik over de omgewoelde aarde trok. Paride legde uit dat hij dat deed om te voorkomen dat de relaties van de zwam met de boomwortels werden verstoord. Daniele zei dat hij ermee wilde verhinderen dat andere truffeljagers onze sporen konden volgen. We liepen terug naar het veld. De truffel geurde minder hevig tegen de tijd dat we bij de auto waren en de geur was nog zwakker toen we eenmaal in de ruimte met de weegschaal aankwamen. Ik vroeg me af hoe zwak hij zou zijn wanneer de truffel eenmaal boven een bord in Los Angeles werd geschaafd.

Een paar maanden later ging ik in de beboste heuvels buiten Eugene in Oregon op truffeljacht met Lefevre en zijn Lagotto Romagnolo, Dante. Lefevre noemt Dante een 'diversiteitshond'. 'Productiehonden' – zoals Kika en Diavolo – zijn afgericht om grote hoeveelheden van een bepaalde soort te vinden, diversiteitshonden om achter alles aan te gaan wat ze ruiken. Daardoor kunnen ze truffelsoorten vinden die ze nooit eerder hebben geroken. Het gevolg is dat Dante weleens achter iets aangaat wat geen truffel is, bijvoorbeeld een stinkende duizendpoot. Maar hij heeft ook vier nooit eerder beschreven truffelsoorten opgegraven. Dat is niet heel ongewoon. Mike Castellano is een vermaard truffelexpert die zich erop mag beroemen dat er een soort naar hem is vernoemd: hij heeft twee nieuwe ordes van truffels beschreven, tussen de twintig en dertig nieuwe geslachten en een stuk of tweehonderd soorten. Hij beweert dat hij regelmatig nieuwe soorten ontdekt wanneer hij in Californië op zoek gaat, wat maar weer eens bewijst dat er nog veel onbekend is.

Terwijl we op ons gemak tussen de douglassparren en de zwaardvarens door liepen, legde Lefevre uit dat mensen al eeuwenlang per ongeluk truffels kweken. Truffels doen het goed in door de mens verstoorde omgevingen. In Europa kelderde de truffeloogst in de twintigste eeuw doordat het centrum van het truffelgebied – door de mens beheerd bos – werd gekapt voor landbouwdoeleinden of aan zijn lot werd overgelaten. Het is allebei niet goed voor de truffelproductie. Voor Lefevre is de wederopstanding van de truffelcultuur zo interessant omdat er geld valt te verdienen aan het boslandschap en er privékapitaal wordt gestoken in milieuherstel. Om truffels te kweken moet je bomen planten. Je moet erkennen dat de bodem vol leven is. Je kunt geen truffels kweken zonder in ecosystemen te denken.

Dante liep snuffelend heen en weer. Lefevre vertelde over de theorie dat manna – het provisorische voedsel dat de Israëlieten op de been hield op hun tocht door de woestijn – in feite woestijntruffels waren, een delicatesse die in een groot deel van het Midden-Oosten spontaan aan de bodem ontspringt. Hij vertelde ook over zijn mislukte pogingen om de ongrijpbare witte truffel te kweken en dat we maar zo weinig begrijpen van de relaties die hij onderhoudt met de bomen die als zijn waard optreden. Ik moest denken aan de vele manieren waarop schimmels reageren op een andere omgeving en nieuwe manieren vinden om samen te leven met de planten en dieren waarvan ze afhankelijk zijn.[28]

Opnieuw in het bos op jacht naar truffels merkte ik dat ik weer op zoek was naar een taal om de levens van die bijzondere organismen te beschrijven. Parfumeurs en wijnproevers gebruiken metaforen om verschillende aroma's te benoemen. Een chemische stof wordt 'gemaaid gras', 'rijpe mango' of 'grapefruit met warme paarden' genoemd. Zonder die verwijzingen zouden we ons die stof niet kunnen voorstellen. Cis-3-hexenol ruikt naar gemaaid gras, oxaan naar rijpe mango en gardamide naar grapefruit met warme paarden. Dat wil niet zeggen dat oxaan rijpe mango *is*, maar wanneer je langs een geopend flesje zou lopen waar het in zit, zou je de geur vrijwel zeker herkennen. Wanneer we de menselijke taal gebruiken voor een geur, komen daar oordelen en vooroordelen bij om de hoek kijken. Onze beschrijvingen vertekenen en vervormen de verschijnselen die we beschrijven, maar soms is dat de enige manier om over de eigenschappen van de wereld te kunnen spreken: om te zeggen waar ze op lijken maar niet wat ze zijn. Zouden we dat ook kunnen doen wanneer we het over andere organismen hebben?[29]

Welbeschouwd zijn er niet veel andere mogelijkheden. Schimmels hebben weliswaar geen hersenen, de vele opties die ze hebben maken kiezen noodzakelijk. Hun veranderlijke omgeving vereist improvisatievermogen. Hun pogingen leiden onherroepelijk tot vergissingen. Of het nu gaat om hyfen die elkaar binnen een myceliumnetwerk opzoeken, om de seksuele aantrekkingskracht tussen twee hyfen van afzonderlijke myceliumnetwerken, om de onverbrekelijke band tussen een mycorrhizahyfe en een plantenwortel of om de fatale aantrekkingskracht van een druppeltje schimmelgif op een rondworm, schimmels worden zich actief gewaar van hun omgeving, ook al staat ons geen middel ter beschikking om te weten hoe het voor een hyfe moet zijn om zich iets gewaar te worden of om iets te interpreteren. Misschien is het niet zo heel vreemd om ons in te denken dat schimmels zich uitdrukken met behulp van een chemisch vocabulaire, zo gecombineerd en herschikt dat een ander organisme het kan interpreteren, of het nu een rondworm, boomwortel, truffelhond of restaurateur uit New York is. Soms, zoals in het geval van truffels, laten die moleculen zich misschien vertalen in een chemische taal die wij, op onze manier, kunnen begrijpen. De overgrote meerderheid zal ons altijd boven de pet gaan, of onder onze voeten door.

Dante begon verwoed te graven. 'Het ziet ernaar uit dat het een truffel is,' zei Lefevre, die de lichaamstaal van de hond las. 'Maar hij zit diep.' Ik vroeg of hij zich nooit zorgen maakte dat Dante zijn neus of poten bezeerde met dat woeste gegraaf. 'O, hij verwondt telkens de kussentjes onder zijn poten,' gaf Lefevre toe. 'Ik ben nog altijd van plan schoentjes voor hem te kopen.' Dante snoof en schraapte, tevergeefs. 'Ik vind het jammer dat ik hem niet voor zijn moeite kan belonen als hij niets heeft gevonden,' – Lefevre ging op zijn hurken zitten en kroelde door Dante's krullen – 'maar ik heb nog geen traktatie gevonden die hij lekkerder vindt dan een truffel. Truffels slaan alles.' Hij grijnsde naar me. 'Wat Dante betreft woont God vlak onder de grond.'

2

LEVENDE
LABYRINTEN

*Ik ben zo gelukkig in het zijdezachte, klamme
duister van het labyrint, en er is geen draad.[1]*
— HÉLÈNE CIXOUS

STEL JE VOOR DAT JE TEGELIJK DOOR TWEE DEUR-
openingen kon gaan. Dat is ondenkbaar, maar schimmels doen het
voortdurend. Wanneer er een splitsing op hun weg komt, hoeven
de hyfen van een schimmel geen van beide richtingen te kiezen. Ze
vertakken zich gewoon en volgen ze allebei.

Je kunt hyfen door microscopisch kleine labyrinten heen sturen
en zien hoe ze erin rondsnuffelen. Komen ze een obstakel tegen,
dan vertakken ze zich. Daarna gaan de puntjes van de hyfen weer
verder in de richting die ze eerder hadden gekozen. Ze vinden al
snel de kortste weg naar de uitgang, precies zoals de probleemoplossende slijmzwammen van die vriend van mij die de snelste uitweg
uit een Ikea-doolhof konden vinden. Als je de almaar langer wor-
dende hyfen volgt terwijl ze op onderzoek uitgaan, gebeurt er iets
in je hoofd. Eén puntje worden er twee, vier, acht, maar ze blijven
allemaal verbonden in één myceliumnetwerk. Is een schimmel een

enkelvoudig of een meervoudig organisme, vraag ik me af, om vervolgens te erkennen dat hij dat, hoe onwaarschijnlijk ook, *allebei* is.[2]

Een hyfe op onderzoek zien uitgaan in de experimentele setting van één doolhof is al iets verbijsterends, maar stel je dat eens in het groot voor: stel je miljoenen hyfenpuntjes in een eetlepel aarde voor die allemaal tegelijk door andere doolhoven manoeuvreren. En zie het dan nog groter voor je: stel je miljarden hyfenpuntjes voor die een stuk bos ter grootte van een voetbalveld verkennen.

Mycelium is ecologisch bindweefsel, de levende naad waarlangs de wereld voor een groot deel aan elkaar is genaaid. Op school krijgen leerlingen anatomische platen voorgeschoteld met verschillende aspecten van het menselijk lichaam erop. Op de ene plaat wordt het lichaam voorgesteld als skelet, op de andere als een netwerk van bloedvaten, op weer een andere als zenuwstelsel en op nog een als spierstelsel. Als we vergelijkbare platen zouden gebruiken om ecosystemen weer te geven, zouden ze mycelium laten zien dat door die ecosystemen heen loopt. We zouden een woekerend, onderling verbonden web zien dat door de bodem gaat, door zwavelhoudend sediment honderden meters onder de zeebodem, door koraalriffen, door levende en dode planten en dieren, door vuilnisbelten, tapijten, vloerdelen, oude boeken in bibliotheken, stofjes en schilderijen van oude meesters in musea. Volgens sommige schattingen zou al het mycelium in één gram aarde – ongeveer een theelepel – ergens tussen de honderd meter en tien kilometer lang zijn. In de praktijk is het onmogelijk om te meten hoe diep mycelium doordringt in alle bouwwerken, systemen en bewoners op de wereld; daarvoor is het te strak geweven. Mycelium is een levensvorm die ons dierlijke voorstellingsvermogen op de proef stelt.[3]

Lynne Boddy, hoogleraar microbiële ecologie aan Cardiff University, bestudeert al decennialang het foerageergedrag van mycelium. Haar elegante onderzoeken laten zien welke problemen myceliumnetwerken moeten kunnen oplossen. In één experiment liet Boddy een op rottend hout levende zwam op een houtblok groeien. Vervolgens legde ze het blok op een bord. Het mycelium verspreidde zich straalsgewijs in alle richtingen vanuit het blok en vormde een donzige, witte cirkel. Vervolgens stuitte het groeiende netwerk op een ander houtblok. Slechts een klein deel van de zwam kwam in contact met het hout, maar het gedrag van het hele netwerk veranderde. Het mycelium groeide niet langer alle kanten uit. Het trok de verkennende delen van zijn netwerk terug en verdikte de band met het zojuist ontdekte blok. Na een paar dagen was het netwerk onherkenbaar veranderd. Het had een totaal andere vorm aangenomen.[4]

Vervolgens herhaalde Boddy het experiment, maar ze haalde een truc uit. Opnieuw liet ze de zwam uit het oorspronkelijke houtblok groeien en het andere blok ontdekken. Maar deze keer haalde ze, voordat het netwerk de tijd kreeg om van vorm te veranderen, het oorspronkelijke houtblok van het bord af, verwijderde alle hyfen die eruit groeiden en legde het op een ander bord. De schimmel groeide vanuit het oorspronkelijke blok in de richting van het pas ontdekte blok. Het mycelium bleek te beschikken over een geheugen voor richting, hoewel de basis van dat geheugen onduidelijk is.[5]

Boddy is nuchter, maar praat vol ingehouden verbazing over wat schimmels allemaal kunnen. Ze gedragen zich een beetje zoals slijmzwammen, wat ze op verschillende manieren heeft getest. Maar in plaats van een model van de metro van Tokyo te gebruiken, stimuleerde ze mycelium om de efficiëntste routes tussen de steden van Groot-Brittannië te zoeken. Ze legde aarde neer in de vorm van het Britse hoofdeiland en gebruikte voor de steden houtblokken met een schimmel erin (de gewone zwavelkop of *Hypholoma fasciculare*). De blokken waren naar verhouding zo groot als het aantal inwoners van de steden. 'De schimmels begonnen vanuit de "steden" te groeien en vormden het bestaande wegennetwerk,' aldus Boddy. 'Je kon de M5, de M4, de M1 en de M6 zien. Het was hartstikke leuk om te zien.'

Een manier om naar myceliumnetwerken te kijken is alsof het zwermen hyfenpuntjes zijn. Insecten vormen net als spreeuwen zwermen, zoals vissen scholen vormen. Zwermen zijn patronen van collectief gedrag. Zonder leider of centraal gezag kan een zwerm mieren de kortste weg naar een voedselbron vinden. Een termietenzwerm kan een gigantische, complexe heuvel bouwen. Bij mycelium gaat de vergelijking met een zwerm mank omdat alle hyfenpuntjes in één netwerk met elkaar verbonden zijn. Een termietenheuvel bestaat uit eenheden, de termieten. Een hyfenpuntje komt het dichtst in de buurt van de eenheid van een myceliumzwerm, maar een myceliumnetwerk kun je niet hyfe voor hyfe ontrafelen wanneer het eenmaal is gegroeid, zoals een termietenzwerm. Mycelium is conceptueel gezien glibberig terrein. Vanuit het gezichtspunt van het netwerk bezien is het één onderling verbonden identiteit. Vanuit het gezichtspunt van een hyfenpuntje bezien is het een menigte.[6]

'Volgens mij kunnen wij mensen veel van mycelium leren,' zegt Boddy. 'Je kunt niet zomaar een weg afsluiten en kijken hoe de verkeersstroom verandert, maar je kunt wel een verbinding in een myceliumnetwerk doorsnijden.' Onderzoekers gebruiken op netwerken gebaseerde organismen, bijvoorbeeld slijmzwammen, om mensenproblemen op te lossen. De onderzoekers die met behulp van slijmzwammen het metronetwerk rond Tokyo nabootsten, baseerden zich voor het ontwerp van stedelijke vervoersnetwerken op het gedrag van slijmzwammen. Onderzoekers van de Unconventional Computing Laboratory van de University of the West of England gebruiken de zwammen om efficiënte vluchtroutes uit brandende gebouwen te berekenen. Sommigen gebruiken de strategieën waarmee schimmels en slijmzwammen de weg in een labyrint vinden om wiskundige problemen op te lossen of robots te programmeren.[7]

De weg in een doolhof vinden en complexe routes uitdokteren zijn geen eenvoudige problemen. Om die reden worden doolhoven al heel lang gebruikt om het probleemoplossende vermogen van uiteenlopende organismen in te schatten, van octopussen tot bijen tot mensen. Maar schimmels met een mycelium slijten hun leven in een doolhof en zijn zo geëvolueerd dat ze ruimtelijke en geometrische problemen kunnen oplossen. Hoe ze zich het beste kunnen opdelen, beoordelen ze van moment tot moment. Door tot een compact netwerk uit te groeien, kan mycelium zijn vervoerscapaciteit vergroten, maar compacte netwerken zijn juist niet handig als je over grote afstand op verkenningstocht wilt uitgaan. Daarvoor zijn uitgestrekte netwerken beter geschikt, maar die hebben weer als nadeel dat ze minder verbindingen hebben en daardoor kwetsbaar zijn. Hoe bewaren schimmels dat evenwicht wanneer ze in een overvol rotsachtig landschap op zoek gaan naar voedsel?[8]

Boddy's experiment met de twee houtblokken laat een typerende volgorde van gebeurtenissen zien. Het mycelium begint in een verkennende modus en verspreidt zich in alle richtingen. Als wij in een woestijn op zoek gaan naar water, moeten we een richting kiezen. Schimmels kunnen alle mogelijke routes tegelijk kiezen. Vindt een schimmel iets eetbaars, dan versterkt hij de band die hem met het voedsel verbindt en trekt hij de hyfen terug die het luchtledige in leiden. Het proces is te verklaren met natuurlijke selectie. Mycelium maakt een overdaad aan verbindingen aan. Sommige blijken competitiever dan andere. Die worden versterkt. Minder competitieve worden teruggetrokken, waardoor een paar hoofdroutes overblijven. Door in de ene richting te groeien en zich uit een andere terug te trekken, kunnen myceliumnetwerken zich zelfs door een landschap heen bewegen. De stam van het Latijnse 'extravagant' betekent 'te buiten gaan'. Die betekenis is fraai van toepassing op mycelium, dat onvermoeibaar buiten zijn grenzen treedt, die nooit vastliggen, zoals bij de meeste dieren. Mycelium is een lichaam zonder vorm.[9]

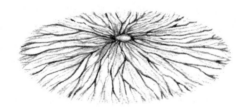

Mycelium gaat op onderzoek uit in een plat vlak

Hoe 'weet' het ene deel van een myceliumnetwerk wat er in een verafgelegen ander deel gebeurt? Mycelium woekert, maar de verschillende onderdelen moeten op de een of andere manier contact met elkaar kunnen onderhouden.

Stefan Olsson is een Zweedse mycoloog die al decennialang probeert te begrijpen hoe myceliumnetwerken zichzelf besturen en als integraal geheel gedragen. Enkele jaren geleden raakte hij geïnteresseerd in een van de verschillende soorten lichtgevende (of bioluminescente) zwammen, waarvan de paddenstoelen en het mycelium opgloeien in het donker, zodat ze insecten aantrekken die hun sporen kunnen verspreiden. Mijnwerkers in het negentiende-eeuwse Engeland meldden dat lichtgevende zwammen die op houten steunbalken in mijnen groeiden fel genoeg schenen 'om hun handen te kunnen zien' en Benjamin Franklin stelde voor om lichtgevende schimmels te gebruiken als verlichting voor kompassen en dieptemeters in de eerste onderzeeër (de Turtle, die in 1775 werd ontwikkeld tijdens de Amerikaanse Onafhankelijkheidsoorlog). De soort die Olsson bestudeerde was de scherpe schelpzwam, *Panellus stipticus*. 'Je kon lezen bij het licht ervan wanneer je ze in glazen potjes kweekte', vertelde hij me. 'Het was net een lampje bij mij thuis in de kast. Mijn kinderen vonden het geweldig.'[10]

Om het gedrag van *Panellus*-mycelium te bestuderen, kweekte Olsson de schimmels in schaaltjes in zijn laboratorium en stopte hij er twee onder constante omstandigheden in een volledig verduisterde doos. Hij liet ze een week staan met een camera erbij die gevoelig genoeg was om de bioluminescentie te registreren en die om de paar seconden een opname maakte. In het versneld afgespeelde filmpje dat daarvan te zien is, groeien twee onderling niet met elkaar verbonden myceliumculturen in de vorm van onregelmatige cirkels de schaaltjes uit. In het midden gloeien ze heviger dan aan de rand. Na enkele dagen – op het filmpje na een minuut of twee – treedt er ineens een verandering op. In een van de kweekjes golft licht door het netwerk van de ene rand naar de andere. De volgende dag rolt er zo'n zelfde lichtgolf door de tweede cultuur. Naar myceliumtijd gemeten is het een groot spektakel. In enkele – mycelische – ogenblikken verandert de fysiologische toestand van elk netwerk.[11]

'Wat *was* dat in godsnaam?' riep Olsson in mijn bijzijn uit. Gekscherend zei hij dat de aan zijn lot overgelaten schimmel misschien depressief was geworden of uit verveling maar wat was gaan spelen. Hoewel hij de kweekjes nog een paar weken liet staan, deed zich niet nog zo'n golf voor. Jaren later kan hij nog steeds niet verklaren waarom het verschijnsel optrad. En ook niet waardoor het mycelium in staat was zijn gedrag in zo korte tijd te coördineren.[12]

De coördinatie van mycelium valt moeilijk te begrijpen omdat er geen centrale aansturing is. Wanneer ons hoofd eraf gaat of ons hart ophoudt met kloppen, is het afgelopen met ons. Een myceliumnetwerk heeft geen hoofd en geen hersenen. Schimmels zijn net als planten decentrale organismen. Ze hebben geen commandocentrum, geen hoofdstad, geen regeringszetel. De besturing vindt decentraal plaats: de coördinatie van het mycelium treedt tegelijkertijd overal en nergens op. Een snippertje mycelium kan een heel nieuw netwerk vormen, wat wil zeggen dat één enkel mycelisch individu – mocht je dat woord durven gebruiken – in potentie onsterfelijk is.

Olsson raakte geïntrigeerd door de spontane lichtgolven die hij had vastgelegd en prepareerde nog eens twee schaaltjes voor een vervolgexperiment. In een kant van het *Panellus*-mycelium prikte hij de punt van een pipet. Die kant lichtte meteen op. Het verbaasde hem dat het licht zich binnen tien minuten over een afstand van negen centimeter door het netwerk verspreidde. Dat was sneller dan een chemisch signaal van de ene kant van het mycelium naar de andere kon gaan.

Olsson dacht dat de hyfen die hij had verwond misschien een vluchtige chemische stof hadden afgescheiden die zich als een gaswolkje over het netwerk verspreidde, zodat de stof zich niet via het netwerk hoefde te verplaatsen. Hij onderzocht die mogelijkheid door twee genetisch identieke mycelia naast elkaar te laten groeien. Er was geen direct verband tussen beide, maar ze bevonden zich dicht genoeg bij elkaar in de buurt om chemische stoffen via de lucht door te geven. Olsson prikte een van de netwerken weer met een pipet. Opnieuw verspreidde zich licht door het netwerk, maar het signaal sprong niet over op het mycelium ernaast. Er moest een of ander razendsnel communicatiesysteem binnen het netwerk zelf actief zijn. Olsson raakte steeds meer bezeten door de vraag wat dat zou kunnen zijn.

Schimmels voeden zich door middel van hun mycelium. Sommige organismen – zoals planten met fotosynthese – produceren hun eigen voedsel. Andere organismen – zoals de meeste dieren – vinden voedsel in de omringende wereld en stoppen het in hun lichaam, waar het wordt verteerd en geabsorbeerd. Schimmels hebben een heel andere strategie. Zij verteren de omringende wereld ter plekke en nemen die vervolgens in zich op. Hun hyfen zijn lang, vertakt en maar zo dik als één cel: tussen de twee en twintig micrometer doorsnee, ruim vijf keer zo dun als een gemiddelde mensenhaar. Hoe groter het deel van de omgeving waarmee hyfen in contact komen, des te meer ze kunnen eten. Het verschil tussen dieren en schimmels is eenvoudig: dieren stoppen voedsel in hun lichaam, schimmels stoppen hun lichaam in voedsel.[13]

Maar de omringende wereld is onvoorspelbaar. De meeste dieren gaan met een onzekere situatie om door te verkassen. Als ze ergens anders gemakkelijker voedsel kunnen vinden, gaan ze daarnaartoe. Maar als je je op ongewis, onvoorspelbaar terrein met voedsel begeeft, zoals mycelium, dan moet je van gedaante kunnen veranderen. Mycelium is een en al levend, groeiend, opportunistisch uitproberen: speculatie in levenden lijve. Er is sprake van indeterminisme: geen twee myceliumnetwerken zijn hetzelfde. Welke vorm heeft mycelium? Dat is als vragen welke vorm water heeft. We kunnen die vraag alleen beantwoorden als we weten waar het mycelium toevallig groeit. Vergelijk dat eens met mensen, die allemaal nagenoeg dezelfde lichaamsbouw hebben, die zich op dezelfde manier ontwikkelt. Tenzij er iets ingrijpends gebeurt, eindigen we met twee armen als we met twee armen ter wereld zijn gekomen.

Mycelium stort zich in zijn omgeving uit, maar het groeipatroon varieert niet eindeloos. Verschillende schimmels vormen verschillende soorten myceliumnetwerken. Sommige soorten hebben dunne hyfen, andere dikke. Sommige zijn kieskeurig als het om eten gaat, andere een stuk minder. Sommige zijn niet meer dan kortlevende donzige bolletjes die niet verder reiken dan hun voedselbron en op een stofje zouden passen. Andere soorten vormen langlevende netwerken die zich over vele kilometers uitstrekken. Sommige tropische soorten gaan niet eens op zoek naar voedsel. Ze gedragen zich als filtervoeders en ontwikkelen een soort netten van dikke myceliumstrengen, die ze gebruiken om vallende bladeren op te vangen.[14]

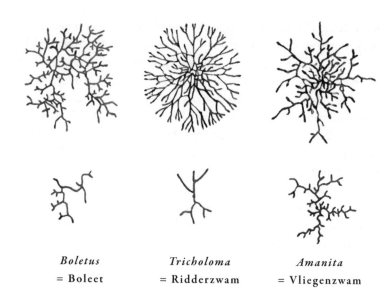

Boletus	*Tricholoma*	*Amanita*
= Boleet	= Ridderzwam	= Vliegenzwam

Verschillende soorten mycelium. Naar Fries, 1943

Waar schimmels ook groeien, ze moeten op slinkse wijze hun voedselbron binnen kunnen gaan. In gevallen waarin mycelium wel heel lastige barrières moet slechten, bijvoorbeeld wanneer ziekteverwekkende schimmels planten infecteren, ontwikkelen ze speciale penetrerende hyfen die dankzij een druk van wel vijftig tot tachtig atmosfeer genoeg kracht kunnen uitoefenen om door oersterke kunststoffen als Mylar en Kevlar heen te gaan. In één onderzoek werd geschat dat zo'n hyfe, wanneer die zo groot zou zijn als een mensenhand, een bus van acht ton zou kunnen optillen.[15]

De meeste meercellige organismen groeien door telkens nieuwe lagen cellen aan te maken. De cellen delen zich om zich te vermenigvuldigen, en ook nieuwe cellen delen zich weer. Een lever ontstaat doordat levercellen zich op nieuwe levercellen stapelen. Dat geldt ook voor een spier of een wortel. Hyfen zijn anders; ze groeien door langer te worden. Onder de juiste omstandigheden kan een hyfe zich tot in het oneindige uitstrekken.

Op moleculair niveau is alles wat zich in een cel afspeelt, of het nu in een schimmel is of niet, een waas van razende activiteit. Zelfs naar die maatstaf gemeten zijn hyfenpuntjes een krioelende massa, drukker dan tienduizend uit zichzelf stuiterende basketballen bij elkaar. De hyfen van sommige soorten groeien zo snel dat je het kunt zien. Hyfenpuntjes hebben nieuw materiaal nodig om vooruit te komen. Blaasjes vol cellulair bouwmateriaal komen vanuit het inwendige van de hyfe bij de puntjes aan en versmelten ermee in een tempo van zeshonderd stuks per seconde.[16]

In 1995 liep kunstenaar Francis Alÿs door São Paulo met een emmer verf met een gat in de bodem. Dagenlang druppelde er op zijn rondtocht een spoor van verf achter hem aan. Het spoor vormde een kaart van zijn tocht, een tijdsportret. Alÿs' kunstwerk illustreert de groei van hyfen. Hijzelf is het hyfenpuntje, het kronkelende spoor is een hyfe. Groei vindt plaats aan het puntje; wanneer iemand Alÿs staande zou hebben gehouden terwijl hij met de emmer rondliep, zou het spoor ophouden met groeien. Je kunt je je leven op die manier voorstellen. Het groeipuntje is het huidige moment – je ervaringen tot nu toe – dat zich voorwaarts de toekomst in knaagt. De geschiedenis van je leven is de rest van de hyfe, het blauwe spoor dat als een verstrengelde kluwen achter je ligt. Een myceliumnetwerk is een kaart van de recente geschiedenis van een schimmel en herinnert ons eraan dat elke levensvorm in feite een *proces* is, en geen *ding*. De 'jij' van vijf jaar geleden bestond uit ander materiaal dan de 'jij' van nu. De natuur is een gebeuren zonder einde. Zoals William Bateson opmerkte, degene die het woord 'genetica' muntte: 'We beschouwen dieren en planten als materie, maar in feite zijn het systemen waar permanent materie doorheen gaat.' Wanneer we een organisme zien, of het nu een schimmel is of een dennenboom, zien we één enkel moment in zijn continue ontwikkeling.[17]

Mycelium groeit meestal vanuit de hyfenpuntjes, maar niet altijd. Wanneer hyfen 'vervilten' om paddenstoelen te vormen, vullen ze zich razendsnel met water, dat ze uit de omgeving moeten opnemen. Dat is de reden waarom paddenstoelen vaak na een bui lijken op te komen. Een groeiende paddenstoel kan een explosieve kracht genereren. Wanneer een paddenstoel van de stinkzwamfamilie zich door een asfaltweg heen perst, genereert hij genoeg lift om een voorwerp van 130 kilo op te tillen. In een populaire paddenstoelengids uit de jaren zestig van de negentiende eeuw schreef Mordecai Cooke dat 'enkele jaren geleden de [Engelse] stad Basingstoke werd bestraat; luttele maanden daarna vertoonde de bestrating oneffenheden die zich niet onmiddellijk lieten verklaren. Niet veel later werd het mysterie opgelost, want enkele van de zwaarste keien werden volledig uit hun bedding gelicht door grote paddenstoelen die eronder groeiden. Een van de stenen mat tweeëntwintig bij eenentwintig inch en woog drieëntachtig pond.'[18]

Als ik langer dan een minuut aan myceliumgroei denk, verruimt mijn geest zich.

Halverwege de jaren tachtig legde de Amerikaanse musicoloog Louis Sarno de muziek vast van het Aka-volk, dat in de bossen van de Centraal-Afrikaanse Republiek leeft. Een van de opnamen heet 'Vrouwen die paddenstoelen verzamelen'. Wanneer de vrouwen paddenstoelen plukken, volgen ze de vorm van het myceliumnetwerk onder de grond en vermengt hun gezang zich met de geluiden van de dieren in het bos. Iedere vrouw zingt een andere melodie, elke stem vertelt een ander muzikaal verhaal. De verschillende melodieën vlechten zich ineen zonder een geheel te vormen. Stemmen draaien om andere stemmen heen, lopen door elkaar heen en parallel aan elkaar.[19]

'Vrouwen die paddenstoelen verzamelen' is een voorbeeld van polyfonie of meerstemmigheid. Polyfonie is tegelijkertijd meer dan één partij zingen of één verhaal vertellen. Anders dan de harmonieen van een barbershopkwartet vloeien de stemmen van de vrouwen nooit tot een geheel samen. Geen stem geeft zijn eigen identiteit op. Ook steelt geen enkele stem de show. Er is geen frontvrouw, geen solozangeres, geen leidster. Wanneer de opname voor een gehoor van tien mensen zou worden afgespeeld en hun na afloop zou worden gevraagd de melodie te zingen, zouden ze allemaal een andere stem kiezen.[20]

Mycelium is vleesgeworden polyfonie. Elke vrouwenstem is een hyfenpuntje, dat een eigen muzikaal panorama verkent. Hoewel het ieder van de vrouwen vrij staat om af te dwalen, zijn hun omzwervingen niet los te zien van die van de anderen. Er is geen eerste stem. En er is geen hoofdmelodie. Er is geen centrale planning. Toch tekent zich een vorm af.

Altijd wanneer ik naar 'Vrouwen die paddenstoelen verzamelen' luister, vindt mijn gehoor een weg in de muziek door één stem te kiezen en die te volgen, alsof ik in het bos naar een van de vrouwen toe loop en naast haar ga staan. Meer dan één stem volgen is lastig. Het is alsof je probeert verschillende gesprekken tegelijk te volgen zonder tussen het ene en het andere te wisselen. Je moet verschillende bewustzijnsstromen in je hoofd combineren. Je aandacht wordt minder gefocust en meer verdeeld. Het lukt me nooit, maar wanneer ik minder intens luister, gebeurt er iets anders. De vele stemmen vormen één lied dat door geen van de stemmen wordt gezongen. Ter plekke ontstaat een lied dat ik niet hoor wanneer ik de muziek uiteenrafel in de samenstellende stemmen.

Mycelium ontstaat wanneer de hyfen van een schimmel – geen bewustzijnsstromen maar fysieke strengen – zich met elkaar vermengen. Maar Alan Rayner, een mycoloog die is gespecialiseerd in de ontwikkeling van mycelium, vertelde me: 'Mycelium is niet zoiets als vormeloze katoenwol.' Hyfen kunnen tot ingewikkeld weefsel versmelten.

Wanneer je een paddenstoel ziet, zie je een vrucht. Stel je paddenstoelen voor als druiven die uit de grond groeien. Stel je vervolgens de wingerd voor waaruit ze ontstaan, kronkelend en zich vertakkend in de bodem. Druiven en wijnstokken bestaan uit verschillende celtypen. Snij een paddenstoel door en je ziet dat die bestaat uit hetzelfde celtype als mycelium: hyfen.

Paddenstoelen bestaan
net als mycelium uit hyfen
(schimmeldraden)

Hyfen kunnen behalve paddenstoelen ook ander weefsel vormen. Veel schimmelsoorten vormen holle bundels hyfenkabels: rhizomorfen. Die variëren van dunne vezels tot strengen van enkele millimeters dik die honderden meters lang kunnen worden. Omdat afzonderlijke hyfen hol zijn en dus geen draden – je vergeet maar al te gemakkelijk dat hyfen zich met vloeistof kunnen vullen – zijn rhizomorfen lange buizen die uit vele kleine buisjes bestaan. Ze kunnen vloeistof veel sneller transporteren dan een afzonderlijke hyfe – volgens één waarneming met bijna anderhalve meter per uur – en maken het myceliumnetwerken mogelijk om over grote afstanden voedingsstoffen en water te vervoeren. Olsson vertelde me over een bos in Zweden waar hij een *Armillaria*-netwerk ter grootte van twee voetbalvelden kende waar paddenstoelen uit groeiden. Er liep een bruggetje over een beek die door het terrein stroomde. 'Ik keek eens goed naar die brug,' zei hij, 'en zag dat de rhizomorfen in kronkelende strengen aan de onderkant van de brug hingen. De zwam stak met behulp van de brug de stroom over.' Hoe schimmels de groei van zulk weefsel coördineren blijft een raadsel.[21]

Rhizomorfen herinneren ons eraan dat myceliumnetwerken transportnetwerken zijn. Boddy's myceliumwegenkaart van Engeland is een ander goed voorbeeld. Paddenstoelengroei ook: om door asfalt heen te kunnen gaan, moet een paddenstoel zich vullen met water. Om dat mogelijk te maken, moet water snel van de ene locatie in het netwerk naar een andere kunnen en met een gestage puls een groeiende paddenstoel in worden gepompt.

Myceliumnetwerken kunnen over korte afstanden stoffen vervoeren via een netwerk van microscopisch kleine, buisvormige en dynamische eiwitvezels, een soort kruising tussen een steiger en een roltrap. Transport door middel van zulke 'motortjes' kost echter veel energie, en vandaar dat de inhoud van de hyfen over langere afstanden wordt vervoerd door middel van een 'rivier' van celvloeistof. Beide manieren maken snel transport via myceliumnetwerken mogelijk. Voor efficiënt transport moeten verschillende delen van het myceliumnetwerk verschillende taken vervullen. Toen het Engelse landgoed Haddon Hall werd gerenoveerd, werd een vruchtlichaam van het houtrot veroorzakende huiszwammengeslacht *Serpula* aangetroffen in een afgedankte steenoven. De verbindingen met het mycelium waren door acht meter steen heen terug te voeren op een rottende vloer elders in het gebouw. De zwam deed zich tegoed aan de vloer, maar kwam tot bloei in de oven.[22]

De beste manier om een indruk te krijgen van de vloeistofstroom binnen een mycelium is de inhoud door het netwerk heen te zien gaan. In 2013 prepareerde een groep onderzoekers van de University of California in Los Angeles mycelium zo dat ze onderdelen van de cellen zichtbaar konden maken die door de hyfen heen gingen. Hun filmpjes laten grote hoeveelheden voortgestuwde celkernen zien. Door sommige hyfen gaan ze sneller heen dan door andere, in andere gaan ze in verschillende richtingen. Soms ontstaat er een file of wordt het celkernverkeer omgeleid via een sluipweg. Hele celkernstromen komen samen. Er zijn ritmisch stuwende pulsen – 'kernkometen' – die zich op splitsingen vertakken en zijweggetjes afjakkeren. Het is een beeld van 'celkernanarchie', zoals een van de onderzoekers droogjes constateerde.[23]

Stroming verklaart hoe het verkeer binnen een myceliumnetwerk circuleert, maar kan niet verklaren waarom schimmels een bepaalde kant op groeien. Hyfen zijn gevoelig voor prikkels en worden voortdurend geconfronteerd met een wereld vol mogelijkheden. In plaats van dat ze zich in een gestaag tempo in een rechte lijn uitstrekken, sturen ze zichzelf in de richting van iets wat er aantrekkelijk uitziet en bewegen ze zich af van iets onaantrekkelijks. Hoe?

In de jaren vijftig raakte Nobelprijswinnaar en biofysicus Max Delbrück geïnteresseerd in zintuiglijk gedrag. Als modelorganisme koos hij de schimmel *Phycomyces blakesleeanus*. Delbrück was gefascineerd door de zintuiglijke vermogens van *Phycomyces*. De vruchtlichamen – in feite reusachtige verticale hyfen – zijn even lichtgevoelig als het menselijk oog en passen zich net als onze ogen aan fel en zwak licht aan. Ze kunnen licht met de intensiteit van een ster waarnemen en raken 'verblind' wanneer ze op een heldere dag blootstaan aan fel zonlicht. Wanneer je daarentegen een plant een reactie op licht zou willen ontlokken, zou je hem aan een honderd keer zo hoge intensiteit moeten blootstellen.[24]

Aan het einde van zijn carrière schreef Delbrück dat hij van alle primaire meercellige organismen *Phycomyces* nog steeds 'het intelligentst' vond. Behalve dat *Phycomyces* zeer gevoelig is voor contact – hij groeit bij voorkeur bij windsnelheden van nog geen centimeter per seconde – kan hij voorwerpen in de buurt bespeuren en uit de weg gaan, een verschijnsel dat bekendstaat als 'vermijdingsreactie'. Hoewel er tientallen jaren nauwgezet onderzoek naar is gedaan, blijven vermijdingsreacties een raadsel. Voorwerpen binnen een afstand van enkele millimeters laten het vruchtlichaam van *Phycomyces* afbuigen zonder dat het er ooit mee in aanraking komt. Wat het ook voor voorwerp is – doorschijnend of niet, glad of ruw – *Phycomyces* buigt er na ongeveer twee minuten omheen. Elektrostatische velden, vochtigheid, mechanische impulsen en temperatuur zijn allemaal als verklaring aangevoerd maar uitgesloten. Sommige onderzoekers denken dat *Phycomyces* gebruikmaakt van een vluchtig chemisch signaal dat met kleine luchtstromen mee rond het voorwerp afbuigt, maar dat is nog lang niet bewezen.[25]

Hoewel *Phycomyces* een ongewoon sensitieve soort is, zijn de meeste schimmels gevoelig voor licht (voor de richting, de intensiteit of de kleur), temperatuur, vocht, voedingsstoffen, gifstoffen en elektrische velden en kunnen ze erop reageren. Net als planten kunnen ze kleuren uit het hele lichtspectrum 'zien' met behulp van receptoren die gevoelig zijn voor blauw en rood licht. Maar anders dan planten beschikken schimmels ook over opsinen, de lichtgevoelige pigmenten in de staafjes en kegeltjes van ogen. Hyfen kunnen bovendien de textuur van oppervlakken voelen; volgens een onderzoek kunnen de jonge hyfen van bonenroest groeven van een halve micrometer diep in oppervlakken waarnemen, drie keer minder diep dan de putjes op een cd. Wanneer hyfen paddenstoelen vormen door samen te klitten, worden ze ineens gevoelig voor zwaartekracht. En zoals we hebben gezien onderhouden schimmels ettelijke vormen van chemische communicatie met andere organismen en met zichzelf. Wanneer ze zich verenigen of voortplanten, maken hyfen onderscheid tussen zichzelf en 'de ander' en onderscheiden ze verschillende 'anderen'.[26]

Schimmels brengen hun leven door in een lawine van zintuiglijke informatie. Toch kunnen hyfen – met hun puntjes voorop – die vele gegevensstromen op de een of andere manier integreren en een geschikte groeirichting bepalen. Net als de meeste dieren gebruiken mensen hun hersenen om zintuiglijke informatie te integreren om te besluiten welke strategie ze het beste kunnen volgen. Vandaar dat we de neiging hebben om op zoek te gaan naar het lichaamsdeel waar die integratie zou kunnen plaatsvinden. We willen graag weten *waar*, maar net als bij planten en schimmels brengen vragen naar het 'waar' ons niet veel verder. Myceliumnetwerken en planten hebben verschillende onderdelen, maar geen ervan is uniek. Er is veel van alles. Hoe komen stromen zintuiglijke informatie dan bij elkaar in een myceliumnetwerk? Hoe koppelen organismen die geen hersenen hebben waarneming aan actie?

Plantenwetenschappers worstelen al langer dan een eeuw met die vraag. In 1880 publiceerden Charles Darwin en zijn zoon Francis een boek met de titel *The Power of Movement in Plants*. In de slotalinea opperen ze dat signalen uit verschillende delen van de plant in de wortelpunten worden geïntegreerd, omdat die de groeirichting bepalen. Wortelpunten, schrijven vader en zoon Darwin, fungeren 'als de hersenen van een lage diersoort [...] die indrukken van de zintuigen ontvangen en de verschillende bewegingen sturen'. Hun bewering is bekend komen te staan als de 'wortelhersenhypothese' en is op z'n zachtst gezegd controversieel. Dat komt niet doordat iemand hun waarnemingen betwist: het is duidelijk dat de wortelpunten de groeirichting van de wortel bepalen, zoals de groeipunten van planten de richting van bovengrondse scheuten bepalen. Alleen is de mening van de plantenwetenschappers over het gebruik van het woord 'hersenen' verdeeld. Sommigen denken dat het onze kijk op het plantenleven kan verbreden, anderen vinden alleen al de suggestie dat planten zoiets zouden kunnen hebben als een brein belachelijk.[27]

In zekere zin leidt het woord 'hersenen' af van waar het om gaat. Het punt van vader en zoon Darwin is dat in de groeipunten de informatie moet samenkomen waar perceptie wordt gekoppeld aan actie en de geschikte groeirichting wordt bepaald. Datzelfde geldt voor hyfen. Hyfenpuntjes zijn het deel van het mycelium dat groeit, die de richting veranderen, zich vertakken en samengaan. Ze zijn het actiefste deel van het mycelium. En ze zijn met vele. Een myceliumnetwerk telt er ergens tussen de honderden en miljarden, die allemaal op massale, uniforme schaal informatie integreren en verwerken.[28]

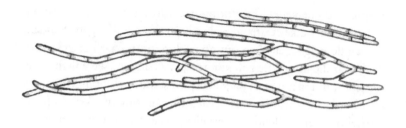

In hyfenpuntjes komen de gegevensstromen samen die de snelheid en de richting van de groei bepalen, maar hoe 'weten' de puntjes in het ene deel van het netwerk wat de puntjes van een ander deel verderop doen? En zo zijn we weer terug bij Olssons raadsel. Zijn bioluminescente *Panellus*-kweekjes konden hun gedrag coördineren in een tijd die te kort was voor chemische stoffen om door het netwerk heen van A naar B te gaan. Het mycelium van sommige schimmelsoorten groeit in de vorm van heksenkringen waarvan de diameter honderden meters kan bedragen, die honderden jaren oud kunnen worden en op de een of andere manier in één keer een kring paddenstoelen uit de grond laten schieten. In Boddy's foerageerexperimenten ontdekte één deel van het netwerk het nieuwe houtblok, maar het gedrag van het hele mycelium veranderde, en het veranderde razendsnel. Hoe kunnen delen van een myceliumnetwerk met elkaar communiceren? Hoe kan het dat informatie er zo snel doorheen gaat?[29]

Er zijn verschillende mogelijkheden. Sommige onderzoekers denken dat myceliumnetwerken groeisignalen uitzenden door gebruik te maken van veranderingen in de druk of in de stroming. Omdat mycelium een permanent actief hydraulisch netwerk is, zoals het remsysteem van een auto, zou een plotseling drukverschil in een deel van het mycelium in principe snel ergens anders merkbaar kunnen zijn. Anderen denken dat metabolische activiteit – zoals het verzamelen en afgeven van chemische verbindingen door de hyfencompartimenten – met regelmatige pulsen plaatsvindt, die het gedrag binnen het hele netwerk zouden kunnen synchroniseren. Olsson richtte op zijn beurt zijn aandacht op een van de weinige andere opties die overbleven: elektriciteit.[30]

Het is al heel lang bekend dat dieren elektrische pulsen of 'actiepotentialen' gebruiken om verschillende lichaamsdelen met elkaar te laten communiceren. Neuronen, de lange, elektrisch prikkelbare zenuwcellen die diergedrag coördineren, kunnen bogen op een eigen onderzoeksgebied: de neurowetenschappen. Hoewel meestal wordt gedacht dat alleen dieren elektrische signalen hebben, wekken niet alleen zij actiepotentialen op. Planten en algen doen dat ook, en al sinds de jaren zeventig is bekend dat sommige schimmelsoorten het eveneens doen. Daarnaast kunnen bacteriën elektrisch worden geprikkeld. 'Kabelbacteriën' vormen lange, elektriciteit geleidende vezels, die bekendstaan als nanodraden. En sinds 2015 is bekend dat kolonies bacteriën door middel van potentiaalachtige golven van elektrische activiteit hun gedrag kunnen coördineren. Toch konden maar weinig mycologen zich voorstellen dat elektriciteit een grote rol zou kunnen spelen in het leven van schimmels.[31]

Halverwege de jaren negentig werkte een onderzoeksgroep aan Olssons faculteit aan de Lund University in Zweden aan de neurobiologie van insecten. Met hun experimenten maten ze de activiteit van neuronen door ragfijne glazen micro-elektroden in de hersentjes van nachtvlinders in te brengen. Olsson benaderde hen en vroeg of hij hun methode mocht gebruiken om een eenvoudige vraag te beantwoorden: wat zou er gebeuren als hij de nachtvlinderhersentjes verving door mycelium? De neurowetenschappers waren benieuwd. In principe zouden hyfen goed in staat moeten zijn om elektrische impulsen te geleiden. Er zit een isolatielaag van eiwit omheen, waar elektriciteitsgolven over grote afstanden doorheen zouden moeten kunnen gaan zonder af te zwakken; zenuwcellen van dieren hebben een vergelijkbare laag. Bovendien vormen de cellen van het mycelium een ononderbroken rij, waardoor elektrische impulsen die beginnen in het ene deel van het netwerk moeiteloos een ander deel zouden moeten kunnen bereiken.

Olsson selecteerde met zorg een schimmelsoort. Hij dacht dat een eventueel communicatiesysteem van schimmels gemakkelijker te vinden zou zijn bij soorten die behoefte hadden aan communicatie over grote afstanden. Voor de zekerheid koos hij een honingzwam, of *Armillaria*, de soort die het record van grootste myceliumnetwerk in handen heeft, zich over kilometers uitstrekt en duizenden jaren oud kan worden.

Toen Olsson de micro-elektroden in de hyfenstrengen van de zwam stak, nam hij regelmatige, actiepotentiaalachtige impulsen waar, die bijna even vaak als bij dieren – in een tempo van ongeveer vier per seconde – en met minstens een halve millimeter per seconde door de hyfen heen gingen. Dat was opvallend, maar wilde op zichzelf nog niet zeggen dat die impulsen de basis vormden van een razendsnel signaalsysteem. Elektrische activiteit kan alleen een rol in de communicatie van schimmels spelen als die gevoelig zijn voor stimuli. Olsson besloot de respons van de schimmel op houtblokken te meten, want *Armillaria* verteren hout.[32]

Olsson paste de methode van zijn collega's toe en plaatste een houtblok op het mycelium, een paar centimeter van de elektroden. Hij nam iets bijzonders waar. Toen het hout in contact kwam met het mycelium, verdubbelde het aantal impulsen. Toen hij het blok weghaalde, daalde het tempo weer naar dat van daarvoor. Om er zeker van te zijn dat de schimmels niet reageerden op het gewicht van het blok, legde hij een onverteerbaar blok kunststof met hetzelfde gewicht en van dezelfde omvang op het mycelium. De schimmel reageerde niet.

Olsson testte vervolgens een hele reeks andere schimmelsoorten, waaronder een mycorrhizaschimmel die op het wortelstelsel van planten groeit, *Pleurotus* (van het geslacht oesterzwammen) en *Serpula* (die uit de oven van Haddon Hall). Allemaal genereerden ze actiepotentiaalachtige impulsen en waren ze gevoelig voor uiteenlopende stimuli. Olsson achtte het waarschijnlijk dat zeer verschillende schimmels met elektrische signalen berichten tussen verschillende delen van zichzelf heen en weer kunnen sturen: berichten over 'voedselbronnen, verwondingen, plaatselijke omstandigheden binnen in de schimmel en de aanwezigheid van andere entiteiten eromheen'.[33]

Veel van de neurobiologen met wie Olsson samenwerkte waren opgetogen omdat de myceliumnetwerken zich als hersenen schenen te gedragen. 'Dat was de eerste reactie van de insectenjongens,' herinnerde Olsson zich. 'Ze dachten dat die grote myceliumnetwerken in het bos uit zichzelf elektrische signalen rondstuurden. Ze zagen al voor zich dat het gewoon een soort grote hersenen waren.' Ik moet toegeven dat ik die oppervlakkige gelijkenis ook maar moeilijk van me heb kunnen afzetten. Olssons resultaten deden vermoeden dat mycelium waanzinnig complexe netwerken van elektrisch prikkelbare cellen zou kunnen vormen. En dat zijn hersenen ook.

'Ik denk niet dat het hersenen zijn,' legde Olsson uit. 'Ik moest echt op de rem gaan staan bij dat idee. Zodra je dat concept gebruikt, denken mensen aan hersenen zoals die van ons, met taal en de verwerking van gedachten om besluiten te nemen.' Olsson is niet voor niets zo voorzichtig. 'Hersenen' is een woord waar onderzoekers op aanslaan en dat beladen is met concepten die afkomstig zijn uit de dierenwereld. 'Wanneer we "hersenen" zeggen,' ging Olsson verder, 'krijgen we allerlei associaties met dierlijke hersenen.' Daarnaast gedragen hersenen zich volgens hem als hersenen doordat ze zo zijn gebouwd. De bouw van dierenhersenen verschilt totaal van die van schimmelnetwerken. In dierenhersenen maken neuronen contact met andere neuronen via synapsen. Bij synapsen kunnen signalen worden gecombineerd met andere signalen. Neurotransmittermoleculen worden via de synapsen doorgegeven en maken het verschillende neuronen mogelijk om zich op verschillende manieren te gedragen: sommige prikkelen ze, andere remmen ze af. Myceliumnetwerken vertonen geen van deze eigenschappen.

Maar als schimmels inderdaad elektriciteit gebruiken om signalen door een netwerk te sturen, moeten we mycelium dan niet op z'n minst beschouwen als een *hersenachtig* fenomeen? Wat Olsson betreft zijn er andere manieren om elektrische impulsen in myceliumnetwerken te reguleren om 'hersenachtige circuits, poorten en trillingen' tot stand te brengen. De hyfen van sommige schimmels worden in compartimenten verdeeld door poriën, die door zintuiglijke prikkels kunnen worden gereguleerd. Zo'n porie openen of sluiten verandert de kracht van een signaal dat van het ene compartiment naar het andere gaat, of dat signaal nu een chemische stof is, een verandering van druk of elektrisch van aard. Wanneer plotselinge veranderingen van de elektrische lading in een hyfencompartiment een porie kunnen openen of sluiten, mijmerde Olsson, dan zou een hele stoot impulsen de manier kunnen veranderen waarop signalen daarna door de hyfe gaan en elementair zelflerend vermogen mogelijk kunnen maken. Bovendien vertakken hyfen zich. Wanneer twee impulsen in één punt samenkomen, zouden ze beide de geleiding van de porie kunnen beïnvloeden, zodat signalen worden geïntegreerd die van verschillende vertakkingen afkomstig zijn. 'Je hoeft echt niet veel van computers te weten om te snappen dat zulke systemen beslissingspunten kunnen hebben,' vertelde Olsson me. 'Als je die systemen combineert tot een flexibel, veranderlijk netwerk, dan is er een "brein" mogelijk dat kan leren en zich dingen kan herinneren.' Hij hield het woord 'brein' op veilige afstand, in de tang van aanhalingstekens om te onderstrepen dat het om een metafoor ging.[34]

Dat schimmels elektrische signalen zouden kunnen gebruiken als basis voor razendsnelle communicatie is Andrew Adamatzky, directeur van het Unconventional Computing Laboratory, niet ontgaan. In 2018 duwde hij elektroden in oesterzwammen die in kluitjes aan myceliumblokken ontsproten, waarna hij spontane golven van elektrische activiteit waarnam. Wanneer hij een vlam bij een van de zwammen hield, reageerden verschillende zwammen in zo'n kluitje met een vinnig stroomstootje. Niet lang daarna publiceerde hij een artikel met de titel 'Towards fungal computer'. Daarin opperde hij dat myceliumnetwerken informatie 'verwerken' die is gecodeerd in de vorm van elektrische impulsen. Als we weten hoe een myceliumnetwerk reageert op een bepaalde stimulus, beweert Adamatzky, dan zouden we het als een levende printplaat kunnen beschouwen. Door het mycelium te prikkelen – bijvoorbeeld met behulp van een vlam of een chemische stof – kunnen we data in de 'schimmelcomputer' invoeren.[35]

Een schimmelcomputer klinkt misschien als fantasie, maar zogeheten *biocomputing* is een snelgroeiend onderzoeksterrein. Adamatzky houdt zich al jaren bezig met de ontwikkeling van methoden om slijmzwammen te gebruiken als sensoren en computers. Voor die prototypen van biocomputers maakt hij gebruik van slijmzwammen om allerlei geometrische problemen op te lossen. De slijmzwamnetwerken kunnen worden gemodificeerd – bijvoorbeeld door een verbinding door te snijden – om de 'logische functies' te veranderen die erin zijn verwerkt. Adamatzky's idee van een 'schimmelcomputer' is niet meer dan de toepassing van een slijmzwamcomputer op een ander organisme dat op een netwerk is gebaseerd.[36]

Volgens Adamatzky zijn de myceliumnetwerken van bepaalde schimmelsoorten als computer geschikter dan slijmzwammen. Ze vormen netwerken die veel langer leven en lang niet zo snel van vorm veranderen. Ze zijn ook groter, met meer hyfensplitsingen. Op die splitsingen – Olsson noemt ze 'beslissingspunten', Adamatzky 'elementaire processoren' – kunnen signalen uit verschillende takken van het netwerk op elkaar inwerken en worden gecombineerd. Adamatzky schat dat een netwerk van een honingzwam met een oppervlakte van vijftien hectare bijna een triljoen van die processoren bevat.

Het gaat Adamatzky er niet om siliciumchips te vervangen door schimmelcomputers. Daar reageren schimmels niet snel genoeg voor. Hij denkt eerder dat mensen mycelium in een ecosysteem als 'grootschalige milieusensor' kunnen gebruiken. Schimmelnetwerken, zo redeneert hij, houden de hele dag grote aantallen gegevensstromen in de gaten. Als we op myceliumnetwerken zouden kunnen 'inpluggen' en de signalen zouden benutten die ze gebruiken om informatie te verwerken, dan zouden we meer te weten kunnen komen over wat zich in een ecosysteem afspeelt. Schimmels zouden veranderingen in de kwaliteit van de bodem of van water kunnen signaleren, net als verontreinigingen en andere aspecten van de omgeving waar ze gevoelig voor zijn.[37]

We dwalen een beetje af. Computeren met levende, op netwerken gebaseerde organismen staat nog in de kinderschoenen en er moeten nog veel vragen worden beantwoord. Olsson en Adamatzky hebben aangetoond dat mycelium elektrisch gevoelig is, maar niet dat elektrische impulsen een stimulus kunnen koppelen aan een respons. Dat staat gelijk aan een punaise in je teen prikken, de zenuwimpuls registeren die door je lichaam gaat, maar jouw reactie op je pijn niet kunnen meten.

Het is een uitdaging voor de toekomst. In de drieëntwintig jaar tussen Olssons onderzoek naar mycelium en Adamatzky's experimenten met de oesterzwammen is er geen ander onderzoek naar elektrische signalen in schimmels gedaan. Olsson vertelde me dat hij, als hij zou beschikken over de middelen om zijn onderzoek voort te zetten, een duidelijke fysiologische reactie zou proberen aan te tonen op veranderingen in elektrische activiteit en de patronen van de elektrische impulsen zou proberen te ontcijferen. Hij droomt ervan om 'een schimmel op een computer aan te sluiten en ermee te communiceren', om elektrische signalen te gebruiken waarmee hij het gedrag van de schimmel kan manipuleren. 'Je zou de raarste en meest fantastische experimenten kunnen doen als dat zou blijken te kunnen.'[38]

Het zijn onderzoeken die allerlei vragen oproepen. Zijn op netwerken gebaseerde levensvormen zoals schimmels en slijmzwammen in staat tot een vorm van cognitie? Kunnen we hun gedrag als intelligent beschouwen? Als de intelligentie van andere organismen niet lijkt op die van ons, hoe ziet die er dan wel uit? Zouden we die zelfs wel herkennen?

De mening onder biologen is verdeeld. Van oudsher worden intelligentie en cognitie gedefinieerd in menselijke termen: als iets waar op z'n minst hersenen en – meestal – bewustzijn aan te pas komen. De cognitieve wetenschap ontstond uit de bestudering van de mens, waardoor het menselijk bewustzijn vanzelf het belangrijkste onderzoeksonderwerp werd. Zonder bewustzijn lijken de klassieke voorbeelden van cognitieve processen – taal, logica, redeneren, jezelf in een spiegel herkennen – onmogelijk. Voor al die processen is een hoog niveau van mentaal functioneren nodig. Maar hoe we intelligentie en cognitie definiëren is een kwestie van smaak. Velen vinden theorieën waarin de hersenen in het middelpunt staan veel te beperkt. Het idee dat je een scherpe grens kunt trekken tussen mensen – met hun 'echte bewustzijn' en 'echte begrip' – en nietmensen, is door filosoof Daniel Dennett ruw terzijde geschoven als een 'oude mythe'. Hersenen hebben de kunstjes die ze kunnen niet vanuit het niets ontwikkeld: veel van hun eigenschappen geven blijk van oeroude processen die al bestonden lang voordat er hersenen waren zoals wij ze kennen.[39]

Charles Darwin koos in 1871 een pragmatische koers. 'Intelligentie is de mate waarin een soort efficiënt datgene doet wat ze nodig heeft om te overleven.' Die opvatting klinkt door in het werk van veel hedendaagse biologen en filosofen. De Latijnse stam van het woord 'intelligentie' betekent 'kiezen tussen'. Veel organismen zonder hersenen – waaronder planten, schimmels en slijmzwammen – reageren op een flexibele manier op hun omgeving, lossen problemen op en kiezen uit verschillende mogelijkheden. Complexe informatie verwerken is duidelijk niet aan hersenen voorbehouden. Sommige onderzoekers gebruiken de term 'zwermintelligentie' om het probleemoplossende gedrag van systemen zonder hersenen te beschrijven. Anderen denken dat het gedrag van levensvormen die op netwerken zijn gebaseerd moet worden beschouwd als iets wat voortkomt uit 'minimale' of 'basale' cognitie en vinden dat we ons niet moeten afvragen of een organisme over cognitie beschikt of niet. We zouden juist de *mate* moeten beoordelen waarin een organisme over bewustzijn beschikt. In al die opvattingen doet zich intelligent gedrag voor zonder hersenen. Er is alleen een dynamisch, reactief netwerk voor nodig.[40]

Hersenen zijn lange tijd beschouwd als een dynamisch netwerk. In 1940 omschreef neurobioloog Charles Sherrington, winnaar van de Nobelprijs voor Fysiologie of Geneeskunde, de menselijke hersenen als 'een toverweefgetouw waarin miljoenen schietspoelen een vergankelijk patroon weven'. Tegenwoordig is 'netwerkneurowetenschap' de benaming voor de discipline waarin onderzoekers proberen te begrijpen hoe de activiteit van de hersenen ontstaat uit de gecombineerde activiteit van miljoenen neuronen. Eén neuronencircuit in de hersenen is niet genoeg voor intelligent gedrag, zoals het gedrag van één termiet niet genoeg is voor de complexe bouw van een termietenheuvel. Eén enkel neuronencircuit 'snapt' niet beter wat er aan de hand is dan één termiet de bouw van de heuvel 'snapt', maar grote aantallen neuronen kunnen een netwerk vormen waaruit opmerkelijke verschijnselen voortkomen. Zo bezien komt complex gedrag – waaronder bewustzijn en de verfijnde patronen van doorleefde, bewuste ervaringen – voort uit complexe neuronennetwerken die zichzelf flexibel aanpassen.[41]

Hersenen zijn maar één zo'n netwerk, één manier om informatie te verwerken. Zelfs dieren kunnen van alles doen zonder hersenen. Onderzoekers van de Tufts University hebben dat aangetoond met bijzondere experimenten met platwormen. Platwormen zijn intensief bestudeerde modelorganismen vanwege hun regeneratievermogen. Als je de kop van een platworm afhakt, groeit er vanzelf een nieuwe aan, met hersenen en al. Je kunt platwormen ook iets leren. De onderzoekers leerden een platworm zich de kenmerken van zijn omgeving in te prenten en vroegen zich af, wanneer ze zijn kop eraf hakten, of de nieuwe kop en hersenen zich de omgeving konden herinneren. Verrassend genoeg luidde het antwoord 'ja'. Het geheugen van de platwormen bleek in een lichaamsdeel buiten hun hersenen te zitten. De experimenten doen vermoeden dat zelfs bij dieren die niet zonder hersenen kunnen de flexibele netwerken die aan complex gedrag ten grondslag liggen zich niet beperken tot een klein gebiedje in de kop. Er zijn andere voorbeelden. De meeste zenuwcellen van octopussen zijn niet in de hersenen te vinden, maar verspreid over het hele dier. Een groot aantal zit in de tentakels, die hun omgeving kunnen aftasten en proeven zonder dat daarbij hersenen in het spel zijn. Zelfs geamputeerde tentakels kunnen nog reiken en grijpen.[42]

Bij veel soorten organismen zijn dus flexibele netwerken geëvolueerd om de uitdagingen van het leven te trotseren. Organismen met een mycelium blijken tot de oudste te behoren. In 2017 publiceerden onderzoekers van het Zweedse Koninklijk Natuurhistorisch Museum een rapport waarin ze het fossiele mycelium beschreven dat bewaard was gebleven in brokken oeroude lava. De fossielen bevatten zich vertakkende vezels die 'elkaar raken en met elkaar verweven zijn'. Het 'verstrengelde netwerk' dat ze vormden, de afmetingen van de hyfen, de omvang van sporeachtig weefsel en het groeipatroon deden allemaal sterk denken aan hedendaags mycelium. Het is een uitzonderlijke ontdekking, want de fossielen zijn 2,4 miljard jaar oud, meer dan een miljard jaar ouder dan het moment waarop men dacht dat schimmels zich van de levensstamboom afsplitsten. De identiteit van het organisme kon niet met zekerheid worden vastgesteld, maar of het nu wel of geen echte schimmel was, het gedroeg zich duidelijk als mycelium. Die ontdekking maakt mycelium tot een van de vroegst bekende knipogen naar complex meercellig leven: een oerkluwen, een van de eerste levende netwerken. Het opmerkelijk genoeg nauwelijks veranderde mycelium heeft ruim de helft meegemaakt van de ongeveer vier miljard jaar oude geschiedenis van het leven op aarde, ondanks ontelbare rampzalige gebeurtenissen en mondiale veranderingen.[43]

Barbara McClintock, die de Nobelprijs voor Fysiologie of Geneeskunde kreeg voor haar werk aan genetische onderdelen van mais, schreef dat planten 'onze stoutste verwachtingen overtreffen'. Dat is niet omdat ze manieren hebben ontwikkeld om te doen wat mensen doen, maar omdat leven op één plek, vastgeketend aan wortels, ze ertoe heeft aangezet talloze 'ingenieuze mechanismen' te ontwikkelen om de gevaren te trotseren die dieren zouden ontlopen door gewoon weg te rennen. Hetzelfde kunnen we zeggen van schimmels. Mycelium is ook zo'n ingenieuze oplossing, een briljant antwoord op enkele van de elementaire uitdagingen van het leven. Myceliumschimmels doen de dingen anders dan wij en bevatten flexibele netwerken die onvermoeibaar andere gedaanten aannemen. Nee, ze *zijn* flexibele netwerken die onvermoeibaar andere gedaanten aannemen.[44]

McClintock benadrukt dat het belangrijk is 'gevoel voor het organisme' te krijgen, het geduld te leren opbrengen om te 'luisteren naar wat de matere je te vertellen heeft'. Als het om schimmels gaat, maken we dan een kans? Het leven van mycelium is zo *anders*, de mogelijkheden van mycelium zijn zo vreemd. Maar misschien staat het niet zo ver van ons af als op het eerste gezicht lijkt. In veel traditionele culturen leeft het besef dat het leven een verweven geheel is. Tegenwoordig is het idee dat alles met elkaar samenhangt zo sleets dat het een cliché is geworden. Het idee van het 'levensweb' ligt ten grondslag aan hedendaagse wetenschappelijke voorstellingen van de natuur: de school van de 'systeemtheorie', die in de twintigste eeuw opkwam, vat alle systemen – van verkeersstromen tot bestuur tot ecosystemen – op als dynamische interactieve netwerken; op het onderzoeksterrein van de kunstmatige intelligentie worden problemen opgelost met kunstmatige neurale netwerken; allerlei aspecten van het menselijk leven vertonen parallellen met de digitale netwerken van het internet; de netwerkneurowetenschap nodigt ons uit *onszelf* als een dynamisch netwerk te beschouwen. Als een spier die goed is getraind, is het begrip 'netwerk' abnormaal gegroeid en een superieur concept geworden. Er is bijna geen onderwerp of netwerken worden gebruikt om er vat op te krijgen.[45]

En toch kost het ons nog steeds moeite om mycelium te begrijpen. Ik vroeg Lynn Boddy wat het meest mysterieuze aspect van het myceliumleven is. 'Aha, dat is een goede vraag.' Ze viel even stil. 'Ik weet het echt niet. Er is gewoon *zoveel*. Hoe functioneren schimmels met een mycelium *als netwerk*? Hoe worden ze hun omgeving gewaar? Hoe versturen ze boodschappen naar verschillende delen? Hoe worden die vervolgens geïntegreerd? Het zijn allemaal belangrijke vragen waar bijna niemand over lijkt na te denken. Maar die dingen snappen is cruciaal om te begrijpen hoe schimmels zo ongeveer alles doen wat ze doen. We beschikken over de technieken om dat werk te doen, maar wie kijkt er naar de basale biologie van schimmels? Dat doen maar weinig mensen. Dat verontrust me. Veel van wat we hebben ontdekt hebben we nog niet in één allesomvattend kader ondergebracht.' Ze schoot in de lach. 'De vruchten zijn rijp om te worden geplukt! Maar als het gaat om schimmels plukken, dan houden maar weinig mensen zich daarmee bezig.'

In 1845 merkte Alexander von Humboldt op dat 'elke stap die we zetten in de richting van diepere kennis van de natuur ons leidt naar de ingang van een volgend labyrint'. Polyfone zang zoals die van 'Vrouwen die paddenstoelen plukken' ontstaat uit de versmelting van stemmen, mycelium ontstaat uit de versmelting van hyfen. Een beter begrip van mycelium moet nog ontstaan. We staan voor de ingang van een van 's werelds oudste levenslabyrinten.[46]

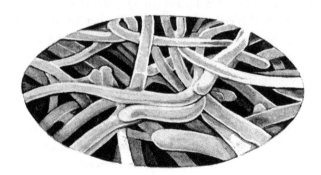

3

INTIMITEIT
TUSSEN ONBEKENDEN

Het probleem was dat we niet wisten over wie we
het hadden toen we 'we' zeiden.[1]
— ADRIENNE RICH

OP 18 JUNI 2016 KWAM DE LANDINGSMODULE VAN
een Sojoez-ruimtevaartuig neer in een naargeestige steppe in Ka-
zachstan. Drie ruimtevaarders werden na een verblijf in het International Space Station (ISS) veilig uit de geblakerde capsule gehaald.
De astronauten waren niet alleen toen ze naar de aarde terugkeerden. Onder hun stoel zaten honderden levende organismen boven
op elkaar gestouwd in een kist.

Tot de kweekjes behoorden verschillende soorten korstmossen
die anderhalf jaar in de ruimte hadden vertoefd als onderdeel van
het Biology and Mars Experiment, BIOMEX. BIOMEX is een internationaal consortium van astrobiologen die een soort ladekast aan
de buitenkant van het ISS gebruiken, de EXPOSE, om biologische
kweekjes in buitenaardse omstandigheden te maken. 'Laten we hopen dat ze heelhuids terugkeren,' zei Natuschka Lee, lid van het
korstmossenteam van BIOMEX, tegen me, een paar dagen voordat

de landing zou plaatsvinden. Ik wist niet precies wie ze met 'ze' bedoelde, maar niet lang daarna belde ze om te zeggen dat alles goed was gegaan. Ze had een mailtje gekregen van een van de onderzoeksleiders van het Aerospace Center in Berlijn. Opgelucht las ze de onderwerpsregel voor: 'EXPOSE-bakken terug op aarde...' Lee: 'Binnenkort hebben we onze kweekjes terug.'[2]

Verschillende organismen die tegen een stootje kunnen zijn in een baan om de aarde gebracht, van de sporen van bepaalde bacteriesoorten tot vrij levende algen en van schimmels die in gesteente leven tot beerdiertjes, een soort microscopisch kleine organismen. Sommige kunnen overleven zolang ze worden beschermd tegen de schadelijke invloed van zonnestraling. Maar slechts een enkeling, op een handvol korstmossensoorten na, overleeft in de omstandigheden van de ruimte, badend in ongefilterde kosmische straling. De eigenschappen van die korstmossen zijn zo opmerkelijk dat ze de modelorganismen van astrobiologisch onderzoek zijn geworden. Ze zijn ideaal om, zoals een onderzoeker schrijft, 'de grenzen en de beperkingen van het leven op aarde vast te stellen'.[3]

Het is niet voor het eerst dat korstmossen ons hebben geholpen de grenzen van het leven zoals we dat kennen te overdenken. Korstmossen zijn levende raadsels. Al vanaf de negentiende eeuw zijn ze de inzet van een verhit debat over de vraag wat een autonoom individu is. Hoe beter we korstmossen bestuderen, hoe vreemder ze lijken. Tot op de dag van vandaag schoppen korstmossen onze ideeën over identiteit in de war en dwingen ze ons na te denken over de vraag waar het ene organisme ophoudt en het andere begint.

In zijn weelderig geïllustreerde boek *Kunstformen der Natur* (1904) beeldde bioloog en kunstenaar Ernst Haeckel op levendige wijze verschillende soorten korstmossen uit. Zijn korstmossen groeien en bloeien als een dolle. Dooraderde randen maken plaats voor zachte blaasjes, stelen lopen uit in pieken en schoteltjes. Grillige kustlijnen botsen op onaardse paviljoenen vol hoekjes en gaatjes. Haeckel was degene die in 1866 het woord 'ecologie' had gemunt. Ecologie is de bestudering van de relaties tussen organismen en hun omgeving: zowel de plaats waar ze voorkomen als de kluwen van relaties waarmee ze zichzelf in stand houden. Geïnspireerd door ideeën van Alexander von Humboldt kreeg Haeckel de ingeving dat de natuur een onderling verbonden geheel is, 'een systeem van actieve krachten'. Organismen kunnen niet in isolement begrepen worden.[4]

Drie jaar later, in 1869, publiceerde de Zwitserse botanicus Simon Schwendener een artikel waarin hij de 'duale hypothese over korstmossen' naar voren bracht. Daarin kwam hij met het radicale idee dat korstmossen geen enkelvoudige organismen waren, zoals lange tijd was gedacht. In plaats daarvan bestonden ze volgens hem uit twee totaal verschillende entiteiten: een schimmel en een alg. Schwendener beweerde dat de schimmelcomponent van het korstmos (tegenwoordig bekend als 'mycobiont') voor fysieke bescherming zorgde en voedingsstoffen voor zichzelf en voor de algencellen opnam. Het algengedeelte (de 'fotobiont', een rol die soms wordt vervuld door fotosynthetische bacteriën) zette licht en kooldioxide om in suikers, die energie leverden. Volgens Schwendener waren de schimmels van het korstmos 'parasieten, zij het zo wijs als staatslieden'. De algen waren 'de slaven [...] die ze hebben uitgekozen en aan dienstbaarheid hebben onderworpen'. Tezamen vormden ze het zichtbare korstmos. Door een relatie aan te gaan, konden ze daar leven waar geen van beide afzonderlijk kon overleven.[5]

Schwendeners hypothese stuitte op fel verzet onder zijn collega's. Het idee dat twee verschillende soorten samenkwamen in één nieuw organisme met een eigen identiteit kwam voor velen als een schok. 'Nuttig, wederzijds bevorderlijk parasitisme?' snoof een van hen. 'Wie heeft er ooit zoiets gehoord?' Anderen verwierpen het idee als 'sensationele romantiek', een 'onnatuurlijk verbond tussen een gevangen jonge algenmaagd en een tirannieke zwammenmeester'. Anderen waren milder. 'U ziet,' schreef de Engelse mycologe Beatrix Potter, die vooral bekend is van haar kinderboeken, 'we geloven niet in Schwendeners theorie.'[6]

Wat taxonomen – die hun best deden het leven in strakke stambomen te dwingen – nog de meeste zorgen baarde was het vooruitzicht dat één enkel organisme een dubbele herkomst kon hebben. In navolging van Charles Darwins theorie over evolutie door natuurlijke selectie, gepubliceerd in 1859, heerste juist het idee dat soorten ontstonden door van elkaar af te wijken. Hun evolutionaire stamboom vertakte zich, als de takken aan een boom. Aan de stam van de boom groeiden takken, die zich in kleinere takken vertakten, die zich weer splitsten in twijgjes. Soorten waren de bladeren aan de twijgjes van de levensstamboom. De duale hypothese betekende echter dat korstmossen uit organismen met een volledig verschillende herkomst bestonden. In korstmossen deden takken van de levensstamboom die zich honderden miljoenen jaren hadden vertakt iets totaal onverwachts: ze kwamen erin samen.[7]

In de decennia daarna hingen steeds meer biologen de duale hypothese aan, maar velen waren het oneens met de manier waarop Schwendener de relatie voorstelde. En dat was niet uit sentimentele overwegingen: de door Schwendener gekozen metafoor stond het algehele probleem dat door de duale hypothese werd opgeworpen in de weg. In 1877 muntte de Duitse botanicus Albert Frank het woord 'symbiose' om het verbond van schimmels en algen te beschrijven. Tijdens zijn onderzoek naar korstmossen was hem duidelijk geworden dat er behoefte was aan een nieuw woord, een waarin geen vooroordeel besloten lag over de relatie die ermee werd beschreven. Niet lang daarna nam bioloog Heinrich Anton de Bary Franks woord over en breidde hij het uit tot het volledige spectrum van interactie tussen alle mogelijke soorten organismen, met parasitisme aan het ene uiteinde en wederzijds bevorderlijke relaties aan het andere.[8]

In de jaren daarna stelden wetenschappers enkele belangrijke nieuwe symbiotische relaties voor. Zo was daar Frank, die tot veler verrassing opperde dat schimmels planten mogelijk hielpen voedingsstoffen uit de grond te halen (1885). Wetenschappers haalden de duale hypothese over korstmossen aan als bewijs voor hun ideeën. Toen algen werden aangetroffen in levend koraal, sponzen en groene zeeslakken, noemde een onderzoeker ze 'dierlijke korstmossen'. Enkele jaren later, toen er voor het eerst virussen in bacteriën werden aangetroffen, noemde hun ontdekker ze 'microkorstmossen'.[9]

Korstmossen werden, kortom, al snel een biologisch begrip. Zij waren het organisme dat de poort opende naar het idee van symbiose, dat indruiste tegen de heersende stroom van het eind-negentiende- en begin-twintigste-eeuwse evolutionaire denken. Thomas Henry Huxley vatte dat denken goed samen in zijn beeld van het leven als een 'gladiatorenstrijd, waarna de sterkste, snelste en slimste het weer een dag uitzingt'. In het kielzog van de duale hypothese kon evolutie niet langer uitsluitend worden bezien in termen van concurrentie en conflict. Korstmossen waren een mal voor de samenwerking tussen soorten uit verschillende rijken geworden.[10]

Korstmos:
Niebla

Korstmossen bedekken maar liefst acht procent van het aardoppervlak, meer dan tropisch regenwoud. Je vindt ze op stenen, bomen, daken, schuttingen, kliffen en in de woestijn. Sommige hebben saaie camouflagekleuren, andere zijn limoengroen of felgeel. Er zijn erbij die op vlekken lijken, op struikjes of op een gewei. Sommige doen denken aan slaphangend leer, als vleermuisvleugels, andere 'hangen als hashtags', zoals dichteres Brenda Hillman schrijft. Sommige komen voor op kevers, die voor hun overleving afhankelijk zijn van de camouflage die ze bieden. Vrij levende korstmossen waaien met de wind mee en leven niet op iets in het bijzonder. Vergeleken met het 'saaie leven' van hun omgeving, schrijft Kerry Knudsen, korstmossencurator van het herbarium van de University of California in Riverside, 'lijkt dat van korstmossen wel een sprookje'.[11]

Ik ben vooral gefascineerd door de korstmossen op de eilanden voor de kust van British Columbia, aan de westkust van Canada. Van bovenaf gezien rafelt de kustlijn de oceaan in. Er is geen harde grens. Het land gaat geleidelijk over in inhammen en baaien, en daarna in engten en zeestraten. Honderden eilanden liggen verspreid voor de kust. Sommige zijn niet groter dan een walvis, maar het grootste, Vancouver Island, is half zo lang als Groot-Brittannië.

De meeste eilanden zijn van keihard graniet; ze zijn de toppen van onderzeese heuvels en dalen die glad zijn gesleten door gletsjers.

Elk jaar wurmen een handvol vrienden en ik ons in een zeilboot van nog geen negen meter lang en zeilen we een paar dagen rond de eilanden. De boot, de Caper, heeft een donkergroene romp, geen kiel en één rood zeil. Vanaf de Caper aan land gaan is lastig. We peddelen in een wiebelig rubberbootje met riemen die bij elke haal uit de dol glippen. Voet aan land zetten is een kunst. Golven kwakken het bootje tegen de rotsen en trekken het onder onze voeten vandaan zodra we uitstappen. Maar als we eenmaal aan land gaan, beginnen de korstmossen. Ik heb me urenlang ondergedompeld in de werelden die ze scheppen: eilandjes van leven in een zee van gesteente. De korstmossentaal bevat woorden waar je tong van in de knoop raakt en die klinken als ziekten: 'lepreus', 'perithecium', 'pseudocyphellen', 'squamuleus', 'schizidium'. De soortnamen maken duidelijk hoe ze eruitzien: korstvormig, bladvormig, struikvormig, baardmossen. Struikvormige omhullen en vormen bosjes, korstvormige kruipen en sluipen, bladvormige vormen laagjes en bladderen af en schilferen. Sommige prefereren oppervlakken die op het oosten liggen, andere oppervlakken op het westen. Sommige leven het liefst op onbeschutte richels, andere in klamme spleten. Sommige voeren een langzame strijd om hun buren te verdrijven of te verstoren. Er zijn erbij die leven waar andere korstmossen zijn doodgegaan en afgeschilferd. Ze lijken op de archipels en continenten uit een onbekende atlas, waaraan gewoon landkaartmos, *Rhizocarpon geographicum*, zijn naam te danken heeft. De oudste oppervlakken zijn gepokt door eeuwen vol dode en levende korstmossen.

Dat korstmossen zo dol zijn op gesteente heeft het aangezicht van de aarde veranderd, wat ze nog steeds doen. In 2006 werden de gezichten van de Amerikaanse presidenten die zijn uitgehouwen in Mount Rushmore gereinigd met een hogedrukspuit, waardoor ruim zestig jaar korstmossengroei ongedaan werd gemaakt in de hoop de levensduur van het monument te verlengen. De presidenten zijn niet de enigen. 'Elk monument,' schrijft dichter Drew Milne, 'is met korstmossen bekleed.' In 2019 lanceerden de bewoners van Paaseiland een campagne om de korstmossen van de honderden monumentale stenen hoofden of mooi te schrobben. De korstmossen, die door de bewoners 'lepra' worden genoemd, tasten de contour van de beelden aan en verlenen het gesteente een 'kleiachtige' consistentie.[12]

Korstmossen delven mineralen uit gesteente via een tweestaps-proces dat 'verweren' heet. Eerst breken ze het oppervlak af met hun groeikracht. Ten tweede gebruiken ze een arsenaal aan krach-tige zuren en chemische verbindingen die mineralen binden om het gesteente op te lossen en te verteren. Het verteringsvermogen van korstmossen maakt ze tot een geologische kracht, maar ze doen meer dan de uiterlijke kenmerken van de wereld laten ver-vagen. Wanneer korstmossen doodgaan en ontbinden, vormen ze het begin van de eerste bodemlaag van nieuwe ecosystemen. Dankzij korstmossen kan de anorganische, minerale massa in het gesteente worden opgenomen door het spijsverteringsstelsel van het organische leven. Een deel van de mineralen in je lichaam is waarschijnlijk op een gegeven moment door een korstmos gegaan. Of ze nu voorkomen op grafstenen of granietplateaus op Antarc-tica, korstmossen zijn de verbindende schakel tussen wat leeft en wat niet. Wanneer je vanaf de Caper naar de rotsige Canadese kustlijn kijkt, wordt dat duidelijk. Boven de vloedlijn zie je pas na enkele meters korstmossen en mossen de bomen beginnen, die wortelen in spleten ver buiten het bereik van het water, waar jonge grond kon ontstaan.[13]

Korstmos:
Ramalina

De vraag wat een 'eiland' is en wat niet, is van fundamenteel belang voor de bestudering van de ecologie en de evolutie. Hij is niet minder belangrijk voor astrobiologen, ook die van het BIOMEX-team, van wie velen worstelen met de kwestie 'panspermie', van het Griekse *pan* ('alle') en *sperma* ('zaad'). Panspermie gaat over de vraag of planeten ook eilanden zijn en of leven in de ruimte tussen hemellichamen kan reizen. Dat idee speelt al sinds de Oudheid, maar kreeg pas de vorm van een wetenschappelijke hypothese aan het begin van de twintigste eeuw. Sommige aanhangers van het idee beweren dat het leven zelf van andere planeten afkomstig is. Anderen zeggen juist dat het leven is geëvolueerd op de aarde én elders, maar dat perioden van spectaculaire evolutionaire vernieuwing op aarde in gang werden gezet door de komst van brokjes leven uit de ruimte. Weer anderen pleiten voor een 'zachte panspermie': het leven evolueerde op de aarde, maar de daarvoor benodigde bouwstenen kwamen uit de ruimte. Er zijn allerlei hypothesen over de manier waarop het transport tussen planeten zou hebben plaatsgevonden. De meeste zijn variaties op een thema: organismen komen vast te zitten op asteroïden of ander puin dat vanaf planeten wordt gelanceerd door botsingen met meteorieten en suizen door de ruimte voordat ze op andere planetaire lichamen botsen, waar ze wel of niet kunnen overleven.[14]

Aan het einde van de jaren vijftig, toen de Verenigde Staten zich klaarmaakten om raketten de ruimte in te sturen, maakte bioloog Joshua Lederberg zich druk over het vooruitzicht dat we andere hemellichamen zouden besmetten (Lederberg was degene die in 2001 het woord 'microbioom' muntte). De mensheid was in staat om organismen die op aarde leven over het zonnestelsel te verspreiden. Verontrustender was de gedachte dat mensen buitenaardse organismen mee terug konden nemen die voor verstoring van de ecologie konden zorgen, of erger: in de vorm van ziekten vernielingen konden aanrichten. Lederberg schreef brandbrieven aan de National Academy of Sciences om te waarschuwen voor een mogelijke 'kosmische catastrofe'. De Academy luisterde naar hem en liet een officiële verklaring uitgaan waarin ze haar bezorgdheid uitte. Er bestond nog altijd geen woord voor de wetenschap van het buitenaardse leven, en dus muntte Lederberg er zelf een: 'exobiologie'. Exobiologie was de oerversie van het onderzoeksterrein dat tegenwoordig bekendstaat als astrobiologie.[15]

Lederberg was een wonderkind. Hij begon op zijn vijftiende aan een studie aan Columbia University en deed toen hij begin twintig was een ontdekking die ons idee over de geschiedenis van het leven op zijn kop zette. Hij ontdekte dat bacteriën genen met elkaar konden ruilen. Een bacterie kan 'horizontaal' een eigenschap van een andere bacterie verwerven. Aldus verkregen eigenschappen zijn niet 'verticaal' verkregen via de ouders. Je pikt ze ergens onderweg op. Dat principe is ons zeker niet onbekend. Wanneer we zelf iets leren of iets aan een ander leren, is sprake van een horizontale uitwisseling van informatie. Een groot deel van de menselijke cultuur en menselijk gedrag wordt op die manier doorgegeven. Maar horizontale genenoverdracht zoals bacteriën die kennen, is voor mensen een fantasie, ook al heeft die ooit een keer plaatsgevonden, lang geleden in onze evolutionaire geschiedenis. Horizontale genenoverdracht betekent dat genen – en de eigenschappen die erin besloten liggen – besmettelijk zijn. Het is alsof we een onbekende eigenschap langs de kant van de weg zien liggen, kijken of hij ons past en ineens tot de ontdekking komen dat we kuiltjes in onze wangen hebben. Of het is alsof we iemand op straat tegenkomen met wie we ons eigen steile haar ruilen voor zijn of haar krullen. Of dat we gewoon de kleur van zijn ogen overnemen. Of per ongeluk opbotsen tegen een wolfshond en ineens de neiging hebben urenlang te rennen.[16]

Lederberg ontving voor zijn ontdekking de Nobelprijs voor Fysiologie of Geneeskunde, op zijn drieëndertigste. Voordat horizontale genenoverdracht werd ontdekt, dacht men dat bacteriën, net als alle andere organismen, biologische eilanden waren. Genomen waren gesloten systemen. Er bestond, dacht men, geen manier om zomaar ergens in het leven DNA op te pikken, om genen te verwerven die 'elders' waren geëvolueerd. Horizontale genenoverdracht veranderde dat beeld en liet zien dat de genomen van bacteriën kosmopolieten zijn en bestaan uit genen die miljoenen jaren lang onafhankelijk van elkaar zijn geëvolueerd. Horizontale genenoverdracht impliceerde, net als eerder de korstmossen, dat takken van de evolutieboom die lang geleden elk hun weg waren gegaan in één organisme konden samenkomen.

Voor bacteriën is horizontale genenoverdracht de norm: de meeste genen in een bacterie – welke bacterie ook – delen geen evolutionaire geschiedenis, maar zijn stukje bij beetje bijeengescharreld, zoals spullen in een huis. Op die manier kan een bacterie kant-en-klare eigenschappen verwerven, die de snelheid van de evolutie enorm opdrijven. Door DNA uit te wisselen kan een onschadelijke bacterie resistent worden tegen antibiotica en in één keer in een dodelijke superbacterie veranderen. De afgelopen decennia is duidelijk geworden dat bacteriën niet als enige over dat vermogen beschikken, hoewel zij de vaardigste beoefenaren zijn: ze wisselen horizontaal genetisch materiaal tussen alle levensdomeinen uit.[17]

De ideeën van Lederberg waren doortrokken van de paranoia van de Koude Oorlog. Door zijn toedoen begon panspermie te lijken op horizontale genenoverdracht van kosmische proporties. Voor het eerst was de mensheid – in theorie – in staat om de aarde en andere planeten te infecteren met organismen die niet ter plekke waren geëvolueerd. Het leven op aarde kon niet langer als een genetisch gesloten systeem worden beschouwd, een planetair eiland in een zee die niet kon worden overgestoken. Zoals bacteriën de evolutie versneld vooruit konden spoelen door horizontaal DNA op te pikken, zo kon de komst van buitenaards DNA het anders zo 'omslachtige' proces van de evolutie 'kortsluiten', met mogelijk rampzalige gevolgen.[18]

Een van de belangrijkste doelstellingen van BIOMEX is erachter komen of levensvormen een ruimtereis inderdaad kunnen doorstaan. De omstandigheden buiten de beschermende schil van de aardatmosfeer zijn vijandig. Tot de vele gevaren behoren enorme doses straling van de zon en andere sterren, een vacuüm dat ervoor zorgt dat biologisch materiaal – inclusief korstmossen – bijna meteen uitdroogt en snelle cycli doorloopt van bevriezen, dooien, opwarmen en andersom, met binnen vierentwintig uur temperatuurschommelingen tussen de -120 en 120 graden Celsius.[19]

De eerste poging om korstmossen de ruimte in te sturen liep niet goed af. In 2002 stortte kort na de lancering een onbemande Sojoezraket vol kweekjes neer, die was vertrokken van een Russisch lanceerstation. Maanden na het ongeluk, toen de sneeuw was gesmolten, werden de overblijfselen van de lading geborgen. 'Vreemd genoeg,' schreven de onderzoeksleiders, 'was het korstmossenexperiment een van de weinige herkenbare onderdelen in de puinhoop, en we ontdekten dat de korstmossen ondanks de omstandigheden nog steeds biologische activiteit vertoonden.'[20]

Het vermogen van korstmossen om in de ruimte te overleven is sindsdien in verschillende onderzoeken aangetoond, met telkens grofweg dezelfde resultaten. De taaiste korstmossensoorten kunnen hun stofwisseling volledig herstellen binnen vierentwintig uur nadat ze zijn uitgedroogd en kunnen een groot deel van de schade die ze in de ruimte hebben opgelopen repareren. De overlevingskans van de taaiste soort – *Circinaria gyrosa* – is zelfs zo groot dat in drie recente onderzoeken besloten werd kweekjes bloot te stellen aan nog hogere doses straling dan ze in de ruimte te verduren krijgen, om zo hun 'uiterste overlevingslimiet' te testen.

Reken maar dat een dosis straling korstmossen kan doden, maar de hoeveelheid die nodig is om de cellen van *Circinaria gyrosa* te vernietigen was enorm. Monsters die werden blootgesteld aan zes kilogray gammastraling – zes keer de standaarddosis waarmee voedsel in de Verenigde Staten wordt gesteriliseerd en twaalfduizend keer de voor mensen dodelijke hoeveelheid – bleven volledig ongeschonden. Toen de dosis werd verdubbeld naar twaalf kilogray – tweeënhalf keer de dodelijke dosis voor beerdiertjes – werd het voortplantingsvermogen van de korstmossen aangetast, hoewel ze het overleefden en ogenschijnlijk zonder problemen bleven doorgaan met fotosynthese.[21]

Voor Trevor Goward, curator van de korstmossenverzameling van de University of British Columbia, is de extreme tolerantie van korstmossen een voorbeeld van wat hij het 'lichenflitseffect' noemt. Korstmossen leiden tot flitsen van inzicht, of 'begrip onder hoogspanning', om het met Goward te zeggen. Het lichenflitseffect beschrijft wat er gebeurt wanneer korstmossen 'inslaan' in vertrouwde concepten en ze in nieuwe gedaanten uiteen laat spatten. Het idee van symbiose is zo'n voorbeeld. Overleven in de ruimte is een ander, net als de bedreiging die korstmossen vormden voor biologische classificatiesystemen. 'Korstmossen vertellen ons dingen over het *leven*,' riep Goward uit. 'Ze verschaffen ons informatie.'[22]

Goward is niet alleen geobsedeerd door korstmossen (hij heeft dertigduizend specimina aan de universiteitscollectie bijgedragen), hij is ook een korstmossentaxonoom: hij heeft drie geslachten op naam gebracht en zesendertig nieuwe soorten beschreven. Toch kleeft hem iets van een mysticus aan. 'Ik mag graag zeggen dat korstmossen jaren geleden mijn hersenschors hebben gekoloniseerd,' vertelde hij me grinnikend. Hij leeft aan de rand van een groot natuurgebied in British Columbia en heeft een website die Ways of Enlichenment heet. Wat Goward betreft verandert diep nadenken over korstmossen de manier waarop we tegen het leven aankijken; het zijn organismen die ons naar nieuwe vragen en nieuwe antwoorden voeren. 'Wat is onze relatie tot de wereld? Wat is onze rol?' De astrobiologie onderzoekt zulke vragen op kosmische schaal. Geen wonder dat korstmossen een belangrijke – of in elk geval kleurrijke – positie in de voorhoede én het centrum van het panspermiedebat innemen.

Maar het is eerder zo dat korstmossen en het symbioseconcept dat ze belichamen tot existentiële vragen hebben geleid. In de loop van de twintigste eeuw heeft het idee van samenwerking tussen de drie biologische domeinen het wetenschappelijk inzicht in de evolutie van complexe levensvormen veranderd. De vragen van Goward komen misschien enigszins theatraal over, korstmossen en hun symbiotische levensstijl hebben er wel degelijk voor gezorgd dat we onze relatie tot de wereld met nieuwe ogen zijn gaan bekijken.

Het leven is opgedeeld in drie domeinen. Bacteriën vormen het ene. Oerbacteriën of archaea – eencellige microben die op bacteriën lijken maar heel andere membranen hebben – vormen een ander. Eukarya vormen het derde domein. Wij zijn eukaryoten, net als alle andere meercellige organismen, of het nu dieren, planten, algen of schimmels zijn. De cellen van eukaryoten zijn groter dan die van bacteriën en oerbacteriën en zijn georganiseerd rond een aantal gespecialiseerde organellen. Een zo'n organel is de celkern, die bijna alle DNA van een cel bevat. Mitochondriën, die energie leveren, zijn een ander. Planten en algen hebben nog een ander organel: chloroplasten of bladgroenkorrels, waar de fotosynthese plaatsvindt.[23]

In 1967 werd de visionaire Amerikaanse bioloog Lynn Margulis een uitgesproken aanhanger van een controversiële theorie die symbiose een centrale rol toekende in de evolutie van het vroegste leven. Margulis beweerde dat sommige belangrijke momenten in de evolutie het gevolg waren van de samenkomst – en het samen *blijven* – van verschillende organismen. Eukaryoten ontstonden toen een eencellig organisme een bacterie opslokte, die er symbiotisch in bleef leven. Mitochondriën zouden de afstammelingen van die bacteriën zijn. Chloroplasten waren afstammelingen van fotosynthetische bacteriën die waren opgeslokt door een vroege eukaryotencel. Elke complexe levensvorm die daarna kwam, waaronder het menselijk leven, was in zekere zin een geschiedenis van de blijvende 'intimiteit tussen onbekenden'.[24]

Het idee dat eukaryoten waren ontstaan 'door middel van fusie en versmelting' maakte al vanaf het begin van de twintigste eeuw af en toe deel uit van het biologisch denken, maar bleef uiteindelijk in de marge van de 'weldenkende biologische gemeenschap'. In 1967 was er nog maar weinig veranderd, en het manuscript van Margulis' artikel werd vijftien keer afgewezen voordat het uiteindelijk werd geaccepteerd. Nadat haar ideeën waren gepubliceerd, ondervonden ze felle weerstand, zoals eerdere, vergelijkbare hypothesen. (In 1970 merkte microbioloog Roger Stanier nijdig op dat Margulis' 'gespeculeer over de evolutie [...] moet worden beschouwd als een relatief onschuldige bezigheid, zoals pinda's eten, tenzij die de vorm van een obsessie aanneemt; dan wordt het een slechte gewoonte.') Maar in de jaren zeventig werd het gelijk van Margulis bewezen. Met nieuw genetisch instrumentarium werd onthuld dat mitochondriën en chloroplasten inderdaad als vrij levende bacteriën waren begonnen. Sindsdien zijn andere voorbeelden van zogeheten endosymbiose gevonden. In de cellen van sommige insecten komen bijvoorbeeld bacteriën voor die zelf weer bacteriën bevatten.[25]

Margulis' idee kwam neer op een duale hypothese van vroeg eukaryotisch leven. Het was daarom niet verwonderlijk dat ze de korstmossen erbij haalde om voor haar standpunt te pleiten; dat hadden de eerste voorstanders van haar idee aan het begin van de twintigste eeuw ook gedaan. De eerste eukaryotische cellen konden als 'heel goed vergelijkbaar' met korstmossen worden beschouwd, zo redeneerde ze. In de decennia daarna bleven korstmossen een prominente rol in haar werk spelen. 'Korstmossen zijn opmerkelijke voorbeelden van innovatie die voortkomt uit samenwerking,' schreef ze later. 'Het geheel is veel meer dan de som der delen.'[26]

Met de endosymbiotische theorie, zoals hij bekend zou komen te staan, werd de geschiedenis van het leven herschreven. Het was een van de spectaculairste omwentelingen in de biologische wetenschap van de twintigste eeuw. Evolutiebioloog Richard Dawkins feliciteerde Margulis omdat ze de theorie 'trouw was gebleven, ook toen die nog onorthodox was'. 'Die is een van de grote wapenfeiten van de twintigste-eeuwse biologie,' ging Dawkins verder, 'en ik heb grote bewondering voor de onverschrokken moed en de vasthoudendheid van Lynn Margulis.' Filosoof Daniel Dennett omschreef de theorie van Margulis als 'een van de mooiste ideeën die hij ooit was tegengekomen' en Margulis als 'een van de helden van de twintigste-eeuwse biologie'.[27]

Tot de belangrijkste implicaties van de theorie over endosymbiose behoort dat hele reeksen eigenschappen in één keer – in evolutionaire termen – kant-en-klaar kunnen worden overgenomen van organismen die noch de ouders zijn noch tot hetzelfde rijk of zelfs hetzelfde domein behoren. Lederberg toonde aan dat bacteriën horizontaal genen kunnen verwerven. De theorie van de endosymbiose hield in dat eencellige organismen horizontaal hele bacteriën hadden overgenomen. Horizontale genenoverdracht transformeerde het genoom van bacteriën tot 'kosmopolitische' entiteiten, endosymbiose deed hetzelfde met cellen. De voorlopers van alle moderne eukaryoten incorporeerden horizontaal een bacterie met het al bestaande vermogen om energie uit zuurstof te halen. Net zo incorporeerden de voorlopers van alle huidige planten horizontaal bacteriën met het kant-en-klare vermogen tot fotosynthese.

Eigenlijk drukt die formulering het niet helemaal goed uit. De voorlopers van de huidige planten incorporeerden geen bacterie met het vermogen tot fotosynthese, ze ontstonden uit een combinatie van organismen die in staat waren tot fotosynthese met organismen die daar niet toe in staat waren. In de twee miljard jaar waarin ze samenleven, zijn beide steeds afhankelijker van elkaar geworden, zozeer zelfs dat de een tegenwoordig niet zonder de ander kan. Binnen eukaryotische cellen verstrengelen zich takken van het leven die in de verte verwant aan elkaar zijn en smelten ze samen tot een ondeelbare nieuwe stamboom; ze fuseren, of 'anastomoseren', zoals de hyfen van schimmels.[28]

De manier waarop korstmossen ontstonden is geen exacte herhaling van de manier waarop eukaryotische cellen ontstonden, maar, zoals Goward opmerkt, ze 'rijmen' wel degelijk met elkaar. Korstmossen zijn kosmopolitische entiteiten, fysieke locaties waar verschillende levensvormen in samenkomen. Een schimmel heeft van zichzelf geen fotosynthese, maar doordat hij een verbond aangaat met een alg of een fotosynthetische bacterie, kan hij dat vermogen horizontaal verwerven. Op vergelijkbare wijze krijgt een fotosynthetische alg of bacterie die geen beschermende cellaag heeft of geen gesteente kan verteren zomaar ineens toegang tot zulke eigenschappen door met een schimmel samen te werken. Samen kunnen deze taxonomisch sterk van elkaar verschillende organismen samengestelde levensvormen creëren die tot volledig nieuwe mogelijkheden in staat zijn. Vergeleken met plantencellen, die niet van hun bladgroenkorrels gescheiden kunnen worden, houden korstmossen er open relaties op na. Dat maakt ze flexibel. In sommige situaties kunnen ze zich voortplanten zonder hun relatie te verbreken: fragmentjes van een korstmos waar alle symbiotische partners in zitten, kunnen als één geheel naar een nieuwe locatie trekken en daar een nieuw korstmos vormen. In andere gevallen brengt de schimmel van een korstmos sporen voort die zelfstandig hun weg gaan. Wanneer ze ergens aankomen, moet de schimmel op een bijpassende fotobiont stuiten en nieuwe betrekkingen aangaan.[29]

Door hun krachten te bundelen, zijn de schimmels in het korstmos deels fotobiont geworden en de fotobionten deels schimmel. Maar korstmossen lijken op geen van beide. Zoals de chemische elementen waterstof en zuurstof samen water vormen, een verbinding die in niets lijkt op een van de samenstellende delen, zo zijn korstmossen nieuwe verschijnselen en veel meer dan de som der delen. Zoals Goward zegt: het is zo eenvoudig dat het bijna niet te bevatten is. 'Ik zeg vaak dat de enigen die een korstmos niet kunnen zien de lichenologen zelf zijn. Dat komt doordat ze alleen de delen zien, want daarin zijn ze getraind. Het probleem is dat je, als je alleen naar de delen kijkt, *het korstmos zelf niet ziet*.'[30]

Juist die nieuwgevormde gedaante van korstmossen is vanuit astrobiologisch oogpunt interessant. Of, zoals het in één wetenschappelijk artikel wordt geformuleerd: 'Je kunt je moeilijk een biologisch systeem voorstellen dat de eigenschappen van het leven op aarde beter samenvat.' Korstmossen zijn kleine biosferen die zowel organismen met fotosynthese als organismen zonder fotosynthese bevatten, waarmee ze de belangrijkste metabolische processen op aarde combineren. Korstmossen zijn, in zekere zin, microplaneten: werelden in het klein.[31]

Maar wat doen korstmossen precies wanneer ze rondjes om de aarde draaien? Om het probleem te omzeilen dat monsters in de ruimte permanent moeten worden gemonitord, verzamelden de leden van het BIOMEX-team monsters van de taaie soort *Circinaria gyrosa* in het kurkdroge hoogland van Midden-Spanje en brachten ze onder in een proefopstelling waarin de omstandigheden op Mars werden nagebootst. Door de korstmossen op aarde bloot te stellen aan omstandigheden zoals ze in de ruimte zijn, hoopten ze de activiteit te kunnen meten. Het bleek dat er niet veel te meten viel. Binnen een uur nadat Mars 'was aangezet', hadden de korstmossen hun fotosynthetische activiteit naar nagenoeg nul teruggebracht. Ze bleven de rest van de tijd in de simulator in een soort slaaptoestand en begonnen pas weer normaal te functioneren toen ze dertig dagen later werden gerehydrateerd.[32]

Het is bekend dat korstmossen extreme omstandigheden kunnen doorstaan doordat ze in een modus gaan waarin ze het leven opschorten; volgens sommige onderzoeken kunnen ze na tien jaar uitdroging weer met succes tot leven worden gewekt. Wanneer ze worden gedroogd, bevroren, ontdooid en weer opgewarmd, ondervinden ze daar weinig hinder van. Uitdroging beschermt ze ook tegen het grootste gevaar van kosmische straling: de zeer reactieve vrije radicalen, die ontstaan wanneer de straling watermoleculen splijt en die de DNA-structuur beschadigen.

Die slaaptoestand blijkt de belangrijkste overlevingsstrategie voor korstmossen te zijn, maar ze beschikken ook nog over andere. De taaiste korstmossensoorten hebben dikke weefsellagen die schadelijke straling blokkeren. Korstmossen maken bovendien meer dan duizend chemische stoffen aan die in geen enkele andere levensvorm worden aangetroffen en waarvan sommige als een soort zonnebrand fungeren. Die chemische stoffen hebben ervoor gezorgd dat korstmossen in de loop der jaren allerlei relaties met mensen zijn aangegaan: als geneesmiddel (antibiotica), als parfum (eikenmos), als kleurstof (voor tweed, Schotse ruit en als lakmoes) en als eten; een korstmos is een van de belangrijkste ingrediënten van het kruidenmengsel garam masala. Veel schimmels die chemische stoffen aanmaken die van belang zijn voor de mens – waaronder de penicillinezwam – maakten eerder in hun evolutionaire geschiedenis deel uit van korstmossen, maar later niet meer. Volgens sommige onderzoekers kunnen enkele van die stoffen, waaronder penicilline, oorspronkelijk zijn geëvolueerd als afweerstrategie in oerkorstmossen en zijn ze de metabolische erfenis van die relatie.[33]

Korstmossen zijn 'extremofielen': organismen die vanuit ons perspectief bezien in andere werelden kunnen leven. We kunnen niet bevatten wat extremofielen allemaal kunnen verdragen. Wanneer je monsters in vulkanische bronnen verzamelt, of in zeer hete fumarolen een kilometer onder het ijs van Antarctica, dan zie je dat extremofiele microben daar moeiteloos leven. Volgens recente berichten vanuit het Deep Carbon Observatory, een onderzoeksprogramma met als doel de rol van koolstof op aarde te doorgronden, leeft ruim de helft van alle bacteriën en archaea op de wereld – 'binnenaards leven' – kilometers onder het aardoppervlak, waar de druk en de hitte immens zijn. Die wereld onder het aardoppervlak is even gevarieerd als het regenwoud van de Amazone en er leven ontelbare tonnen microben met honderden keren het collectieve gewicht van alle mensen op aarde. Sommige zijn duizenden jaren oud.[34]

Korstmossen zijn al even indrukwekkend. Dat ze verschillende soorten extreme omstandigheden kunnen weerstaan, maakt ze tot 'polyextremofielen'. In de heetste en droogste delen van woestijnen tieren ze welig als een soort korst op de bloedhete bodem. Ze spelen een belangrijke ecologische rol in die omgeving, want ze stabiliseren de zanderige bodem, waardoor ze stofstormen en verdere verwoestijning tegengaan. Sommige korstmossen groeien in spleten of poriën in vast gesteente. De auteurs van een artikel over de aanwezigheid van korstmossen in brokken graniet erkennen dat ze geen idee hebben hoe die daar überhaupt terechtgekomen zijn. Verschillende soorten korstmossen doen het goed in de Dry Valleys op Antarctica, waar omstandigheden heersen die lijken op die van Mars. Lange perioden met extreem lage temperaturen, hoge uv-straling en het nagenoeg ontbreken van water lijkt ze niet te deren. Zelfs een bad in vloeibare stikstof van 195 graden onder nul komen ze snel weer te boven. En korstmossen worden veel ouder dan de meeste organismen. Het korstmos dat het record in handen heeft, komt voor in het Zweedse deel van Lapland en is meer dan negenduizend jaar oud.[35]

In de toch al curieuze wereld van extremofielen zijn korstmossen om twee redenen ongewoon. Ten eerste zijn het complexe meercellige organismen, ten tweede zijn ze het resultaat van symbiose. De meeste extremofielen hebben niet zo'n geavanceerde bouw en houden er niet zulke langdurige relaties op na. Dat is een van de redenen waarom korstmossen zo interessant zijn voor astrobiologen. Een korstmos in de ruimte is een compact bundeltje leven: een compleet, reizend ecosysteem. Is er een organisme denkbaar dat beter geschikt is voor interplanetaire reizen?[36]

Hoewel met verschillende onderzoeken is aangetoond dat korstmossen in de ruimte kunnen overleven en dus tussen planeten kunnen worden vervoerd, zouden ze nog twee extra beproevingen moeten kunnen doorstaan. De eerste is de schok waarmee ze door de inslag van een meteoriet van een planeet worden weggeslingerd. De tweede is de terugkeer in de atmosfeer van een planeet. Dat zijn allebei grote gevaren. Toch wordt de schok van een inslag ze waarschijnlijk niet fataal. In 2007 toonden onderzoekers aan dat korstmossen bestand waren tegen schokgolven van 10 tot 50 gigapascal, honderd tot vijfhonderd keer meer dan de druk op de bodem van de Marianentrog, de diepste plek op aarde. Dat ligt binnen de orde van grootte van de druk die stenen te verduren krijgen wanneer ze met ontsnappingssnelheid worden gelanceerd door een meteorietinslag op Mars.

Terugkeren in de atmosfeer van een planeet lijkt een groter probleem. In 2007 werden gesteentemonsters met bacteriën en korstmossen bevestigd aan het hitteschild van een ruimtecapsule die in de dampkring terugkeerde. Terwijl de capsule de dampkring betrad, stonden de monsters een halve minuut lang bloot aan temperaturen van meer dan tweeduizend graden. Het gesteente smolt gedeeltelijk en stolde weer in een andere vorm. Toen de overblijfselen werden onderzocht, viel er geen levende cel te bekennen.[37]

Dat resultaat schrikt astrobiologen niet af. Sommigen denken dat levensvormen die diep in grote meteorieten verborgen zitten tegen zulke extreme omstandigheden bestand zijn. Anderen wijzen erop dat het meeste materiaal dat vanuit de ruimte op aarde terechtkomt micrometeorieten zijn, een soort ruimtestof. Zulke kleine deeltjes hebben minder last van wrijving en lage temperaturen wanneer ze de atmosfeer betreden en kunnen waarschijnlijk veiliger dan ruimtecapsules levensvormen de atmosfeer binnen brengen. Zoals sommige onderzoekers opgewekt constateren: de kwestie is onbeslist.[38]

Niemand weet wanneer de eerste korstmossen ontstonden. De oudste fossielen zijn maar iets meer dan vierhonderd miljoen jaar oud, maar het kan zijn dat er voor die tijd korstmosachtige organismen op aarde voorkwamen. Korstmossen hebben zich sindsdien onafhankelijk van elkaar tussen de negen en twaalf keer ontwikkeld. Tegenwoordig vormt één op de vijf bekende schimmelsoorten korstmossen. Sommige schimmels (zoals *Penicillium*-zwammen) 'korstmosten' ooit, maar doen dat nu niet meer: ze zijn ontkorstmost. Sommige schimmels zijn in de loop van hun evolutionaire geschiedenis op andere soorten fotosynthetische partners overgestapt: ze zijn herkorstmost. Voor sommige schimmels betekent korstmos worden dat ze voor een bepaalde levensstijl kiezen. Ze doen dat wel of niet, afhankelijk van de omstandigheden.[39]

Het blijkt dat schimmels en algen zich bij het minste geringste verenigen. Kweek allerlei soorten vrij levende schimmels en algen door elkaar en binnen een paar dagen gaan ze een wederzijds bevorderlijke symbiose aan. Het lijkt niet uit te maken welke soorten schimmels en algen het zijn, er ontstaan compleet nieuwe symbiotische relaties binnen de tijd die nodig is om een wondje te laten genezen. Dat opmerkelijke resultaat, een zeldzaam inkijkje in de 'geboorte' van nieuwe symbiotische relaties, werd in 2014 gepubliceerd door onderzoekers van Harvard University. Toen schimmels en algen samen werden gekweekt, zag het resultaat eruit als zachte groene balletjes. Het waren niet de uitzinnige korstmossen zoals Ernst Haeckel en Beatrix Potter ze tekenden, maar ze hadden dan ook niet miljoenen jaren in elkaars gezelschap doorgebracht.[40]

Toch kan niet elke schimmel met elke alg samengaan. Er moet aan een belangrijke voorwaarde voor een symbiotische relatie worden voldaan: elke partner moet iets kunnen wat de andere niet op eigen kracht kan. De identiteit van de partner doet er minder toe dan zijn ecologische geschiktheid. Om het met evolutietheoreticus W. Ford Doolittle te zeggen: 'niet de zanger, maar het lied' is belangrijk. Dat gegeven werpt licht op het vermogen van korstmossen om extreme omstandigheden te doorstaan. Goward wijst erop dat de korstmossen naar hun aard een 'moetje' zijn, dat zich voordoet wanneer de omstandigheden voor beide partners te zwaar worden. Wanneer de eerste korstmossen ook ontstonden, alleen al het feit dat ze bestaan wijst erop dat het leven voor beide partners zwaar was, dat ze samen een metabolisch 'lied' konden zingen waar ze in hun eentje niet toe in staat waren. Zo beschouwd is de extremofilie van korstmossen, hun vermogen om te leven op het scherp van de snede, zo oud als zijzelf en een rechtstreeks gevolg van hun symbiotische manier van leven.[41]

Je hoeft niet naar de Dry Valleys op Antarctica of naar een onderzoeksstation waar de omstandigheden op Mars worden nagebootst om de extremofilie van korstmossen in actie te zien. Je kunt prima met de meeste kustlijnen uit de voeten. Aan de rotskust van British Columbia sprong de taaiheid van korstmossen me het meest in het oog. Op ruim dertig centimeter boven de zeepokken, net boven de lijn van de hoogste waterstand, loopt een soort zwarte smeer in een band van ruim een halve meter hoog over het gesteente. Van dichtbij lijkt hij op droge, gebarsten teer op een kade. De band volgt de hele kustlijn en is belangrijk voor ons wanneer we rond de eilanden varen. We gebruiken hem wanneer we voor anker gaan, om het tij te kunnen inschatten; hij geeft met zekerheid aan hoe hoog het water maximaal komt. Hij markeert het droge land.

De zwarte band is een korstmossensoort, hoewel je niet zou zeggen dat het een levend organisme is. De bouw ervan is allesbehalve complex. Maar langs een groot deel van de noordelijke westkust van

Noord-Amerika is deze soort, *Hydropunctaria maura* of zwarte zee-stippelkorst, het eerste organisme dat leeft buiten het bereik van de golven. Kijk naar hoogtijlijnen overal ter wereld en je ziet iets vergelijkbaars. De meeste kustlijnen met rotsen hebben een rand van korstmos. De korstmossen beginnen waar het zeewier ophoudt, en sommige lopen het water in. Wanneer er na een vulkaanuitbarsting een nieuw eiland in een oceaan ontstaat, groeien er als eerste korstmossen op het kale gesteente, die als sporen of fragmentjes door de wind of door vogels worden meegevoerd. Hetzelfde gebeurt wanneer een gletsjer zich terugtrekt. Dat korstmossen op zulk maagdelijk gesteente voorkomen is een variatie op het thema van de panspermie. Die kale oppervlakken zijn ongastvrije eilanden, oorden die voor de meeste organismen niet zijn weggelegd. Kaal, geteisterd door intense straling en ten prooi aan zwaar weer en hevige temperatuurschommelingen, hadden het net zo goed andere planeten kunnen zijn.[42]

In korstmossen lossen organismen op tot een ecosysteem en klonteren ecosystemen samen tot organismen. Ze schieten heen en weer tussen 'gehelen' en 'verzamelingen van delen'. Het is verwarrend om tussen die beide perspectieven te wisselen. Het woord 'individueel' komt uit het Latijn en betekent 'ondeelbaar'. Is een korstmos als geheel een individu? Of zijn de samenstellende delen individuen? Is dat zelfs wel de juiste vraag? Korstmossen zijn niet zozeer een product van de samenstellende delen als wel een uitwisseling tussen die delen. Het zijn stabiele netwerken van relaties; ze houden nooit op korstmos te worden, en zijn zowel werkwoord als zelfstandig naamwoord.[43]

Lichenoloog Toby Spribille uit Montana is zo iemand die zich opwindt over zulk hokjesdenken. In 2016 publiceerde hij met enkele collega's een artikel in het tijdschrift *Science*, waarmee ze het tapijt onder de duale hypothese vandaan trokken. Spribille beschreef een nieuwe schimmel die behoorde tot van een van de belangrijkste evolutionaire stambomen van korstmossen, een schimmelpartner die tot dan toe niet was opgemerkt, ondanks anderhalve eeuw nauwgezet onderzoek.[44]

Spribille deed zijn ontdekking bij toeval. Een vriend daagde hem uit een korstmos te vermalen en de volgorde van het DNA van alle samenstellende organismen te bepalen. Spribille dacht dat de uitkomst al bij voorbaat vaststond: 'De literatuur was duidelijk,' zei hij. 'Er konden maar twee partners zijn.' Maar hoe beter hij keek, des te duidelijker bleek dat het er geen twee waren. Elke keer wanneer hij een korstmos van die soort analyseerde, trof hij extra organismen aan naast de verwachte schimmel/alg-combinatie. 'Ik brak me lange tijd het hoofd over die "besmettende" organismen,' zei hij, 'totdat ik ervan overtuigd raakte dat er geen korstmossen zonder "besmetting" bestonden en we ontdekten dat de "besmetters" opvallend consistent waren. Hoe beter we keken, hoe meer ze de regel bleken en niet de uitzondering.'

Onderzoekers vermoeden al heel lang dat korstmossen extra symbiotische partners hebben. Tenslotte hebben korstmossen geen microbioom. Ze zijn *zelf* microbiomen die naast de twee vaste partners barsten van de schimmels en bacteriën. Toch werden er tot 2016 geen nieuwe, stabiele partnerschappen beschreven. Een van de 'besmetters' die Spribille ontdekte – een eencellige gist – bleek niet zomaar een tijdelijke bewoner. Hij wordt aangetroffen in korstmossen op zes continenten en levert een zo belangrijke bijdrage aan hun fysiologie dat ze er als totaal verschillende soorten uitzien. De gistsoort was een belangrijke derde partner in de symbiose. De baanbrekende ontdekking van Spribille was nog maar het begin. Twee jaar later ontdekte hij met zijn team dat *Letharia vulpina* – een van de meest bestudeerde korstmossen – een vierde schimmelpartner bevat. De identiteit van korstmossen raakt daarmee nog verder versnipperd. Toch is ook dat nog een versimpelde voorstelling van zaken, vertelde Spribille me. 'Het is oneindig veel ingewikkelder dan we tot nu toe beschreven hebben. De "basisset" van partners verschilt in elke korstmossengroep. Sommige hebben meer bacteriën, andere minder; sommige hebben één gistsoort, andere twee, weer andere niet één. Het interessante is dat we het korstmos dat voldoet aan de definitie van één schimmel en één alg nog moeten vinden.'[45]

'Wat doen al die extra partners eigenlijk in een korstmos?' vroeg ik. 'Dat weten we niet precies,' antwoordde Spribille. 'Elke keer als we proberen uit te zoeken wie wat doet, wordt het alleen maar ingewikkelder. In plaats van de rolverdeling vast te stellen, vinden we steeds meer partijen. Hoe dieper we graven, hoe meer we vinden.'

De ontdekkingen van Spribille verontrusten sommige onderzoekers omdat ze doen vermoeden dat de korstmossensymbiose niet zo 'onwrikbaar' is als gedacht. 'Er zijn mensen die symbiose beschouwen als een soort Ikea-pakket,' aldus Spribille, 'met duidelijke losse onderdelen en functies en een volgorde waarin het in elkaar moet worden gezet.' Zijn resultaten doen inderdaad vermoeden dat een waaier aan verschillende spelers korstmossen kunnen vormen, die elkaar 'alleen maar een duwtje in de gewenste richting' hoeven te geven. Het gaat niet zozeer om de identiteit van de 'zangers' in het korstmos, het gaat er veel meer om wat ze doen: het metabolische 'lied' dat elk van hen zingt. Zo beschouwd zijn korstmossen dynamische *systemen* in plaats van een lijst van op elkaar inwerkende componenten.

Dat beeld wijkt sterk af van de duale hypothese. Sinds Schwendeners beeld van de schimmel en de alg als meester en slaaf bakkeleien biologen over de vraag welke partner de andere de baas is. Maar nu is het duet een trio geworden, het trio een kwartet, en klinkt dat kwartet meer als een koor. Spribille lijkt zich er niet druk om te maken dat het onmogelijk is om een eenvoudige, onwrikbare definitie van een korstmos te geven. Goward komt daar geregeld op terug en geniet van de absurditeit daarvan: 'Een hele onderzoekstak die niet kan definiëren wat hij bestudeert?' 'Het maakt niet uit hoe je ze noemt,' schrijft Hillman. 'Iets wat tegelijk zo radicaal én gewoon is staat ergens voor.' Al ruim een eeuw staan korstmossen voor van alles en nog wat, en ze zullen waarschijnlijk ons beeld van levende organismen op losse schroeven blijven zetten.[46]

Intussen onderzoekt Spribille enkele veelbelovende nieuwe aanwijzingen. 'Korstmossen zitten barstensvol bacteriën,' vertelde hij. Ze bevatten er zelfs zoveel dat sommige onderzoekers denken – weer een variant op het panspermiethema – dat ze dienen als reservoir van microben die ongerepte leefomgevingen voorzien van cruciale bacteriesoorten. Sommige bacteriën in korstmossen zorgen voor afweer, andere maken vitaminen en hormonen aan. Spribille vermoedt dat ze nog veel meer doen. 'Ik denk dat er maar een paar van die bacteriën nodig zijn om het hele korstmossensysteem bij elkaar te houden en dat die uiteindelijk leiden tot een bouw die meer is dan een klodder in een petrischaaltje.'[47]

Spribille vertelde me over een artikel dat 'Queer theory for li-chen' heet: 'Je vindt het meteen als je googelt op "queer" en "li-chen".' De auteur beweert dat korstmossen *queer* zijn en dat ze ons daarom buiten het hokje van het binaire kader kunnen leren denken: de identiteit van korstmossen is eerder een vraag dan een vaststaand antwoord. Op zijn beurt vindt Spribille de queertheorie een toepasselijk kader voor korstmossen. 'Onze binaire manier van kijken maakt het lastig om vragen te stellen die niet tweeledig zijn,' legde hij uit. 'Onze beperkte opvattingen over seksualiteit maken het lastig om vragen over seksualiteit te stellen, enzovoort. We stel-len vragen vanuit het perspectief van onze culturele context. En dat maakt het erg lastig om vragen te stellen over de complexe symbiose van korstmossen, want we beschouwen onszelf als autonome indi-viduen en kunnen ons die symbiose moeilijk voorstellen.'[48]

Spribille omschrijft korstmossen als de meest 'extraverte' van alle symbiosevormen. Maar we kunnen elk organisme – ook de mens – niet langer los zien van de microbiële gemeenschappen waarmee het zijn lichaam deelt. De biologische identiteit van de meeste orga-nismen valt samen met het leven van hun microbiële symbionten. Het woord 'ecologie' komt van het Griekse *oikos*, 'huis', 'huishou-den' of 'verblijfplaats'. Ons lichaam, en dat van alle andere organis-men, is een verblijfplaats. Het leven is een en al geneste biomen.

We kunnen niet op anatomische grondslag worden gedefini-eerd, want we delen ons lichaam met microben en bestaan zelfs uit meer microbiële cellen dan die van 'onszelf'. Zo kunnen koeien geen gras eten, maar worden ze daartoe in staat gesteld dankzij hun bioom. Koeien zijn zo geëvolueerd dat ze de microben 'huisvesten' waar ze voor hun voortbestaan van afhankelijk zijn. We kunnen evenmin worden gedefinieerd in termen van onze ontwikkeling, als een organisme dat voortkomt uit de bevruchting van een dierlijke eicel, want net als alle andere zoogdieren zijn we voor de regie van verschillende onderdelen van ons ontwikkelingsprogramma afhan-kelijk van onze symbiotische partners. Ook kunnen we onszelf niet in genetische zin definiëren, als lichamen die bestaan uit cellen met een identiek genoom. Veel van onze symbiotische microbiële part-ners hebben we samen met 'ons' DNA van onze moeder geërfd, en op bepaalde momenten in onze evolutionaire geschiedenis hebben microbiële partners zich permanent genesteld in de cellen van hun gastheer. Onze mitochondriën hebben een eigen genoom, net als de bladgroenkorrels van planten, en minstens acht procent van het menselijk genoom is ontstaan in virussen. (We kunnen zelfs cellen met andere mensen ruilen wanneer we een zogeheten chimeer worden. Een chimeer ontstaat in de baarmoeder wanneer de moeder en haar foetus cellen of genetisch materiaal uitwisselen.) Ook kan ons immuunsysteem niet als maatstaf voor individualiteit worden genomen, hoewel onze afweercellen vaak worden beschouwd als antwoord op de vraag wat 'eigen' is en 'niet eigen'. Immuunsystemen zijn even druk met het onderhouden van de betrekkingen met onze 'eigen' microben als met het afweren van indringers en lijken te zijn geëvolueerd om kolonisatie door microben mogelijk te maken in plaats van te voorkomen. Dus wat blijft er helemaal van ons over? Of van 'jullie'?[49]

Sommige wetenschappers gebruiken het begrip 'holobiont' voor een samenstel van verschillende organismen die zich als eenheid gedragen. Het woord stamt van het Griekse *holos*, dat 'geheel' betekent. Holobionten zijn de korstmossen van deze wereld, zijn meer dan de optelsom van hun delen. Net als 'symbiose' en 'ecologie' is 'holobiont' een woord dat nuttig werk doet. Als we alleen woorden zouden hebben die strak afgebakende, autonome individuen zouden beschrijven, dan zouden we maar al te gemakkelijk denken dat alleen die bestaan.[50]

De holobiont is geen utopisch concept. Samenwerking is altijd een mengeling van wedijver en medewerking. Er zijn ettelijke voorbeelden waarin de belangen van alle symbionten niet met elkaar overeenstemmen. Een bacteriesoort in ons darmstelsel kan een belangrijke rol spelen in de spijsvertering, maar een dodelijke infectie veroorzaken wanneer hij in ons bloed terechtkomt. Dat is een vertrouwd idee. Een gezin kan als een gezin functioneren, een jazzformatie op tournee kan een fantastisch concert geven, en toch kunnen ze allebei geladen zijn met spanning.[51]

Misschien is het uiteindelijk helemaal niet zo moeilijk om ons tot korstmossen te verhouden. Hun manier van relaties opbouwen voldoet aan een van de oudste stelregels van de evolutie. Als het woord 'cyborg' – voor 'cybernetisch organisme' – de fusie beschrijft tussen een levend organisme en een stuk technologie, dan zijn wij, net als alle andere levensvormen, 'symborgs': symbiotische organismen. De auteurs van een invloedrijk artikel over een symbiotische kijk op het leven nemen wat dat betreft een glashelder standpunt in. 'Er hebben nooit individuen bestaan,' verklaren ze. 'Wij zijn allen korstmossen.'[52]

Wanneer we op de Caper zeilen, maken we gebruik van zeekaarten. Daarop zijn de vertrouwde rollen van zee en land omgedraaid. De landmassa is weergegeven met grote stukken wit of beige. Het water wemelt van contouren en aanwijzingen, die samendrommen rond rotsen. Anonieme stukjes land zijn ingevlochten tussen zich vertakkende of samenvoegende zeewegen. De zee beweegt zich onvoorspelbaar door het netwerk van waterwegen. Sommige engten kun je alleen op bepaalde tijden van de dag bevaren. Wanneer het tij een gevaarlijke, nauwe engte in jaagt, komen de stromingen samen in een anderhalve meter hoge staande golf: een zichzelf in stand houdende watermuur. In een wel heel verraderlijke doorgang tussen twee eilanden veroorzaken de getijden vijftien meter diepe draaikolken die drijvende boomstammen de diepte in zuigen.

De rand van veel van die zeewegen bestaat uit gesteente. Granieten kliffen dalen af naar zee. Bomen hellen voorover, vallen in slow motion. Langs de kust worden bomen, mos en korstmossen weggespoeld door het water, waardoor rotsen en richels bloot komen te liggen, vele met de krassen van het gletsjerijs er nog op. Je vergeet niet gauw dat een groot deel van het land bestaat uit hard gesteente dat langzaam vergaat. Ongelijkmatige richels gaan langzaam over in steile diepten. Mijn broer en ik slapen vaak op die richels. Overal zijn korstmossen, en mijn gezicht zit onder wanneer ik wakker word. Dagen later vind ik nog stukjes in mijn broekzakken. Ik voel me net een meteoriet als ik die binnenstebuiten keer en vraag me af hoeveel van die stukjes voor nieuw leven zullen zorgen op de onvermoede plekken waar ze zich nu bevinden.

MYCELIUMHERSENEN

Er bestaat een wereld buiten de onze. Die wereld spreekt. Hij heeft een eigen taal. Ik doe verslag van wat hij zegt. De heilige paddenstoel neemt me bij de hand en voert me naar de wereld waar alles bekend is. [...] Ik stel vragen en zij geven antwoord.[1]

— MARÍA SABINA

Hoe zou je, op een schaal van één tot vijf – met als één 'helemaal niet' en vijf 'in extreme mate' – het verlies van je normale identiteit inschatten? Hoe schat je de ervaring van het pure Zijn in? Hoe schat je het gevoel in dat je opgaat in een groter geheel?

Ik lag tegen het einde van mijn LSD-trip op mijn bed op de afdeling voor klinisch drugsonderzoek en brak me het hoofd over die vragen. De muren leken zachtjes te ademen en ik vond het lastig om me te concentreren op de tekst op het scherm. Mijn buik rommelde zacht en de groene, levendige wilgen buiten zwaaiden heen en weer.

LSD valt net als psilocybine – het actieve bestanddeel van veel paddo's of *magic mushrooms* – onder de psychedelische of geestverruimende middelen en is een entheogeen: een stof die je 'het goddelijke in jezelf' kan doen ervaren. Vanwege de effecten, die variëren van auditieve en visuele hallucinaties en een droomachtige, extatische toestand tot grote veranderingen in het denken en voelen en het verdwijnen van het besef van ruimte en tijd, maken deze chemische stoffen onze knellende alledaagse ervaringen losser, dringen ze door in ons bewustzijn en raken ze ons ergens diep vanbinnen. Veel gebruikers maken gewag van mystieke ervaringen en een band met goddelijke wezens of entiteiten, een gevoel van harmonie met de natuur en een verlies van de eigen, strak afgebakende identiteit.[2]

De psychometrische vragenlijst die ik met moeite invulde, was ontworpen om dit soort ervaringen in te schatten. Maar hoe beter ik mijn best deed om mijn gevoelens in een vijfpunts-Likertschaal op een blaadje te persen, des te meer ik in de war raakte. Hoe kun je de ervaring van tijdloosheid meten? Hoe kun je meten dat je je één voelt met een ultieme werkelijkheid? Dat is iets kwalitatiefs, niet iets kwantitatiefs. Maar wetenschap draait om kwantiteit.

Ik vermande me, haalde een paar keer diep adem en probeerde de vragen vanuit een ander perspectief te benaderen. *Hoe schat je de verwondering in die je ervaart?* Het bed leek zachtjes te wiegen en gedachten schoten als een school geschrokken witvissen door mijn hoofd. *Hoe schat je de oneindigheid in die je ervaart?* Ik voelde dat de wetenschappelijke methode bijna bezweek onder de last van een schier onmogelijke taak. *Hoe schat je het verlies van je gevoel voor tijd in?* Ineens kreeg ik een lachkick, een bekend effect van LSD waar ik tijdens een voorbereidende sessie over de risico's voor was gewaarschuwd. *Hoe schat je het verlies van je besef van plaats in?*

De lachkick ebde weg en ik keek naar het plafond. Nu ik erover nadacht: hoe *was* ik hier eigenlijk beland? Bij een schimmel was een chemische stof geëvolueerd waar een drug van was gemaakt. Geheel bij toeval was ontdekt dat die de menselijke ervaring kon veranderen. Een jaar of zeventig geleden had de wonderbaarlijke uitwerking van LSD op de menselijke geest geleid tot verbazing, verwarring, zendingsdrang, morele paniek en alles daartussenin. Terwijl het middel de twintigste eeuw door sijpelde, liet het een onuitwisbaar cultureel residu achter dat we nog steeds maar moeilijk kunnen duiden. Ik lag in die kamer als deelnemer aan een klinisch onderzoek omdat de effecten nog altijd verbijsterend waren.

Geen wonder dat het me zo onthutste. LSD en psilocybine zijn door schimmels geproduceerde moleculen die innig met het menselijk leven verbonden zijn doordat ze onze concepten en categorieën overhoopgooien, waaronder het meest fundamentele concept van allemaal: dat van onze identiteit. Dat die psilocybine-producerende toverpaddenstoelen onze geest naar onbekend terrein kunnen voeren, heeft ervoor gezorgd dat ze sinds de Oudheid deel uitmaken van rituelen en spirituele leerstellingen. Dat die chemische stoffen onze rigide geest losser kunnen maken, heeft ervoor gezorgd dat ze effectieve geneesmiddelen zijn geworden die helpen tegen verslaving, hardnekkige depressies en de existentiële nood die volgt op de diagnose van een terminale ziekte. En dat die stoffen de manier kunnen veranderen waarop we onze geest ervaren, heeft ertoe bijgedragen dat wetenschappers de werking van onze hersenen anders zijn gaan begrijpen. Maar waarom die eigenschappen bij bepaalde schimmelsoorten zijn geëvolueerd blijft een bron van verwondering en speculatie.

Ik wreef in mijn ogen, kwam overeind en raapte de moed bij elkaar om nog eens naar de woorden op het scherm te kijken. *Hoe schat je het gevoel in dat je deze ervaring niet adequaat onder woorden kunt brengen?*

De veelzijdigste en inventiefste manipulators van diergedrag zijn een groep schimmels die in insecten leven. Die 'zombieschimmels' kunnen het gedrag van hun gastheer zo veranderen dat ze er baat bij hebben: door een insect te kapen, kan zo'n schimmel zijn sporen verspreiden en zijn eigen levenscyclus voltooien.

Een van de best bestudeerde schimmels is *Ophiocordyceps unilateralis*, die zijn leven geheel rondom reuzenmieren heeft ingericht. Wanneer een mier eenmaal door de schimmel is geïnfecteerd, verliest hij zijn aangeboren hoogtevrees, verlaat hij de relatieve veiligheid van het nest en klimt hij omhoog in de eerste de beste plant, een syndroom dat wel 'hoogtekoorts' wordt genoemd. Na verloop van tijd dwingt de schimmel de mier zijn kaken in een 'dodelijke beet' rond de plant te klemmen. Het mycelium groeit uit de poten van de mier en nagelt hem vast aan de plant. De schimmel verteert vervolgens de resten van de mier en laat een stengel uit zijn kop groeien, waaruit sporen op langslopende mieren regenen. Wanneer de sporen hun doel missen, groeien er opnieuw sporen uit, ditmaal kleverige en draadvormige, die als struikeldraden dienen.[3]

Zombieschimmels sturen heel precies het gedrag van hun gastheer. *Ophiocordyceps* laten de mier zijn dodelijke beet uitvoeren in een zone met precies de juiste temperatuur en vochtigheid, waar de schimmel kan ontspruiten: op ongeveer vijfentwintig centimeter boven de grond. De schimmels leiden de mier door zich te oriënteren op de zon en geïnfecteerde mieren bijten synchroon, precies op het middaguur. Ze bijten niet zomaar ergens in de onderkant van een blad. In achtennegentig procent van de gevallen doen ze dat in een hoofdnerf.[4]

Hoe zombieschimmels hun gastheren kunnen besturen is onderzoekers lange tijd een raadsel geweest. In 2017 infecteerde een onderzoeksgroep onder leiding van David Hughes, een vooraanstaand expert op het gebied van manipulatief gedrag van schimmels, mieren in het laboratorium met *Ophiocordyceps*. De onderzoekers conserveerden de mieren op het moment van hun dodelijke beet, sneden ze in dunne plakjes en construeerden een driedimensionaal beeld van de schimmel in het mierenweefsel. Ze ontdekten tot hun verbazing dat de schimmel een soort kunstorgaan in de mier is. Maar liefst veertig procent van de biomassa van een geïnfecteerde mier bestaat uit de schimmel. Hyfen kronkelen van kop tot poten door de lichaamsholten, verstrengelen zich rond spiervezels en coördineren de bewegingen via een onderling verbonden myceliumnetwerk. Maar in de hersenen van de mier schittert de schimmel door afwezigheid. Voor Hughes en zijn team kwam dat als een verrassing. Ze dachten dat de schimmel in de hersenen zou moeten zitten om zoveel invloed op het gedrag van de mier te kunnen uitoefenen.[5]

De strategie van de schimmel blijkt van farmacologische aard. De onderzoekers vermoeden dat de schimmel een mier als een marionet kan laten bewegen door chemische stoffen af te scheiden die op de spieren en het centrale zenuwstelsel inwerken, zelfs al is de schimmel niet fysiek in de hersenen aanwezig. Welke stoffen dat precies zijn is niet bekend. Ook is onbekend of de schimmel de besturing van de mier loskoppelt van de hersenen en de samentrekkingen van de spieren rechtstreeks coördineert. *Ophiocordyceps* zijn echter nauw verwant aan de ergotschimmels of *Claviceps*, waaruit de Zwitserse chemicus Albert Hofmann ooit de verbindingen isoleerde die worden gebruikt om LSD van te maken en die een groep chemische stoffen voortbrengen waar LSD van afstamt, een groep die bekendstaat als de 'ergotalkaloïden'. In een geïnfecteerde mier worden de delen van het *Ophiocordyceps*-genoom geactiveerd die verantwoordelijk zijn voor de aanmaak van die alkaloïden, wat doet vermoeden dat ze een rol spelen in de manipulatie van het gedrag van de mier.[6]

Hoe de schimmels het ook klaarspelen, dat ze op een dergelijke manier kunnen ingrijpen is naar menselijke maatstaven gemeten opmerkelijk. Na tientallen jaren onderzoek en miljarden dollars onderzoeksgeld valt menselijk gedrag nog steeds niet nauwkeurig met behulp van drugs te beïnvloeden. Zo zijn antipsychotica bijvoorbeeld niet van invloed op een bepaald soort gedrag; ze kalmeren alleen maar. Vergelijk dat eens met die achtennegentig procent kans dat *Ophiocordyceps* een mier niet alleen in een plant kunnen laten klimmen en hem zijn dodelijke beet kunnen laten toedienen – wat altíjd gebeurt – maar hem ook nog eens in dat deel van het blad laten bijten waar voor de schimmel de beste omstandigheden heersen om vrucht te dragen. Toegegeven: *Ophiocordyceps* hebben, zoals zoveel andere zombieschimmels, heel lang de tijd gehad om hun methoden te verfijnen. Het gedrag van geïnfecteerde mieren heeft dan ook sporen nagelaten. De dodelijke beet laat een zichtbaar litteken op de nerven achter, en doordat sommige van die littekens zijn gefossiliseerd, weten we dat ze teruggaan tot het eoceen, achtenveertig miljoen jaar geleden. Waarschijnlijk manipuleren schimmels dieren al zolang er dieren zijn om te manipuleren.[7]

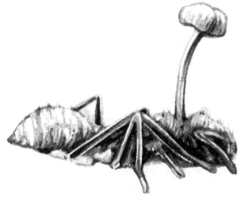

Ophiocordyceps-schimmel groeit uit een mier

Ik was zeven toen ik erachter kwam dat mensen hun geestestoe-stand kunnen veranderen door andere organismen te eten. Mijn ouders namen mijn broer en mij mee naar Hawaii, waar we bij een vriend van hen logeerden, de excentrieke schrijver, filosoof en etno-botanicus Terence McKenna. Zijn grote passie waren geestverrui-mende planten en schimmels. Toen hij in Bombay woonde had hij hasj gesmokkeld, in zijn tijd in Indonesië had hij vlinders verzameld en in het noorden van Californië had hij paddo's gekweekt. Sinds-dien woonde hij in een oord dat Botanical Dimensions heette, bereikbaar via een kilometerslange hobbelweg op de flanken van de vulkaan de Mauna Loa. Hij had het stuk grond op Hawaii tot een bostuin omgetoverd, een levende bibliotheek van zeldzame en minder zeldzame psychoactieve en geneeskrachtige planten uit alle tropische windstreken. Als je naar de wc moest, moest je over een kronkelpaadje door het bos, bukkend onder druipende bladeren en lianen door. Een paar kilometer verderop liepen lavastromen de zee in, waardoor het water schuimde en borrelde.

McKenna was het meest enthousiast over zijn psilocybine-pro-ducerende paddenstoelen. Hij had ze voor het eerst gegeten toen hij begin jaren zeventig met zijn broer, Dennis, door de Amazone in Colombia trok. In de jaren daarna ontdekte McKenna, geholpen door regelmatige 'heldhaftige' doses paddenstoelen, zijn gave van het woord en zijn talent om voor een groot publiek te spreken. 'Ik besefte dat mijn aangeboren Ierse praatziekte werd aangejaagd door jarenlang psilocybinegebruik,' herinnerde hij zich. 'In klein comité sprak ik over vreemde transcendentale zaken, blijkbaar met opzwe-pend effect.' McKenna's bardachtige mijmeringen – welluidend en in vele landen op radio en tv uitgezonden – zijn nog altijd even geliefd als verguisd.[8]

Toen we een paar dagen in Botanical Dimensions waren kreeg ik koorts. Ik weet nog dat ik onder een klamboe lag en McKenna iets in een grote vijzel zag fijnmalen. Ik ging ervan uit dat het een middel tegen koorts was en vroeg wat hij deed. Met zijn grappige, metalige stem en lijzige manier van praten legde hij uit dat het dat helemaal niet was. Van deze plant ging je dromen, net als van som-mige soorten paddenstoelen. Met een beetje geluk spraken zulke organismen zelfs tot ons. Het waren krachtige geneesmiddelen die mensen al heel lang gebruikten, maar ze waren ook een beetje eng. Hij grijnsde loom. Als ik groot was, zei hij, mocht ik wat van het spul proberen, naar bleek een geestverruimend neefje van salie, *Salvia divinorum*. Maar nu nog niet. Ik was met stomheid geslagen.

Er zijn allerlei voorbeelden van beneveling in de dierenwereld te vinden – vogels eten bessen waar ze dronken van worden, lemuren likken aan duizendpoten, nachtvlinders drinken nectar van psychoactieve bloemen – en waarschijnlijk maken wij al langer gebruik van geestverruimende middelen dan we mensen zijn. De uitwerking van die stoffen is 'vaak onverklaarbaar en bepaald griezelig', schreef Richard Evans Schultes, hoogleraar biologie aan Harvard en een autoriteit op het gebied van psychoactieve planten en schimmels. 'Zonder twijfel kenden de eerste mensen die stoffen en gingen die deel uitmaken van hun ervaringen toen ze begonnen te experimenteren met de vegetatie uit hun omgeving.' Veel van die stoffen hebben 'vreemde, mystieke en verwarrende' effecten en zijn net als psilocybine-producerende paddenstoelen nauw verbonden met culturen en spirituele praktijken.[9]

Een aantal schimmels beschikt over geestverruimende eigenschappen. De iconische rode vliegenzwam met witte stippen, *Amanita muscaria*, wordt in delen van Siberië door sjamanen gegeten. Hij wekt een gevoel van euforie en hallucinatoire dromen op. Van ergotschimmels is een angstaanjagende catalogus van effecten bekend, van hallucinaties en stuiptrekkingen tot een ondraaglijk branderig gevoel. Onbedwingbare spierspasmen zijn een van de belangrijkste symptomen van ergotisme. Dat ergotalkaloïden die bij mensen kunnen veroorzaken is een verre weerklank van het effect dat *Ophiocordyceps* hebben op mieren die ermee zijn geïnfecteerd. Sommige van de verschrikkingen die Hiëronymus Bosch in de Renaissance schilderde zouden zijn geïnspireerd door een ergotvergiftiging, en er zijn mensen die denken dat de talloze uitbraken van 'kriebelziekte' in de veertiende tot en met de zeventiende eeuw, waarbij honderden dorpelingen dagen achtereen dansten zonder te rusten, door ergotisme werden veroorzaakt.[10]

Het gebruik van psilocybine-producerende paddenstoelen is het langst gedocumenteerd in Mexico. De dominicaner monnik Diego Durán schreef dat geestverruimende paddenstoelen – ter plekke bekend als 'godenvlees' – in 1486 werden opgediend tijdens de kroning van de Azteekse keizer. Francisco Fernandez, de lijfarts van de koning van Spanje, beschreef paddenstoelen die 'wanneer ze worden gegeten niet tot de dood leiden, maar tot een soms aanhoudende gekte, met als symptoom een onbedwingbare lachstuip [...] Andere leiden zonder tot lachen aan te zetten tot allerlei visioenen, bijvoorbeeld van oorlogen en een soort demonen.' De franciscaner monnik Bernardino de Sahagún (1499-1590) leverde een van de levendigste beschrijvingen van paddenstoelengebruik:[11]

> Ze aten die paddenstoeltjes met honing, en toen ze er opgewonden door begonnen te raken, begonnen ze te dansen, sommigen begonnen te zingen en anderen te huilen. [...] Sommigen wilden niet zingen maar trokken zich terug in hun vertrek en raakten aldaar in een meditatieve stemming. Anderen zagen in een visioen dat ze doodgingen en moesten huilen, weer anderen dachten dat ze door een wild beest werden verslonden. [...] Toen de paddenstoelen waren uitgewerkt, bespraken de deelnemers de visioenen die ze hadden gehad.

Ondubbelzinnige verslagen van paddenstoelengebruik in Midden-Amerika gaan terug tot de vijftiende eeuw, maar het is vrijwel zeker dat psilocybine-producerende paddenstoelen al veel eerder in die regio werden gebruikt. Er zijn honderden paddenstoelenbeelden aangetroffen die teruggaan tot het tweede millennium v.Chr., terwijl handschriften van voor de Spaanse verovering tekeningen van paddenstoelen bevatten die door gevleugelde goden worden gegeten en hoog in de lucht worden gehouden.[12]

Volgens McKenna aten mensen al veel eerder psilocybine-producerende paddenstoelen en was die gewoonte de kiem van hun biologische, culturele en spirituele ontwikkeling. De eerste bewijzen van religie, complexe sociale organisatie, handel en kunst stammen uit een relatief korte periode van vijftig- tot zeventigduizend jaar geleden. Onbekend is wat de aanzet gaf tot die ontwikkelingen. Sommige wetenschappers schrijven ze toe aan de uitvinding van taal. Anderen denken dat genmutaties veranderingen in de bouw van de hersenen teweegbrachten. McKenna geloofde echter dat psilocybine-producerende paddenstoelen de vonk waren van de eerste zelfreflectie, taal en spiritualiteit van de mens, ergens in de proto-culturele mist van het paleolithicum. Paddenstoelen waren de oorspronkelijke boom der kennis.

Grotschilderingen die in de droge hitte van de Sahara in Zuid-Algerije bewaard zijn gebleven leverden volgens McKenna het indrukwekkendste bewijs van paddenstoelenconsumptie. Tot de zogeheten Tassili-schilderingen, die dateren van 9000 tot 7000 v.Chr., behoort een voorstelling van een godheid met een dierenkop en paddenstoelachtige lichaamsdelen die uit zijn armen en schouders groeien. Terwijl onze voorouders over 'het met paddenstoelen bezaaide grasland van tropisch en subtropisch Afrika' zwierven, aldus McKenna, 'stuitten ze op psilocybine-producerende zwammen, die ze opaten en vereerden. Taal, poëzie, rituelen en denken doemden op uit de duisternis van het hominidenbrein.'[13]

Er zijn vele variaties op de hypothese van de 'stonede mensaap', maar zoals met de meeste verhalen over onze oorsprong zijn ze even moeilijk te bewijzen als te ontkrachten. Waar psilocybine-producerende paddenstoelen ook worden gegeten, er wordt volop over gespeculeerd. Overgeleverde teksten en kunstvoorwerpen zijn op verschillende plaatsen aangetroffen en voor meerdere uitleg vatbaar. Stelt die ene Tassili-schildering inderdaad een paddenstoelengod voor? Het zou kunnen. Maar het zou net zo goed kunnen van niet. De tandplak van neanderthalers, Ötzi de 'ijsman' en andere goed geconserveerde menselijke resten leveren het bewijs dat de kennis van mensen over paddenstoelen als voedselbron en medicijn duizenden jaren oud is. Maar op geen van die overblijfselen zijn sporen aangetroffen van psilocybine-producerende paddenstoelen. Van sommige primatensoorten is bekend dat ze paddenstoelen zoeken en eten. Ook bestaat er anekdotisch bewijs van primaten die psilocybine-producerende paddenstoelen eten, maar er zijn geen goed gedocumenteerde gevallen. Sommige onderzoekers denken dat oude Euraziatische bevolkingsgroepen dergelijke paddenstoelen aten tijdens religieuze ceremoniën, met als bekendste voorbeeld de Mysteriën van Eleusis, geheimzinnige rituelen uit het oude Griekenland die door enkele beroemdheden uit de Oudheid, onder wie Plato, zouden zijn bijgewoond. Maar ook daarvan bestaat geen doorslaggevend bewijs. Dat zulk bewijs ontbreekt, is echter nog geen bewijs dat het er niet is. Wat speculatie onvermijdelijk maakt. En McKenna, aangejaagd door psilocybine, was zeer bedreven in de kunst van het speculeren.[14]

Psilocybe
cubensis

Ophiocordyceps hebben als inspiratie gediend voor minstens twee soorten fictieve monsters: de kannibalen in het computerspelletje *The Last of Us* en de zombies in het boek *The Girl with All the Gifts.* De schimmel klinkt als iets raars maar waars, een gril van de evolutie. Maar *Ophiocordyceps* zijn slechts één voorbeeld, zij het een goed bestudeerd voorbeeld. Hun manipulatieve gedrag is geen uitzondering. Dat gedrag is meerdere keren onafhankelijk van elkaar in het schimmelrijk geëvolueerd en er zijn talloze parasieten die hun gastheer eveneens kunnen manipuleren, ook al zijn het geen schimmels.[15]

Schimmels houden er verschillende methoden op na om aan de biochemische knoppen te draaien waarmee ze het gedrag van hun gastheer regelen. Sommige gebruiken stoffen die het immuunsysteem onderdrukken om de afweer van de insecten te omzeilen. Twee van die stoffen worden precies om die reden gebruikt in de geneeskunde. Cyclosporine is een afweerremmer die orgaantransplantatie mogelijk maakt. Myriocine is een middel voor de behandeling van multiple sclerose dat wordt verkocht onder de handelsnaam fingolimod en oorspronkelijk werd gewonnen uit wespen die met een schimmel zijn geïnfecteerd. In sommige delen van China worden de wespen gegeten als middel voor de eeuwige jeugd.[16]

In 2018 publiceerden onderzoekers van de University of California in Berkeley een onderzoek over de schokkende methode waarmee schimmels van het geslacht *Entomophthora* vliegen infecteren en manipuleren. Er zijn duidelijke parallellen met *Ophiocordyceps*. De geïnfecteerde vliegen klimmen omhoog. Zodra ze hun kaken opensperren om te eten, plakt lijm die door de schimmel wordt geproduceerd ze vast. Als de schimmel de vlieg heeft verteerd, te beginnen met de vette delen en met als laatste de belangrijkste organen, laat hij een soort stengel uit de rug van de vlieg groeien, waaruit hij sporen uitstoot.

De onderzoekers waren verbaasd toen ze ontdekten dat *Entomophthora* een virus bij zich draagt dat insecten infecteert, en geen schimmels. De hoofdauteur van het onderzoek noemde het 'een van de mafste ontdekkingen' uit zijn wetenschappelijke loopbaan. Vooral de implicatie is 'maf': dat de schimmel het virus gebruikt om insecten te manipuleren. Het is nog maar een hypothese, maar wel een aannemelijke. Er bestaan enkele aan elkaar verwante virussen die erin zijn gespecialiseerd om het gedrag van insecten te veranderen. Een van die virussen wordt door parasitaire wespen geïnjecteerd in lieveheersbeestjes, die beginnen te trillen, ter plekke blijven staan en de eitjes van de wesp bewaken. Een ander, vergelijkbaar virus maakt honingbijen agressief. Door een manipulatief virus voor zijn karretje te spannen, hoeft de schimmel niet zelf het vermogen te ontwikkelen om het gedrag van zijn gastheer te veranderen.[17]

Een van de verrassendste wendingen in dit verhaal over zombieschimmels is afkomstig uit een onderzoek van Matt Kasson en zijn medewerkers aan West Virginia University. Kasson doet onderzoek naar de schimmel *Massospora*, die cicaden infecteert en er de oorzaak van is dat het achterste derde deel van de diertjes ontbindt, waardoor sporen zich kunnen verspreiden via scheurtjes in hun achterlijf. Geïnfecteerde mannetjescicaden – 'vliegende zoutstrooiers van de dood', om het met Kasson te zeggen – worden hyperactief en hyperseksueel, hoewel hun geslachtsorganen allang zijn verschrompeld, wat bewijst hoe vakkundig de schimmel hun verval in de hand heeft. Hoewel de cicaden wegteren, blijft hun centrale zenuwstelsel intact.[18]

In 2018 analyseerden Kasson en zijn team de chemische samenstelling van de 'schimmelproppen' die uit de gesloopte cicaden groeien. Ze waren verbaasd toen ze ontdekten dat de schimmel cathinon aanmaakt, een amfetamine uit dezelfde klasse als de partydrug mephedrone. Cathinon komt van nature voor in de bladeren van qat (*Catha edulis*), een plant die wordt gekweekt in de Hoorn van Afrika en in het Midden-Oosten en waar mensen al eeuwenlang op kauwen vanwege het oppeppende effect. Cathinon was nog nooit buiten planten aangetroffen. Nog verrassender was dat er ook psilocybine in de proppen voorkwam, en zelfs in ruime mate, hoewel je een paar honderd geïnfecteerde cicaden zou moeten eten om enig effect te merken. Die ontdekking was zo verrassend omdat *Massospora* tot een heel andere stam van het schimmelrijk behoort dan de soorten waarvan bekend is dat ze psilocybine produceren en waarvan ze zich honderden miljoenen jaren geleden hebben afgesplitst. Slechts een enkeling vermoedde dat psilocybine nog eens zou opduiken in een verre tak van de evolutionaire schimmelstamboom om een gedragsveranderende rol in een heel ander verhaal te spelen.[19]

Wat bereikt *Massospora* er precies mee door zijn gastheer te drogeren met een geestverruimend middel en een amfetamine? De onderzoekers gaan ervan uit dat die middelen een rol spelen in de manipulatie van het insect door de schimmel. Maar hoe die dat precies doet is niet bekend.[20]

In verhalen over psychedelische ervaringen komen vaak hybride wezens en veranderingen van de ene soort in de andere voor. En ook in mythen en sprookjes wemelt het vaak van samengestelde dieren, van weerwolven en centauren tot sfinxen en chimaera. De *Metamorfosen* van Ovidius zijn een catalogus van transformaties van het ene wezen in het andere. Er komt zelfs een land in voor waar men 'vertelt dat daar voor het eerst in regentijd uit paddenstoelen mensen zijn gegroeid'. In veel traditionele culturen gelooft men dat er samengestelde wezens bestaan en dat de grenzen tussen organismen fluïde zijn. Antropoloog Eduardo Viveiros de Castro schrijft dat sjamanen in inheemse samenlevingen in de Amazone geloven dat ze tijdelijk kunnen veranderen in een dier of plant. De Joekagir, die in Noord-Siberië leven, dossen zich uit als elanden en gedragen zich zo wanneer ze op elandenjacht gaan.[21]

Dergelijke verhalen lijken de grenzen van de biologische mogelijkheden op te rekken en worden in moderne wetenschappelijke kringen zelden serieus genomen. Maar onderzoek naar symbiose maakt duidelijk dat het leven op aarde uit allerlei hybride levensvormen bestaat, zoals korstmossen, die uit verschillende organismen zijn samengesteld. Sterker nog: alle planten, schimmels en dieren, ook wijzelf, zijn in zekere zin samengestelde wezens. Eukaryotische cellen zijn hybride, en we delen ons lichaam met een groot aantal microben waarvan we voor onze groei, ons gedrag en onze voortplanting afhankelijk zijn. Het zou kunnen dat veel van die goedaardige microben dezelfde manipulatieve eigenschappen vertonen als parasieten zoals *Ophiocordyceps*. In steeds meer onderzoeken wordt een verband gelegd tussen diergedrag en de ontelbare bacteriën en schimmels in het darmstelsel van dieren, waarvan er vele chemische stoffen voortbrengen die het zenuwstelsel beïnvloeden. De interactie tussen darmflora en hersenen – de 'microbioom-darm-hersen-as' – is zo groot dat die een nieuw vakgebied heeft opgeleverd: de neuromicrobiologie. Toch behoren schimmels die de hersenen manipuleren tot de spectaculairste samengestelde organismen. In de woorden van Hughes is een geïnfecteerde mier een 'schimmel in mierenkleren'.[22]

Er is een wetenschappelijk kader voorhanden waarmee we greep op dergelijke gedaanteverwisselingen kunnen krijgen. In *The Extended Phenotype* wijst Richard Dawkins erop dat genen niet alleen de instructies leveren voor de bouw van een organisme. Ze bevatten ook instructies voor de ontwikkeling van bepaald gedrag. Een vogelnest is onderdeel van de uitwendige expressie van het genoom van de vogel. Een beverdam is onderdeel van de uitwendige expressie van het genoom van een bever. En de dodelijke beet van een reuzenmier is onderdeel van de uitwendige expressie van het genoom van *Ophiocordyceps*-schimmels. Door middel van overgeerfd gedrag, zo beweert Dawkins, laat de uitwendige expressie van de genen van een organisme – het 'fenotype' – zich in de wereld gelden.

Dawkins legde 'strenge eisen' op aan het idee van het zogeheten uitgebreide of verruimde fenotype. Hoewel het een speculatief concept is, is het 'nauw begrensd', zegt hij er gewetensvol bij. Er zijn drie belangrijke criteria waaraan moet worden voldaan om te voorkomen dat fenotypen al te zeer worden uitgebreid (als een beverdam een expressie is van het bevergenoom, hoe zit het dan met het meer dat achter de dam ontstaat en met de vissen die in dat meer leven en...).[23]

Ten eerste moeten de uitgebreide eigenschappen erfelijk zijn. *Ophiocordyceps* erven bijvoorbeeld een farmacologische aanleg om mieren te infecteren en manipuleren. Ten tweede moeten die eigenschappen van generatie tot generatie verschillen: sommige *Ophiocordyceps* kunnen mierengedrag beter manipuleren dan andere. Ten derde, en het belangrijkst, moet variatie van invloed zijn op het vermogen van een organisme om te overleven en zich voort te planten, de eigenschap die bekendstaat als *fitness*: *Ophiocordyceps* die de bewegingen van een insect beter kunnen beheersen, kunnen hun sporen beter verspreiden. Als aan deze drie voorwaarden is voldaan – de eigenschappen moeten erfelijk en variabel en de variatie ervan is van invloed op de fitness – dan zijn uitgebreide eigenschappen onderhevig aan natuurlijke selectie en zullen ze evolueren in overeenstemming met de bijbehorende fysieke kenmerken. Bevers die betere dammen bouwen hebben een grotere overlevingskans en zullen het vermogen om betere dammen te bouwen doorgeven. Maar menselijke dammen – of alles wat mensen bouwen – zijn geen onderdeel van ons uitgebreide fenotype, want we zijn niet geboren om instinctief bepaalde bouwsels te maken die rechtstreeks van invloed zijn op onze fitness.

Hoogtekoorts en de dodelijke beet voldoen daarentegen aan alle kenmerken van schimmelgedrag, en niet aan het gedrag van mieren. De schimmel heeft geen beweeglijk dierenlijf met spieren en een centraal zenuwstelsel en kan niet lopen, bijten of vliegen. Vandaar dat hij er een annexeert. Die strategie werkt zo goed dat de schimmel zonder niet kan overleven. Een deel van hun leven moeten *Ophiocordyceps* in een mier leven. In negentiende-eeuwse spiritistische kringen zouden menselijke mediums bezeten zijn door geesten van overledenen. Omdat die geesten geen stem of lichaam meer hadden, zouden ze het lichaam van iemand lenen om mee te spreken en te bewegen. Op vergelijkbare manier worden insecten bezeten door de schimmels waarmee ze zijn geïnfecteerd. Geïnfecteerde mieren gedragen zich niet langer als mieren en worden mediums voor de schimmels. Vandaar dat Hughes een mier die met *Ophiocordyceps* is geïnfecteerd een 'schimmel in mierenkleren' noemde. Een mier die daar door een schimmel toe wordt gedwongen, verlegt zijn evolutionaire koers – die zijn gedrag en zijn relaties tot de mierenwereld bepaalt – naar die van *Ophiocordyceps*. In fysiologische en evolutionaire zin en qua gedrag *wordt* de mier de schimmel.

Bij *Ophiocordyceps* en andere insecten-manipulerende schimmels is een opmerkelijk vermogen geëvolueerd om de dieren die ze beïnvloeden schade te berokkenen. Bij psilocybine-producerende paddenstoelen, aldus een steeds groter aantal onderzoeken, is daarentegen het opmerkelijke vermogen geëvolueerd om een groot aantal problemen van mensen op te lossen. In zekere zin is dat nieuws. Sinds het begin van dit millennium helpen methoden voor streng wetenschappelijk onderzoek en de nieuwste hersenscantechnieken onderzoekers psychedelische ervaringen te interpreteren door de taal van de moderne wetenschap te gebruiken. Als gevolg van die nieuwe onderzoeksgolf lag ik voor dat LSD-onderzoek in het ziekenhuis. Die recente resultaten bevestigen grotendeels de opvattingen van veel onderzoekers uit de jaren vijftig en zestig, die LSD en psilocybine beschouwden als een wonderkuur voor uiteenlopende psychiatrische aandoeningen. In een andere zin bevestigt veel van dat moderne wetenschappelijke onderzoek in het algemeen wat in traditionele culturen sinds onheuglijke tijden bekend is over het gebruik van psychoactieve planten en schimmels als geneesmiddel en psychospiritueel hulpmiddel. Zo bezien is de moderne wetenschap simpelweg bezig een achterstand in te lopen.[24]

Veel recente ontdekkingen zijn naar de maatstaven van conventionele farmaceutische ingrepen indrukwekkend. In 2016 werden in een dubbelstudie van New York University en de Johns Hopkins University psilocybine en psychotherapie aangeboden aan patiënten die kampten met overbezorgheid, depressiviteit en 'existentiële angst' nadat bij hen de diagnose terminale kanker was gesteld. Na één dosis psilocybine vertoonde tachtig procent van de patiënten een substantiële vermindering van hun psychische symptomen, die minstens een halfjaar na de dosis aanhield. Psilocybine verminderde de 'moedeloosheid en hopeloosheid, verbeterde het spirituele welzijn en vergrootte de levenskwaliteit'. De deelnemers maakten melding van 'gevoelens van uitzinnige vrolijkheid, gelukzaligheid en liefde' en 'een verschuiving van een gevoel van isolement naar een van verbondenheid'. Meer dan zeventig procent van de deelnemers zette de ervaring in hun top vijf van betekenisvolste gebeurtenissen in hun leven. 'Je kunt je afvragen wat dat betekent,' zei Roland Griffiths, een vooraanstaande onderzoeker die meewerkte aan het onderzoek, in een interview. 'Ik vroeg me eerst af of ze soms een saai leven hadden geleid, maar nee.' De deelnemers vergeleken de ervaring met de geboorte van hun eerste kind of de dood van een ouder. De experimenten worden beschouwd als een van de effectiefste psychiatrische interventies in de geschiedenis van de moderne geneeskunde.[25]

Ingrijpende veranderingen in het gemoed en de persoonlijkheid van mensen zijn zeldzaam, en het is opvallend dat ze al na zo'n kortstondige ervaring met psilocybine optraden. Toch zijn het allesbehalve abnormale resultaten. In recent onderzoek is het spectaculaire effect van psilocybine op de geestesgesteldheid, het wereldbeeld en de opvattingen van mensen onderzocht. Veel van die onderzoeken, die gebruikmaken van de psychometrische vragenlijsten waar ik zo mee worstelde, wijzen uit dat psilocybine met zekerheid ervaringen kan opwekken die 'mystiek' kunnen worden genoemd. Tot die mystieke ervaringen behoren gevoelens van ontzag, het idee dat alles met elkaar verbonden is, dat tijd en ruimte worden overstegen, een diepgaand en intuïtief besef van de aard der werkelijkheid en diepe gevoelens van liefde, vrede en vrolijkheid. Ook het verlies van een duidelijke begrenzing van de eigen identiteit valt er vaak onder.[26]

Psilocybine kan een langdurige uitwerking hebben, zoals de grijns van de Cheshire Cat uit *Alice in Wonderland*, die 'nog een poosje bleef hangen toen de rest al weg was'. Onderzoekers constateerden dat één enkele hoge dosis psilocybine genoeg was om ervoor te zorgen dat gezonde vrijwilligers meer openstonden voor nieuwe ervaringen, dat hun geestelijk welbevinden erop vooruitging en dat ze meer voldoening uit het leven haalden, veranderingen die in de meeste gevallen langer aanhielden dan een jaar. Uit sommige onderzoeken blijkt dat ervaringen met psilocybine rokers en alcoholisten van hun verslaving hebben afgeholpen. In andere onderzoeken meldden proefpersonen dat ze zich langere tijd meer met de natuur verbonden voelden.[27]

In de onoverzichtelijke wirwar van recent onderzoek naar psilocybine beginnen zich enkele thema's af te tekenen. Een van de interessantste is de manier waarop proefpersonen zin proberen te geven aan hun ervaringen. Zoals Michael Pollan schrijft in *Verruim je geest*, interpreteren de meeste mensen die psilocybine gebruiken hun ervaringen niet in de mechanistische termen van de moderne biologie, in de zin van moleculen die door hun hersenen gaan. Integendeel: Pollan constateerde dat de meeste mensen die hij interviewde 'de sessie als verstokte materialist of atheïst waren ingegaan, en toch was een stuk of wat een "mystieke ervaring" ten deel gevallen, die bij hen de rotsvaste overtuiging had doen postvatten dat er in deze wereld meer is dan we denken – een of andere "gene zijde" die een extra dimensie vormt van het stoffelijke universum'. Die effecten stellen ons voor een raadsel. Dat een chemische stof een diepgaande mystieke ervaring kan oproepen is bewijs voor de heersende wetenschappelijke opvatting dat onze subjectieve wereld berust op de chemische activiteit van onze hersenen, dus dat spirituele overtuigingen en godservaringen het gevolg kunnen zijn van een materieel, biochemisch verschijnsel. Maar Pollan wijst erop dat diezelfde ervaringen zo hevig zijn dat mensen ervan overtuigd raken dat er een niet-materiële werkelijkheid bestaat, de ruwe grondstof voor religieuze overtuigingen.[28]

Ophiocordyceps en darmbacteriën beïnvloeden de dieren waarin ze leven door nauwkeurig de chemische stoffen te reguleren die ze afscheiden. Psilocybine-producerende paddenstoelen doen dat niet. Je kunt iemand synthetische psilocybine toedienen en zo alle mogelijke psychisch-spirituele effecten opwekken. Hoe gaat dat in zijn werk?

Eenmaal in het lichaam wordt psilocybine omgezet in psilocine. Psilocine is van invloed op de werking van de hersenen doordat de stof receptoren prikkelt die normaal gesproken worden geprikkeld door de neurotransmitter serotonine. Door serotonine te imiteren, een van de chemische boodschappers die we het meest gebruiken, infiltreert psilocybine, net als LSD, ons zenuwstelsel en grijpt hij rechtstreeks in op het doorgeven van elektrische signalen in ons lichaam en kan hij zelfs de groei en de bouw van neuronen veranderen.[29]

Hoe psilocybine precies de patronen van neuronenactiviteit beinvloedt werd pas een jaar of tien geleden duidelijk toen onderzoekers van het Beckley/Imperial Psychedelic Research Programme de stof aan proefpersonen toedienden en de activiteit in hun hersenen volgden. De resultaten waren verrassend. De scans lieten zien dat psilocybine de activiteit van de hersenen niet vergrootte, zoals je zou verwachten op grond van de sterke uitwerking op het gemoed en de cognitie. In plaats daarvan verminderde hij juist de activiteit van bepaalde belangrijke hersengebieden.

Het soort hersenactiviteit dat door psilocybine wordt verminderd, vormt de basis van wat wel het *default mode network* (DMN) heet. Wanneer we ons niet al te intensief concentreren, wanneer onze hersenen een beetje lummelen, wanneer we aan zelfreflectie doen, aan het verleden terugdenken of plannen maken voor de toekomst, is ons DMN actief. Onderzoekers noemen het DMN wel de 'hoofdstad' of de 'directie' van de hersenen. Wanneer allerlei processen in de hersenen tegelijk druk in de weer zijn, bewaart het DMN als het ware de orde, als een leraar in een rumoerig klaslokaal.

Het onderzoek liet zien dat bij proefpersonen die het sterkste gevoel van 'desintegratie van het ego' of een verlies van identiteit meldden, de daling van de activiteit van het DMN het sterkst was. Leg het DMN plat en de hersenen krijgen de vrije teugel. De onderlinge verbondenheid tussen de hersengebieden neemt fors toe en er ontstaan allerlei nieuwe zenuwbanen, met een drukte van belang tot gevolg. Actieve netwerken die eerst nog ver van elkaar verwijderd waren raken met elkaar verbonden. Uitgedrukt in de metafoor die Aldous Huxley gebruikte in zijn vroege verkenning van psychedelische ervaringen, *The Doors of Perception*, lijkt psilocybine een 'drukregelaar' in ons bewustzijn uit te schakelen. Het resultaat? Een 'ongeremde cognitiestijl'. De auteurs concluderen dat het vermogen van psilocybine om mensen geestelijk te veranderen verband houdt met die toestand waarin alles in de hersenen stroomt.[30]

Onderzoek met hersen-MRI's verschaft cruciaal inzicht in de manier waarop geestverruimende middelen op ons inwerken, maar verklaren niet echt wat de proefpersonen voelen. Het zijn immers de mensen die de ervaringen hebben, niet de hersenen. En het zijn nu juist die ervaringen die de therapeutische werking van psilocybine ondersteunen. In de onderzoeken die het effect van psilocybine maten op patiënten met terminale kanker, vertoonden degenen met de hevigste mystieke ervaringen de grootste afname van de symptomen van depressiviteit en angstaanvallen. En ook in een onderzoek naar het verband tussen psilocybine en tabaksverslaving waren de patiënten met de beste resultaten degenen die de hevigste mystieke ervaringen hadden gehad. Psilocybine lijkt geen effect te hebben doordat de stof op een reeks biochemische knoppen drukt, maar doordat de stof de geest van patiënten opent voor nieuwe manieren van denken over hun leven en hun gedrag.

Dat is een resultaat waarin veel weerklinkt van het onderzoek naar LSD en psilocybine tijdens de eerste golf van onderzoek naar geestverruimende middelen, halverwege de twintigste eeuw. Abram Hoffer, een Canadese psychiater die in de jaren vijftig onderzoek deed naar de effecten van LSD, schreef dat 'van meet af aan de kern van de therapie wat ons betreft niet de chemische stof zelf was, maar de erdoor opgewekte ervaring'. Dat klinkt als gezond verstand, maar bezien vanuit het standpunt van de mechanistische geneeskunde van die tijd was het een radicaal idee. De gebruikelijke aanpak was – en is voor een groot deel nog steeds – om 'spullen' te gebruiken, of het nu een geneesmiddel of een chirurgisch gereedschap is, om het 'spul' waaruit het lichaam bestaat te behandelen, zoals we gereedschap gebruiken om een machine te repareren. Geneesmiddelen worden gewoonlijk geacht hun werk te doen via een farmacologische route die de bewuste mens volledig links laat liggen: een medicijn slaat aan op een receptor, die een verandering van de symptomen teweegbrengt. Daarentegen lijkt psilocybine – net als LSD en andere geestverruimende middelen – *via het bewustzijn* op symptomen van mentale aandoeningen in te werken. De standaardroute wordt uitgebreid: een geneesmiddel slaat aan op een receptor, die een verandering in de geestestoestand teweegbrengt, die weer een verandering van de symptomen teweegbrengt.[31] De psychedelische ervaringen van de patiënten lijken *zelf* de kuur te zijn.

In de bewoordingen van Matthew Johnson, psychiater en onderzoeker aan het Johns Hopkins, schudden geestverruimende middelen als psilocybine mensen 'uit hun verhaal wakker. Het is een soort reset van je systeem. [...] Psychedelica openen een venster van mentale flexibiliteit waarin je de mentale modellen los kunt laten waarmee je de realiteit ordent.' Hardnekkige gewoonten, bijvoorbeeld gewoonten die tot middelenverslaving leiden of tot het 'verbeten pessimisme' van depressies, worden minder star. Doordat psilocybine en andere geestverruimende middelen de grenzen laten vervagen van de hokjes waarin we menselijke ervaringen onderverdelen, kunnen ze nieuwe cognitieve mogelijkheden ontsluiten.[32]

Een van de moeilijkst aan het wankelen te brengen voorstellingen van de menselijke geest is die van de eigen identiteit. Juist die eigen identiteit lijken psilocybine en andere geestverruimende middelen onderuit te halen. Sommige ervaringsdeskundigen spreken van desintegratie van het ego. Anderen houden het er simpelweg op dat ze niet meer wisten waar zij ophielden en hun omgeving begon. Het 'ik' waar mensen zo aan vasthouden en zo van afhankelijk zijn, kan volledig verdwijnen of geleidelijk in iets anders overgaan. Het gevolg? Het gevoel dat ze opgaan in iets groters en een ander besef krijgen van hun relatie tot de wereld. In veel gevallen – van korstmossen tot het grensverleggende gedrag van mycelium – stellen schimmels onze vastgeroeste concepten over identiteit en individualiteit op de proef. Psilocybine-producerende schimmels en LSD doen dat ook, maar dan in de meest intieme setting denkbaar: in ons eigen hoofd.[33]

In het geval van *Ophiocordyceps* kan het gedrag van een geïnfecteerde mier worden beschouwd als het gedrag van een schimmel. De dodelijke beet, de hoogtekoorts: het zijn eigenschappen van de schimmel die tot zijn uitgebreide fenotype behoren. Kunnen de veranderingen in het bewustzijn en het gedrag van mensen die worden veroorzaakt door een psilocybine-producerende paddenstoel worden beschouwd als onderdeel van het uitgebreide fenotype van de schimmel? Het 'uitgebreide gedrag' van *Ophiocordyceps* laat een afdruk op de wereld achter in de vorm van de fossiele littekens aan de onderkant van bladeren. Kan van het uitgebreide gedrag van psilocybine-producerende paddenstoelen worden gezegd dat het een afdruk op de wereld achterlaat in de vorm van ceremoniën, rituelen, zang en andere culturele en technologische gevolgen van onze veranderde geestestoestand? Dragen psilocybinezwammen 'kleren' in de vormen van onze hersenen, zoals *Ophiocordyceps* en *Massospora* 'kleren' in de vorm van insecten dragen?

Terence McKenna was een groot aanhanger van deze zienswijze. Als de dosis maar groot genoeg was, beweerde hij, dan kon je ervan uitgaan dat de paddenstoel duidelijk en 'eloquent van zich deed spreken in het koele duister van de geest'. Schimmels hebben geen handen waarmee ze de wereld kunnen manipuleren, maar met psilocybine als chemische boodschapper kunnen ze een mensenlichaam lenen en de hersenen en zintuigen ervan gebruiken om mee te spreken. McKenna geloofde dat schimmels onze hersenen als kleren aantrokken, onze zintuigen kaapten en – het belangrijkst – kennis over de wereld verschaften. Ze konden onder andere psilocybine inzetten om mensen te beïnvloeden in een poging de destructieve neigingen van onze soort ongedaan te maken. Wat McKenna betrof ging het om een symbiotische alliantie die mogelijkheden schiep die 'rijker en nog uitzinniger' waren dan de mogelijkheden die mens of schimmel afzonderlijk ter beschikking stonden.[34]

Hoever we willen gaan hangt af van de mate waarin we willen speculeren, laat Dawkins opnieuw zien. En de mate waarin we willen speculeren hangt weer af van de mate waarin we onze vooroordelen op de schop nemen. 'Jij denkt misschien dat de wereld er zo uitziet als bij mooi weer rond het middaguur,' zei filosoof Alfred North Whitehead ooit tegen zijn voormalige student Bertrand Russell. 'Ik denk dat hij lijkt op het aanbreken van de dag, wanneer je ontwaakt uit een diepe slaap.' Om het met Whitehead te zeggen, speculeert Dawkins in mooi weer rond het middaguur. Hij neemt de moeite om ervoor te zorgen dat zijn speculaties over uitgebreide fenotypen 'gedisciplineerd' en 'nauw begrensd' zijn. Hij laat er geen misverstand over bestaan dat fenotypen verder kunnen reiken dan het lichaam, maar niet te uitgebreid mogen zijn. Daarentegen speculeert McKenna bij het aanbreken van de dag. Zijn eisen zijn minder streng, zijn verklaringen minder strak afgebakend. Tussen die twee uitersten ligt een continent vol mogelijke opvattingen.[35]

In hoeverre voldoen psilocybine-producerende paddenstoelen aan Dawkins' drie 'strenge eisen'? Het vermogen van een paddenstoel om psilocybine aan te maken is in elk geval erfelijk. Het is bovendien een vermogen dat van paddenstoelsoort tot paddenstoelsoort varieert, en tussen afzonderlijke paddenstoelen onderling. Maar als de door een paddenstoel veroorzaakte geestestoestand – de visioenen, de mystieke ervaringen, de desintegratie van het ego, het verlies van het gevoel van een eigen identiteit – wil doorgaan voor een aspect van het uitgebreide fenotype van dergelijke schimmels, dan moet ook aan de laatste eis worden voldaan. Schimmels die leiden tot een 'betere' verandering van geestestoestand – wat dat ook mag betekenen – moeten hun genen met meer succes doorgeven. Schimmels moeten verschillen in het vermogen om van invloed te zijn op mensen, en schimmels die rijkere en wenselijkere ervaringen opleveren moeten daarvan profiteren ten koste van schimmels die minder wenselijke ervaringen opleveren.

Op het eerste gezicht lijkt die derde eis doorslaggevend. Schimmels die psilocybine aanmaken kunnen menselijk gedrag beïnvloeden, maar komen anders dan *Ophiocordyceps* in mieren niet in ons lichaam voor. Bovendien laten McKenna's speculaties zich moeilijk verenigen met het feit dat mensen pas laat in de geschiedenis van psilocybine op het toneel verschenen. Schimmels maakten al tientallen miljoenen jaren psilocybine aan eer het geslacht *Homo* evolueerde: volgens de op dit moment beste schatting ontstond de eerste magische paddenstoel zo'n vijfenzeventig miljoen jaar geleden. Ruim negentig procent van hun evolutionaire geschiedenis leefden psilocybine-producerende schimmels op een planeet zonder mensen en verging het ze uitstekend. Als ze inderdaad van onze veranderde geestestoestand profiteren, dan doen ze dat nog niet zo heel lang.[36]

Maar wat leverde psilocybine die schimmels dan *wel* op waardoor het vermogen om de stof te produceren bij ze evolueerde? Waarom zouden ze überhaupt de moeite nemen om die te maken? Het is een vraag waarover mycologen en liefhebbers van geestverruimende paddenstoelen zich al tientallen jaren het hoofd breken. Het zou kunnen dat psilocybine de schimmels helemaal niet zoveel opleverde, totdat de mens voorbijkwam. Schimmels en planten bevatten allerlei bestanddelen die in biochemische achterafsteegjes een ondergeschikte rol spelen als toevallig metabolisch bijproduct. Soms stuiten zulke 'secundaire stoffen' op een dier dat ze aantrekken, in beroering brengen of doden en zijn ze vanaf dat moment van nut voor de schimmel, waardoor ze een evolutionaire aanpassing worden. Maar soms doen ze niet veel meer dan als variatie op een biochemisch thema fungeren dat ooit nog eens van pas zal komen, of niet.

Twee wetenschappelijke artikelen uit 2018 doen vermoeden dat psilocybine wel degelijk in het voordeel was van schimmels die de stof konden aanmaken. Analyse van het DNA van psilocybine-producerende schimmelsoorten laat zien dat het vermogen om psilocybine aan te maken meermalen is geëvolueerd. Nog verrassender is de ontdekking dat het genencluster dat nodig is om psilocybine te produceren in de loop van de geschiedenis verschillende keren door middel van horizontale genenoverdracht van de ene tak in de schimmelstamboom is overgesprongen op een andere. Zoals we hebben gezien is horizontale genenoverdracht het proces aan de hand waarvan genen en de eigenschappen waaraan ze ten grondslag liggen van organisme op organisme kunnen overgaan zonder dat daar voortplanting en nageslacht voor nodig zijn. Dat gebeurt dagelijks tussen bacteriën – waardoor resistentie tegen antibiotica zich snel in bacteriënpopulaties kan verspreiden – maar zelden tussen schimmels die paddenstoelen vormen. Het komt zelfs nog minder vaak voor dat complexe clusters van metabolische genen intact blijven wanneer ze van de ene soort op de andere overspringen. Dat het genencluster voor psilocybineproductie intact is gebleven, zou kunnen betekenen dat het schimmels waarbij het tot expressie kwam substantieel voordeel opleverde. Als dat niet zo was, dan zou de eigenschap snel zijn gedegenereerd.[37]

Maar wat zou dat voor voordeel kunnen zijn geweest? Het psilocybine-genencluster sprong over tussen schimmelsoorten die er dezelfde levensstijl op na hielden en leefden in rottend hout en in mest. In die leefomgevingen komen ook talloze insecten voor die schimmels 'eten of ermee concurreren' en die allemaal gevoelig zouden kunnen zijn voor de krachtige neurologische werking van psilocybine. Waarschijnlijk zit de evolutionaire waarde van psilocybine 'm in het vermogen om het gedrag van dieren te beïnvloeden. Maar hoe precies, dat is onduidelijk. Schimmels en insecten delen een lange, complexe geschiedenis. Sommige schimmels, waaronder *Ophiocordyceps* en *Massospora*, zijn dodelijk. Andere werken sinds onheuglijke evolutionaire tijden samen, bijvoorbeeld de soorten die samenleven met bladsnijdersmieren en termieten. In al die gevallen gebruiken schimmels chemische stoffen om het gedrag van insecten te veranderen. *Massospora* gebruikt zelfs psilocybine om zijn doel te bereiken. Welke kant zwaaide de slinger van psilocybine uit? De meningen zijn verdeeld. Zelfs bij mensen is het niet eenvoudig om de effecten in de gaten te houden die psilocybine heeft op organismen die de stof tot zich nemen, terwijl die tenminste nog over hun ervaringen kunnen praten en psychometrische vragenlijsten kunnen invullen. Hoe groot is de kans dat we erachter komen wat psilocybine doet in de kop van een insect? Onderzoek naar dieren is op dit punt schaars, wat het er alleen nog maar ingewikkelder op maakt.[38]

Zou psilocybine een afweermiddel zijn dat schimmels produceren om het brein van de insecten waarin ze voorkomen te benevelen? Zo ja, dan lijkt het geen erg effectief middel. Sommige muggen- en vliegensoorten bouwen hun onderkomen in psychoactieve paddenstoelen. Slakken en naaktslakken verorberen ze zonder merkbare nadelige bijwerkingen. En er zijn bladsnijdersmieren waargenomen die actief op zoek gaan naar een bepaalde soort psilocybine-producerende paddenstoel, die ze in zijn geheel meenemen naar hun nest. Het doet allemaal vermoeden dat psilocybine allesbehalve een afweermiddel is, maar eerder een lokmiddel dat het gedrag van insecten verandert op een manier waar de schimmel van profiteert.[39]

Het antwoord ligt waarschijnlijk ergens in het midden. Psilocybine-producerende paddenstoelen die giftig zijn voor sommige dieren kunnen nog altijd een prima maaltijd zijn voor dieren die er een afweer tegen hebben ontwikkeld. Sommige vliegensoorten zijn bijvoorbeeld resistent tegen het gif van de groene knolamaniet en hebben daardoor bijna exclusieve toegang tot de paddenstoel. Zouden insecten die tegen psilocybine bestand zijn de schimmel helpen door zijn sporen te verspreiden? Of door hem tegen andere schadelijke dieren te beschermen? Opnieuw rest ons weinig meer dan speculatie.

We weten weliswaar niet hoe psilocybine in de eerste miljoenen jaren van zijn bestaan de belangen van schimmels diende, maar vanuit ons huidige gezichtspunt bezien is duidelijk dat de interactie tussen psilocybine en de menselijke geest de evolutionaire voorspoed van de paddenstoelen die de stof aanmaken op zijn kop heeft gezet. Psilocybine-producerende schimmels verkeren op goede voet met de mens. Psilocybine schrikt hem allesbehalve af – voor een overdosis zou je duizend keer meer paddenstoelen moeten eten dan er nodig zijn voor een gemiddelde trip – maar heeft er juist voor gezorgd dat mensen jacht op de paddenstoelen maken, ze overal verspreiden en manieren ontwikkelen om ze te kweken. Op die manier hebben ze de schimmels geholpen hun sporen te verspreiden, die niet alleen licht genoeg zijn om over grote afstanden te worden meegevoerd, maar ook in groten getale voorkomen: laat je een paddenstoel ook maar een paar uur ergens liggen, dan laat hij zoveel sporen achter dat ze een dikke, zwarte vlek vormen. Doordat een chemische stof die lang geleden misschien diende om plaagdieren te bedwelmen of af te schrikken op een nieuwe diersoort stuitte, veranderde hij in maar een paar stappen in een betoverend lokmiddel. Dat toverpaddenstoelen in slechts enkele decennia van de twintigste eeuw de weg van de obscuriteit naar het sterrendom hebben afgelegd, is een van de spectaculairste verhalen in de lange geschiedenis van de relatie tussen mensen en schimmels.[40]

In de jaren dertig las de op Harvard werkzame botanicus Richard Evans Schultes de vijftiende-eeuwse verslagen over het 'godenvlees' van de Spaanse monniken. Hij raakte geïntrigeerd. Uit de weinige overgeleverde bronnen bleek duidelijk dat psilocybine-producerende paddenstoelen in delen van Midden-Amerika het middelpunt vormden van belangrijke culturele en spirituele centra. Ze waren in de handen gevallen van plaatselijke godheden en consumptie ervan had geleid tot een voorstelling van het goddelijke waarin ze zelf een voorname rol speelden.

Zouden die paddenstoelen nog steeds in het toenmalige Mexico te vinden zijn? Schultes kreeg een tip van een Mexicaanse botanicus en trok in 1938 naar de afgelegen dalen in het noordoosten van Oaxaca om het uit te zoeken. (Het was hetzelfde jaar waarin Albert Hofmann in een farmaceutisch laboratorium in Zwitserland voor het eerst LSD uit ergotschimmels isoleerde.) Schultes constateerde dat de consumptie van paddenstoelen door het Mazatec-volk nog steeds springlevend was. *Curanderos*, oftewel genezers, hielden geregeld een paddenstoelenwake om zieken beter te maken, verloren voorwerpen te achterhalen en raad te geven. Paddenstoelen waren in ruime mate voorhanden in de weiden rondom de dorpen. Schultes verzamelde exemplaren en publiceerde zijn resultaten. Hij schreef dat consumptie van de paddenstoelen leidde tot 'hilariteit, onsamenhangende spraak en [...] fantasierijke visioenen in felle kleuren'.[41]

In 1952 kreeg Gordon Wasson, een amateurmycoloog en adjunct-directeur van de bank J.P. Morgan, een brief van dichter en wetenschapper Robert Graves waarin die Schultes' relaas beschreef. Wasson was gefascineerd door het nieuws van Graves over het geestverruimende 'godenvlees' en reisde naar Oaxaca af om op zoek te gaan naar de paddenstoelen. Wasson trof er een *curandera*, María Sabina, die hem voor een paddenstoelenwake uitnodigde. Wasson beschreef de ervaring: 'alsof mijn ziel uiteenspatte'. In 1957 publiceerde hij een verslag over zijn ervaring in het tijdschrift *Life*. De titel van het artikel luidde: 'Op zoek naar de magische paddenstoel: een bankier uit New York reist naar de bergen van Mexico om deel te nemen aan oeroude rituelen van Indianen die op vreemde, visioenen opwekkende gewassen kauwen'.[42]

Wassons artikel werd een sensatie en werd door miljoenen mensen gelezen. In die tijd waren de bewustzijnstoestand-veranderende eigenschappen van LSD al een jaar of veertien bekend en onderzocht een actieve gemeenschap van onderzoekers de effecten. Maar Wassons relaas was een van de allereerste verslagen van het gebruik van een psychedelische, het bewustzijn veranderende stof die het grote publiek bereikte. 'Magic mushrooms' werden min of meer van de ene op de andere dag een begrip en zetten de deuren wijd open. In zijn autobiografie haalt Dennis McKenna de herinnering op dat zijn broer, Terence, die op dat moment nog een vroegrijp kind van tien was, 'wapperend met het tijdschrift achter mijn moeder aan liep die in huis bezig was en eiste dat hij er meer van wilde weten. Maar ze had er uiteraard niets aan toe te voegen.'[43]

Vanaf dat moment ging het snel. Hofmann kreeg van een deelnemer een paddenstoel van Wassons expeditie toegestuurd en identificeerde, synthetiseerde en benoemde het actieve bestand-deel: psilocybine. In 1960 hoorde de gerespecteerde academicus Timothy Leary, die ook aan Harvard werkte, van een vriend over de paddenstoelen en vloog naar Mexico om ze uit te proberen. Zijn ervaring, een 'visionaire reis', had een diepgaande uitwerking op hem en hij keerde als 'een ander mens' terug. Op Harvard gaf Leary, geïnspireerd door de ervaring, de brui aan zijn onderzoeks-programma en begon hij het Harvard Psilocybin Project. 'Sinds ik in een tuin in Mexico zeven paddenstoelen heb gegeten,' zo zou hij de beslissende ervaring later beschrijven, 'heb ik al mijn tijd en energie gewijd aan het verkennen en beschrijven van deze vreemde, diepzinnige rijken.'[44]

Leary's praktijken leidden tot een controverse. Hij verliet Har-vard en begon serieus werk te maken van de verspreiding van zijn idee dat een culturele revolutie en spirituele verlichting bereikbaar waren door geestverruimende middelen te consumeren. Hij werd algauw berucht. In talloze tv- en radio-optredens predikte hij het evangelie van LSD en de vele voordelen ervan. In een interview met *Playboy* beweerde hij dat vrouwen tijdens een gemiddelde LSD-trip op duizend orgasmes konden rekenen. Hij nam het voor het gou-verneurschap van Californië op tegen Ronald Reagan en verloor. Gedeeltelijk dankzij Leary's zendingsdrang kreeg de tegencultuur van de jaren zestig de wind in de zeilen. In 1967 sprak Leary, in-middels de 'hogepriester' van de psychedelische beweging, in San Francisco de Human Be-In toe, die door tienduizenden mensen werd bijgewoond. Het duurde niet lang of LSD en psilocybine wer-den na veel verzet en allerlei schandalen verboden. Aan het einde van het decennium was bijna al het onderzoek naar de effecten van geestverruimende middelen beëindigd of ondergronds gegaan.[45]

Met het verbod op psilocybine en LSD begon een nieuw hoofdstuk in de evolutionaire geschiedenis van psilocybine-producerende paddenstoelen. Het meeste onderzoek naar psychedelica uit de jaren vijftig en zestig werd uitgevoerd met LSD of synthetische psi-locybine in de vorm van een pil, waarvan een groot deel door Hof-mann in Zwitserland werd geproduceerd. Maar aan het begin van de jaren zeventig nam de belangstelling voor de paddenstoelen toe, deels vanwege het juridische risico dat gepaard ging met het bezit van zuivere psilocybine en LSD en gedeeltelijk omdat er zo weinig van was. Halverwege de jaren zeventig was inmiddels duidelijk dat er uiteenlopende soorten psilocybinepaddenstoelen groeiden in vele delen van de wereld, van de Verenigde Staten tot Australië. De aanvoer van wilde paddenstoelen wordt echter beperkt door seizoensomstandigheden en door de locatie. Toen Terence en Dennis McKenna begin jaren zeventig terugkeerden uit Colombia, zochten ze naar een manier om voor een betrouwbare aanvoer te zorgen. Ze kozen voor een radicale oplossing. In 1976 publiceerden ze een boekje met de titel *Psilocybin: Magic Mushroom Grower's Guide*. Daarmee gewapend beweerden de broers dat iedereen met niet veel meer gereedschap dan een paar potjes en een hogedrukpan in de vertrouwde omgeving van de eigen tuinschuur onbeperkte hoeveelheden krachtige psychedelische stoffen kon maken. Het was niet veel ingewikkelder dan jam inmaken en zelfs een beginneling kon, om het met Terence te zeggen, binnen de kortste keren 'tot aan zijn nek in alchemistisch goud staan'.[46]

De gebroeders McKenna waren niet de eersten die psilocybine-producerende paddenstoelen kweekten, maar wel de eersten die een betrouwbare methode publiceerden om grote hoeveelheden paddenstoelen te kweken zonder gebruik te maken van specialistische laboratoriumapparatuur. *The Grower's Guide* was een instant succes: binnen vijf jaar na verschijning waren er meer dan honderdduizend exemplaren verkocht. Het was een impuls voor een nieuwe praktijk van doe-het-zelf-mycologie en was van invloed op een jonge mycoloog, Paul Stamets, die vier nieuwe soorten psilocybine-producerende paddenstoelen zou ontdekken en een gids schreef voor het determineren van geestverruimende paddenstoelen.

Stamets werkte al aan nieuwe manieren om allerlei 'culinaire en medicinale' paddenstoelen te kweken en publiceerde in 1983 *The Mushroom Cultivator*, waarin hij de teelttechnieken nog verder vereenvoudigde. In de jaren negentig, toen er allerlei internetfora voor kwekers van geestverruimende paddenstoelen ontstonden, ontdekten Nederlandse ondernemers een maas in de wet, waardoor ze openlijk psilocybine-producerende paddenstoelen konden verkopen. Veel Nederlandse kwekers van eetbare paddenstoelen uit de supermarkt stapten over op de teelt van psychedelische paddenstoelen. Net na de millenniumwisseling sloeg de gekte over naar Engeland, waar kratten vol verse psilocybine-producerende paddenstoelen in Londen op straat werden verkocht. In 2004 verkocht alleen al de Camden Mushroom Company honderd kilo verse paddenstoelen per *week*, wat gelijkstaat aan ongeveer vijfentwintigduizend trips. Verse psilocybine-producerende paddenstoelen werden kort daarna in de ban gedaan, maar de geest was uit de fles. Tegenwoordig zijn setjes waar je alleen maar water aan hoeft toe te voegen online verkrijgbaar. Kruisingen tussen schimmelsoorten leveren nieuwe variëteiten op, van 'Golden Teacher' tot 'McKennai', elk met subtiel verschillende effecten.[47]

Zolang mensen tuk zijn op psilocybine-producerende paddenstoelen – waardoor ze vol enthousiasme actief bijdragen aan de verspreiding van de sporen – profiteren de schimmels van hun vermogen om met ons bewustzijn te rommelen. Sinds de jaren dertig is dat profijt vele malen groter geworden. Voordat Wasson naar Mexico afreisde waren maar weinig mensen buiten de inheemse volken van Midden-Amerika op de hoogte van het bestaan van psilocybine-producerende paddenstoelen. Maar binnen twee decennia nadat ze in Noord-Amerika waren aangekomen, begon een nieuwe domesticatiegeschiedenis. In kasten, slaapkamers en kweekruimtes vond een handvol tropische paddenstoelensoorten een nieuw onderkomen in een voor het overige ongastvrij, gematigd klimaat.[48]

Bovendien zijn sinds Schultes' eerste artikel aan het einde van de jaren dertig meer dan tweehonderd nieuwe soorten psilocybine-producerende schimmels beschreven, waaronder een korstmos dat voorkomt in het regenwoud van Ecuador. Het blijkt dat er maar weinig omgevingen zijn waar zulke paddenstoelen niet groeien, zolang het althans genoeg regent. Zoals een onderzoeker opmerkt, komen de paddenstoelen 'in overvloed voor waar mycologen zijn'. Gidsen bieden mensen de gelegenheid psilocybine-producerende paddenstoelen te zoeken, te determineren en te plukken – en daarmee te verspreiden – die enkele decennia geleden nog onbekend waren. Sommige van die soorten blijken dol te zijn op door de mens verstoorde omgevingen en voelen zich snel thuis in ons rommelige kielzog. Stamets merkt droogjes op dat veel soorten van openbare ruimten houden, waaronder 'parken, nieuwbouwwijken, scholen, kerken, golfbanen, fabriekscomplexen, kassen, tuinen, parkeerplaatsen langs snelwegen en overheidsgebouwen, waaronder districts- en provinciale rechtbanken en gevangenissen'.[49]

Brengen de gebeurtenissen van de afgelopen decennia ons dichter bij het antwoord op de vraag of wordt voldaan aan Dawkins derde eis? Kan van deze schimmels worden gezegd dat ze een stel menselijke hersenen lenen om mee te denken, een menselijk bewustzijn om ervaringen mee op te doen? Kan iemand die onder de invloed is van paddenstoelen er daadwerkelijk door worden beïnvloed, zoals een geïnfecteerde mier wordt beïnvloed door *Ophiocordyceps*?

Als onze veranderde bewustzijnstoestanden kunnen doorgaan voor het uitgebreide fenotype van de schimmels, dan zou iemand die onder de invloed is van paddo's het voortplantingsbelang moeten dienen van de schimmel die hij heeft gegeten. Dat lijkt echter niet het geval te zijn. Er wordt slechts een beperkt aantal soorten gekweekt, en welke soorten dat zijn wordt bepaald door het gemak waarmee ze kunnen worden gekweekt en door de opbrengst; het is niet zeker dat 'goede' geestverruimers worden verkozen boven 'slechte' geestverruimers. Een groter bezwaar is dat de meeste soorten psilocybineproducerende paddenstoelen gewoon zouden blijven voortbestaan wanneer de mens van het ene op het andere moment zou uitsterven. Psilocybine-producerende schimmels zijn niet volledig afhankelijk van onze veranderde bewustzijnstoestand, zoals *Ophiocordyceps* dat zijn van het veranderde gedrag van mieren. Ze groeien en vermenigvuldigen zich al tientallen miljoenen jaren lang uitstekend zonder mensen, en zouden dat waarschijnlijk blijven doen.

Maakt het echt iets uit? 'Je zou denken dat de paddenstoelen uit Mexico hun magie hadden verloren doordat psilocybine en psilocine waren geïsoleerd,' schreven Schultes en Hofmann in 1992. Dankzij de domesticatie van psilocybine-producerende schimmels groeien er honderden kilo's paddenstoelen in kweekcentra in Amsterdam. Door psilocybine te isoleren, kan het *default mode network* naar believen in hersenscanners worden platgelegd. Mystieke ervaringen, ontzag en verlies van de eigen identiteit kunnen worden opgewekt in een ziekenhuisbed. In hoeverre vergroten die vorderingen onze kennis van de manier waarop psilocybine de menselijke geest beïnvloedt?

Voor Schultes en Hofmann was het antwoord duidelijk: 'niet heel veel'. Mystieke ervaringen zijn per definitie immuun voor rationele uitleg. Ze passen niet goed in de genummerde schalen van psychometrische vragenlijsten. Ze ontregelen en betoveren. Maar ze doen zich ontegenzeggelijk voor. Zoals Schultes en Hofmann opmerken, heeft wetenschappelijk onderzoek naar de aard en de bouw van psilocybine en psilocine 'niet meer aangetoond dan dat de magische eigenschappen van de paddenstoelen de eigenschappen van twee kristalvormige chemische verbindingen zijn'. Door dat resultaat verschuift de vraag alleen maar. 'De uitwerking ervan op de menselijke geest is even onverklaarbaar, en even magisch, als die van de paddenstoelen zelf.'[50]

De effecten van psilocybine-producerende paddenstoelen mogen dan misschien niet in strikte zin tot het uitgebreide fenotype worden gerekend, betekent dat ook dat we de speculaties van Terence McKenna moeten afwijzen? Misschien moeten we niet overhaast te werk gaan. 'Ons normale bewustzijn in wakende toestand,' schreef filosoof en psycholoog William James in 1902, 'is slechts één bewustzijnstype, terwijl overal eromheen, en ervan gescheiden door een flinterdunne laag, volledig andere mogelijke vormen van bewustzijn voorkomen.' Om redenen die nog niet goed worden begrepen leiden bepaalde schimmels mensen van vertrouwd terrein naar totaal verschillende bewustzijnsvormen en naar nieuwe vragen. 'Geen enkel verhaal over het universum in zijn totaliteit is definitief wanneer andere vormen van bewustzijn daarin buiten beschouwing worden gelaten,' aldus James.[51]

Of je het nu beziet vanuit een wetenschapper, een patiënt of gewoon een geïnteresseerde toeschouwer, het bijzondere aan deze van schimmels afkomstige chemische stoffen zijn nu juist de *ervaringen* die ze teweegbrengen. McKenna's door paddenstoelen ingegeven speculaties rekken de grenzen van de mentale en biologische mogelijkheden op. Maar dat is nu precies waar het om gaat: de uitwerking van psilocybine op de menselijke geest rekt de grenzen van het mogelijke op. In de cultuur van de Mazatec spreekt het vanzelf dat paddenstoelen praten; iedereen die ze inneemt kan het zelf ervaren. Het is een opvatting die wordt gedeeld door veel traditionele culturen waarin entheogene planten of schimmels tijdens rituelen worden gebruikt. En het is een opvatting die algemeen wordt gedeeld door gebruikers van nu, in een niet-traditionele setting, van wie velen beweren dat de grenzen tussen het 'zelf' en het 'andere' vervagen en zeggen dat ze 'versmelten' met andere organismen.

Ziet de wereld er zo uit als bij mooi weer rond het middaguur? Of lijkt hij op het aanbreken van de dag, wanneer we ontwaken uit onze slaap? Misschien zijn er dingen waar iedereen het over eens is. Of schimmels nu wel of niet via mensen spreken en onze zintuigen gijzelen, de invloed van psilocybine-producerende paddenstoelen op onze gedachten en overtuigingen is reëel genoeg. Als we ons zouden indenken dat een schimmel onze hersenen kon aantrekken en er genoegen in schepte in ons bewustzijn rond te banjeren, wat zouden we dan zien? Er zouden misschien liedjes over paddenstoelen worden gezongen, standbeelden en schilderijen van paddenstoelen zijn, mythen en verhalen worden verteld waarin paddenstoelen een vooraanstaande rol spelen, ceremoniën gehouden rond de verering van paddenstoelen en wereldwijde gemeenschappen ontstaan van doe-het-zelf-mycologen die nieuwe manieren bedenken om thuis paddenstoelen te kweken, evenals mycologische missionarissen zoals Paul Stamets, die een groot gehoor voorhouden dat paddenstoelen de wereld kunnen redden. En mensen als Terence McKenna, die beweren Engels namens schimmels te kunnen spreken.

Psilocybe semilanceata,
het puntig kaalkopje

5

VOORDAT ER PLANTENWORTELS BESTONDEN

You'll never be free of me
He'll make a tree from me
Don't say goodbye to me
Describe the sky to me[1]
— TOM WAITS

ZO'N ZESHONDERD MILJOEN JAAR GELEDEN BEGON-
nen groene algen zich vanuit ondiep zoetwater het land op te begeven. Zij waren de voorouders van alle op het land levende planten.
De evolutie van planten zorgde voor een omwenteling op aarde en
in de atmosfeer en was een van de belangrijkste veranderingen in de
geschiedenis van het leven: een regelrechte biologische doorbraak.
Tegenwoordig bestaat tachtig procent van de totale biomassa van
het leven op aarde uit plantaardig materiaal en vormen planten de
basis van de voedselketen van nagenoeg alle organismen op aarde.[2]
Voordat er planten waren, was het land schraal en desolaat. Er
heersten extreme omstandigheden. Er waren enorme temperatuurschommelingen en het landschap was rotsachtig en stoffig. Er was
geen bodem. Voedingsstoffen zaten opgesloten in gesteente en mineralen en het klimaat was droog. Dat wil niet zeggen dat er helemaal geen leven op het land voorkwam. Een korst die bestond uit

fotosynthetische bacteriën, extremofiele algen en schimmels wist zich op het kale aardoppervlak te handhaven. Maar vanwege de barre omstandigheden speelde het leven op aarde zich vooral in het water af. In warme, ondiepe zeeën en lagunes wemelde het van algen en dieren. Meterslange waterschorpioenen schuimden de zeebodem af. Trilobieten ploegden met schopvormige snuiten door ziltig slib. Solitaire koralen begonnen riffen te vormen. Weekdieren tierden welig.[3]

Ondanks de relatief vijandige omstandigheden die er heersten, bood het land grote kansen voor fotosynthetische organismen die ermee wisten om te gaan. Licht werd er niet gefilterd door water en kooldioxide was er beter toegankelijk: belangrijke prikkels voor organismen die het van beide moeten hebben. Maar de algen die de voorlopers van de landplanten waren, hadden geen wortels, geen manier om water op te slaan of te transporteren en geen ervaring met het onttrekken van voedingsstoffen aan de harde bodem. Hoe maakten ze de overstap naar het droge land?

Wetenschappers zijn het niet gauw eens over moeizaam bijeengesprokkelde ontstaansgeschiedenissen. Bewijs is gewoonlijk schaars, en de snippertjes die er zijn kunnen vaak voor tegengestelde standpunten worden gebruikt. Toch houdt één wetenschappelijke opvatting stand in alle discussies over de vroege geschiedenis van het leven op aarde: pas toen algen een verbond sloten met schimmels, redden ze het op het land.[4]

Die vroege bondgenootschappen evolueerden tot wat we tegenwoordig 'mycorrhizarelaties' noemen: relaties tussen plantenwortels en schimmels. Vandaag de dag is meer dan negentig procent van alle plantensoorten afhankelijk van mycorrhizaschimmels. Die zijn de regel, niet de uitzondering en ze zijn een fundamenteel onderdeel van planten, meer dan fruit, bloemen, bladeren, hout en zelfs wortels. Dankzij die intieme betrekkingen – compleet met samenwerking, conflicten en wedijver en al – komen planten en mycorrhizaschimmels gezamenlijk tot bloei, en daaraan danken wij ons verleden, heden en onze toekomst. Zonder dat verbond zijn wij ondenkbaar, en toch staan we er maar zelden bij stil. Het is nog nooit zo duidelijk geweest dat we een prijs voor die verwaarlozing betalen en we kunnen het ons niet permitteren zo achteloos te blijven.[5]

Zoals we hebben gezien, hebben algen en schimmels de neiging partnerschappen aan te gaan. Die kunnen vele vormen aannemen. Korstmossen zijn slechts één voorbeeld. Zeewieren – ook dat zijn algen – zijn een ander; veel zeewieren die op de kust aanspoelen zijn voor hun voeding afhankelijk van schimmels, die er bovendien voor zorgen dat ze niet uitdrogen. En dan zijn er de zachte groene balletjes die in enkele dagen ontstonden toen die onderzoekers van Harvard vrij levende schimmels en algen bij elkaar deden. Zolang schimmels en algen een goede ecologische match vormen – zolang ze samen een metabolisch 'lied' kunnen zingen waar geen van beide afzonderlijk toe in staat is – zullen ze nieuwe symbiotische relaties aangaan. Zo bezien is het verbond tussen schimmels en algen dat leidde tot het ontstaan van planten onderdeel van een groter verhaal, is het een evolutionair refrein.[6]

De partnerorganismen van korstmossen vormen samen een entiteit die verschilt van de afzonderlijke organismen, maar dat geldt niet voor de partners in een mycorrhizarelatie: planten blijven herkenbaar als planten, mycorrhizaschimmels als schimmels. Dat leidt tot geheel andere, meer promiscue vormen van symbiose, met planten die tegelijkertijd aan meerdere schimmels gekoppeld zijn of een schimmel die aan meerdere planten is gekoppeld.

Als de relatie zijn vruchten wil afwerpen, dan moeten plant en schimmel een passende metabolische combinatie vormen. Het is een inmiddels bekend pact. Door middel van fotosynthese halen planten licht en koolstof uit de atmosfeer en smeden ze de energierijke koolstofverbindingen – suikers en vetten – waarvan een groot deel van de rest van het leven afhankelijk is. Door plantenwortels binnen te dringen, krijgen mycorrhizaschimmels exclusieve toegang tot die energiebronnen: ze krijgen te eten. Maar fotosynthese is niet genoeg om in leven te blijven. Planten en schimmels hebben meer nodig dan een energiebron. Ze moeten water en mineralen uit de bodem halen, die bestaat uit verschillende structuren en microporiën, elektrisch geladen holten en labyrintachtige steenlandschappen. Schimmels zijn behendige gidsen in deze wildernis en kunnen anders dan planten op verkenning uitgaan. Door schimmels tot hun wortels toe te laten, krijgen planten veel gemakkelijker toegang tot voedingsstoffen. Ook zij krijgen te eten. Door partners te worden, krijgen planten een schimmelprothese en krijgen schimmels een plantenprothese. De een gebruikt de ander om zijn kansen te vergroten. Het is een voorbeeld van de duurzame 'intimiteit tussen onbekenden' van Lynn Margulis, ook al zijn de partners allang geen onbekenden meer voor elkaar. Dat wordt duidelijk wanneer je in een wortel kijkt.

Onder een microscoop veranderen wortels in werelden. Ik heb me er wekenlang in ondergedompeld, soms gefascineerd, soms gefrustreerd. Doe verse, dunne plantenwortels in water en je ziet de hyfen zich verspreiden. Kook ze in kleurstof, plet ze op een preparaatglaasje en je ziet een weefsel. Hyfen splitsen en verenigen zich en barsten in een plantencel als een zich vertakkend filament uit hun voegen. Plant en schimmel klampen zich aan elkaar vast. Een intiemere reeks verstrengelingen is nauwelijks denkbaar.

Het vreemdste wat ik onder een microscoop heb gezien zijn ontkiemende zaadjes die zo klein zijn als stofjes, de kleinste plantenzaadjes ter wereld. Zo'n zaadje is nog maar net met het blote oog te onderscheiden, als een haartje of een wimper. Orchideeën hebben ze, net als sommige andere planten. Ze wegen bijna niets en worden gemakkelijk door wind en regen verspreid. Ze ontkiemen pas wanneer ze op een schimmel stuiten. Ik heb er lang over gedaan om ze op heterdaad te betrappen en ze dat te zien doen. Ik begroef ze met duizenden tegelijk in zakjes en groef ze na een paar maanden weer op in de hoop dat er een paar zouden ontkiemen. Onder de microscoop schoof ik ze met een naald op een preparaatglaasje heen en weer. Na een paar dagen vond ik wat ik zocht. Sommige zaadjes waren vlezige hompjes geworden die verstrikt waren geraakt in hyfen, een soort plakkerige lintjes die het petrischaaltje in liepen. Binnen in de groeiende worteltjes was het een wirwar van hyfenknopen en -windingen. Het was geen seks: schimmel- en plantencellen mengden zich niet in die zin dat ze genetische informatie met elkaar uitwisselden. Maar sexy was het wel: cellen van twee verschillende organismen waren elkaar tegengekomen, hadden elkaar ingelijfd en werkten samen met elkaar aan nieuw leven. Het was absurd om je de toekomstige plant zonder schimmel voor te stellen.

Het is niet duidelijk hoe mycorrhizarelaties zijn ontstaan. Sommige wetenschappers beweren dat het er tijdens eerste ontmoetingen rommelig aan toeging: schimmels zochten voedsel en beschutting in algen die aanspoelden op de modderige oevers van meren en rivieren. Anderen denken dat de algen aan land kwamen met de schimmels in hun kielzog. Hoe het ook zij, volgens Katie Field, hoogleraar aan de University of Leeds, 'waren ze algauw van elkaar afhankelijk'.

Field is een briljante wetenschapper die al jaren onderzoek doet naar de stamboom van de oudste nog levende planten. Met behulp van radioactieve merkstoffen of *tracers* meet ze de uitwisseling tussen schimmels en planten in groeikamers (ook wel fytotrons of klimaatcellen geheten), waarin ze oeroude klimaatomstandigheden nabootst. Het symbiotische gedrag levert aanwijzingen op over de manier waarop de planten en schimmels zich gedroegen in de eerste stadia van de trek van water naar land. Ook fossielen werpen licht op die vroege bondgenootschappen. De beste exemplaren zijn ongeveer vierhonderd miljoen jaar oud en dragen de onmiskenbare kenmerken van mycorrhizaschimmels: veerachtige lobben zoals ze er nog altijd uitzien. 'Je kunt de schimmel zelfs in de plantencellen zien,' zei Field verwonderd.[7]

De eerste planten waren niet veel meer dan klodders groen weefsel zonder wortels of gespecialiseerde onderdelen. Na verloop van tijd ontwikkelden zich rudimentaire, vleesachtige organen die als onderdak dienden voor de schimmelpartners, die de bodem afspeurden naar voedingsstoffen en water. Tegen de tijd dat de eerste wortels evolueerden, was de verbintenis met mycorrhiza al zo'n vijftig miljoen jaar oud. Mycorrhizaschimmels worden vervolgens de wortels van al het plantaardige landleven dat daarna komt. Het woord 'mycorrhiza' zegt het al: wortels (*rhiza*) verschenen na schimmels (*mykes*) op het toneel.[8]

Inmiddels, enkele honderden miljoenen jaren later, zijn bij planten dunnere, sneller groeiende en 'opportunistische' wortels geëvolueerd die zich meer als schimmels gedragen. Maar die zijn niet zo snel en beweeglijk als schimmels als het erom gaat de bodem te verkennen. Mycorrhizahyfen zijn vijftig keer zo dun als de dunste plantenwortels en kunnen meer dan honderd keer zo lang worden.

Ze bestonden eerder dan wortels en reiken verder dan wortels. Sommige onderzoekers gaan nog een stap verder. 'Planten hebben geen wortels,' zei een van mijn universitair docenten ooit voor een groep verbijsterde studenten. 'Ze hebben schimmel-wortels, mycorrhiza.'[9]

Mycorrhizaschimmels zijn zo overvloedig aanwezig dat een derde tot de helft van alle biomassa in de bodem bestaat uit hun mycelium. Het gaat om astronomische cijfers. De totale mycorrhizahyfen in de bovenste tien centimeter grond op de hele wereld zijn ongeveer de helft van ons sterrenstelsel lang ($4,5 \times 10^{17}$ kilometer, tegen $9,5 \times 10^{17}$ kilometer sterrenstelsel). Zou je ze tot één 'vel' platstrijken, dan zou je elke vierkante centimeter van het landoppervlak op aarde er tweeënhalf keer mee kunnen bedekken. Maar schimmels blijven niet zitten waar ze zitten. Mycorrhizahyfen sterven zo snel af en groeien zo snel weer aan – tussen de tien en zestig keer per jaar – dat hun gezamenlijke lengte over een miljoen jaar de doorsnee van het heelal zou overtreffen ($4,8 \times 10^{10}$ lichtjaar aan hyfen tegenover $9,1 \times 10^{9}$ lichtjaar van het universum). Aangezien mycorrhizaschimmels al zo'n vijfhonderd miljoen jaar bestaan en zich niet tot die bovenste tien centimeter grond beperken, zijn deze schattingen zeker te laag.[10]

In hun relatie zijn planten en mycorrhizaschimmels tegengesteld: plantenscheuten houden zich met licht en lucht bezig, de schimmels en de plantenwortels met de bodem. Planten stoppen licht en kooldioxide in suikers en vetten, mycorrhizaschimmels pakken voedingsstoffen uit die in gesteente en rottende materie zitten. Het zijn schimmels met een dubbele niche: een deel van hun leven speelt zich af in de plant, het andere deel in de bodem. Ze bevinden zich op het punt waar koolstof de aardse levenscycli binnenkomt en vormen zo de verbindende schakel tussen de atmosfeer en de bodem. Tot op de dag van vandaag helpen mycorrhizaschimmels planten om te gaan met droogte, warmte en alle andere moeilijkheden waarmee het leven op het land vanaf het eerste begin is geconfronteerd, zoals ook de symbiotische schimmels in de bladeren en de stengels van planten dat doen. Wat wij 'planten' noemen, zijn in feite schimmels die zo zijn geëvolueerd dat ze algen ontginnen en algen die zo zijn geëvolueerd dat ze schimmels ontginnen.

Het woord 'mycorrhiza' werd in 1885 gemunt door de Duitse bioloog Albert Frank, dezelfde wiens fascinatie voor korstmossen ertoe had geleid dat hij acht jaar eerder het woord 'symbiose' had gemunt. Hij zou later gaan werken voor het departement van Landbouw, Domeinen en Bosbouw van het koninkrijk Pruisen om 'de truffelteelt te bevorderen'. Dankzij die positie kon hij zijn aandacht op de bodem richten. Zoals zovelen voor en na hem, lokten truffels hem naar het ondergrondse schimmelrijk.

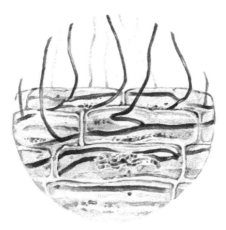

Mycorrhizaschimmel in een plantenwortel

Frank had maar weinig succes met de truffelteelt, maar terwijl hij onderzoek deed legde hij tot in de details de verwevenheid van de boomwortels en het mycelium van truffelzwammen vast. Zijn tekeningen laten wortelpunten met een myceliumomhulsel zien, met hyfen die de pagina's op krioelen. Frank werd getroffen door de intimiteit van de relatie tussen plantenwortels en schimmels en dacht dat die in wederzijds voordeel was in plaats van parasitair. Zoals gebruikelijk onder wetenschappers die onderzoek deden naar symbiose, gebruikte Frank korstmossen bij wijze van analogie in een poging de samenwerking van mycorrhiza te doorgronden. Naar zijn mening zaten planten en mycorrhizaschimmels gevangen in een 'intieme, wederzijdse afhankelijkheid'. Mycorrhizamycelium gedroeg zich 'als een min' en maakte 'de complete voeding van de boom vanuit de grond' mogelijk.[11]

Tegen de ideeën van Frank ontstond fel verzet, net als tegen de duale hypothese van Simon Schwendener over korstmossen. Franks critici vonden het idee dat de symbiose in wederzijds voordeel was – een 'mutualisme' – een sentimentele illusie. Als een van beide partners er profijt van had, dan had dat zijn prijs. Elke vorm van symbiose die in wederzijds voordeel leek, was eigenlijk een geval van verkapte conflicten en parasitisme. Frank liet zich niet ontmoedigen en probeerde tien jaar lang te begrijpen hoe de relaties tussen de planten en hun 'minnen' eruitzagen. Hij voerde elegante experimenten met dennenzaadjes uit. Sommige liet hij in steriele aarde groeien, andere kweekte hij in de grond van een dennenbos in de buurt. Die laatste knoopten betrekkingen met schimmels aan en er groeiden grotere, gezondere jonge boompjes uit dan uit de eerste.[12]

Franks resultaten trokken de aandacht van J.R.R. Tolkien, van wie bekend is dat hij van planten hield, vooral van bomen. Mycorrhizaschimmels vonden hun weg naar *In de ban van de ring*.

'Voor u, kleine tuinman en minnaar van bomen,' zei Galadriel tegen Sam, 'heb ik slechts een klein geschenk. [...] Deze doos bevat aarde uit mijn boomgaard [...] als ge haar bewaart en uw huis ten slotte weer terugziet, zal zij u misschien belonen. Ook al zoudt ge alles kaal en verwoest aantreffen, en zullen weinig tuinen in Midden-aarde bloeien als de uwe, wanneer ge deze aarde daar neerstrooit.'

En wanneer Sam eindelijk naar huis terugkeert en de Gouw inderdaad verwoest aantreft:

Zo plantte Sam jonge boompjes op alle plaatsen die bijzonder mooi waren of waar geliefde bomen waren vernietigd, en deed een korreltje van het kostbare stof in de grond bij de wortel van elke boom. [...] De hele winter door bleef hij zo geduldig als hij kon en probeerde zichzelf ervan te weerhouden om er telkens naartoe te gaan om te kijken wat er gebeurde. Het voorjaar overtrof zijn stoutste verwachtingen. Zijn bomen begonnen te botten en te groeien alsof de tijd haast had en het werk van twintig jaar in één jaar wilde doen.[13]

Tolkien had de plantengroei in het devoon kunnen beschrijven, drie- tot vierhonderd miljoen jaar geleden. De planten, die zich intussen op het land hadden gevestigd en zich tegoed deden aan grote hoeveelheden licht en kooldioxide, verspreidden zich en kregen steeds grotere en complexere onderdelen. Bomen van een meter hoog evolueerden binnen enkele miljoenen jaren tot bomen van dertig meter hoog. In die periode waarin de planten zich zo razendsnel ontwikkelden, daalde het kooldioxidegehalte in de atmosfeer met negentig procent, waarmee een periode van wereldwijde afkoeling in gang werd gezet. Zouden planten en hun schimmelpartners een rol hebben gespeeld in die gigantische omwenteling in de atmosfeer? Sommige onderzoekers, onder wie Field, achten het waarschijnlijk.[14]

'Het kooldioxidegehalte in de atmosfeer daalt spectaculair op het moment waarop landplanten steeds complexere onderdelen krijgen,' legde Field uit. Die opleving in de plantengroei was weer afhankelijk van de mycorrhizapartners. Het is een voorspelbare volgorde van gebeurtenissen. Een van de grootste belemmeringen voor plantengroei is fosforschaarste. Maar een van de dingen waar mycorrhizaschimmels nu juist zo goed in zijn – een van hun duidelijkste metabolische 'gezangen' – is dat ze fosfor aan de bodem kunnen onttrekken, die ze aan hun plantenpartners doorgeven. Wanneer planten met fosfor bemest worden, groeien ze beter. Hoe meer de planten groeien, des te meer kooldioxide ze uit de atmosfeer halen. En hoe meer planten er zijn, des te meer er doodgaan en des te meer koolstof er in de bodem en in sediment terechtkomt. Hoe meer koolstof in de bodem, des te minder koolstof in de atmosfeer.

Fosfor is maar één deel van het verhaal. Mycorrhizaschimmels maken gebruik van zuren en hoge druk om in vast gesteente door te dringen. Met hun hulp kregen de planten in het devoon mineralen als calcium en silicium binnen. Wanneer die mineralen eenmaal zijn ontsloten, reageren ze met kooldioxide, waardoor die uit de atmosfeer wordt gehaald. De chemische verbindingen die daar het resultaat van zijn – carbonaten en silicaten – komen uiteindelijk in zee terecht, waar waterorganismen ze gebruiken om schelpen van te maken. Sterven die organismen af, dan zinken de schelpen en vormen ze een honderden meters dikke laag op de zeebodem, een enorme koolstofopslagplaats. Tel dat alles bij elkaar op en het klimaat begint te veranderen.[15]

Ik vroeg me af of er een manier was om de impact van mycorrhizaschimmels op het vroege klimaat op de wereld te meten. 'Ja en nee,' antwoordde Field. 'Ik heb het pasgeleden geprobeerd.' Daartoe werkte ze samen met bio-geochemicus Benjamin Mills, die eveneens aan de University of Leeds werkt en met computermodellen voorspellingen doet over het klimaat en de samenstelling van de atmosfeer.[16]

Allerlei onderzoekers bouwen klimaatmodellen. Weerkundigen en klimaatwetenschappers baseren zich op dergelijke digitale simulaties om toekomstscenario's te ontwikkelen. De modellen worden ook gebruikt door wetenschappers die belangrijke veranderingen in de geschiedenis van de aarde proberen te reconstrueren. Door de gegevens te variëren die in het model worden ingevoerd, kunnen verschillende hypothesen over de geschiedenis van het klimaat op aarde worden getoetst. Voeg wat meer kooldioxide toe en kijk wat er gebeurt. Verlaag de hoeveelheid fosfor waar planten bij kunnen en kijk wat er gebeurt. Het model kan geen uitspraken doen over wat er in werkelijkheid gebeurde, maar wel welke factoren verschil kunnen maken.

Voordat Field Mills benaderde, had die geen mycorrhizaschimmels in zijn model verwerkt. Hij kon de hoeveelheid fosfor variëren waar planten uit konden putten. Maar als je geen rekening houdt met mycorrhizaschimmels kun je daar geen realistische inschatting van maken. Field bood uitkomst. Aan de hand van een reeks experimenten had ze geconstateerd dat de opbrengst van mycorrhizarelaties varieerde naargelang de klimatologische omstandigheden in haar klimaatkasten. Soms profiteerden de planten meer van de relaties, soms minder, een eigenschap die ze 'symbiotische efficiëntie' noemde. Wanneer planten aan een efficiënte mycorrhizapartner worden gekoppeld, krijgen ze meer fosfor en groeien ze sneller. Field kon inschatten hoe efficiënt de mycorrhizale uitwisseling zo'n vierhonderdvijftig miljoen jaar geleden moest zijn geweest, toen het kooldioxidegehalte in de atmosfeer een paar keer zo hoog was als nu.

Toen Mills de mycorrhizaschimmels in het model invoerde, waarvoor hij gebruikmaakte van de metingen van Field, zag hij dat het mogelijk was om het wereldwijde klimaat te veranderen door alleen de symbiotische efficiëntie te verhogen of te verlagen. De hoeveelheid kooldioxide en zuurstof in de atmosfeer en de temperatuur op aarde varieerden allemaal met de efficiëntie van de mycorrhizale uitwisseling. Op grond van Fields gegevens moeten mycorrhizaschimmels substantieel hebben bijgedragen aan de scherpe daling die volgde op de explosie van plantenleven in het devoon. 'Dat is zo'n moment waarop je denkt: Wauw, wacht eens even!' aldus Field. 'Onze resultaten doen vermoeden dat mycorrhizarelaties een rol hebben gespeeld in de evolutie van een groot deel van het leven op aarde.'[17]

En dat doen ze nog steeds. In het boek Jesaja uit het Oude Testament staat dat 'alle vlees gras is'. Dat is een redenering die we tegenwoordig ecologisch zouden noemen: dieren maken vlees van gras. Maar waarom zou het daarbij blijven? Gras wordt pas gras wanneer het wordt geholpen door de schimmels die in de wortels voorkomen. Wil dat zeggen dat alle gras schimmel is? Wanneer alle gras schimmel is, en alle vlees is gras, volgt daar dan niet uit dat alle vlees schimmel is?

Misschien niet elke schimmel, maar sommige zeker: mycorrhizaschimmels leveren tachtig procent van de stikstof in een plant en maar liefst bijna honderd procent van de fosfor. Ze leveren ook andere cruciale voedingsstoffen aan planten, zoals zink en koper. Ze voorzien planten bovendien van water en helpen ze een periode van droogte door te komen, zoals ze dat al doen sinds het eerste moment dat er leven op het land voorkwam. In ruil daarvoor verdelen planten ongeveer dertig procent van de koolstof die ze aanmaken over hun mycorrhizapartners. Wat zich precies op een bepaald moment tussen een plant en een mycorrhizaschimmel afspeelt, hangt af van de partners in kwestie. Er bestaan vele manieren om plant te zijn en vele manieren om schimmel te zijn. En er zijn vele manieren om een mycorrhizarelatie aan te gaan, een levenswijze die zich op meer dan zestig verschillende, onderling onafhankelijke momenten in schimmelstambomen heeft voorgedaan sinds de algen aan land gingen. Zoals geldt voor veel eigenschappen van schimmels die tegen de verwachting in meermalen zijn geëvolueerd – of het nu het vangen van ringwormen is, de vorming van korstmossen of de manipulatie van diergedrag – kan het niet anders of die schimmels zijn daarmee op een succesvolle strategie gestuit.[18]

De schimmelpartners van een plant zijn merkbaar van invloed op de groei van de plant en op zijn 'vlees'. Enkele jaren geleden leerde ik op een conferentie over mycorrhizarelaties een onderzoeker kennen die aardbeien teelde met verschillende gemeenschappen van mycorrhizaschimmels. Het was een eenvoudig experiment. Wanneer een en dezelfde soort aardbei werd geteeld in combinatie met verschillende schimmelsoorten, zou de smaak dan verschillen? Hij organiseerde blinde proeverijen en concludeerde dat schimmelgemeenschappen inderdaad van invloed waren op de smaak. Sommige aardbeien hadden meer smaak, andere waren sappiger, weer andere zoeter.

Toen hij het experiment het jaar daarna herhaalde, gooiden weersomstandigheden roet in het eten en kon hij niet de invloed meten die de schimmels hadden op de smaak van de aardbeien. Maar er traden wel enkele andere eigenschappen aan het licht. Aardbeienplanten met bepaalde schimmelsoorten trokken meer hommels aan dan andere. En er waren ook planten met bepaalde schimmelsoorten die meer vruchten opleverden dan andere. Hoe de vruchten eruitzagen, hing af van de schimmelgemeenschap rond een plant. Bij sommige gemeenschappen zagen ze er aantrekkelijker uit, bij andere een stuk minder.[19]

Niet alleen aardbeien zijn gevoelig voor verschillende soorten schimmelpartners. De meeste planten – van leeuwenbekken in potten tot sequoia's – zullen zich anders ontwikkelen wanneer ze opgroeien met andere gemeenschappen van mycorrhizaschimmels. De samenstelling van de aromatische olie van basilicumplanten varieert bijvoorbeeld naargelang ze worden gekweekt in combinatie met verschillende mycorrhizaschimmelsoorten. Tomaten worden door de ene schimmel zoeter dan door de andere, schimmels zijn van invloed op de samenstelling van de etherische olie van venkel, koriander en munt, en andere vergroten de concentratie van ijzer en carotenoïden in slabladeren, de activiteit van antioxidanten in artisjokken of de concentratie van geneeskrachtige bestanddelen van sint-janskruid en echinacea. In 2013 bakte een team Italiaanse onderzoekers broden van verschillende soorten tarwe die waren gekweekt met verschillende soorten mycorrhizaschimmels. Het brood werd aan de University of Gastronomic Sciences in Bra, in Italië, geproefd met een elektronische 'neus' en met tien 'ervaren proevers'. (Elke proever had, zo verzekerden de onderzoekers, 'minimaal twee jaar ervaring met zintuiglijke evaluatie'.) Verrassend genoeg, gezien alle stadia van oogsten tot proeven – malen, mengen, bakken en gist toevoegen – kon zowel het proefpanel als de elektronische neus de broden uit elkaar houden. Het brood van tarwe met een uitgebreide mycorrhizaschimmelgemeenschap had een hogere 'smaakintensiteit' en een betere 'elasticiteit en kruimigheid'. Welke andere aspecten van de mycorrhizaondergrond van een plant zouden we allemaal kunnen proeven door aan een bloem te ruiken, op een takje, blaadje of stukje schors van een boom te kauwen of wijn te drinken? Ik vraag het me vaak af.[20]

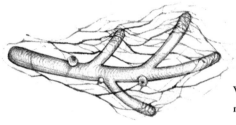

Wortelpunt met mycorrhiza

'Wat een teer mechaniek waarmee het machtsevenwicht tussen de leden van de bodempopulatie in stand wordt gehouden,' mijmerde mycoloog Mabel Rayner in *Trees and Toadstools*, een boek over mycorrhizarelaties uit 1945. Verschillende soorten mycorrhizaschimmels kunnen er dus voor zorgen dat een basilicumblaadje anders smaakt of een aardbeienplant vruchten voortbrengt die er lekkerder uitzien of niet. Maar hoe doen ze dat? Zijn sommige schimmelpartners 'beter' dan andere? Of juist sommige plantenpartners? Zijn planten en schimmels op de hoogte van de verschillen tussen alternatieve partners? Er zijn tientallen jaren verstreken sinds Rayner haar bespiegeling noteerde, maar we beginnen nog maar net iets te begrijpen van het complexe gedrag dat zorgt voor een symbiotisch evenwicht tussen planten en mycorrhizaschimmels.[21]

Sociale interactie vergt veel van ons. Volgens sommige evolutiepsychologen ontwikkelde de mens grote hersenen en een flexibel intellect om hem in staat te stellen ingewikkelde sociale situaties het hoofd te bieden. Zelfs de geringste interactie maakt deel uit van een telkens veranderende sociale constellatie. Volgens de *Chambers Dictionary of Etymology* werd het woord *entangle* ('verwarren', 'verstrikt raken') oorspronkelijk gebruikt om de menselijke interactie te beschrijven, onze verwikkeling in 'complexe zaken'. Wij mensen zijn zo slim geworden, zo is het idee, doordat we verstrikt zijn geraakt in een uitputtende kluwen van interacties.[22]

Planten en mycorrhizaschimmels hebben geen hersenen of intellect die als zodanig herkenbaar zijn, maar hun leven is met elkaar verknoopt geraakt en ze hebben in de loop van de evolutie manieren moeten ontwikkelen om hun ingewikkelde relaties te reguleren. Wat planten doen wordt bepaald door wat er in de zintuiglijke wereld van hun schimmelpartners gebeurt. Omgekeerd wordt het gedrag van de schimmels bepaald door wat er in de zintuiglijke wereld van hun plantenpartners gebeurt. Door gebruik te maken van informatie die afkomstig is van tussen de vijftien en twintig verschillende zintuigen, gaan de scheuten en de bladeren van planten in de lucht op verkenning uit en passen ze hun gedrag aan de continue, subtiele veranderingen in hun omgeving aan. Wortelpunten, in aantallen die ergens tussen de duizenden en miljarden variëren, verkennen de bodem. Stuk voor stuk zijn ze in staat meerdere verbindingen met verschillende schimmelsoorten aan te gaan. Intussen moet een mycorrhizaschimmel naar bronnen van voedingsstoffen speuren, zich erin verspreiden, zich tussen grote groepen andere microben begeven – hetzij schimmels, hetzij bacteriën, hetzij andere – de voedingsstoffen absorberen en ze aan het achterliggende netwerk doorgeven. Informatie moet worden geïntegreerd in een gigantisch aantal hyfenpuntjes, die voortdurend contact maken met verschillende soorten planten en zich over tientallen meters uitstrekken.

Toby Kiers, hoogleraar aan de Vrije Universiteit Amsterdam, behoort tot de onderzoekers die uitgebreid hebben onderzocht hoe planten en schimmels een 'machtsevenwicht' bewaren. Door lichtgevende radioactieve labels aan moleculen te bevestigen, kon ze met haar team de koolstof volgen die van plantenwortels overgaat op schimmelhyfen, alsook de fosfor, die de omgekeerde weg gaat. Door die stromen nauwkeurig te meten, kon ze enkele van de manieren beschrijven waarop beide partners de uitwisseling reguleren. Maar hoe *gaan* planten en mycorrhizaschimmels dan om met dat veeleisende sociale landschap, vroeg ik Kiers. Ze schoot in de lach. 'We willen echt de complexiteit van wat er gebeurt ontrafelen. We weten dat er wordt geruild. De vraag is of we kunnen voorspellen hoe ruilstrategieën veranderen. Het is ontzettend ingewikkeld, maar waarom zouden we het niet proberen?'

Kiers' resultaten zijn verrassend omdat ze doen vermoeden dat plant noch schimmel de relatie volledig in de hand heeft. Ze kunnen compromissen met elkaar sluiten, een wisselwerking overeenkomen en ingewikkelde ruilstrategieën toepassen. Met een reeks experimenten kwam ze erachter dat plantenwortels koolstof bij voorkeur verstrekten aan schimmelsoorten waarvan ze meer fosfor kregen. Of er over een ruil werd onderhandeld hing tot op zekere hoogte af van de beschikbaarheid van grondstoffen. Kiers denkt dat deze 'wederkerige beloningen' de betrekkingen tussen planten en schimmels in de loop van de evolutie stabiel hebben gehouden. Omdat de partners de zeggenschap over de uitwisseling delen, zou geen van beide de relatie uitsluitend in eigen voordeel kunnen aanwenden.[23]

Hoewel planten én schimmels over het algemeen van de samenwerking profiteren, houden verschillende soorten er verschillende vormen van symbiose op na. Sommige schimmels zijn coöperatievere partners, andere zijn minder coöperatief en 'hamsteren' eerder fosfor dan dat ze die met hun plantenpartners delen. Maar zelfs een hamsteraar hamstert niet altijd. Het gedrag van de schimmels is flexibel en bestaat uit permanente onderhandelingen die afhangen van wat zich rondom en elders in de schimmels afspeelt. We weten nog maar weinig over de redenen achter dat gedrag, maar het is duidelijk dat planten en schimmels op elk moment verschillende opties ter beschikking staan. En opties houden in dat er moet worden gekozen, hoe die keuzes ook tot stand komen: via een denkend menselijk verstand, een niet-denkend computeralgoritme of wat dan ook daartussenin.[24]

Nemen planten en schimmels besluiten, al is het dan zonder hersenen, vroeg ik me af. 'Ik laat hier voortdurend het woord "besluit" vallen,' zei Kiers. 'Er is een aantal keuzemogelijkheden, en op de een of andere manier moet informatie worden geïntegreerd om er daar één uit te kiezen. Ik denk dat een groot deel van wat we hier doen bestaat uit het bestuderen van besluiten op microscopisch kleine schaal.' Die keuzes zouden op verschillende manieren tot stand kunnen komen. 'Zijn er *absolute* besluiten die in elk hyfenpuntje worden gemaakt?' vroeg Kiers zich af. 'Of is het allemaal *relatief*? In dat geval hangt wat er gebeurt af van wat er elders in het netwerk gebeurt.'

Geïntrigeerd door die vragen, en omdat ze het boek *Kapitaal in de eenentwintigste eeuw* van Thomas Piketty had gelezen, over de ongelijke welvaartsverdeling in menselijke samenlevingen, begon Kiers na te denken over de rol van ongelijkheid in schimmelnetwerken. Met haar team stelde ze een mycorrhizaschimmel bloot aan ongelijke doses fosfor. Het ene deel van het mycelium kreeg toegang tot een grote hoeveelheid, het andere tot een kleine hoeveelheid. Ze wilde weten hoe dat in de verschillende delen van de schimmel de ruilbesluiten beïnvloedde. Er tekenden zich enkele patronen af. In delen van een myceliumnetwerk waar fosfor schaars was, betaalde een plant een hogere 'prijs' en gaf hij de schimmel meer koolstof voor elke eenheid fosfor. Waar meer fosfor beschikbaar was, kreeg de schimmel een minder gunstige 'wisselkoers'. De 'prijs' van fosfor leek te worden gereguleerd door de vertrouwde dynamiek van vraag en aanbod.[25]

Het verrassendst was de manier waarop de schimmel zijn ruilgedrag door het hele netwerk heen coördineerde. Kiers ontdekte dat hij er de strategie 'koop goedkoop in, verkoop duur' op nahield. De schimmel verplaatste fosfor – door gebruik te maken van de eerdergenoemde 'eiwitmotortjes' – van delen waar die in overvloed aanwezig was en hij er een lage prijs voor kreeg naar gebieden waar schaarste heerste, er meer vraag naar was en hij er een hogere prijs voor kreeg. Op die manier kon de schimmel een groter deel van zijn fosfor aan de plant overdragen tegen een gunstigere wisselkoers, waardoor hij er in ruil grotere hoeveelheden koolstof voor terugkreeg.[26]

Hoe wordt dat gedrag gereguleerd? Kan de schimmel in eigen voordeel verschillen in wisselkoersen in zijn netwerk opsporen en fosfor transporteren? Of transporteert hij via zijn netwerk altijd fosfor van delen waar een overschot is naar delen waar schaarste heerst en wordt hij daar de ene keer door een plant voor beloond en de andere keer niet? We weten het niet. Toch werpen de onderzoeken van Kiers gedeeltelijk licht op de complexiteit van de uitwisseling tussen planten en schimmels en laten ze zien dat ingewikkelde problemen kunnen worden opgelost. Hoe een plant zich gedraagt hangt af van de manier waarop de schimmel zich gedraagt waarmee hij een partnerschap aangaat en waar beide zich bevinden. We kunnen ons de mycorrhizarelaties op een continuüm voorstellen, met parasieten aan het ene uiteinde en coöperatieve mutualisten aan het andere. Sommige planten profiteren onder bepaalde omstandigheden van hun schimmelpartners en onder andere omstandigheden niet. Als je met ruim voldoende fosfor planten kweekt, worden ze minder kieskeurig als het gaat om de schimmelsoorten waarmee ze een partnerschap aangaan. Kweek coöperatieve schimmels naast andere coöperatieve schimmels, en ze worden minder coöperatief. Zelfde schimmel, zelfde plant, andere setting, ander resultaat.[27]

Iemand met wie ik ooit heb samengewerkt, een hoogleraar aan de Universiteit van Marburg, vertelde me een keer over een beeld dat hij als kind had gezien. *Vertikaler Erdkilometer* is een koperen staaf van een kilometer lang die rechtstandig is begraven. Het enige zichtbare gedeelte is het uiteinde: een koperen cirkel die plat op de grond ligt en eruitziet als een munt. Hij beschreef de denkbeeldige duizelingen die het kunstwerk bij hem had opgeroepen, het gevoel dat je op een oceaan van land drijft en de diepte in kijkt. Die ervaring had hem een levenslange fascinatie voor plantenwortels en mycorrhizaschimmels bezorgd. Ik bespeur dezelfde duizelingen bij mezelf wanneer ik stilsta bij de complexiteit van mycorrhizarelaties – kilometers verweven leven – die zieden onder mijn voeten.

Het begint me pas echt te duizelen wanneer ik van het zeer kleine overschakel naar het zeer grote, van de microscopisch kleine beslissingen over ruilhandel die op celniveau plaatsvinden naar de hele aarde, de atmosfeer, de slordige drie biljoen bomen die op het land voorkomen en de ontelbare kilometers mycorrhizaschimmel die ze met de bodem verweven. Ons verstand heeft moeite om zijn evenwicht te bewaren wanneer het met zulke grote getallen wordt geconfronteerd. Maar in het verhaal over mycorrhizarelaties komen veel van zulke duizelingwekkende verkleiningen en uitvergrotingen voor, van zeer groot naar zeer klein en weer terug.[28]

Schaal is een heikele kwestie in het onderzoek naar mycorrhiza. Mycorrhizarelaties spelen zich buiten ons blikveld af. Je kunt ze niet meemaken, zien of aanraken. Dat ze zo moeilijk toegankelijk zijn betekent dat de meeste kennis van het gedrag van mycorrhiza afkomstig is van onderzoek in laboratoria en kasachtige omgevingen. Het is niet altijd mogelijk om de resultaten op te schalen naar complexe ecosystemen in de echte wereld. Een groot deel van de tijd zien we maar een klein deel van het hele plaatje. Het gevolg is dat onderzoekers meer weten over wat mycorrhizaschimmels *kunnen* doen dan over wat ze daadwerkelijk doen.[29]

Zelfs in een gecontroleerde omgeving is het lastig om gevoel te krijgen voor de manier waarop mycorrhizaschimmels zich daadwerkelijk van moment tot moment gedragen. Anders dan in het onderzoek van Kiers zijn er situaties waarin de uitwisseling tussen plant en schimmel geen rationele ruilstrategie lijkt. Ontgaat ons iets? Niemand die het zeker weet. We hebben nauwelijks een idee hoe de chemische uitwisseling tussen planten en schimmels precies in zijn werk gaat en hoe die op celniveau wordt gereguleerd. 'We proberen te onderzoeken hoe stoffen door een netwerk heen gaan,' vertelde Kiers. 'We proberen er filmpjes van te maken. Het is zo vreemd wat er daarbinnen gebeurt. Maar die onderzoeken zijn *lastig*, en ik snap wel waarom mensen met andere organismen willen werken.' Veel mycologen kennen die combinatie van opwinding en frustratie.[30]

Zijn er andere manieren om over mycorrhizarelaties te denken, andere manieren om van die duizelingen af te komen? Enkelen van mijn collega's hebben een intuïtieve uitlaatklep gevonden voor hun belangstelling voor mycorrhiza. Een paar zijn fanatieke paddenstoelenzoekers geworden. Door paddenstoelen te zoeken – van truffels tot eekhoorntjesbrood en van cantharellen tot matsutake – houden ze zich op een ongedwongen manier met mycorrhizarelaties bezig. Anderen brengen uren door met de bestudering van mycorrhizaschimmels onder de microscoop, wat ongeveer gelijkstaat aan een duik van een mariene bioloog. Weer anderen zijn urenlang bezig mycorrhizasporen uit de bodem te zeven, kleurrijke bolletjes die onder de microscoop glinsteren als visseneitjes. Een van mijn collega's in Panama was een bedreven sporenjager. Soms aten we 's avonds snacks die van sporen waren gemaakt, stukjes cracker met zure room. Die kruimeltjes mycorrhizakaviaar moesten we onder de microscoop maken en met een pincet verorberen. We leerden er niet veel van, maar daar was het ons ook niet om te doen. Het was een exercitie die ons in balans hielp te blijven wanneer we van het kleine naar het grote werden gekatapulteerd. Het waren zeldzame momenten waarop we in direct contact stonden met ons onderzoeksobject, aardigheidjes die ons eraan herinnerden dat mycorrhizaschimmels geen mechanische, schematische entiteiten zijn – een machine of een concept kun je niet eten – maar organismen die een leven leidden dat we met moeite probeerden te doorgronden.

Planten verschaffen ons het gemakkelijkst toegang tot die organismen. Via planten stormt het ondergrondse mycorrhizaspektakel meestal het alledaagse leven van de mens binnen. De ontelbare microscopisch kleine interacties tussen schimmels en plantenwortels komen tot uitdrukking in de vorm, de groeiwijze, de smaak en de geur van planten. Sam Gewissies kon net als Albert Frank het resultaat van de mycorrhizarelaties van de jonge bomen met eigen ogen zien: ze 'begonnen te botten en te groeien alsof de tijd haast had'. Als we een plant eten, proeven we het resultaat van een mycorrhizarelatie. Kweek planten – in een pot, perk, tuin of stadspark – en we cultiveren mycorrhizarelaties. Schaal nog verder op en de microscopisch kleine besluiten van planten en schimmels om te ruilen bepalen de populatie van bossen op hele continenten.

De laatste ijstijd eindigde ongeveer elfduizend jaar geleden. Terwijl de enorme Laurentide-ijskap zich terugtrok, kwamen miljoenen vierkante kilometers van het huidige Noord-Amerika bloot te liggen. Binnen enkele duizenden jaren breidden de bossen zich in noordelijke richting uit. Met behulp van bewaard gebleven stuifmeel is het mogelijk om per soort de snelheid te laten zien waarmee bomen oprukten. Sommige – beuk, els, den, spar, esdoorn – gingen snel, met ruim honderd meter per jaar. Andere – plataan, eik, bitternoot – gingen langzaam: een meter of tien per jaar.[31]

Wat bepaalde de reactie van die verschillende soorten op het veranderende klimaat? Het verbond tussen schimmels en de voorlopers van planten zorgde ervoor dat die laatste aan land konden gaan. Zouden mycorrhizarelaties honderden miljoenen jaren later nog steeds een rol spelen in de verplaatsing van bomen over de wereld? Het zou kunnen. Planten en schimmels erven elkaar niet. Ze erven de neiging om zich te verenigen en houden er, naar de maatstaven van andere oeroude vormen van symbiose, een open relatie op na. Zoals in de eerste dagen van het leven op het land, hangen de relaties die planten aangaan af van wie er toevallig in de buurt is. Hetzelfde geldt voor schimmels. Hoewel het een beperking kan zijn – een piepklein plantenzaadje dat geen passende schimmel vindt overleeft waarschijnlijk niet – kan het vermogen van de partners om hun relaties te herzien of heel andere aan te gaan ervoor zorgen dat ze op veranderlijke omstandigheden kunnen reageren. In een artikel uit 2018 stelden onderzoekers van de University of British Columbia dat de snelheid waarmee bomen zich verplaatsten inderdaad afhankelijk zou kunnen zijn van hun mycorrhizale neigingen. Sommige boomsoorten zijn promiscuer dan andere en kunnen relaties met veel verschillende schimmelsoorten aangaan. Toen de Laurentide-ijskap zich terugtrok, bleken de soorten die zich het snelst verplaatsten de meest promiscue, oftewel de soorten die een grotere kans liepen een geschikte schimmel tegen te komen wanneer ze ergens nieuw waren.[32]

Schimmels die in plantenbladeren en -scheuten leven – 'endofyten' – kunnen een vergelijkbare uitwerking hebben op het vermogen van een plant om nieuw terrein te ontginnen. Neem een grassoort uit ziltige bodem langs de kust, kweek hem zonder zijn endofyten op en hij redt het niet in zijn van nature zoute leefomgeving. Hetzelfde geldt voor grassoorten die voorkomen in grond die door aardwarmte is opgewarmd. Onderzoekers verwisselden de endofyten die in beide grassoorten voorkwamen, waardoor gras aan de kust opgroeide met de geothermische schimmels en andersom.

Het vermogen van de grassen om in een van beide habitats te leven veranderde mee. De kustsoorten konden niet langer in de zilte kustbodem leven, maar deden het goed in de geothermische bodem, de geothermische grassen hielden het niet uit in hun oorspronkelijke bodem, maar gedijden aan de kust.[33]

Schimmels bepalen waar welke planten groeien; ze kunnen zelfs de evolutie van nieuwe soorten stimuleren door plantenpopulaties van elkaar te isoleren. Het eiland Lord Howe is negen kilometer lang, ongeveer een kilometer breed en ligt tussen Australië en Nieuw-Zeeland in. Er groeien twee palmensoorten die ooit één waren, de kentiapalm. De ene soort, *Howea belmoreana*, groeit in zure, vulkanische grond, de zusterplant *Howea forsteriana* op basische, kalkachtige grond. Het was botanici lange tijd een raadsel wat ervoor had gezorgd dat de kentiapalm zich splitste. Met een onderzoek uit 2017 toonden wetenschappers van het Imperial College in Londen aan dat mycorrhizaschimmels daar grotendeels voor verantwoordelijk zijn. Ze ontdekten dat de beide palmsoorten zich aan verschillende schimmelgemeenschappen hebben verbonden. De kentiapalm kan relaties aangaan met schimmels die hem in staat stellen om op de basische kalkgrond te leven. Maar dat maakt het lastig om relaties aan te gaan met mycorrhizaschimmels die oorspronkelijk in de vulkanische bodem voorkomen. Dus de ene soort profiteert van de schimmels in de kalkrijke bodem, terwijl de andere profiteert van de schimmels in de vulkanische bodem. Doordat exemplaren van dezelfde soort op verschillende 'mycorrhiza-eilanden' voorkwamen, hoewel ze geografisch gezien hetzelfde eiland deelden, ontstonden er uit een en dezelfde palmsoort twee soorten palmen.[34]

Het vermogen van planten en mycorrhizaschimmels om hun relaties anders in te richten heeft vergaande gevolgen. Het verhaal is intussen bekend: in de loop van de geschiedenis van de mens hebben partnerschappen met andere organismen ervoor gezorgd dat mensen en niet-mensen hun mogelijkheden konden uitbreiden. De relatie van de mens met mais leidde tot nieuwe vormen van beschaving. De relatie met paarden leidde tot nieuwe vormen van transport. De relatie met gistsoorten maakte nieuwe manieren mogelijk om alcohol te produceren en te distribueren.

Mens en paard blijven verschillende organismen, zoals planten en mycorrhizaschimmels, maar in die laatste twee weerklinkt de aloude neiging van organismen om een verbond te sluiten. Antropologen Natasha Myers en Carla Hustak vinden dat het woord 'evolutie', dat letterlijk 'naar buiten rollen' betekent, voorbijgaat aan de bereidheid van organismen om zich in elkaars leven te mengen. Volgens hen beschrijft het woord 'involutie' die neiging beter: 'naar binnen rollen, keren'. Naar hun mening vangt het involutieconcept beter het wriemelende trekken en duwen van 'organismen die voortdurend nieuwe manieren verzinnen om met en naast elkaar te leven'. Dankzij die neiging om zich met andere organismen te bemoeien konden planten vijftig miljoen jaar lang een wortelstelsel lenen terwijl ze er zelf een ontwikkelden. Tegenwoordig zijn bijna alle planten afhankelijk van mycorrhizaschimmels, zelfs al hebben ze een eigen wortelstelsel voor hun ondergrondse aangelegenheden. Hun involutionaire neigingen stelden schimmels in staat een alg met fotosynthese te lenen om hun zaken in de atmosfeer af te handelen. Zoals ze dat nog altijd doen. Mycorrhizaschimmels zijn niet in plantenzaad ingebouwd. Planten en schimmels moeten voortdurend hun betrekkingen herzien en nieuwe aangaan. Involutie is een permanent, grensoverschrijdend proces: door zich met een ander te verbinden, treden de deelnemers buiten eerdere grenzen.[35]

Een groot deel van alles wat leeft is, wanneer het met rampzalige veranderingen in het milieu wordt geconfronteerd, afhankelijk van het vermogen van planten en schimmels om zich aan nieuwe omstandigheden aan te passen, of het nu gaat om vervuilde of ontboste landschappen of om nieuwe omgevingen, zoals groene daken in steden. Een toename van kooldioxide in de atmosfeer, klimaatverandering en vervuiling beïnvloeden de beslissingen over ruilen die plantenwortels en hun schimmelpartners op microscopisch niveau nemen. Zoals dat al heel lang het geval is, strekt de invloed van die beslissingen op grote schaal zich uit tot hele ecosystemen en landmassa's. Volgens een groot onderzoek uit 2018 zou de 'alarmerende verslechtering' van de gezondheid van bomen in Europa worden veroorzaakt door de ontwrichting van hun mycorrhizarelaties, veroorzaakt door vervuiling met stikstof. Mycorrhizaverbintenissen die zijn ontstaan in het antropoceen zullen voor een groot deel bepalen of de mens zich aan de klimaatverandering zal kunnen aanpassen. Nergens zijn de mogelijkheden – en de valkuilen – duidelijker dan in de landbouw.[36]

'Van de efficiëntie van dit mycorrhizaverbond hangen noodzakelijkerwijs de gezondheid en het welzijn van de mensheid af,' schreef Albert Howard, grondlegger van de moderne ecologische landbouw en een uitgesproken pleitbezorger van mycorrhizaschimmels. In de jaren veertig beweerde Howard dat het wijdverbreide gebruik van chemische kunstmest de mycorrhizarelaties ontwrichtte, door middel waarvan 'het huwelijk tussen een vruchtbare bodem en de bodem die hij voedt is gearrangeerd'. De gevolgen van die afbraak waren verstrekkend. 'Levende schimmeldraden' doorsnijden zou betekenen dat de gezondheid van de bodem achteruitging. Op hun beurt zouden de gezondheid en de opbrengst van gewassen daarvan te lijden hebben, evenals de dieren en de mensen die ze aten. 'Kan de mensheid haar zaken zo regelen dat haar voornaamste bezit – de vruchtbaarheid van de bodem – behouden blijft?' vroeg Howard zich af. 'De toekomst van onze beschaving hangt af van het antwoord op die vraag.'[37]

Howards toon is dramatisch, maar tachtig jaar nadat hij zijn vraag stelde hakt die er diep in. Naar bepaalde maatstaven gemeten is de hedendaagse industriële landbouw effectief: de oogsten zijn in de tweede helft van de twintigste eeuw verdubbeld. Maar eenzijdige aandacht voor de opbrengt heeft een hoge prijs. De landbouw leidt bijna overal tot vernietiging van het milieu en is verantwoordelijk voor een kwart van de uitstoot van broeikasgassen. Tussen de twintig en veertig procent van de gewassen gaat jaarlijks verloren als gevolg van plaagdieren en ziekten, ondanks het kolossale gebruik van bestrijdingsmiddelen. De mondiale opbrengt stabiliseert, hoewel het gebruik van kunstmest in de tweede helft van de twintigste eeuw met een factor zevenhonderd is toegenomen. Wereldwijd verdwijnt elke minuut een toplaag met een oppervlakte van dertig voetbalvelden als gevolg van erosie. Toch wordt een derde van al het voedsel weggegooid en zal de vraag naar gewassen rond 2050 zijn verdubbeld. De ernst van de crisis valt moeilijk te overdrijven.[38]

Zouden mycorrhizaschimmels een deel van de oplossing kunnen zijn? Misschien is dat een domme vraag. Mycorrhizarelaties zijn zo oud als de planten zelf en bepalen al honderden miljoenen jaren de toekomst van de aarde. Ze hebben altijd een rol gespeeld in ons voedingspatroon, of we ons daar nu van bewust waren of niet. Duizenden jaren lang bestond er in veel traditionele landbouwpraktijken aandacht voor een gezonde bodem, en daarmee impliciet voor de relaties met schimmels. Maar in de loop van de twintigste eeuw heeft onze verwaarlozing van de bodem ons in de problemen gebracht. In 1940 was Howards grootste zorg dat de technieken van de industriële landbouw zich verder zouden ontwikkelen zonder dat rekening werd gehouden met het 'bodemleven'. Zijn bezorgdheid was terecht. Doordat de bodem in de moderne landbouw min of meer als levenloos wordt beschouwd, worden ondergrondse gemeenschappen verwoest die het leven dat wij eten in stand houden. Er zijn parallellen te trekken met de medische wetenschap van de twintigste eeuw, waarin 'ziektekiem en 'microbe' min of meer als hetzelfde worden beschouwd. Natuurlijk kunnen bodemorganismen, net als sommige ziektekiemen die op je lichaam voorkomen, ziekten veroorzaken. Maar de meeste doen precies het omgekeerde. Verstoor je de ecologie van je darmbacteriën, dan heeft je gezondheid daaronder te lijden; van steeds meer ziekten is bekend dat ze optreden omdat we proberen van 'ziektekiemen' af te komen. Verstoor je de rijke ecologie van microben die in de bodem leven – de darmen van de planeet – dan heeft de gezondheid van de planten daaronder te lijden.[39]

Voor een artikel uit 2019 maten onderzoekers van Agroscope in Zürich de mate van verstoring door de gevolgen te meten die ecologische en conventionele, 'intensieve' landbouwpraktijken hadden op schimmelgemeenschappen in de wortels van gewassen. Door het genoom van schimmel-DNA te bepalen konden de auteurs de netwerken in kaart brengen van schimmelsoorten die met elkaar in contact stonden. Ze vonden 'opmerkelijke verschillen' tussen ecologisch en conventioneel verbouwde landbouwgrond. Niet alleen waren mycorrhizaschimmels veel talrijker in akkers met ecologische landbouw, de schimmelgemeenschappen waren ook veel complexer: van zevenentwintig soorten – 'hoeksteensoorten' –

werd vastgesteld dat ze nauw met elkaar verbonden waren, terwijl er daarvan niet één voorkwam in akkers met conventionele landbouw. Veel onderzoeken laten vergelijkbare resultaten zien. Intensieve landbouw zorgt er door een combinatie van ploegen en het gebruik van chemische kunstmest en schimmelbestrijdingsmiddelen voor dat er veel minder mycorrhizaschimmels voorkomen en dat de samenstelling van de gemeenschappen verandert. Duurzamere landbouwpraktijken, ecologisch of anderszins, leiden meestal tot mycorrhizagemeenschappen met een grotere diversiteit en tot meer mycelium in de bodem.[40]

Doet het er iets toe? Een groot deel van de geschiedenis van de landbouw bestaat uit milieuoffers. Bossen worden gekapt om plaats te maken voor akkers. Heggen worden gerooid om plaats te maken voor nog grotere akkers. Met de microbengemeenschappen in de bodem is het toch precies hetzelfde? Als mensen gewassen bemesten door kunstmest aan akkergrond toe te voegen, nemen we dan niet gewoon het werk van mycorrhizaschimmels over? Wat kan ons die schimmels schelen als we ze overbodig hebben gemaakt?

Mycorrhizaschimmels doen meer dan planten van voedingsstoffen voorzien. De onderzoekers van Agroscope noemen ze hoeksteenorganismen, maar anderen geven de voorkeur aan de term 'techneuten van het ecosysteem'. Plakkerig mycorrhizamycelium houdt de bodem bijeen: verwijder de schimmels en de grond spoelt weg. Mycorrhizaschimmels vergroten het volume van het water dat de bodem kan absorberen, waardoor de hoeveelheid voedingsstoffen die na een regenbui wegspoelt met wel vijftig procent afneemt. Van de koolstof in de bodem – twee keer zoveel als in planten en in de atmosfeer bij elkaar! – zit een substantieel deel opgesloten in taaie organische verbindingen die worden voortgebracht door mycorrhizaschimmels. De koolstof die via mycorrhiza in de bodem komt is de basis van complexe voedselketens. Naast de kilometers mycelium in een theelepel gezonde bodem komen meer bacteriën, eencelligen, insecten en geleedpotigen voor dan er mensen op aarde hebben geleefd.[41]

Mycorrhizaschimmels kunnen voor betere oogsten zorgen, zoals de experimenten met basilicum, aardbeien, tomaten en tarwe laten zien. Ze kunnen er ook voor zorgen dat gewassen beter kunnen concurreren met onkruid en hun afweer tegen ziekten vergroten door hun immuunsysteem op te peppen. Ze kunnen gewassen minder kwetsbaar maken voor droogte en hitte en beter bestand tegen te veel zout en tegen zware metalen. Ze vergroten zelfs het vermogen van planten om aanvallen van schadelijke insecten af te slaan door de productie van chemische stoffen te stimuleren waarmee ze zich kunnen verdedigen. De lijst wordt steeds langer: in de wetenschappelijke literatuur wemelt het van de voordelen die mycorrhizarelaties planten opleveren. Het is alleen niet zo gemakkelijk om die kennis in praktijk te brengen. In elk geval leiden mycorrhizarelaties niet altijd tot een grotere oogst, integendeel zelfs.[42]

Katie Field is een van de vele onderzoekers die worden betaald om onderzoek te doen naar de oplossingen die mycorrhiza kunnen bieden voor landbouwproblemen. 'Die hele verbondenheid is veel gevarieerder en wordt veel meer door het milieu beïnvloed dan we dachten,' vertelde ze me. 'Een groot deel van de tijd helpen de schimmels de gewassen helemaal niet met voedingsstoffen opnemen. De resultaten lopen sterk uiteen. Het hangt helemaal af van het soort schimmel, het soort plant en de omgeving waarin ze groeien.' Verschillende onderzoeken hebben even onvermoede uitkomsten. De meeste moderne variëteiten van gewassen worden ontwikkeld met weinig aandacht voor hun vermogen om hoogwaardige mycorrhizarelaties aan te gaan. We hebben tarwevariëteiten ontwikkeld die snel groeien wanneer ze veel kunstmest krijgen, wat 'verwende' planten heeft opgeleverd die bijna niet meer met schimmels kunnen samenwerken. 'Dat schimmels zulke graangewassen überhaupt nog kunnen koloniseren is een klein wonder,' volgens Field.[43]

De subtiliteit van mycorrhizarelaties zorgt ervoor dat de meest voor de hand liggende ingreep – planten voorzien van mycorrhizaschimmels en andere microben – twee kanten uit kan vallen. Soms, zoals Sam Gewissies ontdekte, kan de introductie van planten in een gemeenschap van bodemmicroben de groei van gewassen en bomen ondersteunen en het leven terugbrengen in een uitgeputte bodem. Maar het succes van die aanpak hangt af van de ecologische match. Mycorrhizasoorten toevoegen die geen goede combinatie vormen doet de planten meer kwaad dan goed. Nog erger is opportunistische schimmelsoorten aan een nieuwe omgeving toevoegen die de plaats innemen van plaatselijke schimmelvariëteiten, met onbekende ecologische gevolgen. Daar houdt de snelgroeiende industrie van commerciële mycorrhizaproducten niet altijd rekening mee, die worden aangeprezen als snelle oplossing voor elk probleem. Net zoals in de uitdijende markt voor menselijke probiotica worden de verkochte soorten microben niet per se geselecteerd omdat ze zo geschikt zijn, maar omdat ze gemakkelijk zijn te produceren. Zelfs wanneer het met beleid gebeurt, helpt het maar tot op zekere hoogte om een omgeving te voorzien van microben. Zoals elk organisme hebben ook mycorrhizaschimmels de juiste omstandigheden nodig om goed te kunnen gedijen. De microbengemeenschappen in de bodem groeien permanent naar elkaar toe, een proces dat wordt verstoord als de bodem wordt ontwricht. Om effectief met microben te kunnen ingrijpen, zijn grote veranderingen in landbouwpraktijken nodig, vergelijkbaar met veranderingen in eetpatroon of leefstijl die we onszelf opleggen wanneer we onze darmflora weer gezond willen maken.[44]

Andere onderzoekers benaderen het probleem vanuit een andere hoek. Als mensen variëteiten van gewassen kweken die disfunctionele vormen van symbiose met schimmels aangaan, dan moeten we andersom ook gewassen kunnen kweken die hoogwaardige symbiotische partners vormen. Field zit op dat spoor en hoopt coöperatievere plantenvariëteiten te ontwikkelen, 'een nieuwe generatie supergewassen die geweldige verbintenissen met schimmels kunnen aangaan'. Ook Kiers is geïnteresseerd in zulke mogelijkheden, maar beziet de kwestie vanuit schimmelperspectief. Zij werkt aan schimmels die zich vriendelijker opstellen: variëteiten die minder hamsteren en misschien zelfs het belang van de planten boven dat van zichzelf stellen.[45]

In 1940 beweerde Howard dat het ons ontbrak aan een 'volledige, wetenschappelijke verklaring' van mycorrhizarelaties. De wetenschappelijke verklaringen zijn nog allesbehalve volledig, maar het vooruitzicht dat we met mycorrhizaschimmels zullen moeten werken om de land- en bosbouw te veranderen en steriel geworden omgevingen te herstellen is alleen maar reëler geworden naarmate de milieucrisis verergert. Mycorrhizarelaties zijn geëvolueerd om de problemen het hoofd te bieden die zich voordeden in de desolate, door de wind geteisterde wereld waarin het eerste leven op het land ontstond. Planten en schimmels evolueerden samen tot een soort landbouw, hoewel niet duidelijk is of planten schimmels leerden cultiveren of andersom. Hoe het ook zij: we staan voor de uitdaging ons gedrag te veranderen, zodat planten en schimmels elkaar beter kunnen cultiveren.[46]

Het ziet er niet naar uit dat we erg ver komen zolang we de hokjes waarin we denken niet ter discussie stellen. Planten beschouwen als scherp begrensde, autonome individuen leidt tot verwoesting. 'Denk aan een blinde met een stok,' schreef filosoof Gregory Bateson. 'Waar begint de blinde? Bij het puntje van de stok? Of bij het handvat? Of ergens halverwege?' Filosoof Maurice Merleau-Ponty had dertig jaar eerder een soortgelijk gedachte-experiment gedaan. Hij kwam tot de conclusie dat de stok niet langer alleen maar een voorwerp was. Die breidt de zintuigen van de blinde uit en wordt er onderdeel van, een prothese. Waar de blinde begint en eindigt is een vraag waarop het antwoord niet zo eenvoudig is als op het eerste gezicht lijkt. Mycorrhizarelaties werpen een vergelijkbare vraag op. Kunnen we aan een plant denken zonder tegelijkertijd aan de mycorrhizanetwerken te denken die – grensoverschrijdend – vanuit de wortels in de bodem uitwaaieren? Als we de woekerende, verknoopte myceliummassa volgen die zich vanuit de wortels verspreidt, waar houden we dan op? Denken we ook aan de bacteriën die de bodem doorkruisen via het slijmlaagje dat de wortels en de hyfen bedekt? Denken we aan de naastgelegen schimmelnetwerken die samengaan met die van onze plant? En – misschien nog wel het radicaalst – denken we ook aan de andere *planten* waarvan de wortels hetzelfde schimmelnetwerk delen?[47]

6

WOOD WIDE WEBS

Geleidelijk begint het de waarnemer te dagen dat
deze organismen met elkaar verbonden zijn, niet
lineair, maar als een netachtig, verstrengeld web.[1]

— ALEXANDER VON HUMBOLDT

LANGS DE NOORDWESTELIJKE RAND VAN DE GROTE
oceaan zijn de bossen overweldigend groen. Daardoor vallen de
groepjes felwitte planten op die door de bergen dennennaalden
heen dringen. Het zijn spookplanten zonder bladeren. Ze zien eruit als aardewerken tabakspijpen die op hun steel balanceren. Een
soort schubjes omwikkelen de steel daar waar bladeren zouden
moeten zitten. Ze groeien in schaduwrijke delen op de bosbodem,
waar andere planten niet kunnen groeien, en de groepjes staan dicht
opeen, zoals paddenstoelen. Als ze geen bloemen hadden, zou je
zelfs kunnen denken dat het paddenstoelen waren. Ze heten *Monotropa uniflora* en het zijn planten die doen alsof ze geen planten zijn.
    Monotropa hebben lang geleden hun vermogen tot fotosynthese
opgegeven. Daarmee namen ze ook afscheid van hun bladeren en
groene kleur. Maar hoe deden ze dat? Fotosynthese is een van de
oudste eigenschappen van planten en een waar meestal niet aan

valt te tornen. Maar *Monotropa* hebben er afstand van gedaan. Stel je een apensoort voor die niet eet en in plaats daarvan fotosynthetische bacteriën in zijn vacht heeft zitten waarmee hij energie uit zonlicht haalt. Het is een radicale omslag.

Voor de oplossing van hun probleem maken *Monotropa* gebruik van schimmels. Zoals de meeste groene planten zijn ze voor hun voortbestaan afhankelijk van mycorrhizaschimmel-partners. Maar hun symbiotische gewoonten zijn anders. 'Normale' groene planten voorzien hun schimmelpartners van energierijke koolstofverbindingen, hetzij suikers, hetzij vetten, in ruil voor minerale voedingsstoffen uit de bodem. *Monotropa* hebben een manier bedacht om die uitwisseling te omzeilen. Ze krijgen zowel koolstof als voedingsstoffen van de mycorrhizaschimmels en lijken daar niets voor terug te geven.

Maar waar komt de koolstof van *Monotropa* vandaan? Mycorrhizaschimmels krijgen al hun koolstof van groene planten. Dat betekent dat de koolstof die de *Monotropa* van energie voorziet en waaruit ze grotendeels bestaan uiteindelijk afkomstig moet zijn van andere planten, via het mycorrhizanetwerk dat ze delen. Wanneer er geen koolstof van een groene plant via een gemeenschappelijke schimmelverbinding naar *Monotropa* zou gaan, zouden die het niet overleven.

Monotropa waren biologen lange tijd een raadsel. Aan het einde van de negentiende eeuw opperde een Russische botanicus die zich het hoofd brak over de vraag hoe die vreemde planten konden bestaan als eerste dat stoffen via schimmelnetwerken tussen planten heen en weer konden gaan. Zijn idee sloeg niet aan. De hypothese zat diep weggestopt in een obscuur artikel en verdween min of meer uit het zicht. Het *Monotropa*-raadsel leidde vervolgens nog een jaar of vijfenzeventig een sluimerend bestaan, totdat het werd opgepikt door de Zweedse botanicus Erik Björkman, die in 1960 bomen met radioactieve suikers injecteerde en op die manier aantoonde dat naburige *Monotropa*-planten radioactief werden. Het was het eerste bewijs dat er stoffen door tussenkomst van schimmels tussen planten heen en weer konden gaan.[2]

Dankzij *Monotropa* ontdekten botanici een voorheen onbekende biologische mogelijkheid. Sinds de jaren tachtig is duidelijk geworden dat *Monotropa* geen anomalie zijn. De meeste planten zijn promiscue en doen het met allerlei mycorrhizapartners. En mycorrhizaschimmels gaan al even gemakkelijk relaties aan met verschillende plantenpartners. Ook afzonderlijke schimmelnetwerken kunnen zich met elkaar verenigen. Het resultaat: potentieel enorme, uiterst complexe, samenwerkende stelsels van gezamenlijke mycorrhizanetwerken.

Monotropa uniflora

'Waanzinnig dat overal waar we lopen alles onder de grond met elkaar verbonden is,' riep Toby Kiers enthousiast. 'Het is gigantisch. Ik kan me gewoon niet voorstellen dat niet iedereen het bestudeert.' Daar kan ik wel inkomen. Veel organismen maken contact met elkaar. Als je een kaart zou maken waarop staat wie contact heeft met wie, dan krijg je een reusachtig netwerk. Maar schimmelnetwerken zijn fysieke verbindingen tussen planten. Het is het verschil tussen twintig kennissen hebben en twintig kennissen met wie je een spijsverteringsstelsel deelt. Die gedeelde of gemeenschappelijke mycorrhizanetwerken belichamen het basisprincipe van de ecologie: dat organismen relaties met elkaar aangaan. Humboldts 'netachtig, verstrengeld web' was een metafoor die hij gebruikte om het 'levende geheel' van de natuur te beschrijven, een complex geheel van relaties waarin organismen onlosmakelijk met elkaar zijn verbonden. Mycorrhizanetwerken zijn dat vleesgeworden web.[3]

Een latere onderzoeker die zich met de *Monotropa*-kwestie zou bezighouden en die ermee aan de haal ging was de Engelsman David Read. Read wordt gerekend tot de belangrijkste onderzoekers uit de geschiedenis van de mycorrhizabiologie en is coauteur van een standaardwerk over het onderwerp. Hij werd geridderd voor zijn werk op het gebied van mycorrhizarelaties en trad als *fellow* toe tot de Royal Society. Read, die door zijn collega's in de vs 'Sir Dude' wordt genoemd, staat bekend om zijn charme en gevatheid. Volgens menig onderzoeker is hij 'nogal een portret'.

In 1984 toonde Read met enkele collega's definitief aan dat koolstof via schimmels van plant tot plant kan worden doorgegeven. Onderzoekers gingen er sinds het onderzoek naar *Monotropa* uit de jaren zestig van uit dat dat kon, want niemand had kunnen aantonen dat suikers plantenwortels verlieten, door de aarde heen sijpelden en werden opgenomen door de wortels van andere planten. Met andere woorden: niemand had kunnen aantonen dat koolstof via schimmels tussen planten heen en weer ging.

Read bedacht een methode waarmee hij de overdracht van koolstof van plant tot plant daadwerkelijk kon zien. Hij kweekte 'donor- en ontvangende planten' naast elkaar, met of zonder mycorrhizaschimmels. Na zes weken diende hij de donorplanten radioactieve kooldioxide toe. Vervolgens oogstte hij de planten en legde hij de wortelstelsels vast op radioactief gevoelige film. Had een donorplant geen mycorrhizaschimmels, dan was de radioactiviteit alleen in de wortels te zien. Had een plant wel schimmels, dan was de radioactiviteit zichtbaar in de wortels van de donorplant, in de hyfen en in de wortels van de ontvangende planten. Reads resultaat was een belangrijke stap voorwaarts. Hij had aangetoond dat koolstofoverdracht tussen planten niet was voorbehouden aan soorten zoals *Monotropa*. Maar er bleven nog belangrijke vragen onbeantwoord. Read had zijn experimenten uitgevoerd in laboratoriumomstandigheden, en niets wees erop dat de overdracht zich ook voordeed in een natuurlijke setting.[4]

Dertien jaar later, in 1997, publiceerde een Canadese promovenda, Suzanne Simard, een eerste onderzoek dat erop wees dat ook planten in de natuur koolstof konden uitwisselen. Ze stelde paren zaailingen van bomen in een bos bloot aan radioactieve kooldioxide. Na twee jaar constateerde ze dat er koolstof van berken naar sparren was overgegaan, die een mycorrhizanetwerk deelden, maar niet van berken naar reuzenlevensbomen, waarvoor dat niet gold. De hoeveelheid koolstof die de sparren hadden opgenomen – gemiddeld zo'n zes procent van de gemerkte koolstof die de berken hadden opgenomen – was volgens Simard een 'betekenisvolle overdracht'; je mocht ervan uitgaan dat die op de lange termijn van doorslaggevend belang was voor het leven van de bomen. Bovendien kregen de sparrenzaailingen toen ze in de schaduw werden gezet – wat de fotosynthese beperkte en ze van hun koolstofaanvoer beroofde – meer koolstof van de berkendonoren dan toen ze nog in het licht stonden. Koolstof leek 'van boven naar beneden' van plant naar plant te gaan: van overvloed naar schaarste.[5]

Simards resultaten trokken de aandacht. Haar onderzoek werd voor publicatie geaccepteerd door het tijdschrift *Nature*. De redacteur vroeg Read een commentaar te schrijven. In zijn bijdrage – 'The Ties That Bind' – schreef Read dat we door Simards onderzoek 'de ecosystemen van bossen met nieuwe ogen moeten bezien'. In grote letters stond op het omslag van het tijdschrift het begrip dat Read tijdens zijn overleg met de redacteur had gemunt: 'The Wood Wide Web'.[6]

Vóór het werk van Read, Simard en anderen uit de jaren tachtig en negentig werden planten min of meer als afzonderlijke entiteiten beschouwd. Van sommige boomwortels is al heel lang bekend dat ze wortelenten vormen, waar de wortels van de ene boom samenkomen in die van een andere. Maar dat wordt als een marginaal verschijnsel beschouwd en van de meeste plantengemeenschappen dacht men dat ze uit afzonderlijke planten bestonden die elkaar om grondstoffen beconcurreerden. De resultaten van Simard en Read deden vermoeden dat planten onterecht als strikt gescheiden eenheden werden beschouwd. Zoals Read in zijn commentaar in *Nature* schreef, leek de mogelijkheid dat planten grondstoffen konden uitwisselen erop te wijzen 'dat we minder nadruk moeten leggen op concurrentie tussen planten en meer op distributie van middelen binnen de gemeenschap'.[7]

Simard publiceerde haar bevindingen op een belangrijk moment in de ontwikkeling van de moderne wetenschap die zich met netwerken bezighoudt. Het netwerk van kabels en routers dat bij elkaar het internet vormt, had zich sinds de jaren zeventig uitgebreid. Het World Wide Web – het informatiesysteem dat is gebaseerd op webpagina's en de links daartussen, mogelijk gemaakt door de hardware van het internet – was in 1989 uitgevonden en werd twee jaar later publiek toegankelijk. Nadat de US National Science Foundation zijn handen in 1995 van het beheer had afgetrokken, begon het internet ongereguleerd en decentraal te groeien. Zoals netwerkwetenschapper Albert-László Barabási me vertelde: 'Halverwege de jaren negentig begonnen netwerken door te dringen tot het collectieve bewustzijn.'[8]

In 1998 begon Barabási met zijn collega's het World Wide Web in kaart te brengen. Tot dan toe ontbrak het wetenschappers aan gereedschap om de structuur en de eigenschappen van complexe netwerken te analyseren, ook al drukten die hun stempel op het leven van de mens. De tak van wiskunde waarmee modellen van netwerken werden gemaakt, de grafentheorie, kon het gedrag van de meeste netwerken in de echte wereld niet beschrijven, dus bleven veel vragen onbeantwoord. Waardoor konden epidemieën en computervirussen zich zo snel verspreiden? Waarom blijven sommige netwerken ondanks grote storingen gewoon functioneren?

Barabási's onderzoek naar het World Wide Web leverde nieuw wiskundig gereedschap op. Een beperkt aantal principes bleek van belang voor het gedrag van uiteenlopende netwerken, van seksuele relaties tussen mensen tot biochemische interactie binnen organismen. Het World Wide Web, aldus Barabási, bleek 'meer gemeen te hebben met een cel of een ecologisch systeem dan met een Zwitsers horloge'. Tegenwoordig kunnen we niet meer om de zogeheten netwerkwetenschap heen. Noem een wetenschap of techniek – van neurowetenschap, biochemie, economie en epidemiologie tot zoekmachines, zelflerende algoritmen die de basis vormen van kunstmatige intelligentie, astronomie en de aard van het universum zelf, een kosmisch web waar kriskras nevels en sterrenstelsels doorheen lopen – en je kunt ervan op aan dat het verschijnsel met een netwerkmodel wordt geduid.[9]

Geïnspireerd door Simards artikel en het prikkelende idee van het wood wide web 'groeide het idee van gemeenschappelijke mycorrhizanetwerken als kool', aldus Read, en belandde het uiteindelijk zelfs in de film *Avatar* van James Cameron, in de vorm van een gloeiend, levend netwerk dat planten onder de grond met elkaar verbond. De onderzoeken van Read en Simard hadden tot enkele opwindende nieuwe vragen geleid. Wat zou er behalve koolstof nog meer tussen planten heen en weer kunnen gaan? Hoe gewoon was het verschijnsel eigenlijk in de natuur? Zou de invloed van de netwerken zich tot hele bossen of ecosystemen uitstrekken? En welk verschil maakten ze?

Niemand ontkent dat gemeenschappelijke mycorrhizanetwerken overal in de natuur voorkomen. Ze zijn onvermijdelijk vanwege de 'promiscuïteit' van planten en schimmels en de gretigheid waarmee myceliumnetwerken zich met elkaar verenigen. Toch is niet iedereen ervan overtuigd dat ze een belangrijke rol spelen.

Aan de ene kant is sinds Simards *Nature*-artikel in talloze onderzoeken de overdracht van stoffen tussen planten gemeten. Sommige hebben aangetoond dat niet alleen koolstof, maar ook stikstof, fosfor en water in betekenisvolle hoeveelheden via schimmelnetwerken tussen planten worden uitgewisseld. Volgens een onderzoek uit 2016 kunnen bomen via schimmels tweehonderdtachtig kilo koolstof per hectare bos uitwisselen. Dat is fors: vier procent van de totale koolstof die per jaar door diezelfde hectare uit de atmosfeer wordt gehaald en genoeg om een gemiddeld huishouden een week lang van energie te voorzien. Dat resultaat impliceert dat gemeenschappelijke mycorrhizanetwerken een belangrijke ecologische rol vervullen.[10]

Aan de andere kant zijn sommige onderzoekers er niet in geslaagd de overdracht van stoffen tussen planten aan te tonen. Dat hoeft nog niet te betekenen dat gemeenschappelijke mycorrhizanetwerken geen rol spelen. Een pas ontkiemde zaailing die inplugt op een groot, bestaand schimmelnetwerk zal niet vanaf het begin de koolstof leveren die nodig is om zijn eigen mycorrhizanetwerk te ontwikkelen. Toch lijken die resultaten erop te wijzen dat we niet zomaar kunnen generaliseren op basis van één ecosysteem of één schimmelsoort. Er zijn allerlei situaties waarin gemeenschappelijke mycorrhizanetwerken niet veel meer voor hun plantenpartners doen dan de 'eigen' mycorrhizapartner van die planten doet.[11]

Je zou verwachten dat het gedrag van gemeenschappelijke mycorrhizanetwerken variabel is. Er zijn vele soorten mycorrhizarelaties, en verschillende groepen zwammen kunnen zich op heel verschillende manieren gedragen. Bovendien kan het symbiotische gedrag van zelfs maar één plant en een schimmel enorm verschillen naargelang de omstandigheden. Niettemin hebben de uiteenlopende onderzoeksresultaten tot verschillende meningen in de onderzoeksgemeenschap geleid. Sommigen vinden dat het bewijs laat zien dat gemeenschappelijke mycorrhizanetwerken vormen van interactie mogelijk maken die anders niet mogelijk zouden zijn en grote invloed uitoefenen op het gedrag van ecosystemen. Anderen interpreteren het bewijs anders en komen tot de conclusie dat de gemeenschappelijke netwerken geen unieke ecologische mogelijkheden creëren en voor planten niet veel meer belang hebben dan dat ze er de grond rondom hun wortels of het bovengrondse 'luchtruim' mee moeten delen.[12]

Monotropa geven richting aan de discussie. Sterker nog, ze lijken die te beslechten: ze zijn geheel afhankelijk van gemeenschappelijke mycorrhizanetwerken. Ik bracht het onderwerp ter sprake bij Read, die een ondubbelzinnig standpunt innam: 'Het idee dat overdracht via schimmels tussen planten van geen enkel belang is, is te gek voor woorden.' *Monotropa* ontvangen alleen maar en zijn het levende bewijs dat gemeenschappelijke mycorrhizanetwerken een unieke levensstijl in stand kunnen houden.

Monotropa behoren tot de zogeheten mycoheterotrofen. Ze zijn 'myco' omdat ze voor hun voedsel afhankelijk zijn van een schimmel en 'heterotroof' (van *hetero*, dat 'anders' betekent, en *troof*, 'zich voedend met') omdat ze zelf geen energie uit zonlicht produceren en die ergens anders vandaan moeten halen. Het is bepaald geen lieflijke aanduiding voor zulke bevallige plantjes. In Panama, waar ik *Voyria* bestudeerde, een mycoheterotroof met blauwe bloemen, noemde ik ze op een gegeven moment 'mycoheten', maar ik geef toe dat dat niet veel beter is.

Monotropa en *Voyria* zijn niet de enige planten die op die manier leven. Ongeveer tien procent van de plantensoorten houdt die gewoonte er ook op na. Net als korstmossen en mycorrhizarelaties is mycoheterotrofie een evolutionair refrein, dat in minstens zesenveertig afstammingslijnen van verschillende planten voorkomt. Sommige mycoheten, zoals *Monotropa* en *Voyria*, doen helemaal nooit aan fotosynthese. Andere gedragen zich als mycoheten wanneer ze jong zijn, maar worden donor zodra ze ouder worden en met fotosynthese beginnen, een strategie die Katie Field 'nu kopen, later betalen' noemt. Read wees me erop dat *alle* vijfentwintigduizend orchideeënsoorten – 'de grootste en ongetwijfeld succesvolste plantenfamilie op aarde' – op enig moment in hun ontwikkeling mycoheet zijn, hetzij omdat ze nu kopen en later betalen, hetzij omdat ze nu kopen en blijven kopen, *zonder* te betalen.

Dat mycoheten herhaaldelijk voor eigen gewin het wood wide web hebben leren hacken wil nog niet zeggen dat dat een koud kunstje is. Read en enkele andere onderzoekers denken zelfs dat mycoheten geen aparte categorie vormen. Ze zijn alleen maar het ene uiterste op een symbiotisch continuüm; ze kopen permanent en zijn het vermogen om te betalen kwijtgeraakt. Orchideeën die nu kopen en later betalen, bewegen zich al wat meer naar het midden van het spectrum, net zoals de sparrenzaailingen van Simard.[13]

Mycoheten springen eruit. Ze steken duidelijk af tegen de omringende vegetatie. Omdat ze niet groen hoeven zijn en geen bladeren nodig hebben, kunnen ze naar hartenlust elke gewenste esthetische kant uit evolueren. Eén *Voyria*-soort is helemaal geel. *Sarcodes sanguinea* is knalrood, 'als een gloeiende vuurzuil', zoals de grote Amerikaanse natuurbeschermer John Muir in 1912 schreef. De plant wordt 'door toeristen meer bewonderd dan enige andere in Californië [...] De kleur spreekt tot hun bloed.' (Muir mijmerde over 'duizend onzichtbare draden' die de natuur bijeenhielden, maar had niet in de gaten dat dat daadwerkelijk gold voor *Sarcodes sanguinea*.) Het waren de microscopisch kleine zaadjes van *Voyria* die me zo hadden verbaasd toen ik ze onder de microscoop zag ontkiemen. Marc-André Selosse, als hoogleraar verbonden aan het Muséum national d'Histoire naturelle in Parijs, vertelde me dat de aanblik van een felwitte mycoheterotrofe orchidee toen hij vijftien was het zaadje had geplant van zijn levenslange fascinatie voor symbiose. De orchidee herinnerde hem er telkens weer aan dat de levens van planten en schimmels onlosmakelijk met elkaar zijn verbonden. 'De herinnering aan die plant is me tot nu toe mijn hele loopbaan bijgebleven,' zei hij.[14]

Ik vind mycoheten interessant omdat ze iets zeggen over het ondergrondse schimmelleven. Te midden van het krioelende plantenleven in de jungle waren *Voyria* een aanwijzing dat er gemeenschappelijke schimmelnetwerken actief waren. Mycoheten blijven in leven doordat ze de wood wide webs hacken. Zonder dat ik allerlei ingewikkelde experimenten hoefde te doen, kon ik dankzij *Voyria* inschatten of er betekenisvolle hoeveelheden koolstof tussen planten heen en weer gingen. Ik kwam op dat idee toen ik vrienden in Oregon sprak die matsutakepaddenstoelen zoeken. Matsutake zijn de vruchtlichamen van een mycorrhizaschimmel en kun je soms al plukken voordat ze hun kop boven de grond uitsteken. Er groeit vaak een mycoheet in de buurt die laat zien waar je moet beginnen met zoeken. De mycoheet waarmee matsutake een verbond vormen is *Allotropa virgata*, die familie is van *Monotropa* en een rood-wit gestreepte steel heeft, waardoor hij op een snoepstokje lijkt. *Allotropa* sluit dat verbond uitsluitend met matsutake, en zijn aanwezigheid is net zo'n duidelijk signaal dat er een matsutake groeit als de paddenstoel zelf. De 'snoepstokjes' zijn, zoals veel andere mycoheten, periscopen van de mycorrhiza onder de grond.

Omdat mycoheten zo de aandacht trekken, zou je denken dat we in de loop der jaren zijn gaan inzien dat ze ons ergens op wijzen. *Allotropa* wijzen erop dat zich ergens onder de grond een matsutakeschimmel bevindt, *Monotropa* wijzen op een concept. Korstmossen waren het organisme dat de poort openzette naar het symbiosebegrip, *Monotropa* waren dat voor gemeenschappelijke mycorrhizanetwerken. Hun opvallende uiterlijk wees erop dat in betekenisvolle mate stoffen via een schimmel tussen planten heen en weer gingen om een vorm van leven in stand te houden.

In alle fysieke systemen gaat energie 'van boven naar beneden': van daar waar er meer van is naar daar waar er minder van is. Warmte gaat van de hete zon de koude ruimte in. De geur van een truffel gaat van een locatie met een hoge concentratie naar locaties met een lagere concentratie. Geen van beide hoeft actief te worden vervoerd. Zolang er ergens een energetische 'helling' is, gaat energie van de bron (bovenaan) naar het afvoerputje (onderaan). Van belang is hoe steil die helling is. In veel gevallen verloopt de overdracht van voedingsstoffen via mycorrhizanetwerken bergafwaarts, van grotere planten naar kleinere planten. Grotere planten beschikken meestal over meer stoffen en hebben een beter ontwikkeld wortelstelsel en gemakkelijker toegang tot licht. In vergelijking met kleinere planten, die in de schaduw groeien en een minder goed ontwikkeld wortelstelsel hebben, zijn zij de bronnen. De kleinere planten zijn de afvoerputjes. Orchideeën die nu kopen en later betalen, beginnen als afvoerputjes, maar worden bronnen naarmate ze ouder worden. Mycoheten als *Monotropa* en *Voyria* blijven hun leven lang afvoerputjes.[15]

Maar omvang zegt niet alles. De dynamiek van bron en afvoerputje kan omklappen, afhankelijk van de activiteit van de met elkaar verbonden planten. Toen Simard haar sparrenzaailingen afdekte – waardoor hun fotosynthetisch vermogen afnam en ze koolstofafvoerputjes werden – kregen ze meer koolstof van hun donoren, de berken. In een ander experiment zagen onderzoekers fosfor uit stervende planten overgaan op gezonde planten in de buurt waarmee ze een schimmelnetwerk deelden. De planten die doodgingen waren de voedingsstoffenbron, de levende planten de afvoerputjes.[16]

In een ander onderzoek naar berken en douglassparren in de bossen van Canada veranderde de stroomrichting van de koolstof twee keer in één groeiseizoen. In de lente, wanneer de groenblijvende spar fotosynthese bedreef en de berk nog knoppen had, was de berk het afvoerputje en stroomde er vanuit de spar koolstof naartoe. In de zomer, toen de berk vol in het blad stond en de spar in de schaduw eronder, veranderde de koolstofstroom van richting en liep die van berk naar spar. In het najaar, toen de berk zijn blad begon te verliezen, draaiden de rollen weer om en stroomde de koolstof van spar naar berk. Voedingsstoffen gingen van daar waar ze in overvloed aanwezig waren naar daar waar ze schaars waren.[17]

Dat gedrag stelt onderzoekers voor een raadsel. In de eenvoudigste vorm komt het neer op de vraag waarom planten voedingsstoffen afstaan aan een schimmel, die ze vervolgens doorgeeft aan een plant ernaast, een potentiële concurrent. Op het eerste gezicht lijkt dat op altruïsme. De evolutietheorie kan niet goed met altruïsme overweg omdat altruïstisch gedrag in het voordeel is van de ontvanger en ten koste gaat van de donor. Als een plant een concurrent helpt ten koste van zichzelf, is de kans dat zijn genen de volgende generatie halen minder groot. En als dat gebeurt, is het snel afgelopen met dat altruïstische gedrag.[18]

Er zijn verschillende manieren om het altruïsmeprobleem te omzeilen. Een ervan berust op het idee dat de kosten voor de donorplanten geen werkelijke kosten zijn. Veel planten krijgen ruim voldoende licht. Voor die planten is koolstof een onbeperkte bron. Als het koolstofoverschot wordt doorgegeven aan een mycorrhizanetwerk, waar andere planten er als 'gemeenschappelijk goed' gebruik van kunnen maken, dan is van altruïsme geen sprake, want geen van beide partijen – donor noch ontvanger – heeft kosten hoeven maken. Een andere mogelijkheid is dat zowel de donor- als de ontvangende planten profiteren, maar op verschillende momenten. Een orchidee 'koopt' misschien nu, maar als hij later 'betaalt', blijf het saldo gelijk. Een berk profiteert misschien wanneer hij in het voorjaar koolstof van een spar ontvangt, maar de spar profiteert uiteraard van de koolstof die hij zelf in de zomer van de berk krijgt, wanneer hij in de schaduw staat.[19]

Er gelden ook andere overwegingen. Evolutionair gezien zou het gunstig zijn voor een plant om ten koste van zichzelf een nauwe verwant te helpen zijn genen door te geven, een verschijnsel dat 'verwantenselectie' heet. In sommige studies is die mogelijkheid onderzocht door de hoeveelheid koolstof die tussen verwante paren zaailingen van douglassparren werd uitgewisseld te vergelijken met die van niet-verwante paren zaailingen. Zoals je zou verwachten, ging de koolstof van omhoog naar omlaag: van een grotere donorplant naar een kleinere, ontvangende plant. Maar in sommige gevallen ging er meer koolstof heen en weer tussen verwanten dan tussen onbekenden: de verwante zaailingen bleken meer schimmelverbindingen te delen dan de onbekenden, waardoor er meer wegen waren waarlangs ze onderling koolstof konden uitwisselen.[20]

De eenvoudigste manier om het altruïsmeprobleem op te lossen is van perspectief veranderen. Het is je misschien opgevallen dat planten in alle verhalen over mycorrhizanetwerken de hoofdrol spelen. Schimmels komen daarin alleen voor voor zover ze planten met elkaar verbinden en als tussengelegen buizenstelsel dienen. Ze zijn niet veel meer dan het leidingwerk dat planten kunnen gebruiken om stoffen van de een naar de ander te pompen.

Dat is plantcentrisme ten top. Zo'n plantenperspectief kan vertekenend werken. Dat mensen meer aandacht schenken aan dieren dan aan planten draagt ertoe bij dat ze minder oog hebben voor planten. Meer aandacht voor planten dan voor schimmels maakt ons schimmelblind. 'Ik denk dat veel mensen uitgebreider bij plantennetwerken stilstaan dan goed is,' vertelde Selosse me. 'Sommigen hebben het over bomen die profiteren van maatschappelijke zorg en pensioen, beschrijven jonge bomen alsof ze op de crèche zitten en beweren dat het leven eenvoudig en goedkoop is voor bomen die in groepsverband leven. Dat zit me niet echt lekker, want ze beschouwen de schimmels als een soort pijpleiding. Een schimmel is een levend organisme met eigen belangen. Het is een actief onderdeel van het systeem. Misschien hebben mensen zo'n plantgerichte kijk op het netwerk doordat planten zich gemakkelijker laten onderzoeken dan schimmels.'

Daar ben ik het mee eens. Natuurlijk zijn we al snel plantcentrisch omdat planten absoluut van groot belang zijn voor ons leven. We kunnen ze aanraken en proeven. Mycorrhizaschimmels vallen niet op. De naam wood wide web helpt ook al niet echt. Die is een metafoor die vanzelf tot plantcentrisme leidt, want hij impliceert dat planten gelijkstaan aan websites – knooppunten – in het netwerk, terwijl schimmels de hyperlinks zijn die de knooppunten met elkaar verbinden. In de hardwaretaal van het internet: planten zijn de routers, schimmels de kabels.

In werkelijkheid zijn schimmels allesbehalve passieve kabels. Zoals we hebben gezien, kunnen myceliumnetwerken ingewikkelde ruimtelijke problemen oplossen en is er een subtiel vermogen bij ze geëvolueerd om stoffen te transporteren. Hoewel die van 'boven naar beneden' gaan, van bron naar afvoerputje, vindt het transport zelden plaats door middel van zogeheten passieve diffusie of verspreiding, want dat gaat veel te langzaam. De grote hoeveelheden celvloeistof die door de hyfen stromen maken snel transport mogelijk, en hoewel die stromen uiteindelijk worden gereguleerd door de bron/afvoerputje-dynamiek, kunnen schimmels ze sturen door delen van het netwerk te laten aangroeien, te verdikken of terug te snoeien en zelfs door volledig te fuseren met een ander netwerk. Zonder dat vermogen om de stroom te reguleren, zou een groot deel van hun leven – waaronder de nauwkeurig gechoreografeerde groei van paddenstoelen – onmogelijk zijn.

Schimmels kunnen het transport door hun netwerken ook op andere manieren reguleren. Het onderzoek van Toby Kiers doet vermoeden dat ze tot op zekere hoogte controle hebben over de manier waarop ze handeldrijven: ze kunnen coöperatieve plantenpartners belonen, mineralen in hun weefsel 'hamsteren' en stoffen intern verplaatsen om de 'wisselkoers' die ze ervoor krijgen te optimaliseren. In het onderzoek van Kiers naar de ongelijke verdeling van grondstoffen ging fosfor van gebieden waar er veel van was naar gebieden met schaarste, maar dat ging veel sneller dan met passieve diffusie kan worden verklaard, waarschijnlijk door middel van de 'eiwitmotortjes' van de schimmels. Zulke systemen voor actief transport stellen schimmels in staat in elke richting materiaal door hun netwerk te verspreiden – zelfs tegelijk in tegengestelde richtingen – ongeacht de steilte van de helling tussen bron en afvoerputje.[21]

Er zijn meer redenen waarom het wood wide web een problematische metafoor is. Het idee dat er één soort wood wide web bestaat is misleidend. Schimmels vormen sowieso met elkaar verweven webben, of die nu planten verbinden of niet. Gemeenschappelijke mycorrhizanetwerken zijn simpelweg een speciaal geval: netwerken waar planten in betrokken zijn. Ecosystemen zijn dooraderd met het mycelium van schimmels die geen mycorrhizaschimmels zijn en organismen aan elkaar breien. De afbraakschimmels die Lynne Boddy bijvoorbeeld bestudeert, vlechten zich over grote afstanden door ecosystemen heen en verbinden rottend blad met afgevallen twijgjes en grote, rottende boomstammen met ontbindende wortels. Denk bijvoorbeeld aan de netwerken van de honingzwam, de recordhouders die zich over vele kilometers uitstrekken. Die schimmels vormen totaal andere wood wide webs: webben die worden gebruikt om planten te consumeren, niet om ze in stand te houden.

Elke schakel in een wood wide web is een schimmel met een eigen leven. Dat is een eenvoudige constatering met grote implicaties. Alles verandert wanneer we schimmels als actieve deelnemers beschouwen. Als we schimmels in het verhaal betrekken, helpt ons dat om alles meer vanuit hun standpunt te bezien. En dat standpunt komt van pas wanneer we ons afvragen wiens belangen nu eigenlijk met mycorrhizanetwerken worden gediend. Wie profiteert?

Een mycorrhizaschimmel die verschillende planten in leven houdt is in het voordeel: een gevarieerde portfolio van plantenpartners zorgt ervoor dat de dood van een ervan hem niet raakt. Als een schimmel afhankelijk is van verschillende orchideeën, waarvan er een hem pas van koolstof kan voorzien wanneer hij is gegroeid, profiteert de schimmel wanneer hij de jonge orchidee helpt groeien, wanneer hij hem nu laat 'kopen', ervan uitgaande dat de plant later zal 'betalen'. De zaak bekijken vanuit mycocentrisch perspectief omzeilt het altruïsmeprobleem. Dat plaatst de schimmels vooraan en in het midden: het zijn makelaars in verstrengeling die naar eigen behoefte kunnen bemiddelen in de interacties tussen planten.

Of we nu een myco- of een plantcentrisch perspectief kiezen, er zijn allerlei situaties waarin het duidelijk in het voordeel van planten is om een mycorrhizanetwerk te delen. In het algemeen groeien planten met een gemeenschappelijk netwerk sneller en doen ze het beter dan planten die er geen deel van uitmaken. Die constatering heeft geleid tot de visioenen van wood wide webs waarin wordt verzorgd, gedeeld en wederzijds geholpen, waardoor planten losbreken uit het keurslijf van concurrentie om voedingsstoffen. Zulke voorstellingen verschillen niet veel van de idealistische fantasieën over het internet, dat in de euforie van de jaren negentig werd gezien als een route om te ontsnappen aan de starre machtsstructuren van de twintigste eeuw en als de weg naar een digitale utopie.[22]

Ecosystemen zijn net als menselijke samenlevingen zelden zo eendimensionaal. Sommige onderzoekers, onder wie Read, beschouwen utopische visioenen over de bodem als een schaamteloze projectie van menselijke waarden op iets niet-menselijks. Anderen, zoals Kiers, vinden dat ermee aan wordt voorbijgegaan dat al die samenwerkingsverbanden amalgamen zijn van wedijver en medewerking. Het grootste bezwaar tegen het idee van een myco-utopie is dat gemeenschappelijke mycorrhizanetwerken net als het internet heus niet altijd goedaardig zijn. Wood wide webs intensiveren op complexe manieren de interactie tussen planten, schimmels en bacteriën.

De meeste onderzoeken waarmee is aangetoond dat planten profiteren van hun deelname aan gemeenschappelijke mycorrhizanetwerken zijn gedaan in gematigde klimaten en met bomen die relaties aangaan met een bepaald soort mycorrhizaschimmels, namelijk ectomycorrhizaschimmels. Andere soorten mycorrhizaschimmels kunnen zich anders gedragen. In sommige gevallen lijkt het een plant niet veel te kunnen schelen of hij een eigen schimmelnetwerk heeft of er een deelt met andere planten, hoewel de schimmel in het laatste geval profiteert doordat hij via het gemeenschappelijke netwerk toegang krijgt tot een groter aantal planten. In sommige gevallen is het alleen maar een nadeel om tot een gemeenschappelijk netwerk te behoren. Schimmels reguleren de toevoer van de mineralen die ze aan de bodem onttrekken en kunnen die stoffen naar believen ruilen met grote planten, die zowel over een grotere koolstofvoorraad beschikken als machtiger afvoerputjes zijn voor bodemmineralen. Dat vergroot het concurrentievoordeel van grote planten ten opzichte van kleine planten die tot het netwerk behoren. In dergelijke situaties profiteren kleine planten pas wanneer hun band met het netwerk wordt doorgesneden of wanneer het aandeel van de grote planten uit het netwerk, die een onevenredig groot deel van de voedingsstoffen uit het netwerk halen, wordt teruggeschroefd.[23]

Gemeenschappelijke mycorrhizanetwerken kunnen ook een kwalijke rol spelen. Sommige plantensoorten maken chemische stoffen aan die planten in de buurt in hun groei kunnen belemmeren of zelfs kunnen doden. Onder normale omstandigheden sijpelen zulke stoffen langzaam door de bodem en halen ze niet altijd de concentratie waarin ze giftig zijn. Mycorrhizanetwerken kunnen die belemmering wegnemen en in sommige gevallen zelfs als 'schimmelinhaalstrook' of 'supersnelweg' voor zulke planten dienen. In een experiment kon een giftige verbinding die vrijkwam uit de afgevallen bladeren van een notenboom zich via mycorrhizanetwerken ophopen rond de wortels van tomatenplanten, waardoor die in hun groei werden belemmerd.[24]

Wood wide webs spelen met andere woorden dus een rol bij het transport van veel meer stoffen dan alleen energierijke koolstofverbindingen, voedingsstoffen en water. Behalve gifstoffen kunnen ook hormonen die de groei en de ontwikkeling van planten reguleren via gemeenschappelijke mycorrhizanetwerken gaan. Celkernen met DNA erin, maar ook andere genetische eenheden, bijvoorbeeld virussen of RNA, kunnen onbelemmerd door het mycelium van vele schimmelsoorten reizen, wat doet vermoeden dat genetisch materiaal via schimmels tussen planten heen en weer kan gaan, hoewel die mogelijkheid nog nauwelijks is onderzocht.[25]

Een van de verrassendste eigenschappen van wood wide webs is de manier waarop ze andere organismen dan planten in het web betrekken. Schimmelnetwerken fungeren als snelwegen waarlangs bacteriën de hindernisbaan kunnen nemen die de bodem nu eenmaal is. In sommige gevallen gebruiken roofbacteriën myceliumnetwerken om hun prooi achterna te jagen en hem te verschalken. Sommige bacteriën leven binnen de hyfen zelf en stimuleren de groei van de schimmel en zijn metabolisme. Ook maken ze belangrijke vitamines aan en beïnvloeden ze zelfs de relatie die de schimmel met zijn plantenpartners onderhoudt. Een mycorrhizaschimmelsoort, de morieljesoort *Morchella crassipes*, exploiteert zelfs de bacteriën die in zijn netwerk voorkomen: de schimmel 'zaait' bacteriepopulaties, kweekt ze, oogst ze en eet ze op. De arbeid binnen het netwerk wordt verdeeld: sommige delen van de schimmel zijn verantwoordelijk voor de voedselproductie, andere voor de consumptie.[26]

Maar het kan nog gekker. Planten scheiden allerlei soorten chemische stoffen af. Tuinbonenplanten die door bladluizen worden aangevallen, laten bijvoorbeeld vluchtige verbindingen aan de wond ontsnappen, die parasitaire wespen aantrekken waarvoor de bladluizen prooien zijn. Deze *infochemicals* of 'informatieve chemische stoffen' – zo genoemd omdat ze informatie over de gesteldheid van de plant overbrengen – zijn een van de manieren waarop planten communiceren, zowel tussen hun eigen verschillende onderdelen onderling als met andere organismen.

Zouden infochemicals ook via gemeenschappelijke schimmelnetwerken onder de grond tussen planten heen en weer gaan? Die vraag hield Lucy Gilbert en David Johnson bezig toen ze aan de University of Aberdeen in Schotland werkten. Om hem te beantwoorden bedachten ze een ingenieus experiment. Ze lieten tuinbonenplanten aantakken op een gemeenschappelijk mycorrhizanetwerk of verhinderden dat juist door fijnmazig nylongaas te gebruiken. Het gaas liet water en chemische stoffen door, maar voorkwam rechtstreeks contact tussen schimmels die met verschillende planten verbonden waren. Wanneer de planten eenmaal volgroeid waren, mochten bladluizen aanvallen op de bladeren van een van de planten in het netwerk. Er werden plastic zakjes om de planten heen gedaan om te voorkomen dat ze de infochemicals via de lucht doorgaven.

Gilbert en Johnson constateerden een duidelijke bevestiging van hun hypothese. Planten die via een gemeenschappelijk schimmelnetwerk waren verbonden met de plant vol bladluizen voerden de productie van vluchtige defensieve verbindingen op, ook al hadden ze zelf geen last van de bladluizen. De vleugjes vluchtige verbindingen die door de planten werden aangemaakt, waren krachtig genoeg om de parasitaire wespen aan te trekken, wat erop wijst dat informatie die via de schimmelverbinding tussen de planten wordt doorgegeven ook in de echte wereld verschil zou kunnen maken. Gilbert vertelde me dat het een 'volledig nieuw' onderzoeksresultaat betrof, dat een voorheen onbekende rol van gemeenschappelijke mycorrhizanetwerken aan het licht bracht. Niet alleen kon een donorplant een ontvangende plant beïnvloeden, die invloed reikte in de vorm van vluchtige verbindingen nog verder dan de ontvangende plant zelf. Een gemeenschappelijk mycorrhizanetwerk was niet alleen van invloed op de relatie tussen twee planten, maar ook op de relatie met hun plaagdieren (de bladluizen) en die met hun bondgenoten, de wespen.[27]

Sinds 2013 is duidelijk dat de ontdekking van Gilbert en Johnson geen uitzondering is. Een vergelijkbaar verschijnsel is waargenomen bij tomatenplanten die werden belaagd door rupsen en bij zaailingen van douglassparren en dennen die dreigden te worden opgegeten door reuzenbladrollers. Die onderzoeken leggen opwindende mogelijkheden bloot. Veel onderzoekers die ik heb gesproken delen de opvatting dat communicatie tussen planten via schimmelnetwerken een van de interessantste aspecten van het gedrag van mycorrhizaschimmels is. Maar goede experimenten leveren meer vragen op dan ze beantwoorden. 'Waar reageren de planten precies op en wat *doet* de schimmel eigenlijk?' vroeg Johnson zich af.[28]

Eén hypothese is dus dat infochemicals tussen planten heen en weer gaan via gemeenschappelijke schimmelnetwerken. Dat is aannemelijk, omdat van planten bekend is dat ze infochemicals ook voor bovengrondse communicatie gebruiken. Dat er elektrische signalen via hyfen gaan, is een andere intrigerende mogelijkheid. Zoals Stefan Olsson en zijn neurowetenschappelijke collega's constateerden, kan mycelium van bepaalde schimmels – waaronder dat van een mycorrhizaschimmel – elektrische activiteit geleiden wanneer het wordt geprikkeld. Planten gebruiken ook elektrische signalen om tussen eigen onderdelen te communiceren. Niemand heeft nog onderzocht of elektrische signalen van plant naar schimmel naar plant kunnen worden doorgegeven, maar veel fantasie is daar niet voor nodig. Toch is Gilbert onverbiddelijk: 'We weten het niet. Dat zulke signalen überhaupt bestaan is nog zo nieuw. We staan aan het prille begin van een nieuwe onderzoeksrichting.' Voor haar staat voorop dat de aard van het signaal wordt achterhaald. 'Als we niet weten waar de planten op reageren, kunnen we niet de vraag beantwoorden hoe het signaal ontstaat en zelfs niet hoe het wordt verstuurd.'[29]

Er valt nog meer te ontdekken. Als informatie kan worden verzonden via schimmelnetwerken die bonenplanten in potten in een kas met elkaar verbinden, wat gebeurt er dan niet allemaal in echte ecosystemen? Hoe groot is de rol van schimmels vergeleken met al die chemische aanwijzingen en signalen in de lucht? Hoe ver reikt de informatie die onder de grond via schimmelnetwerken wordt doorgegeven? Johnson en Gilbert voeren experimenten uit waarin ze verschillende planten koppelen tot een 'ketting', om na te gaan of informatie als in een estafette van plant tot plant wordt doorgegeven. De ecologische consequenties kunnen groot zijn, maar

Johnson is voorzichtig. 'Laboratoriumresultaten zomaar ineens opschalen naar een heel bos vol bomen die met elkaar praten en communiceren gaat te ver,' zei hij. 'Mensen extrapoleren al snel van een potplant naar een heel ecosysteem.'

Wat er precies via schimmelnetwerken tussen planten heen en weer gaat is een netelige kwestie voor alle wetenschappers die onderzoek doen naar wood wide webs. Dat gebrek aan kennis leidt tot impasses op conceptueel gebied. Zo is het onmogelijk om zonder kennis van de manier waarop informatie tussen planten heen en weer gaat te weten of donorplanten actief een waarschuwingsboodschap 'versturen' en of ontvangende planten de stress van hun buur simpelweg alleen maar aanhoren. In dat laatste geval kunnen we geen doelbewust gedrag van de kant van de zender vaststellen. Kiers: 'Als een boom wordt aangevallen door een insect, dan geeft hij een soort schreeuw in zijn eigen taal. Hij produceert een of andere chemische stof om zich schrap te zetten tegen de aanval.' Die stof zou zomaar via het netwerk van de ene naar de andere plant kunnen gaan. Maar er wordt niet actief iets *verstuurd*. De ontvangende plant merkt slechts iets op. Johnson gebruikt dezelfde analogie. Als we iemand horen schreeuwen, betekent dat niet dat hij schreeuwt *omdat* hij ons ergens voor wil waarschuwen. Natuurlijk, in reactie op een schreeuw kunnen we ons gedrag aanpassen, maar de schreeuw zelf hoeft niet op een intentie van de schreeuwer te duiden. 'Je hoort uitsluitend zijn reactie op een bepaalde situatie.'

Het lijkt haarkloverij, maar veel hangt af van hoe we de interactie duiden. Hoe het ook zij, er gaat een prikkel van de ene plant naar de andere, die het de ontvanger mogelijk maakt zich op een aanval voor te bereiden. Maar als planten een boodschap versturen, beschouwen wij dat als een signaal. Als hun buren toevallig luisteren, beschouwen wij dat als een aanzet om actie te ondernemen. Hoe we het gedrag van gemeenschappelijke mycorrhizanetwerken het beste kunnen interpreteren ligt gevoelig. Sommige onderzoekers maken zich zorgen over de manier waarop wood wide webs meestal worden voorgesteld. 'Alleen maar omdat we hebben geconstateerd dat planten op hun buren kunnen reageren,' zei Johnson tegen me, 'wil nog niet zeggen dat er een of ander altruïstisch netwerk actief is.' Het idee dat planten met elkaar praten en elkaar waarschuwen voor een naderende aanval is een antropomorf waanidee. 'Het is heel verleidelijk om zo te denken,' gaf hij toe, 'maar uiteindelijk is het een hoop onzin.'

Met de metafoor van de schreeuw schieten we ook al niet veel op. Die kan twee kanten op vallen. Mensen schreeuwen wanneer ze in paniek, gechoqueerd, opgewonden of gewond zijn. En ze schreeuwen ook om mensen op hun toestand te attenderen. Het is niet altijd gemakkelijk om oorzaak van gevolg te onderscheiden, zelfs wanneer je het vraagt aan iemand in nood. Bij planten is dat nog lastiger. Misschien is de beladen vraag of planten elkaar voor een aanval van bladluizen waarschuwen of alleen toevallig de chemische schreeuw van hun buren horen wel de verkeerde vraag. Zoals Kiers zei: 'We moeten kijken naar het verhaal dat we elkaar vertellen. Ik zou de taal graag overslaan en het *verschijnsel* willen begrijpen.' Opnieuw heeft het misschien meer zin om ons af te vragen waarom dit gedrag überhaupt is geëvolueerd, oftewel: wie profiteert.

De ontvangende bonenplant profiteert inderdaad van de waarschuwing: tegen de tijd dat de bladluizen zijn gearriveerd, heeft hij zijn afweermechanisme al geactiveerd. Maar wat heeft de bonenplant die de boodschap verstuurt eraan om zijn buren te waarschuwen? Daar stuiten we opnieuw op het altruïsmeprobleem. Wederom is de snelste uitweg uit de doolhof die van de perspectiefwisseling. Wat heeft een *schimmel* eraan om een waarschuwing tussen de verschillende planten waarmee hij samenleeft door te geven?

Als een schimmel met verschillende planten verbonden is, waarvan er een door bladluizen wordt aangevallen, dan lijdt zowel de schimmel als de plant daaronder. Als een hele groep planten in een verhoogde staat van paraatheid is, dan zullen ze een grotere wolk wespen lokkende chemische stoffen produceren dan één plant kan uitstoten. Elke schimmel die de chemische waarschuwing op die manier kracht kan bijzetten zal daarvan profiteren. Dat geldt uiteraard ook voor de planten zelf, maar die kost het niets. Zo zal de schimmel ook profiteren in het geval waarin er stresssignalen van een zieke plant naar een gezonde plant gaan doordat hij de gezonde plant in leven houdt. 'Stel je voor dat je in een bos bomen hebt die grondstoffen aan andere bomen lijken af te staan,' legde Gilbert uit. 'Het lijkt mij waarschijnlijk dat de schimmel merkt dat boom A op het moment een beetje ziek is en boom B niet en dat die daarom stoffen naar boom A doorschuift. Als je het vanuit mycocentrisch oogpunt bekijkt, valt het allemaal op zijn plaats.'

De meeste onderzoeken naar gemeenschappelijke mycorrhizanetwerken beperken zich tot plantparen. Read maakte beelden van radioactiviteit die van de wortels van de ene plant naar die van de andere ging. Simard volgde radioactieve labels van een donorplant naar een ontvangende plant. Die experimenten waren alleen mogelijk door het aantal planten beperkt te houden. Maar wood wide webs strekken zich in potentie uit over tientallen of honderden vierkante meters en waarschijnlijk nog verder. Wat gebeurt er dan? Daarvoor moet je naar buiten kijken, naar bomen, struiken, grassen, wingerds en bloemen. Wie is verbonden met wie? En hoe? Hoe zou een kaart van een wood wide web eruitzien?

Zonder kennis van de bouw van gemeenschappelijke schimmelnetwerken is het niet eenvoudig om te begrijpen hoe het allemaal in zijn werk gaat. We weten dat grondstoffen en infochemicals van 'hoog' naar 'laag' door netwerken gaan, maar de bronnen en de afvoerputjes zijn maar een deel van het verhaal. Je hart is een pomp die ervoor zorgt dat bloed 'bergafwaarts' gaat doordat het gebieden met een hoge druk creëert en gebieden met een lage druk. Die bron/afvoerputje-dynamiek verklaart waarom bloed circuleert, maar niet hoe het in je organen terechtkomt. Dat heeft te maken met de bloedvaten: hoe dik en vertakt ze zijn en hoe ze door je lichaam lopen. Met mycorrhizanetwerken is het precies zo. Stoffen kunnen niet van bron naar afvoerputje gaan zonder een netwerk.

Kevin Beiler, een voormalige student van Simard, is hoofdauteur van twee artikelen waarin aan het einde van het vorige millennium werd geprobeerd de ruimtelijke structuur van een gemeenschappelijk mycorrhizanetwerk in beeld te brengen. Beiler koos een relatief eenvoudig ecosysteem: een bos in British Columbia dat bestond uit douglassparren van verschillende leeftijden. Hij paste een genetische techniek toe die bij mensen wordt gebruikt voor vaderschapstests. Binnen een oppervlak van dertig bij dertig meter nam hij een genetische vingerafdruk van elke schimmel en elke boom, waardoor hij precies kon nagaan wie contact had met wie. Dat leverde een ongewone mate van detail op. Er is veelvuldig onderzocht welke plantensoorten contact hebben met welke schimmelsoorten, maar slechts weinig onderzoeken gaan een stap verder en laten zien welke afzonderlijke organismen onderling met elkaar verbonden zijn.[30]

Beilers kaarten zijn verbluffend. Schimmelnetwerken spreiden zich over tientallen meters uit, maar niet elke boom is er in even sterke mate mee verbonden. Jonge bomen hebben weinig verbindingen, oude bomen veel. De boom met de meeste connecties is met zevenenveertig andere bomen verbonden en zou met nog eens tweehonderdvijftig andere verbonden zijn als voor een groter stuk grond was gekozen. Als je met je vinger van boom naar boom door het netwerk zou lopen – een plantcentrische daad – dan zou je ongelijkmatig door het bos gaan. Je zou door het hele netwerk gaan via een klein aantal onderling met elkaar verbonden oudere bomen. Via die 'hubs' kun je in maximaal drie stappen bij elke andere boom komen.

In 1999, toen Barabási en zijn collega's met de eerste kaart van het World Wide Web kwamen, namen ze een vergelijkbaar patroon waar. Webpagina's zijn met andere webpagina's verbonden, maar niet alle webpagina's hebben evenveel links. De overgrote meerderheid heeft er maar een paar, een klein aantal is juist zeer goed verbonden. Het verschil tussen pagina's met het grootste en die met het kleinste aantal links is gigantisch: rond de tachtig procent van de links op het internet maakt deel uit van vijftien procent van de pagina's. Hetzelfde geldt voor veel andere soorten netwerken, van de routes van het wereldwijde luchtvaartverkeer tot neurale netwerken in de hersenen. In al die gevallen is het mogelijk om via de sterk verbonden hubs in een beperkt aantal stappen het netwerk te doorlopen. Het is deels aan die netwerkeigenschappen – zogeheten 'schaalvrije' eigenschappen – te danken dat ziekten, nieuws en trends zich razendsnel door een populatie verspreiden. Doordat een gemeenschappelijk mycorrhizanetwerk over dezelfde eigenschappen beschikt, kan een jonge plant overleven in volledig beschaduwde ondergroei en kunnen infochemicals als een golf door de bomen van een bos rimpelen. 'Een jonge zaailing wordt al snel in een complex, onderling verbonden en stabiel netwerk opgenomen,' legde Beiler uit. 'Je zou denken dat de kans dat hij overleeft daardoor toeneemt, en ook de veerkracht van het bos.' Toch geldt dat maar tot op zekere hoogte. Diezelfde schaalvrije eigenschappen maken een wood wide web kwetsbaar voor een gerichte aanval. Leg van het ene op het andere moment Google, Amazon en Facebook plat of sluit de drie drukste vliegvelden op de wereld en er ontstaat chaos. Haal drie grote bomen weg die als hub dienen – wat veel commerciële houtkapbedrijven doen om zoveel mogelijk kostbaar hout te winnen – en het netwerk raakt ontwricht.[31]

Er zijn hier geen fundamentele wetten in het spel. Schaalvrije eigenschappen doen zich voor in elk groeiend netwerk. 'De meeste netwerken zijn het resultaat van een groeiproces,' legde Barabási uit. Er zijn meer manieren waarop een nieuwe knoop zich met een goed verbonden knoop kan verbinden dan met een minder goed verbonden knoop. Oude knopen met veel verbindingen krijgen er daardoor nog meer. Zoals Beiler het formuleert: 'Je kunt zulke mycorrhizanetwerken beschouwen als een *besmettingsproces*. Een paar bomen zijn de grondleggers, en van daaruit groeit het netwerk. Bomen met meer verbindingen met andere bomen krijgen meer links, en krijgen die sneller.'

Wil dat zeggen dat de bouw van wood wide webs in andere delen van de wereld hetzelfde is? Dat zou kunnen, maar we hebben nog te weinig netwerken in kaart gebracht om het met zekerheid te kunnen zeggen. Van potplant extrapoleren naar ecosysteem brengt problemen met zich mee, wat ook geldt voor extrapoleren van een lap grond van dertig bij dertig meter naar een ecosysteem. Er bestaan veel verschillende planten en schimmels. Sommige planten kunnen betrekkingen onderhouden met duizenden schimmelsoorten, andere planten met nog geen tien; ze vormen kliekachtige netwerken met leden van hun eigen soort. Sommige schimmelsoorten hebben mycelium dat gemakkelijk met ander mycelium één groot netwerk vormt, andere isoleren zichzelf juist. In Panama ontdekte ik dat *Voyria* van maar één schimmelsoort afhankelijk zijn, maar dat die zich allesbehalve in enge zin had gespecialiseerd: het was de talrijkste mycorrhizaschimmel in het bos, die relaties aanging met alle veelvoorkomende boomsoorten, waardoor *Voyria* zich met het grootst mogelijke aantal andere planten kon verbinden. Bij andere mycoheten in hetzelfde bos was een totaal andere strategie geëvolueerd; ze gingen relaties aan met een hele serie schimmelsoorten.[32]

Zelfs in het kleine stukje bos dat Beiler besloot te bestuderen – deels omdat het zo rechttoe rechtaan was – ontbreken veel puzzelstukjes. Zijn kaart laat zien hoe de bomen en schimmels zich tot elkaar verhouden, maar we weten niet wat ze precies *doen*. 'Ik keek naar maar één boomsoort en twee schimmelsoorten, en dat is niets vergeleken bij het geheel,' zei hij. 'Het was niet meer dan een glimp, een raampje waardoor je zicht had op een gigantisch, open systeem. Alles was ik heb beschreven doet de werkelijke onderlinge verbondenheid in het bos schromelijk tekort.'

Voyria zijn het vermogen om een ingewikkeld wortelstelsel te vormen kwijtgeraakt. Dat hebben ze niet nodig, want hun gemeenschappelijke schimmelnetwerken zijn hun wortels. Waar hun echte wortels ooit zaten hebben *Voyria*-planten nu een soort vlezige vingers. Als je die opensnijdt, zie je hun cellen uitpuilen van krioelende hyfen. Soms zitten de wortels niet eens in de grond en grijpen ze zich er als knuistjes in vast. Je raapt ze er zo vanaf. De band met de schimmels scheurt meteen af. Het voelt raar om de levensader van een plant zo gemakkelijk door te snijden. De greep van *Voyria* op hun netwerk is van levensbelang, maar de fysieke band is flinterdun. Ik heb me vaak afgevraagd hoe al het materiaal dat nodig is om een complete plant te vormen door zo'n teer kanaal heen kan gaan.

Zoals meestal wanneer je onderzoek doet naar mycorrhizanetwerken, moest ik de band die *Voyria* met hun netwerk onderhouden verbreken om ze te kunnen verzamelen. Daar ben ik dagen mee in de weer geweest. Al die tijd bedacht ik dat het getuigt van ironie dat ik juist de verbindingen die ik onderzocht moest doorsnijden. Natuurlijk maken biologen vaak de organismen kapot die ze willen bestuderen. Daar was ik aan gewend, voor zover je eraan kunt wennen. Maar de band van een netwerk doorsnijden om het te bestuderen was wel heel absurd. De natuurkundigen Ilya Prigogine en Isabelle Stengers hebben opgemerkt dat complexe systemen zo afbreken dat je de samenstellende onderdelen overhoudt meestal geen bevredigende verklaring oplevert; we weten bijna nooit hoe we ze weer in elkaar moeten zetten. Wood wide webs zijn wat dat betreft een wel erg grote uitdaging. We weten nog steeds niet goed hoe myceliumnetwerken hun gedrag coördineren en contact met elkaar onderhouden, laat staan hoe hun wisselwerking met meerdere planten in een natuurlijke bodem eruitziet. We weten echter genoeg om te weten dat myceliumnetwerken een continu proces zijn, geen product. We weten dat ze met elkaar kunnen fuseren en zichzelf kort kunnen houden, de interne stroming kunnen sturen en chemische stoffen kunnen uitstoten en erop kunnen reageren. We weten ook dat mycorrhizaschimmels verbindingen met planten kunnen aangaan en die kunnen aanpassen: dat ze kunnen aanknopen, ontknopen en herknopen. Kortom: we weten dat wood wide webs dynamische, voortdurend her en der opflakkerende systemen zijn.[33]

Entiteiten die zich als zodanig gedragen, worden wel 'complexe adaptieve systemen' genoemd: complex omdat hun gedrag zich moeilijk op grond van de samenstellende delen laat voorspellen en adaptief omdat ze in reactie op de omstandigheden een andere gedaante kunnen aannemen. Zoals elk organisme dat is, ben ook jij een complex adaptief systeem, zoals ook het World Wide Web dat is, en hersenen dat zijn, en termietenkolonies, bijenzwermen, steden en financiële markten, om slechts enkele voorbeelden te noemen. In complexe adaptieve systemen kunnen kleine veranderingen voor grote gevolgen zorgen, die je alleen in het systeem als geheel kunt waarnemen. Er is zelden één rechte lijn tussen oorzaak en gevolg. Stimuli die weinig lijken voor te stellen kunnen vaak tot verrassende, grootschalige reacties leiden. Kelderende beurskoersen zijn een goed voorbeeld van zo'n dynamisch, niet-lineair proces, net als een niesbui en een orgasme.[34]

Hoe kunnen we het beste naar gemeenschappelijke mycorrhizanetwerken kijken? Hebben we te maken met een superorganisme? Een metropool? Een soort levend internet? Een bomencrèche? Bodemsocialisme? Gereguleerde markten van het late kapitalisme, met schimmels die zich verdringen op de bomenbeursvloer? Of misschien hebben we te maken met schimmelfeodalisme, met mycorrhizabazen die uit eigenbelang uiteindelijk beslissen over het leven van hun plantenarbeiders. Elk beeld is problematisch. De vragen die wood wide webs opwerpen gaan veel verder dan waar deze beperkte verzameling metaforen voor staat. En toch kunnen we niet zonder het werktuig van de fantasie. Om te snappen hoe gemeenschappelijke mycorrhizanetwerken zich daadwerkelijk in complexe ecosystemen gedragen – wat ze daadwerkelijk doen, in plaats van wat wij kunnen bedenken wat ze doen – moeten we misschien beginnen met ze te bezien in dezelfde termen die we gebruiken om andere, beter bestudeerde complexe adaptieve systemen te begrijpen.

Simard trekt parallellen tussen gemeenschappelijke mycorrhizanetwerken in bossen en de neurale netwerken van dierenhersenen. Ze denkt dat de neurowetenschap de middelen kan leveren om het complexe gedrag te begrijpen van ecosystemen die door schimmelnetwerken bijeen worden gehouden. Die wetenschap houdt zich langer dan de mycologie bezig met de vraag hoe complex adaptief gedrag ontstaat in dynamische, zichzelf regulerende netwerken. Ze vindt niet dat mycorrhizanetwerken hersenen *zijn*. Er zijn talloze punten waarop ze van elkaar verschillen. Zo bestaan hersenen uit cellen die tot één organisme behoren in plaats van een veelvoud aan verschillende soorten organismen. Hersenen zijn bovendien in anatomisch opzicht begrensd en strekken zich niet zoals schimmelnetwerken over een heel landschap uit. Toch is de analogie verleidelijk. De uitdagingen waar wetenschappers die wood wide webs bestuderen en wetenschappers die hersenen bestuderen voor staan hebben wel iets van elkaar weg, hoewel de neurowetenschap een voorsprong heeft van enkele tientallen jaren en honderden miljarden euro's. 'Neurowetenschappers snijden hersenen in plakjes om neurale netwerken in kaart te brengen,' schertste Barabási. 'Jullie ecologen moeten een bos in stukjes snijden om te zien waar zich precies alle wortels en schimmels bevinden en wat met wat is verbonden.'[35]

Simard zegt dat er enkele leerzame, zij het oppervlakkige overeenkomsten lijken te zijn. Hersennetwerken hebben schaalvrije eigenschappen: er zijn enkele goed verbonden knopen waarlangs informatie in een beperkt aantal stappen van A naar B kan gaan.

Hersenen kunnen zichzelf, net als schimmelnetwerken, opnieuw configureren – of 'adaptief ombouwen' – in reactie op nieuwe situaties. Te weinig gebruikte zenuwbanen kan nieuw leven worden ingeblazen, wat ook geldt voor onderbenutte stukken mycelium. Er vormen zich nieuwe verbindingen tussen neuronen – de synapsen – die zich vervolgens versterken, net als de verbindingen tussen schimmels en boomwortels. Neurotransmitters – chemische stoffen – gaan van synaps tot synaps, waardoor informatie van zenuw tot zenuw gaat. Op dezelfde manier gaan chemische stoffen via 'mycorrhizasynapsen' van schimmel naar plant of andersom, in sommige gevallen geladen met informatie. Sterker nog: van de aminozuren glutamaat en glycine – belangrijke signaalmoleculen in planten en de meest voorkomende neurotransmitters in de hersenen en de ruggengraat van dieren – is bekend dat ze op die plekken tussen schimmels en planten heen en weer gaan.[36]

Maar uiteindelijk is het gedrag van wood wide webs niet eenduidig en gaat de vergelijking met hersenen – net als met het internet en met de politiek – maar gedeeltelijk op. Hoezeer zulke netwerken zichzelf ook reguleren en hoeveel hints – of zijn het signalen? – er ook via schimmels tussen planten heen en weer gaan, wood wide webs overlappen elkaar en de rafels van hun uiterste grenzen, waar ook andere organismen deel van uitmaken, lopen door elkaar heen. Tot die organismen behoren de bacteriën die door het mycelium reizen, maar ook de bladluizen en de parasitaire wespen die met vluchtige chemische stoffen van de bonenplanten naar het feestmaal worden gelokt, en zelfs, als je nog een stap achteruit doet, wij mensen. Of we ons er nu van bewust zijn of niet, onze wisselwerking met mycorrhizanetwerken is even oud als onze wisselwerking met planten.[37]

Kunnen we onszelf van die metaforen bevrijden, verder denken dan onze hersenen en over wood wide webs leren praten zonder op een van onze versleten totems te leunen? 'Ik probeer gewoon naar het systeem te kijken en laat het korstmos voor wat het is.' In discussies over wood wide webs moet ik vaak terugdenken aan die woorden van Toby Spribille, de onderzoeker die telkens weer nieuwe partners in de symbiose van korstmossen ontdekte. Wood wide webs zijn geen korstmossen, hoewel het een welkome afwisseling van de geijkte metaforen zou zijn om ze als gigantische korstmossen te beschouwen. Toch denk ik er vaak over na of we iets van het geduld van Spribille kunnen opsteken. Kunnen we een stap achteruit doen, naar het systeem kijken en de polyfone zwermen van planten, schimmels en bacteriën waaruit onze omgeving en onze wereld bestaan laten voor wat ze zijn: iets totaal anders dan al het andere? En wat doet dat vervolgens met ons?

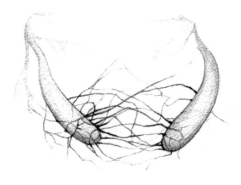

7

RADICALE
MYCOLOGIE

*Om de wereld goed te benutten, om hem niet langer
te verpesten en de tijd die we erop doorbrengen niet
langer te verdoen, moeten we opnieuw leren
hoe we erop moeten leven.*[1]
– URSULA LE GUIN

IK LAG NAAKT OP EEN HOOP ROTTENDE HOUTSNIP-
pers en werd er schep na schep tot aan mijn nek onder bedolven.
Het was warm, en de damp rook naar ceder en muffe oude boeken.
Ik lag achterover in de zware, klamme snippers en sloot mijn ogen.

Ik was in Californië, waar ik het enige fermentatiebad buiten
Japan bezocht. De snippers waren nat gemaakt en op een hoop gegooid. Nadat ze twee weken hadden liggen rotten, waren ze in een
grote houten kuip geschept en voordat ik kwam hadden ze nog een
week liggen rijpen. Nu was het een gloeiend heet bad, opgewarmd
door niet meer dan verzengende ontbindingsenergie.

Ik werd loom van de intense warmte en dacht aan de schimmels
die het hout afbraken. Zolang je niet in een hoop rottend hout
wordt gegaard, sta je er nauwelijks bij stil dat alles wordt verteerd.
We leven en ademen in de ruimte die dankzij ontbinding ontstaat.
Gulzig zoog ik koud water door een rietje naar binnen en ik pro-

beerde het zweet uit mijn ogen te knipperen. Als we het ontbindingsproces zouden stopzetten, zou levenloos materiaal zich kilometers hoog opstapelen. Wij zouden van een crisis spreken, maar vanuit schimmeloogpunt bezien zou het een berg kansen zijn.

Mijn lusteloosheid nam nog verder toe. Zo'n crisis zou zeker niet de eerste keer zijn dat schimmels het er tijdens een drastische omwenteling op aarde goed van afbrachten. Schimmels zijn veteranen in het doorstaan van ecologische verstoringen. Dat ze in tijden van catastrofale veranderingen blijven doorzetten en het ze ook nog eens voor de wind gaat is een van hun kenmerkende eigenschappen. Ze zijn inventief, flexibel en coöperatief. Zijn er, nu een groot deel van het leven op aarde door de dadendrang van de mens wordt bedreigd, manieren waarop we met schimmels kunnen optrekken om ons aan te passen?

Misschien klinkt het als dronkenmanspraat van iemand die tot aan zijn nek begraven ligt in rottende houtsnippers, en toch denkt een steeds groter aantal radicale mycologen er zo over. In tijden van crisis ontstaan er allerlei vormen van symbiose. Een alg in een korstmos overleeft niet op kaal gesteente als hij geen relatie met een schimmel aangaat. Zouden we ons leven op deze gehavende planeet kunnen aanpassen door zelf nieuwe relaties met schimmels aan te gaan?

In het carboon, tweehonderdnegentig tot driehonderdzestig miljoen jaar geleden, verspreidden de eerste hout-producerende planten zich als zompig bos door de tropen, geholpen door hun partners, de mycorrhizaschimmels. De bossen wasten aan en stierven weer af, waardoor er grote hoeveelheden kooldioxide uit de atmosfeer werden opslagen. Tientallen miljoenen jaren lang bleef dat plantaardige materiaal onafgebroken. Stapels dood, onverteerd bos hoopten zich op, waar zoveel koolstof in zat dat het kooldioxidegehalte in de atmosfeer kelderde en de aarde een periode van afkoeling doormaakte. Planten waren verantwoordelijk voor die klimaatcrisis, maar het waren ook de planten die er het zwaarst door werden getroffen. Gigantische stukken tropisch bos verdwenen tijdens het carboon. Hoe was hout een vervuilende stof geworden die een klimaatverandering in gang zette?[2]

Vanuit plantperspectief bezien was hout, en is hout, een slimme bouwkundige oplossing. Doordat het plantaardige leven de pan uitrees, moesten planten steeds meer met elkaar om licht concurreren en groeiden ze steeds hoger om erbij te kunnen. Hoe groter ze werden, des te meer steun ze nodig hadden. Hout was hun oplossing voor dat probleem. Tegenwoordig is het hout van ongeveer drie triljoen bomen – waarvan er jaarlijks ruim vijftien miljard worden gekapt – goed voor zo'n zestig procent van de totale massa van alle levende wezens op aarde, ongeveer driehonderd gigaton koolstof.[3]

Hout is hybride materiaal. Cellulose – dat in elke plantencel zit, houtachtig of niet – is de meest voorkomende polymeer op aarde. Lignine is een ander ingrediënt en het op een na meest voorkomende. Lignine maakt hout tot hout. De stof is sterker en complexer dan cellulose. Terwijl cellulose uit regelmatig gevormde ketens van glucosemoleculen bestaat, is lignine een rommelig patroon van cyclische verbindingen.[4]

Tot op de dag van vandaag heeft slechts een beperkt aantal organismen uitgedokterd hoe je lignine kunt afbreken. De grootste groep zijn de witrotschimmels, zo genoemd omdat ze het hout wit kleuren wanneer ze het afbreken. De meeste enzymen – biologische katalysatoren die door levende organismen worden gebruikt om chemische reacties sneller te laten verlopen – passen op specifieke moleculen. Voor lignine is zo'n aanpak zinloos, want daarvoor is de chemische structuur te onregelmatig. Houtrotschimmels lossen dat probleem op door aspecifieke enzymen te gebruiken, die niet afhankelijk zijn van de bouw van een molecuul. Zulke 'peroxidasen' produceren een stortvloed aan hoog-reactieve moleculen, zogeheten vrije radicalen, die de sterke structuur van lignine kraken. Dat proces staat wel bekend als 'enzymatische verbranding'.

Schimmels kunnen buitengewoon goed verteren, maar een van de indrukwekkendste van hun vele biochemische prestaties is het vermogen van houtrotschimmels om lignine af te breken. Omdat ze vrije radicalen produceren, zijn de peroxidasen in staat tot wat met een technische term wel 'radicale chemie' wordt genoemd. En dat woord 'radicaal' is niet voor niets. De enzymen hebben voor altijd de koolstofcyclus op aarde veranderd. Tegenwoordig is de afbraak van plantaardig materiaal door schimmels – vooral van houtachtig plantmateriaal – een van de grootste bronnen van koolstofuitstoot, goed voor vijfentachtig gigaton koolstof die jaarlijks in de atmosfeer terechtkomt. In 2018 bedroeg de uitstoot van koolstof die vrijkwam doordat mensen fossiele brandstoffen verstookten ongeveer tien gigaton.[5]

Hoe kon het dat hout dat zich tientallen miljoenen jaren lang tijdens het carboon had opgehoopt niet verrotte? Daarover lopen de meningen uiteen. Sommige onderzoekers wijzen op klimaatomstandigheden: het tropisch bos stond in stilstaand water. Wanneer een boom doodging, ging die kopje-onder in zuurstofvrije modder, waar witrotschimmels er niet bij konden. Anderen denken dat witrotschimmels aan het begin van het carboon, toen lignine evolueerde, nog niet in staat waren het af te breken en nog enkele miljoenen jaren nodig hadden om hun rottingsmethode te moderniseren.[6]

Dus wat gebeurde er met die enorme houtstapel die niet werd verteerd? Het was een onvoorstelbare stapel materie van enkele kilometers hoog. Het antwoord: die veranderde in steenkool. De industrialisering werd aangedreven met deze berg onverteerd plantaardig materiaal, die op de een of andere manier buiten het bereik van schimmels was gebleven. (Als ze de kans zouden krijgen, zouden veel schimmelsoorten de steenkool meteen afbreken. De kerosineschimmel voelt zich zeer op zijn gemak in brandstoftanks van vliegtuigen.) Steenkool vormt het dieptepunt in de schimmelgeschiedenis, een recordafwezigheid, een record aan wat schimmels *niet* verteerden. Sindsdien is het maar zeer zelden voorgekomen dat zoveel organisch materiaal aan de aandacht van schimmels ontsnapte.[7]

Ik lag twintig minuten lang tussen witrotschimmels en werd langzaam dankzij hun radicale chemie gegaard. Mijn huid leek op te lossen door de hitte en ik wist niet meer waar mijn lichaam begon en ophield; het was een verwarrende omhelzing, even gelukzalig als ondraaglijk. Geen wonder dat kool zoveel warmte kan geven: hij bestaat uit onverbrand hout. Als we kool stoken, verbranden we materiaal dat schimmels niet enzymatisch hebben kunnen verbranden. We breken iets thermisch af wat schimmels niet chemisch konden afbreken.

Hout ontsnapt zelden aan de aandacht van schimmels, maar het is heel gewoon dat zij ontsnappen aan die van ons. In 2009 noemde mycoloog David Hawksworth de mycologie een 'verwaarloosde megawetenschap'. De biologie van dieren en planten heeft al vele generaties haar eigen faculteiten, maar het onderzoek naar schimmels wordt al heel lang op een hoop gegooid met de plantwetenschappen en zelden als apart onderzoeksgebied erkend, zelfs nu nog.[8]

Verwaarlozing is een relatief begrip. In China zijn schimmels al duizenden jaren een belangrijke voedsel- en geneesmiddelenbron. Tegenwoordig wordt vijfenzeventig procent van alle paddenstoelen ter wereld – bijna veertig miljoen ton – in China gekweekt. Ook in Midden- en Oost-Europa nemen schimmels al lang een belangrijke plaats in de cultuur in. Als dood door paddenstoelenvergiftiging mag doorgaan als maat voor de liefde van een land voor schimmels, vergelijk dan eens de een of twee doden per jaar in de Verenigde Staten met de alleen al tweehonderd doden in Rusland en Oekraïne in 2000.[9]

Toch gaat Hawksworths bewering op voor een groot deel van de wereld. Volgens de eerste editie van *State of the World's Fungi*, die van 2018, is maar van zesenvijftig schimmelsoorten nagegaan of ze thuishoren op de rode lijst van bedreigde soorten, die wordt opgesteld door de International Union for Conservation of Nature (IUCN), vergeleken met meer dan vijfentwintigduizend planten en achtenzestigduizend dieren. Hawksworth stelt verschillende oplossingen voor om die achterstand weg te werken. Een springt eruit: 'Er moeten meer middelen voor "amateurmycologen" komen.' Het spreekt boekdelen dat hij aanhalingstekens gebruikt. Veel onderzoeksdisciplines leunen op een netwerk van toegewijde, talentvolle amateurs, maar de meesten vind je op het terrein van de mycologie. Die hebben vaak geen andere mogelijkheid om onderzoek te doen naar schimmels.[10]

Een wetenschappelijke beweging van burgers klinkt niet erg realistisch, maar staat in een lange traditie. Het 'professionele' wetenschappelijk onderzoek naar alles wat leeft kwam pas in de negentiende eeuw op gang. Veel belangrijke ontwikkelingen in de geschiedenis van de wetenschap zijn aangejaagd door enthousiaste amateurs en vonden plaats buiten specialistische faculteiten. Momenteel is er na een lange periode van specialisatie en professionalisering een wildgroei aan nieuwe manieren om wetenschap te bedrijven. 'Burgerwetenschapsprojecten' zijn evenals zogeheten *hackerspaces* en *makerspaces* sinds de jaren negentig steeds populairder geworden en bieden toegewijde niet-experts de mogelijkheid om onderzoeksprojecten uit te voeren. Hoe moet je hen noemen? Vormen zij 'het publiek'? Zijn het burgerwetenschappers? Lekenexperts? Of gewoon amateurs?[11]

Peter McCoy is hiphopartiest en autodidact op het gebied van de mycologie en oprichter van een organisatie die Radical Mycology heet, die op schimmels gebaseerde oplossingen wil bedenken voor de vele technologische en ecologische problemen waar we mee te maken hebben. In zijn boek *Radical Mycology* – een kruising tussen een schimmelmanifest, een leerboek en een kwekersgids – legt hij uit dat het zijn doel is om een 'mycologische volksbeweging' van de grond te krijgen die vertrouwd is 'met het kweken van schimmels en met mycologische toepassingen'.

Radical Mycology maakt deel uit van een grotere beweging van doe-het-zelf-mycologen, die voortkwam uit de paddoscene van de jaren zeventig, waarvan Terence McKenna en Paul Stamets de voortrekkers waren. De beweging kreeg haar huidige vorm toen ze versmolt met hackerspaces, gecrowdsourcete wetenschappelijke projecten en online forums. Hoewel het zwaartepunt nog steeds aan de westkust van Noord-Amerika ligt, breiden onofficiële mycologische organisaties zich snel uit over andere landen en werelddelen. Het woord 'radicaal' stamt van het Latijnse *radix*, dat 'wortel' betekent. Letterlijk genomen houdt de radicale mycologie zich dus bezig met het mycelium, de *grassroots*.[12]

Voor de liefhebbers van de grassrootsmycologie richtte McCoy een online mycologieschool op, Mycologos. Kennis over schimmels is vaak ontoegankelijk en ingewikkeld. McCoys missie is de relatie tussen mens en schimmel te hervormen door die informatie in hapklare vorm te verspreiden: 'Ik zie teams van Radicale Mycologen Zonder Grenzen voor me die de hele wereld over gaan, hun kennis en vaardigheden delen en nieuwe manieren ontdekken om met schimmels te werken. Als één van hen tien mensen opleidt, leiden tien er honderd op, honderd duizend, en zo verspreidt het mycelium zich.'[13]

In het najaar van 2018 bezocht ik op een boerderij op het platteland van Oregon de tweejaarlijkse bijeenkomst van Radical Mycology. Ik trof er ruim vijfhonderd over het erf krioelende schimmelnerds, paddenstoelenkwekers, kunstenaars, aspirant-liefhebbers en milieu- en maatschappelijke activisten. McCoy, met honkbalpetje, afgetrapte sneakers en een bril met jampotglazen, zette de toon met zijn openingstoespraak, getiteld 'Liberation Mycology.'

Om op een beetje schaal paddenstoelen te kweken, moeten kwekers een goede neus ontwikkelen voor materiaal dat in de smaak valt bij schimmels, met hun enorme eetlust. De meeste paddenstoelen-producerende schimmels doen het goed op afval die de mens achterlaat. Commerciële paddenstoelteelt op afvalbasis is een soort alchemie. Schimmels zetten troep die alleen maar geld kost en in de weg ligt om in een waardevol product. Dat betekent winst voor de afvalproducent, winst voor de kweker en winst voor de schimmels zelf.

Dat veel industrieën inefficiënt te werk gaan is een zegen voor paddenstoelenkwekers. Vooral de landbouw produceert veel afval: palm- en kokosplantages danken vijfennegentig procent van de geproduceerde biomassa af, suikerplantages drieëntachtig. In steden gaat het er al niet veel beter aan toe. In Mexico-Stad maken wegwerpluiers voor vijf tot vijftien procent deel uit van het gewicht van vast afval. Onderzoekers toonden aan dat het alles-etende *Pleurotus*-mycelium – een witrotschimmel waaruit de eetbare oesterzwam ontstaat – groeit op een eetpatroon van weggegooide luiers. In de loop van twee maanden verloren luiers die aan *Pleurotus* werden blootgesteld ongeveer vijfentachtig procent van hun oorspronkelijke massa nadat de plastic beschermlaag was verwijderd, vergeleken met vijf procent in een controlegroep zonder zwam. Bovendien waren de paddenstoelen gezond en droegen ze geen mensenziekten bij zich. Vergelijkbare projecten vinden plaats in India. Door *Pleurotus* te kweken op landbouwafval – door het materiaal enzymatisch te verbranden – wordt er minder biomassa thermisch verbrand en gaat de luchtkwaliteit erop vooruit.[14]

Oesterzwammen, *Pleurotus ostreatus*, die op landbouwafval groeien

Het is niet verwonderlijk dat de rotzooi die mensen maken vanuit schimmelperspectief kansen biedt. Schimmels hebben alle grote uitsterfgolven overleefd, die stuk voor stuk tussen de vijfenzeventig en vijfennegentig procent van alle soorten op aarde wegvaagden. Sommige schimmels ging het zelfs voor de wind in die rampzalige tijden. Na de zogeheten krijt-tertiair-massa-extinctie, waaraan de verdwijning van dinosaurussen en de massale, wereldwijde sterfte van bossen wordt toegeschreven, ontstond er een overvloed aan paddenstoelen doordat er meer dan genoeg hout te verteren viel. Radiotrofe schimmels – die de energie van radioactieve deeltjes benutten – doen het uitstekend in de overblijfselen van Tsjernobyl en zijn slechts de jongste personages in het verhaal over schimmels en de nucleaire aspiraties van de mens. Nadat Hiroshima door een kernbom was verwoest, zou het eerste levende wezen dat uit de puinhopen verrees naar verluidt een matsutakepaddenstoel zijn geweest.[15]

Schimmels vinden heel veel lekker, maar sommige materialen breken ze niet graag af, tenzij het niet anders kan. In een van zijn workshops legde McCoy uit dat hij een *Pleurotus*-mycelium had 'geleerd' een van de meest weggegooide voorwerpen ter wereld te verteren: sigarettenpeuken. Daarvan wordt jaarlijks zevenhonderdvijftigduizend ton afgedankt. Ongebruikte peuken vergaan na verloop van tijd, maar gebruikte peuken zitten vol giftige resten die het proces vertragen. McCoy liet *Pleurotus* aan gebruikte peuken wennen door alternatieve voedselbronnen een voor een uit te sluiten. Na een tijdje gebruikte de zwam ze als voornaamste voedselbron. Op een versneld afgespeeld filmpje is te zien dat het mycelium langzaam omhoogkruipt in een jampotje met gekreukte peuken vol teervlekken. Algauw steekt een stevige oesterzwam fier de kop op.[16]

In feite is eerder sprake van 'herinneren' dan van 'leren'. Een schimmel maakt geen enzymen aan die hij niet nodig heeft. Enzymen, en zelfs complete spijsverteringsopties, kunnen generaties lang ongebruikt in een schimmelgenoom sluimeren. Om de gebruikte peuken te verteren, zal het mycelium van *Pleurotus* zo'n onbenutte optie hebben afgestoft. Of het zal een enzym hebben ingezet dat het gewoonlijk voor iets anders gebruikte en het voor een nieuw doel hebben klaargestoomd. Veel schimmelenzymen, zoals de lignineperoxidasen, zijn aspecifiek. Dat wil zeggen dat één enzym dienst kan doen als een Zwitsers zakmes: de schimmel kan verschillende chemische verbindingen met een verschillende bouw aan. Het blijkt dat veel giftige vervuilende stoffen, waaronder die in sigarettenpeuken, lijken op bijproducten die ontstaan bij de afbraak van lignine. Zo bezien leg je het *Pleurotus*-mycelium een simpel probleem voor door het aan gebruikte peuken bloot te stellen.[17]

Een groot deel van de radicale mycologie steunt op de radicale chemie van witrotschimmels. Maar het valt niet altijd gemakkelijk te voorspellen wat een bepaalde schimmelsoort allemaal kan verteren. McCoy vertelde dat hij had geprobeerd *Pleurotus*-mycelium te laten groeien in petrischaaltjes waar druppeltjes van de onkruidverdelger glyfosaat op lagen. Sommige *Pleurotus*-soorten gingen met een grote boog om de druppeltjes heen. Andere groeiden er dwars doorheen. Sommige waagden zich tot aan de rand en niet verder. 'Het duurde een week voordat die erachter waren hoe ze het spul moesten afbreken,' aldus McCoy. Hij vergeleek de schimmels met een cipier met een bos enzymatische sleutels die bepaalde chemische verbindingen kunnen ontsluiten. Sommige soorten hebben meteen de juiste sleutel te pakken, bij andere ligt die misschien begraven in het genoom, zodat ze ervoor kiezen de nieuwe stof helemaal te vermijden. Weer andere hebben misschien een week nodig om de sleutels aan hun bos door te nemen en er verschillende uit te proberen, net zolang tot ze de juiste te pakken hebben.

McCoy kreeg zoals zoveel doe-het-zelf-mycologen zijn eerste dosis schimmelenthousiasme toegediend door Paul Stamets. Sinds zijn invloedrijke werk op het gebied van psilocybinehoudende paddenstoelen uit de jaren zeventig is Stamets uitgegroeid tot een onwaarschijnlijke kruising tussen een schimmelfanaat met zendingsdrang en een paddenstoelentycoon. Zijn TED-lezing 'Six Ways That Mushrooms Can Save the World' is miljoenen keren bekeken. Hij runt een miljoenenbedrijf, Fungi Perfecti, met een goedlopende handel in alles van antivirale keelsprays tot hondensnoepjes op schimmelbasis ('Mutt-rooms'). Zijn boeken over het determineren en kweken van paddenstoelen – waaronder het gezaghebbende *Psilocybin Mushrooms of the World* – zijn nog steeds toonaangevende naslagwerken voor talloze mycologen, amateur of niet.

Als tiener stotterde Stamets verschrikkelijk. Op een dag nam hij een heldhaftige dosis paddo's, waarna hij boven in een hoge boom klom en daar een onweersbui met bliksems aan zich voorbij liet trekken. Toen hij weer naar beneden kwam stotterde hij niet meer. Stamets was om. Hij studeerde mycologie aan Evergreen State College en wijdt zijn leven sindsdien aan alles wat met schimmels heeft te maken. Net als McCoy verspreidt hij zijn boodschap graag aan een zo breed mogelijk publiek. Op zijn website is een brief te vinden van een Syrische kweker die, geïnspireerd door Stamets, manieren heeft ontwikkeld om oesterzwammen op landbouwafval te kweken. Hij leerde meer dan duizend mensen hoe ze dat thuis in hun kelder konden doen, waarmee een belangrijke voedselbron beschikbaar kwam voor de zes jaar waarin ze het beleg en de bombardementen van Assads regime doorstonden.

Het is niet overdreven om te zeggen dat Stamets meer dan wie ook schimmelgerelateerde onderwerpen buiten de biologiefaculteiten populair heeft gemaakt. Maar zijn relatie met de academische wereld ligt gevoelig. Van zijn sensationele beweringen tot zijn speculatieve theorieën: Stamets gedraagt zich in allerlei opzichten niet zoals het een wetenschapper betaamt. En toch is zijn eigenzinnige aanpak ontegenzeggelijk effectief. Die tegenstelling grenst soms aan het absurde. Stamets omschreef een klacht die hij een keer van een hem bekende hoogleraar kreeg als volgt: 'Paul, je hebt een probleem veroorzaakt. Wij willen gist bestuderen, maar de studenten willen de wereld redden. Wat nu?'[18]

Een van de manieren waarop schimmels de wereld zouden kunnen helpen redden is vervuilde ecosystemen herstellen. *Mycoremediation*, 'mycosanering', zoals het onderzoeksterrein heet, houdt in dat schimmels worden ingezet om het milieu op te ruimen.

We zetten schimmels al duizenden jaren aan het werk om dingen af te breken. De gevarieerde microbenpopulatie in onze darmen herinnert ons aan de momenten in onze evolutiegeschiedenis waarop we zelf nog niet in staat waren iets te verteren en microben aan boord namen. In gevallen waarin dat onmogelijk bleek, besteedden we dat proces uit aan tonnen, potjes, composthopen en industriële fermenteerders, van alcohol, sojasaus en vaccins tot penicilline en het citroenzuur dat in elk koolzuurhoudend drankje zit. Dat soort partnerschappen – waarin verschillende organismen samen een metabolisch 'lied' zingen dat ze zonder elkaar niet hadden kunnen zingen – gehoorzaamt aan een van de oudste evolutionaire geboden. Mycosanering is niet meer dan een speciaal geval.

De vooruitzichten zijn veelbelovend. Schimmels zijn verzot op allerlei vervuilende stoffen, nog afgezien van die giftige sigarettenpeuken en glyfosaat. In zijn boek *Mycelium Running* beschrijft Stamets dat hij samenwerkte met een onderzoeksinstituut in de staat Washington, dat samen met het Amerikaanse ministerie van Defensie naar een manier zocht om een krachtige neurotoxine af te breken. Die stof, dimethylmethylfosfonaat of DMMP, was een van de dodelijke bestanddelen van VX, een gas dat eind jaren tachtig, tijdens de oorlog tussen Iran en Irak, werd geproduceerd en ingezet door het regime van Saddam Hoessein. Stamets stuurde zijn collega's achtentwintig verschillende schimmelsoorten, die aan geleidelijk oplopende concentraties DMMP werden blootgesteld. Na zes maanden hadden twee soorten 'geleerd' de stof als belangrijkste voedselbron tot zich te nemen. De ene was *Trametes*, elfenbankje, de andere *Psilocybe azurescens*, voor zover bekend de krachtigste psilocybine-producerende schimmelsoort, die Stamets enkele jaren eerder had ontdekt en naar zijn zoon Azureus had vernoemd. Het zijn allebei witrotschimmels.[19]

De mycologische vakliteratuur telt honderden van zulke voorbeelden. Schimmels kunnen veelvoorkomende vervuilende stoffen in de bodem en in het water omzetten die levens in gevaar kunnen brengen, zowel van mens, dier als plant. Ze kunnen plaagdierbestrijdingsmiddelen afbreken (zoals chlorofenolen), synthetische kleurstoffen, de explosieve stoffen TNT en RDX, ruwe olie, enkele kunststoffen en een groot aantal verschillende geneesmiddelen voor mens en dier die waterzuiveringsinstallaties niet aankunnen, van antibiotica tot synthetische hormonen.[20]

In principe behoren schimmels tot de best gekwalificeerde organismen die het milieu kunnen helpen herstellen. Mycelium wordt al meer dan een miljard jaar nauwkeurig afgeregeld op één doel: consumeren. Het is vleesgeworden eetlust. Honderden miljoenen jaren vóór de explosie van plantaardig leven tijdens het carboon kwamen schimmels al aan de kost door manieren te bedenken om de rommel op te ruimen die andere organismen hadden achtergelaten. Ze kunnen de afbraak zelfs een impuls geven door op te treden als myceliumsnelweg voor bacteriën, die daarmee op rotte plekken kunnen komen die anders onbereikbaar voor ze zouden zijn. Toch is ontbinding slechts één kant van het verhaal. Zware metalen hopen zich op in schimmelweefsel, die vervolgens veilig kunnen worden verwijderd en verwerkt. Het fijnmazige myceliumnetwerk kan zelfs worden gebruikt om vervuild water te filteren. Door middel van zogeheten mycofiltratie kunnen besmettelijke bacteriën als *E. coli* worden verwijderd en zware metalen als met een spons worden opgezogen. Een Fins bedrijf gebruikt de methode om goud uit elektronisch afval terug te winnen.[21]

Hoe veelbelovend ook, mycosanering is geen snelle oplossing. Dat een bepaalde schimmelsoort zich op een bepaalde manier in een petrischaaltje gedraagt, wil nog niet zeggen dat hij hetzelfde doet zodra hij wordt losgelaten in een overvol, vervuild ecosysteem. Schimmels hebben ook behoeften – bijvoorbeeld zuurstof of aanvullende voedingsstoffen – waar rekening mee moet worden gehouden. Bovendien vindt ontbinding plaats in verschillende stadia, die opeenvolgende schimmels en bacteriën voor hun rekening nemen: de ene neemt het stokje van de andere over. Het is naïef om te denken dat een in het lab afgerichte schimmelsoort in staat zal zijn om effectief zijn weg in een nieuwe omgeving te vinden en die in zijn eentje op te ruimen. De uitdaging waar degenen die gokken op mycosanering voor staan, is dezelfde als die van wijnmakers: onder de verkeerde omstandigheden kost het gist moeite de suiker in een vat druivensap in alcohol om te zetten. Alleen is het wijnvat in dit geval een vervuild ecosysteem en zitten wij erin.[22]

McCoy pleitte voor een radicale aanpak op basis van de empirie van de gewone man. Ik was sceptisch en vond dat mycosanering juist een flinke institutionele oppepper kon gebruiken. Alles goed en wel, die flitsende, zelfbedachte oplossingen, er is toch grootschalig onderzoek nodig? Hoe konden we het onderzoek vooruithelpen als er geen paradepaardjes, flinke subsidies en wetenschappelijke aandacht waren? Ik kon me maar moeilijk voorstellen dat een leger hobbyisten, hoe toegewijd ook, over voldoende middelen beschikte of betrouwbaar genoeg was om vooruitgang te boeken.

Ik begreep al snel dat McCoy zijn aanpak niet wilde doordrukken omdat hij geen respect had voor universitair onderzoek of omdat er daar maar zo weinig van was. Allerlei andere factoren speelden een rol. Ecosystemen zijn complex en die ene oplossing die overal en onder alle omstandigheden werkt bestaat niet. Voor de ontwikkeling van opschaalbare, kant-en-klare protocollen voor mycosanering is een forse investering nodig, die je niet gauw in de wereld van de milieusanering zult vinden. Daar zijn bedrijven actief die voorzichtig zijn omdat ze binnen de wettelijke lijntjes moeten kleuren. Er zijn er maar weinig die geïnteresseerd zijn in experimentele of alternatieve oplossingen. Bovendien bestaat er een bloeiende saneringsindustrie, die vervuilde grond met tonnen tegelijk afgraaft, naar elders overbrengt en verbrandt. Ook al is dat duur en gaat ook dat ten koste van het milieu, die industrie zit er niet op te wachten om overbodig te worden.

Er zit voor radicale mycologen weinig anders op dan het heft in eigen hand te nemen. Vandaar dat sinds het begin van dit millennium enkele projecten zijn opgezet, gedeeltelijk geïnspireerd op het zendingswerk van Stamets, waarin oplossingen op basis van schimmels worden onderzocht. Een van de oudste organisaties, Co-Renewal, doet onderzoek naar het vermogen van schimmels om de giftige bijproducten onschadelijk te maken die Chevron in de Amazone van Ecuador achterliet nadat het bedrijf er olie had gewonnen. Samen met partnerorganisaties doen wetenschappers in verontreinigde gebieden onderzoek naar microbengemeenschappen en plaatselijke 'petrofiele' schimmelsoorten die in de verontreinigde bodem worden aangetroffen. Het is klassieke radicale mycologie: plaatselijke mycologen leren hoe ze plaatselijke schimmelsoorten kunnen gebruiken om plaatselijke problemen op te lossen. Er zijn meer voorbeelden. Een burgerinitiatief in Californië heeft kilometers met stro gevulde buizen vol *Pleurotus*-mycelium neergelegd in de hoop de stroom giftige vloeistof te saneren die ontstond nadat in 2017 huizen door bosbranden in de as waren gelegd. In 2018 werden in een Deense haven drijfarmen met *Pleurotus*-mycelium ingezet om weggelekte olie op te dweilen. De meeste van die projecten zijn nog maar net begonnen, andere zijn al wat langer aan de gang. Niet één heeft het volwassen stadium al bereikt.[23]

Zal mycosanering een hoge vlucht nemen? Het is nog te vroeg om dat te zeggen. Maar nu we staan te piekeren aan de rand van de gifpoel die we zelf hebben veroorzaakt, is duidelijk dat radicale oplossingen op basis van het vermogen van sommige schimmels om hout af te breken enige hoop bieden. Onze favoriete manier om energie aan hout te onttrekken is het te verbranden. Ook dat is een radicale oplossing. En die energie – het fossiele restant van een bomenhausse tijdens het carboon – heeft ons in de problemen gebracht. Zou de radicale chemie van witrotschimmels – een evolutionaire reactie op precies diezelfde hausse – ons kunnen helpen die problemen op te lossen?

Voor McCoy is Radical Mycology meer dan alleen het oplossen van bepaalde problemen op bepaalde plaatsen. Een verspreid burgernetwerk kan de kennis van schimmels niet goed vooruithelpen. Een manier waarop dat wel zou kunnen is veelbelovende schimmelsoorten te zoeken en te isoleren. Uit verontreinigde milieus afkomstige schimmels die worden geïsoleerd, hebben misschien al geleerd hoe ze een bepaalde vervuilende stof kunnen afbreken en zouden ter plekke een probleem kunnen verhelpen én er goed kunnen gedijen. Die aanpak koos een team wetenschappers in Pakistan, die de grond van een plaatselijke vuilnisbelt in Islamabad afspeurden en een nieuwe schimmelsoort ontdekten die polyurethaan kon afbreken.[24]

Schimmelsoorten crowdsourcen klinkt vreemd, maar heeft tot enkele belangrijke ontdekkingen geleid. De productie van penicilline op industriële schaal werd pas mogelijk toen er een productieve variant van de *Penicillium*-zwam werd ontdekt. In 1941 werd die 'fraaie, goudkleurige zwam' op een markt in Illinois op een rottende meloen aangetroffen door Mary Hunt, een laboratoriumassistente, nadat het lab burgers had opgeroepen om zwammen in te sturen. Tot die tijd was het duur om penicilline te maken en was het antibioticum bijna niet te krijgen.[25]

Paddenstoelensoorten zoeken is één ding, ze isoleren en hun werkzaamheid onderzoeken is iets heel anders en een stuk lastiger. Hunt mocht die penicillinezwam dan gevonden hebben, die moest naar het lab worden gebracht om te worden onderzocht. Vooral daarom twijfelde ik aan de aanpak van McCoy. Hoe konden radicale mycologen nieuwe soorten isoleren en kweken zonder dat ze toegang hadden tot goed geoutilleerde faciliteiten? Steriele laboratoriumtafels met een gecontroleerde luchtstroom, zeer zuivere chemische stoffen, kostbare machines die in speciale ruimtes staan te zoemen: dat had je toch allemaal nodig om enige vooruitgang te kunnen boeken?

Omdat ik er meer over wilde weten nam ik deel aan een van de paddenstoelenkweekcursussen die McCoy in de weekends gaf in Brooklyn, in New York. Het was een gemengde groep deelnemers, waar een kunstenaar, docenten, een planoloog, ondernemers en chef-koks deel van uitmaakten. McCoy stond achter een tafel met stapels petrischaaltjes, plastic zakken vol steriel graan en dozen propvol injectiespuiten en scalpels: de standaarduitrusting van de moderne paddenstoelenkweker. Op een brander stond een grote pan water vol geleiachtige judasoren te pruttelen, die we tijdens de theepauze in mokken lepelden. Dit was het groeipuntje van Radical Mycology. Of beter: een van de groeipuntjes.

In de loop van het weekend werd duidelijk dat de wereld van amateurpaddenstoelenkwekers groeit als kool. Een onderling goed verbonden, actief experimenterend netwerk van paddenstoelenliefhebbers voert de groei van kennis over schimmels flink op. Technieken voor het bepalen van de DNA-volgorde zijn voor de meesten nog een stap te ver, maar recente ontwikkelingen maken het mogelijk om projecten op touw te zetten die nog maar tien jaar geleden onmogelijk waren voor amateurs. De meeste zijn eenvoudige maar ingenieuze oplossingen die zijn bedacht door huis-tuin-en-keukenpaddokwekers. Vele zijn verbeteringen en verfijningen van methoden die Terence McKenna en Paul Stamets hebben ontwikkeld en die ze hebben beschreven in hun kwekersgidsen. Hoewel ook gemeenschappelijke laboratoria deel uitmaken van McCoys visioen van een mycologische revolutie, kun je veel doen zonder zulke labs.

De revolutionairste ontdekking werd gedaan in 2009. Oprichter van het paddokwekersforum mycotopia.net, uitsluitend bekend onder zijn schuilnaam 'hippie3', bedacht een methode om schimmels te kweken zonder bang te hoeven zijn voor besmetting. Daardoor werd alles anders. Besmetting is het grootste gevaar voor alle paddenstoelenkwekers. Steriel materiaal is een biologisch vacuüm; zodra het aan lucht wordt blootgesteld, komt het leven aan sjezen. Met de 'injectiepoortmethode' van hippie3 kunnen paddenstoelkwekers dure apparatuur en ingewikkelde procedures omzeilen. Je hebt niet meer nodig dan een injectiespuit en een geprepareerd jampotje. De kennis verspreidde zich snel. Volgens McCoy was het een van de belangrijkste ontwikkelingen uit de geschiedenis van de mycologie – 'labresultaten zonder lab' – die de paddenstoelenteelt voor altijd heeft veranderd. Hij grijnsde en spoot bij wijze van plengoffer een beetje vloeistof uit de spuit in zijn hand. 'Eén spuitje voor hippie3.'

Ik moest lachen om het idee dat mycohackerteams om allerlei problemen heen drentelen, precies zoals het *Pleurotus*-mycelium van McCoy was blijven dralen voor de druppeltjes glyfosaat, experimenterend met verschillende enzymen totdat het een weg naar binnen had gevonden. McCoy leerde radicale mycologen thuis schimmels kweken, zodat ze die konden leren hun voordeel te doen met nog meer gif dat mensen hadden laten liggen. Zelfs met relatief beperkte middelen konden de amateurs snel vooruitgang boeken. Ik zag al voor me dat groepen paddenstoelenfans hun zelfgekweekte schimmels het tegen elkaar lieten opnemen in een race om zo snel mogelijk gevaarlijke gifcocktails af te breken, met als jaarlijkse inzet een beloning van een miljoen dollar.[26]

Het valt allemaal nog te bezien. Mycologie, radicaal of niet, staat nog in de kinderschoenen. Mensen kweken en domesticeren al meer dan twaalfduizend jaar planten. Maar schimmels?

De oudste verwijzing naar paddenstoelenteelt is afkomstig uit China en ongeveer tweeduizend jaar oud. Wu San Kwung, die de eer toekomt rond het jaar 1000 te hebben ontdekt hoe je shiitakepaddenstoelen kunt kweken, wordt met een jaarlijkse feestdag herdacht en in het hele land zijn tempels aan hem gewijd. Aan het einde van de negentiende eeuw, in de kalkstenen catacomben die Parijs onder de grond dooraderen, kweekten honderden paddenstoelenkwekers elk jaar ruim duizend ton 'Parijse paddenstoelen', oftewel champignons. Maar veel laboratoriumtechnieken zijn pas zo'n honderd jaar geleden ontwikkeld. Veel van de technieken die McCoy onderwijst, waaronder de injectiepoortmethode van hippie3, zijn nog maar een jaar of tien oud.[27]

Het einde van McCoys cursus was een en al opwinding; de ideeën vlogen in het rond. 'Je kunt op allerlei manieren spelen,' zei hij met een mysterieuze, aanmoedigende grijns. 'We weten gewoon nog heel veel niet.'

Zolang er schimmels bestaan, zorgen ze voor een 'verandering van onderaf'. Mensen verschijnen pas laat in de geschiedenis op het toneel. Honderden miljoenen jaren lang sloten vele soorten organismen een radicaal verbond met schimmels. Sommige van die pacten – zoals dat van planten met mycorrhizaschimmels – zorgden voor beslissende momenten in de geschiedenis van het leven op aarde, met gevolgen die de wereld op zijn kop zetten. Tegenwoordig kweken talloze andere organismen dan mensen schimmels op slimme manieren, met radicale gevolgen. Kunnen we die relaties beschouwen als oeroude voorlopers van de radicale mycologie?[28]

In Afrika levende *Macrotermes*-termieten behoren tot de aansprekendste voorbeelden. Zoals de meeste termieten besteden *Ma-*

crotermes een groot deel van hun tijd aan het foerageren van hout, hoewel ze dat niet kunnen eten. In plaats daarvan exploiteren ze een witrotschimmel – *Termitomyces* – die het voor ze verteert. De termieten kauwen het hout fijn tot een soort smurrie die ze uitbraken in hun schimmeltuin, ook wel de 'schimmelraat', een variant op de honingraat van bijen. De schimmel past radicale chemie toe om het hout af te breken. De termieten eten de compost die het resultaat is. Om de schimmel te huisvesten, bouwen *Macrotermes* heuvels die maar liefst negen meter hoog kunnen worden en waarvan sommige meer dan tweeduizend jaar oud zijn. Gemeenschappen van *Macrotermes*-termieten behoren, net als die van bladsnijdersmieren, tot de meest complexe van alle insecten.[29]

Macrotermes-heuvels zijn gigantische uitwendige ingewanden, een spijsverteringsprothese die de termieten in staat stelt complexe stoffen af te breken die ze zelf niet aan kunnen. Zoals de schimmels die ze cultiveren, schoppen *Macrotermes* het concept van individualiteit in de war. Eén enkele termiet overleeft niet zonder zijn gemeenschap. Een termietengemeenschap overleeft niet zonder culturen van schimmels en andere microben waar ze van eten en die ze te eten geven. Het is een vruchtbare samenwerking: een groot deel van het hout dat in tropisch Afrika wordt afgebroken, passeert de heuvels van *Macrotermes*.[30]

Halen mensen de energie die in lignine opgesloten zit eruit door die fysiek te verbranden, *Macrotermes* helpen een witrotschimmel die *chemisch* te verbranden. De termieten zetten de schimmel in zoals een radicale mycoloog *Pleurotus* inzet om ruwe olie of peuken af te breken. Of zoals niet minder radicale mycologen hun spijsvertering uitbesteden aan schimmels in vaten en potjes om wijn, miso of kaas te fermenteren. Hoe dan ook is wel duidelijk wie dat kunstje als eerste onder de knie had.

Macrotermes cultiveerden schimmels al langer dan twintig miljoen jaar tegen de tijd dat het geslacht *Homo* evolueerde. De techniek die de termieten erop nahouden om *Termitomyces* te cultiveren overtreft dan ook die van de mens. *Termitomyces*-paddenstoelen zijn een delicatesse (ze kunnen een doorsnee krijgen van wel een meter, waarmee ze tot de grootste paddenstoelen ter wereld behoren). Maar ondanks alle moeite die mensen tot nu hebben gedaan, zijn ze er niet in geslaagd de paddenstoel te kweken. Om de schimmel te laten groeien zijn uitgebalanceerde omstandigheden vereist, waar de termieten voor zorgen dankzij een combinatie van hun bacteriële symbionten en het ontwerp van hun heuvels.

De vakkundigheid van de termieten is de mensen die bij ze in de buurt leven niet ontgaan. De radicale chemie van de witrotschimmels – en de verbijsterende kracht ervan – grijpt al heel lang in het leven van mensen in. In de Verenigde Staten verteren termieten jaarlijks naar het schijnt spullen met een waarde van tussen de anderhalf en twintig miljoen dollar. (Zoals Lisa Margonelli in *Underbug* opmerkt, wordt van Noord-Amerikaanse termieten vaak beweerd dat ze 'privé-eigendom' eten, alsof ze er opzettelijk anarchistische of antikapitalistische ideeën op na zouden houden.) In 2011 vraten termieten zich een bank in India binnen en verorberden ze voor tien miljoen roepie aan bankbiljetten, zo'n 225 000 dollar. Een variatie op het thema van radicale-schimmelverbonden, een van Stamets' 'zes manieren waarop schimmels de wereld kunnen redden', is de biologie van bepaalde ziekteverwekkende schimmels zo aan te passen dat ze het afweersysteem van de termieten kunnen omzeilen en de kolonies kunnen uitroeien (het gaat om dezelfde schimmel – de zwam *Metarhizium* – die naar het zich laat aanzien complete malariamuggenpopulaties kan helpen elimineren).[31]

Antropoloog James Fairhead beschrijft dat boeren in grote delen van West-Afrika *Macrotermes*-termieten stimuleren omdat ze de bodem 'wakker schudden'. Mensen eten de aarde uit het binnenste van de termietenheuvels soms of smeren die op wonden, want dat blijkt voordelen te hebben: de aarde fungeert als mineralensupplement, antigif of antibioticum. *Macrotermes* cultiveren antibiotica-producerende bacteriën, *Streptomyces*, in hun heuvels. Mensen gebruiken het verbond tussen *Macrotermes* en hun schimmels zelfs voor radicale politieke doeleinden. Aan het begin van de twintigste eeuw lieten plaatselijke bewoners aan de westkust van Afrika stiekem termieten vrij in een buitenpost van de koloniale Franse legermacht. Voortgestuwd door de eetlust van hun schimmelpartner, verwoestten de termieten de gebouwen en verteerden ze de papieren van de bureaucraten. Het Franse garnizoen verliet de post halsoverkop.[32]

In bepaalde West-Afrikaanse culturen staan termieten in de spirituele hiërarchie boven mensen. In enkele van die culturen worden *Macrotermes* beschouwd als boodschappers tussen mensen en goden. In andere culturen was God alleen met hulp van een termiet in staat het universum te scheppen. In dergelijke mythen breken *Macrotermes* niet alleen maar dingen af, maar zijn ze bouwers op de grootst denkbare schaal.[33]

Macrotermes-termieten

Over de hele wereld slaat het idee aan dat je schimmels niet alleen kunt gebruiken om iets af te breken, maar ook om iets op te bouwen. Een bouwmateriaal dat is gemaakt van de buitenste laag van portobellopaddenstoelen lijkt een veelbelovende vervanger van grafiet in lithiumbatterijen. Het mycelium van bepaalde soorten is een effectief alternatief voor mensenhuid en wordt door chirurgen gebruikt om wonden te genezen. In de Verenigde Staten maakt Ecovative Design bouwmaterialen van mycelium.[34]

Ik bracht een bezoek aan de onderzoeks- en productiefaciliteit van Ecovative op een industrieterrein ten noorden van New York. Toen ik de receptie binnenstapte, werd ik van het ene op het andere moment omringd door myceliumproducten. Er waren plaatmaterialen, bouwblokken, geluidsabsorberende tegels en geperste verpakkingen voor wijnflessen. Alles was lichtgrijs, voelde ruw aan en zag eruit als karton. Naast een lampenkap en een kruk van mycelium stond een doos met witte kubusjes van sponzig myceliumschuim. Er lag een stuk schimmelleer naast. Het was alsof ik in een ver doorgevoerde grap was beland, in het decor van een satirisch tv-programma waarin mensen in de maling werden genomen door ze op de mouw te spelden dat schimmels de wereld konden redden.

Eben Bayer, de jonge directeur van Ecovative, kwam binnen terwijl ik aan een stuk mycelium voelde. 'Dell verpakt zijn servers in dat spul. We leveren elk jaar een half miljoen stuks.' Hij gebaarde naar een kruk. 'Veilig, gezond en duurzaam meubilair.' De zitting was van myceliumleer met stukken myceliumschuim erin. Als je er een bestelt, wordt hij geleverd in een myceliumverpakking. Gaat het bij mycosanering erom de gevolgen van ons handelen ongedaan te maken, bij 'mycofabricage' gaat het om een andere samenstelling van materialen die we graag gebruiken. Het is het yang dat hoort bij het yin van verteren.

Zoals de radicale mycologen die ik in Oregon en Brooklyn had leren kennen, gebruikt Ecovative afvalstromen van de landbouw om zijn schimmels te voeden. Op zaagsel en maisstengels groeit een waardevolle grondstof. Het is de bekende win-win-winsituatie van schimmels: winst voor de afvalproducent, de kweker en de schimmel zelf. Maar in het geval van Ecovative werd er nog meer winst behaald. Een van de ambities die Bayer al heel lang koestert is vervuilende industrieën overbodig maken. Het verpakkingsmateriaal dat Ecovative vervaardigt, is ontworpen om kunststoffen te vervangen. De bouwmaterialen moeten in de plaats komen van bakstenen, beton en spaanplaat. Het leerachtige textiel is een alternatief voor echt leer. Op materiaal dat anders zou worden afgedankt, groeien binnen een week tientallen vierkante meters myceliumleer. Als myceliumproducten niet meer worden gebruikt, kunnen ze worden gecomposteerd. De materialen van Ecovative zijn licht, waterbestendig en brandwerend. Ze zijn sterker dan beton wanneer er buigkrachten op worden uitgeoefend en ze verdragen compressie beter dan houten omhulsels. De isolatiewaarde is hoger dan die van piepschuim en je kunt ze in een paar dagen in een onbeperkt aantal vormen laten groeien (onderzoekers in Australië werken aan termietenbestendig bouwmateriaal dat is gemaakt van een combinatie van *Trametes*-mycelium en gemalen glas, een product dat Stamets' termietendodende schimmels overbodig zou maken).[35]

Het potentieel van myceliummateriaal is niet onopgemerkt gebleven. Modeontwerpster Stella McCartney werkt met leer op schimmelbasis dat volgens de methode van Ecovative is gekweekt. Ecovative werkt nauw samen met Ikea, maar waaraan precies blijft een goed bewaard geheim. Onderzoekers van NASA hebben belangstelling voor 'mycotectuur' vanwege de mogelijkheid om er op de maan mee te bouwen. Ecovative heeft onlangs een contract van tien miljoen dollar voor onderzoek en ontwikkeling gekregen van DARPA, het Defense Advanced Research Projects Agency, een onderdeel van het Amerikaanse leger. DARPA is geïnteresseerd in het laten groeien van myceliumbarakken die zichzelf na een beschadiging kunnen repareren en vanzelf worden afgebroken zodra hun taak erop zit. Die mogelijkheid maakte geen deel uit van Bayers visioen, maar het gaat om technieken die eenvoudig zijn aan te passen. 'We kunnen ze gebruiken om tijdelijke onderkomens in rampgebieden te kweken,' legde hij uit. 'Met mycelium kun je in korte tijd heel veel huizen voor heel veel mensen neerzetten, tegen heel lage kosten.'[36]

Het basisidee is simpel. Men laat mycelium groeien, als een strak geweven stof. Het levende mycelium wordt vervolgens gedroogd, waardoor het doodgaat. Hoe het eindproduct eruitziet, hangt af van de vorm waarin men het mycelium heeft laten groeien. De bouwstenen en het verpakkingsmateriaal ontstaan doordat mycelium groeit in een pap van vochtig zaagsel in een mal. Het flexibele materiaal bestaat uit zuiver mycelium. Looi het en je krijgt leer. Droog het en je krijgt schuim dat je voor van alles en nog wat kunt gebruiken, van binnenzolen voor sportschoenen tot drijvers. McCoy en Stamets probeerden schimmels te verleiden tot nieuw metabolisch gedrag, Bayer verleidt ze ertoe in nieuwe vormen te groeien. Je kunt erop vertrouwen dat mycelium zich altijd voegt naar zijn omgeving, of het nu een plasje neurotoxinen is of een mal in de vorm van een lampenkap.[37]

Bayer en ik duwden twee klapdeuren open en betraden een bedrijfshal die groot genoeg was om er een vliegtuig in te bouwen. Houtsnippers en andere ruwe materialen gleden vanuit vultrechters mengtrommels in, in verhoudingen die digitaal werden geregeld met een batterij computerschermen. Zeven meter lange Archimedes-schroeven leidden met een snelheid van een halve ton per uur zaagselstromen door koelingen en warmtekamers.

Torenhoge stapels plastic mallen werden heen en weer gereden tussen kweekruimtes en tien meter hoge droogrekken. In de ruimtes heersten digitaal geregelde microklimaten: lichtsterkte, vochtigheidsgraad, zuurstofgehalte en temperatuur werden telkens aangepast volgens uitgekiende cycli. Het was het industriele, menselijke equivalent van een *Macrotermes*-termietenheuvel. Net zoals de kweekfabriek van Ecovative zijn de *Macrotermes*-heuvels nauwkeurig beheerste microklimaten die voorzien in de behoeften van de schimmel. Door secties af te sluiten – of juist te openen – die deel uitmaken van een stelsel van gangen en schoorstenen, kunnen de termieten de temperatuur, de vochtigheid en zuurstof- en kooldioxideniveaus regelen. Midden in de Sahara zorgen ze voor de koele, vochtige omstandigheden waarin de schimmel goed kan gedijen.

De schimmels die Ecovative kweekt, zijn dezelfde witrotschimmels als in de *Macrotermes*-heuvels. De meeste producten worden gemaakt van *Ganoderma*-mycelium, de soort waar de gesteelde lakzwam uit groeit. Andere zijn gemaakt van *Pleurotus* en weer andere van *Trametes* oftewel gewoon elfenbankje. *Pleurotus* was de soort die McCoy gebruikte om glyfosaat en sigarettenpeuken af te breken, *Trametes* de soort die de medewerkers van Stamets gebruikten om het giftige bestanddeel van vx-gas te verteren. Zoals verschillende soorten variëren in de bereidheid om zenuwgassen of glyfosaat af te breken, zo variëren ook de groeisnelheid en het soort materiaal waarvoor hun mycelium geschikt is.[38]

Ecovative heeft een patent op zijn productieproces en kweekt jaarlijks meer dan vierhonderd ton aan meubilair en verpakkingen, maar het businessmodel schrijft niet voor dat het de grootste producent van myceliummateriaal moet worden. In eenendertig landen hebben personen of organisaties een licentie om de zelfkweekpakketten van Ecovative te gebruiken. Ze maken van alles, van meubels tot surfplanken. Vooral verlichting is populair (onlangs werd de lamp 'MushLume' gelanceerd). Een ontwerper in Nederland maakt sloffen van mycelium. De Amerikaanse National Oceanic and Atmospheric Administration verving het kunststofschuim in de drijvende ringen rond zijn tsunamiwaarschuwingssysteem door een alternatief van mycelium.[39]

Een van de ambitieuzere plannen om in de toekomst met mycelium te bouwen is Fungal Architectures, oftewel FUNGAR. FUNGAR is een internationaal consortium van wetenschappers en ontwerpers die een gebouw willen maken dat volledig uit schimmels is opgetrokken door myceliumcomposieten te combineren met 'computerprintplaten' op schimmelbasis die automatisch reageren op licht, temperatuur en vervuiling. Een van de voortrekkers is Andrew Adamatzky, van het Unconventional Computing Laboratory. Hij is degene die voorstelde om myceliumnetwerken informatie te laten verwerken door gebruik te maken van de elektrische signalen die door de hyfen gaan. Myceliumnetwerken wekken alleen elektrische signalen op wanneer ze leven, een probleem dat Adamatzky hoopt op te lossen door mycelium zover te krijgen deeltjes te absorberen die elektriciteit geleiden. Wanneer de myceliumnetwerken eenmaal dood en geconserveerd zijn, zijn het elektrische circuits die bestaan uit draden, transistoren en condensatoren van mycelium, 'een computernetwerk tot in elke kubieke millimeter van het gebouw'.[40]

Wanneer je in de productiefaciliteit van Ecovative rondloopt, ontkom je niet aan de indruk dat een handjevol witrotschimmelsoorten zijn voordeel doet met deze situatie. Natuurlijk, ze worden gedood voordat ze tot materiaal worden verwerkt, maar pas nadat hun honger is gestild en ze zich voor een tweede keer ongans hebben mogen eten aan honderden kilo's vers gepasteuriseerd zaagsel. Zoals McCoy en de radicale mycologen letterlijk en figuurlijk hun sporen over de wereld verspreiden, zo verspreidt Ecovative bepaalde schimmelsoorten over de wereld. De schimmels zijn tegelijkertijd een 'technologie' en partners van de mens in een nieuw soort relatie.

Het is nog te vroeg om te zeggen waar het heen gaat met de bondgenootschappen die Ecovative smeedt. *Macrotermes*-termieten die voor het probleem kwamen te staan om energie uit plantaardig materiaal te halen, cultiveren al dertig miljoen jaar grote hoeveelheden witrotschimmels in productiefaciliteiten die ze daar speciaal voor hebben gebouwd. *Macrotermes* en *Termitomyces* trekken al zo lang met elkaar op dat de een het niet zonder de ander redt. Of mycofabricage uiteindelijk wel of niet zal leiden tot een wederzijds afhankelijke vorm van symbiose tussen mens en schimmel valt nog te bezien, maar nu is al duidelijk dat een wereldwijde crisis schimmels opnieuw allerlei kansen biedt. Weer worden door de mensen veroorzaakte afvalstromen bezien als iets wat de eetlust van schimmels stilt. Sommige trends verspreiden zich als een virus: ze gaan *viral*. Ik begon erover na te denken wat het betekende om je te verspreiden als een schimmel, om *fungal* te gaan.

Als er iemand is die daar alles van afweet, dan is het Paul Stamets. Ik vraag me vaak af of hij soms is besmet met een schimmel die hem met heilig mycologisch vuur bezielt en met de onbedwingbare neiging mensen ervan te overtuigen dat schimmels graag op nieuwe en vreemde manieren relaties met ons aangaan. Ik zocht hem thuis op, aan de westkust van Canada. Zijn huis balanceert op een granieten rots en kijkt uit over zee. Het dak rust op balken die eruitzien als de lamellen van een paddenstoel. Stamets, die al vanaf zijn twaalfde fan is van *Star Trek*, noemde zijn nieuwe huis Starship Agarikon. Agarikon is een andere naam voor *Laricifomes officinalis*, oftewel de apotheker- of purgeerzwam, een medicinale houtrotschimmel die voorkomt in de bossen van de noordwestkust van Amerika.

Ik ken Stamets al sinds mijn tienerjaren en hij heeft mijn eigen belangstelling voor schimmels enorm aangewakkerd. Elke keer wanneer ik hem zie, krijg ik een lading interessante schimmelnieuwtjes over me uitgestort. Binnen een paar minuten neemt het tempo waarin hij mycologisch jargon spuit razendsnel toe en springt hij sneller van het ene nieuwtje naar het andere over dan hij kan praten, als één onophoudelijke waterval van schimmelenthousiasme. In zijn wereld barst het van de schimmeloplossingen. Geef hem een onoplosbaar probleem en hij werpt je een nieuwe manier toe waarop je het met een schimmel kunt afbreken, vergiftigen of genezen. Meestal draagt hij een hoed van amadou, viltachtig materiaal dat is gemaakt van echte tonderzwammen, *Fomes fomentarius*, ook een witrotschimmel. De associaties zijn treffend. Amadou wordt al meer dan duizend jaar gebruikt om vuur mee te maken; Ötzi de ijsmummie, die langer dan vijfduizend jaar in gletsjerijs werd geconserveerd, had het spul bij zich.

Links: Kika de truffelhond, een
Lagotto Romagnolo. Foto van de auteur
Boven: Witte truffels (*Tuber magnatum*).
Foto van de auteur

Illustratie uit circa 1890 met als bijschrift: 'De truffeljacht: afgerichte varkens
graven de waardevolle lekkernij op'. De varkens dragen een muilkorf om te voorkomen dat ze de opgegraven truffels opeten.
Samantha Vuignier/Corbis, via Getty Images

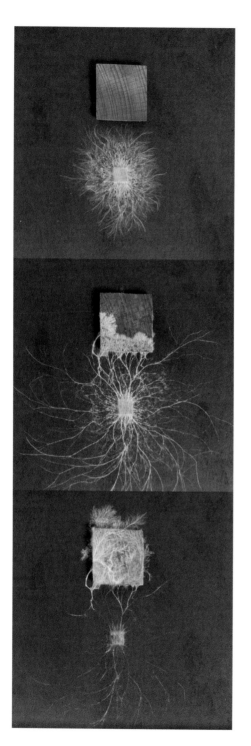

Foerageergedrag van de houtrotschimmel *Phanerochaete
velutina*. De drie foto's laten
de groei van een en dezelfde
schimmel zien in een periode
van achtenveertig dagen. Het
mycelium verspreidt zich in
de 'verkenningsmodus' eerst
in alle richtingen. Wanneer de
schimmel iets eetbaars ontdekt,
versterkt hij de hyfen die in
contact staan met het voedsel en
trekt hij de andere hyfen terug.
Foto Yu Fukawasa

Mycelium (van een houtrotschimmel) dat hout aftast en verteert.

Foto's Alison Pouliot

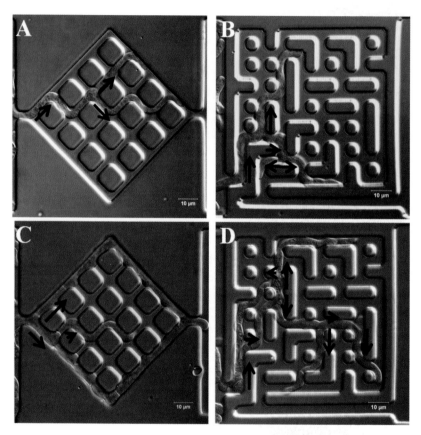

De broodschimmel *Neurospora crassa* vindt zijn weg in een microscopisch kleine doolhof. De zwarte pijltjes geven de groeirichting aan bij de ingang van de doolhof en op punten waar de schimmel zich vertakt.

Foto's uit Held, et al. (2010)

Bioluminescente paddenstoelen,
Omphalotus nidiformis.
Foto Alison Pouliot

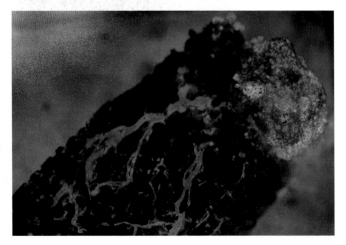

Bioluminescent mycelium van de scherpe schelpzwam, *Panellus stipticus*, op houtsnippers. Voor de dieptemeter van de eerste onderzeeër, de tijdens de Amerikaanse
Onafhankelijkheidsoorlog ontwikkelde Turtle, werden bioluminescente paddenstoelen gebruikt. Engelse mijnwerkers uit de negentiende eeuw maakten melding
van schimmels op steunbalken die zo fel schenen dat ze hun handen konden zien.
Foto Patrick Hickey

De korstmossen van Ernst Haeckel, gepubliceerd in *Kunstformen der Natur* (1904).

Illustratie door Beatrix Potter van een korstmos uit het geslacht *Cladonia*.

Door de 'zombieschimmel' *Ophiocordyceps lloydii* geïnfecteerde reuzenmier. Twee vruchtlichamen van de schimmel ontspruiten aan het insect. Exemplaar afkomstig uit de Braziliaanse Amazone. Foto João Araújo

Door *Ophiocordyceps camponoti-nidulantis* geïnfecteerde reuzenmier. De schimmel is zichtbaar als een soort wit dons, de steel van het vruchtlichaam groeit uit de kop van de mier. Exemplaar afkomstig uit de Braziliaanse Amazone. Foto João Araújo

Door *Ophiocordyceps camponoti-atricipis* geïnfecteerde reuzenmier. Het vruchtlichaam ontspruit aan de kop van de mier. Exemplaar afkomstig uit de Braziliaanse Amazone. Foto João Araújo

Door *Ophiocordyceps unilateralis* geïnfecteerde reuzenmier. De witte 'stekels' zijn van een andere schimmel, een zogeheten mycoparasiet die de *Ophiocordyceps* infecteert die in de mieren leven. Exemplaar afkomstig uit Japan. Foto João Araújo

Ophiocordyceps-schimmel die groeit rond de spiervezels van een mier. Het witte staafje linksonder is 2 micrometer lang. Foto Colleen Mangold

Verzameling stenen paddenstoelenbeelden uit Guatemala, gefotografeerd aan het begin van de jaren zeventig. Men denkt dat er ongeveer tweehonderd van deze beelden zijn overgeleverd. Ze doen vermoeden dat de ceremoniële consumptie van psilocybine-producerende paddenstoelen op z'n minst teruggaat tot het tweede millennium v.Chr.

Foto Grant Kolivoda, met dank aan Charlotte Schaarf

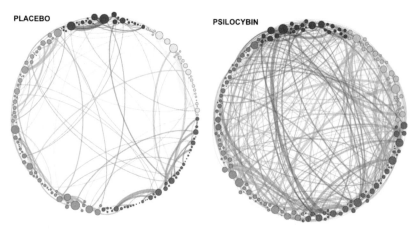

Verbindingen tussen netwerken van hersenactiviteit tijdens het normale wakende bewustzijn (links) en na een injectie met psilocybine (rechts). De verschillende netwerken zijn als gekleurde cirkels weergegeven aan de rand van beide illustraties. Na een injectie met psilocybine ontstaan allerlei nieuwe neurale verbindingen. Die verklaren waarschijnlijk waarom psilocybine iemands geestestoestand kan veranderen.

Illustraties uit Petri, et al. (2014)

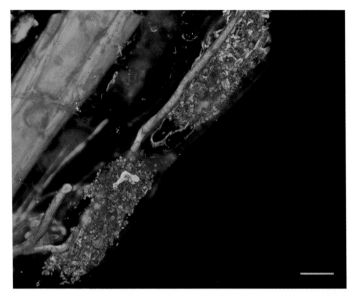

Mycorrhizaschimmel in een plantenwortel. De schimmel is weergegeven in rood, de plant in blauw. Het fijn vertakte weefsel in de plantencellen heet 'arbuscula' ('boompjes'). Daar vindt de uitwisseling van stoffen tussen plant en schimmel plaats. Het witte staafje rechtsonder is 20 micrometer lang. Foto van de auteur

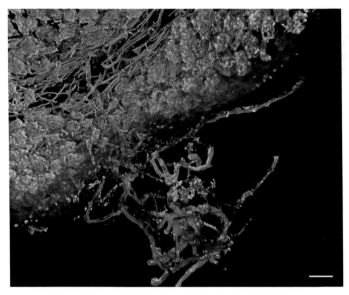

Mycorrhizaschimmel in een plantenwortel. Ook hier is de schimmel weergegeven in rood. De rand van de plantenwortel is blauw. Binnen in de wortel krioelt het van de hyfen. Het witte staafje rechtsonder is 50 micrometer lang. Foto van de auteur

De mycoheterotroof *Voyria tenella* in een regenwoud in Panama. Mycoheterotrofen – de 'hackers van het wood wide web' – zijn hun vermogen tot fotosynthese kwijtgeraakt en halen hun voedingsstoffen uit netwerken van mycorrhizaschimmels in de bodem.

Foto Christian Ziegler

De mycoheterotroof *Monotropa uniflora* in het Adirondack Park in New York.
Foto Dennis Kalma

De mycoheterotroof *Sarcodes sanguinea*, door de Amerikaanse naturalist John Muir 'gloeiende vuurzuil' genoemd, in het El Dorado National Forest in Californië.
Foto Timothy Boomer

De mycoheterotroof *Allotropa virgata*, het 'snoepstokje', in Salt Point State Park in Californië.
Foto Timothy Boomer

Intiemer dan intiem. In de wortels van de mycoheterotroof *Voyria tenella* wemelt het van mycorrhizaschimmels. In A zijn de schimmels te zien als een lichte ring rond de rand van de wortel. In B zijn de schimmels in rood weergegeven en is het plantaardige materiaal niet zichtbaar. Het witte staafje linksonder is 1 millimeter lang.
Foto uit Sheldrake, et al. (2017)

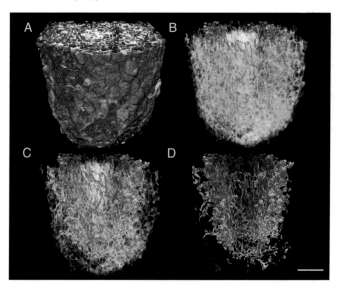

Mycorrhizaschimmels in een wortel van de mycoheterotroof *Voyria tenella*. De schimmel is in rood weergegeven, de plantenwortel in grijs. A tot en met D laten hetzelfde stukje wortel zien; het plantenweefsel wordt telkens iets doorzichtiger. Het witte staafje rechtsonder is 100 micrometer lang. Foto uit Sheldrake, et al. (2017)

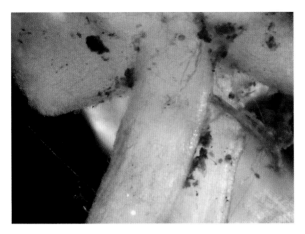

De wortels van de mycoheterotroof *Voyria tenella* kunnen niet goed water en mineralen uit de bodem opnemen en zijn zo geëvolueerd dat ze schimmels voor die taak 'ontginnen'. Merk de hyfen op die van de wortels vandaan lopen. Bodemfragmentjes blijven kleven in het plakkerige myceliumweb. Dit is een zeldzaam inkijkje in schimmels die plantenwortels met de omgeving verbinden. Foto van de auteur

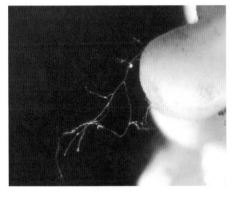

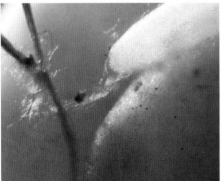

Mycelium van mycorrhizaschimmels op de wortels van de mycoheterotroof *Voyria tenella*.

Foto van de auteur

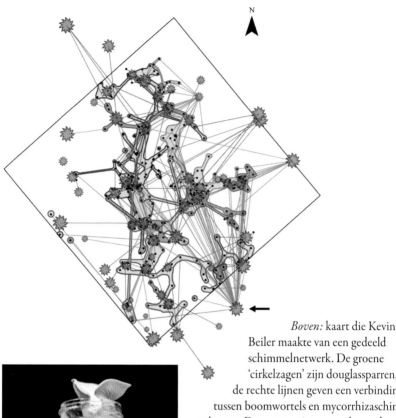

N

Boven: kaart die Kevin Beiler maakte van een gedeeld schimmelnetwerk. De groene 'cirkelzagen' zijn douglassparren, de rechte lijnen geven een verbinding tussen boomwortels en mycorrhizaschimmels weer. De zwarte stippen markeren de punten waar Beiler monsters nam. Genetisch identieke schimmelnetwerken zijn in verschillende kleuren weergegeven. Netwerken van de mycorrhizaschimmel *Rhizopogon vesiculosus* zijn lichtblauw, die van de schimmel *Rhizopogon vinicolor* roze. Het zwarte kader staat voor een vierkant van 30 bij 30 meter. De pijl rechtsonder wijst naar de boom met de meeste verbindingen: die bleek te zijn verbonden met zevenenveertig andere bomen. Illustratie uit Beiler, et al. (2009)

Links: het experiment dat Peter McCoy deed met *Pleurotus*: oesterzwammen. De zwammen groeien louter en alleen op sigarettenpeuken. Een sigarettenfilter is als een soort veeg zichtbaar aan de binnenkant van de glazen pot. Foto Peter McCoy

Als hulpmiddel voor (thermische) verbranding is het een van de oudste voorbeelden van door de mens gebruikte radicale mycologie die we kennen.

Niet lang voor mijn komst was Stamets benaderd door het creatieve team achter de tv-serie *Star Trek: Discovery*, dat meer over zijn werk wilde weten. Hij had toegezegd iets te vertellen over de manieren waarop schimmels gebruikt kunnen worden om de wereld te redden. En ja hoor, toen de serie het jaar daarna op tv te zien was, bleek die te zijn doorspekt met mycologische thema's. Er werd een nieuw personage geïntroduceerd, een briljante astromycoloog genaamd luitenant Paul Stamets, die schimmels gebruikt om machtige technieken te ontwikkelen waarmee de mensheid kan worden gered in de strijd tegen een reeks dodelijke bedreigingen. Het team van *Star Trek* permitteerde zich veel vrijheden, al was dat niet echt nodig. Door gebruik te maken van intergalactische myceliumnetwerken – 'een oneindig aantal wegen die overal naartoe leiden' – bedenken Stamets (de fictieve Stamets) en zijn team een manier om 'in het mycelische vlak' sneller te kunnen reizen dan het licht. Na zijn eerste mycelische onderdompeling komt Stamets, versuft en een ander mens geworden, weer bij kennis. 'Al mijn hele leven probeer ik de essentie van mycelium te doorgronden. En nu is het me gelukt. Ik heb het netwerk gezien, een compleet universum vol mogelijkheden waarvan ik niet had durven dromen dat ze bestonden.'

Een van de problemen waar (de echte) Stamets aandacht voor hoopt te krijgen door met het team van *Star Trek* samen te werken is de verwaarloosde toestand van de mycologie. De kunst imiteert het leven en het leven imiteert de kunst. Fictieve astromycologische helden zouden kunnen beslissen over de reële toekomst van de kennis over schimmels door een nieuwe generatie jongeren te inspireren en enthousiast te maken voor schimmels. Voor Stamets (de echte Stamets) zou een opleving van de belangstelling voor schimmels de motor kunnen zijn voor de ontwikkeling van mycologische technologie die 'de bedreigde planeet zou kunnen redden'.

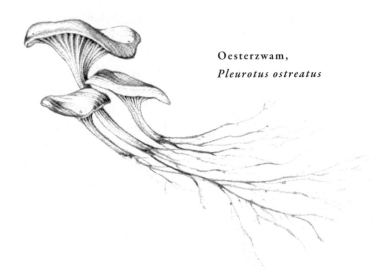

Oesterzwam,
Pleurotus ostreatus

Toen ik in Starship Agarikon aankwam, zat Stamets op de brug te pielen met een weckfles en een blauw plastic schoteltje. Het was het prototype voor een bijenvoederplaats die hij had bedacht. Uit de fles druppelde suikerwater met schimmelextract op het schoteltje, en bijen moesten door een sluisje kruipen om erbij te kunnen. Het was zijn nieuwste project, een zevende manier waarop paddenstoelen de wereld konden helpen redden. Zelfs naar de maatstaven van Stamets was het iets groots. Zijn laatste artikel, dat hij had geschreven met entomologen van het bijenlaboratorium van de Washington State University, was geaccepteerd door het prestigieuze wetenschappelijke tijdschrift *Nature Scientific Reports*. Samen met het team had hij aangetoond dat het extract van bepaalde witrotschimmels kon worden gebruikt om bijensterfte terug te dringen.[41]

Ongeveer een derde van de wereldwijde landbouwproductie is afhankelijk van bestuiving, vooral door honingbijen. De sterke teruggang van bijenpopulaties is een van de vele problemen die de mensheid bedreigen. Verschillende oorzaken zijn verantwoordelijk voor de sterfte. Het wijdverbreide gebruik van insectenbestrijdingsmiddelen is er een van. De verdwijning van leefomgevingen is een andere. Het geniepigste probleem is echter de varroamijt, met de toepasselijke wetenschappelijke naam *Varroa destructor*. Varroamijten zijn parasieten die vloeistof uit bijen zuigen en allerlei dodelijke ziekten bij zich dragen.[42]

Houtrotschimmels zijn een rijke bron van antivirale chemische verbindingen, waarvan er vele al heel lang als geneesmiddel worden gebruikt, vooral in China. Na de aanslagen van 11 september 2001 werkte Stamets samen met het Amerikaanse National Institute of Health en het Amerikaanse ministerie van Defensie aan Project BioShield, dat ten doel had chemische stoffen in kaart te brengen die konden worden ingezet tegen de verspreiding van virussen door bioterroristen. Van de duizenden stoffen die werden getest, waren enkele van Stamets' extracten van houtrotschimmels het effectiefst tegen bepaalde dodelijke virussen, waaronder pokken, herpes en de griep. Hij had die extracten jaren eerder al voor menselijke consumptie gemaakt; vooral dankzij die producten kon Fungi Perfecti tot een miljoenenbedrijf uitgroeien. Maar het idee om er bijen mee te behandelen was nieuw.[43]

De extracten hadden een overduidelijke uitwerking op de virusinfecties van bijen. Toevoeging van één procent amadou-extract (van *Fomes*) of extract van gesteelde lakzwam (van *Ganoderma*, de soort die Ecovative gebruikt om bouwmaterialen te maken) aan suikerwater verminderde het aantal gevallen van het zogeheten Deformed Wing Virus met een factor tachtig. Toevoeging van *Fomes*-extract verminderde het aantal gevallen van het Lake Sinai-virus bijna met een factor negentig, en die van *Ganoderma*-extract zelfs met een factor vijfenveertigduizend. Steve Sheppard, hoogleraar entomologie aan de Washington State University en een van degenen die met Stamets samenwerkten aan het onderzoek, zegt dat hij geen andere stof kent die het leven van bijen zo kan verlengen.[44]

Stamets vertelde me hoe hij op het idee was gekomen. Hij was aan het mijmeren. Ineens kwamen verschillende ideeën 'als in een bliksemflits' bij elkaar. Als schimmelextracten antivirale eigenschappen hadden, dan zouden ze misschien de zogeheten viruslast van bijen kunnen verminderen. En inderdaad herinnerde hij zich dat hij eind jaren tachtig had gezien dat bijen uit zijn eigen bijenkast op een hoop rottende houtsnippers waren afgekomen en de snippers opzij hadden geduwd om bij het mycelium eronder te komen. 'Mijn god,' – Stamets schrok wakker uit zijn overpeinzingen – 'ik denk dat ik weet hoe ik de bijen kan redden!' Het was een belangrijk moment, zelfs voor iemand die er al tientallen jaren van droomt hardnekkige problemen met behulp van schimmels op te lossen.

Het is wel duidelijk waarom *Star Trek* Stamets als voorbeeld koos. Zijn manier van praten lijkt rechtstreeks afkomstig uit een Amerikaanse kaskraker. In veel van zijn verhalen zijn schimmels de helden, klaar om de wereld voor bijna elk onheil te behoeden. *Virusstormen van een ongekende omvang bedreigen de wereldwijde voedselvoorziening. Onmisbare bestuivers zuchten onder parasieten die virussen bij zich dragen, die op het punt staan overal ter wereld hongersnood te veroorzaken. De toekomst van de wereld staat op het spel. Maar wacht! Is dat...? Ja, opnieuw zijn de schimmels de redders in nood, met hulp van Stamets, hun partner in mensengedaante.*

Zullen de antivirale stoffen die door houtrotschimmels worden aangemaakt de bijen echt kunnen redden? Stamets' resultaten zijn veelbelovend, maar het is nog te vroeg om te zeggen of de extracten er op de lange termijn toe zullen leiden dat er minder bijenkolonies sterven. Virussen zijn slechts één van de vele problemen waar bijen mee kampen. Of de antivirale stoffen op schimmelbasis het even goed doen in andere landen en in andere situaties is onbekend. Belangrijker is dat de oplossing van Stamets om bijenpopulaties van de ondergang te redden breed moet worden doorgevoerd, iets wat hij hoopt te bereiken door miljoenen burgerwetenschappers in te zetten.

Ik ging naar Olympic Peninsula in de staat Washington om een kijkje te nemen in de fabriek van Stamets. Het hoofdkwartier is een groep hallen ter grootte van een hangar, omgeven door bos en kilometers ver van de bewoonde wereld. Daar kweekte Stamets de schimmels en produceerde hij de extracten die voor het onderzoek waren gebruikt. Daar werd de productie opgeschaald om een product voor algemeen gebruik op de markt te brengen. Binnen enkele maanden nadat het onderzoek was gepubliceerd, kreeg hij tienduizenden aanvragen voor zijn bijenvoederplaats, de 'BeeMushroomed Feeder'. Omdat hij niet aan de vraag kon voldoen, wil hij het voor een 3D-printer geschikt gemaakte ontwerp gratis toegankelijk maken via internet, in de hoop dat anderen het gaan produceren.

Ik maakte kennis met een van Stamets' bedrijfsleiders, die me een rondleiding zou geven. Er werd een strenge dresscode gehanteerd: geen schoenen, een laboratoriumjas en een haarnetje. Ook netjes voor baarden werden verstrekt. We trokken de uitrusting aan en liepen door een luchtsluis die speciaal was ontworpen om besmettelijke stoffen buiten te houden.

We betraden de kweekruimtes, waar het klam en warm was. Er hing een zware, weeë geur. Er waren hele stellages vol doorzichtige plastic zakken barstensvol mycelium met de wonderlijkste uitsteeksels, van houtachtige gesteelde lakzwammen met glanzende kastanjebruine kopjes tot pruikzwammen die als teer, roomkleurig koraal uit de zakken omlaag leken te vloeien. In de kweekruimte voor de gesteelde lakzwammen zweefden zoveel sporen in de lucht dat ik de iets bittere, nattige smaak proefde. Na een paar minuten zagen mijn handen door het bruine stof eruit als een cappuccino.

Opnieuw deden mensen alle mogelijke moeite om tonnen voedsel om te zetten in schimmelnetwerken. Opnieuw veranderde een mondiale crisis in kansen voor schimmels. Zoals het *Pleurotus*-mycelium aan de rand van een druppel giftig afval leek te aarzelen om een oplossing te bedenken, zo draaien ook radicaal mycologische oplossingen eerder om herinneren dan om uitvinden. Ergens in het *Pleurotus*-genoom bevindt zich waarschijnlijk een enzym dat de klus kan klaren. Misschien heeft het dat al eens eerder gedaan. En misschien ook niet, maar kan het voor een ander doel worden gebruikt. Of een schimmel kan ergens in de geschiedenis van het leven een eigenschap hebben gehad of een relatie zijn aangegaan die als inspiratie kan dienen voor een nieuwe oude oplossing voor een van onze vele prangende problemen. Ik moest denken aan het verhaal over de bijen. Stamets kreeg zijn eurekamoment toen hij terugdacht aan iets wat hij tientallen jaren eerder had gezien: dat bijen zichzelf met behulp van schimmels genazen. Niet Stamets had dat ontdekt, dat hadden de bijen gedaan, naar we mogen aannemen tijdens een biochemisch akkefietje met virussen in een duistere krocht van hun gezamenlijke geschiedenis. Ergens diep in de geestelijk-spirituele composthoop van zijn dromen had Stamets een oude, radicaal mycologische oplossing omgezet in een nieuwe.

Ik liep de kweekruimten binnen, die barstensvol stellingen van drie meter hoog stonden. Dit was de schimmelraat. Overal stonden duizenden zakken, afgeladen met zachte blokken donzig mycelium. Sommige waren wit, andere tegen het gele aan, sommige bleek-oranje. Wanneer de ventilatoren die de lucht filterden ermee zouden zijn stilgevallen, had ik voor mijn gevoel miljoenen kilometers mycelium door het voedsel hebben kunnen horen knisperen. Nadat het mycelium was geoogst, werd het middel voor de bijen geëxtraheerd in grote vaten alcohol. Zoals dat voor zoveel radicaal mycologische oplossingen geldt, is nog niet duidelijk of deze werkt; het gaat om de eerste stapjes in de richting van overleving op basis van mutualisme, van symbiose in het allerprilste stadium.

8

———

BETEKENIS TOEKENNEN
AAN SCHIMMELS

———

Het doet ertoe welke verhalen verhalen vertellen,
welke concepten concepten bedenken, welke
systemen systemen systematiseren.[1]
– DONNA HARAWAY

DE SCHIMMELS WAARMEE DE MENS HET INTIEMST
omgaat zijn de gisten. Gisten komen voor op onze huid, in onze
longen en in ons spijsverteringskanaal, en ze zitten overal in onze
lichaamsopeningen. Ons lichaam is zo geëvolueerd dat ze die
gistpopulaties reguleren, wat al lang geleden in onze evolutionaire geschiedenis gebeurde. Ook hebben verschillende culturen
uitgekiende manieren ontwikkeld om gistpopulaties buiten het
menselijk lichaam in te zetten: in vaten en potten. Vandaag de dag
behoren gistsoorten tot de meest gebruikte modelorganismen in
de celbiologie en de genetica: ze zijn de eenvoudigste vormen van
eukaryotisch leven, en van veel mensengenen zijn equivalenten te
vinden in gisten. In 1996 werd *Saccharomyces cerevisiae*, de gistsoort
die wordt gebruikt om mee te brouwen en te bakken, het eerste
eukaryotische organisme waarvan de DNA-volgorde werd vastgesteld. Sinds 2010 is meer dan een kwart van de Nobelprijzen voor de

Geneeskunde toegekend aan wetenschappers die zich bezighielden met gisten. Toch werd pas in de negentiende eeuw ontdekt dat gisten microscopisch kleine organismen zijn.[2]

Wanneer mensen voor het eerst met schimmels werkten is een vraag die nog niet is beantwoord. Het eerste ondubbelzinnige bewijs dateert van ongeveer negenduizend jaar geleden en komt uit China, maar er zijn microscopisch kleine zetmeeldeeltjes gevonden op stenen werktuigen in Kenia, die al zo'n honderdduizend jaar oud zijn. De vorm van de deeltjes doet vermoeden dat de werktuigen werden gebruikt om een palm, *Hyphenae petersiana*, in stukken te hakken die nog altijd wordt gebruikt om drank van te stoken. Omdat elke suikerhoudende vloeistof die langer dan een dag blijft staan vanzelf begint te fermenteren, is het aannemelijk dat mensen dus al veel langer dan negenduizend jaar drank maken.[3]

Gisten zijn ervoor verantwoordelijk dat suiker in alcohol wordt omgezet. Volgens antropoloog Claude Lévi-Strauss zijn ze ook verantwoordelijk voor een van de belangrijkste culturele veranderingen in de geschiedenis van de mens: de overgang van een bestaan als jager-verzamelaar naar een bestaan als landbouwers. Lévi-Strauss beschouwde mede – een drank die wordt gemaakt van gefermenteerde honing – als de eerste alcoholische drank en maakte de overgang van 'natuurlijke' fermentatie naar cultuurgebonden 'brouwen' aanschouwelijk met het voorbeeld van een holle boom. De alcohol was onderdeel van de natuur zolang de honing 'uit zichzelf' fermenteerde en werd onderdeel van de cultuur toen mensen de honing lieten fermenteren in een uitgeholde boomstam. (Het is een interessant onderscheid; bij uitbreiding ervan zouden *Macrotermes*-termieten en bladsnijdersmieren die overgang van natuur naar cultuur tientallen miljoenen jaren eerder hebben gemaakt dan mensen.)[4]

Of Lévi-Strauss nu gelijk had of niet, de gist die het meest lijkt op de brouwersgist van nu kwam in gebruik rond de tijd waarin de mens geiten en schapen domesticeerde. Het begin van de landbouw, zo'n twaalfduizend jaar geleden – de zogeheten neolithische revolutie – kan deels worden beschouwd als een culturele reactie op gist. Brood óf bier was de reden waarom mensen hun nomadische levensstijl begonnen op te geven en voor een sedentair bestaan kozen (steeds meer wetenschappers hangen sinds de jaren tachtig de 'bier-vóór-brood-hypothese' aan). Maar of ze nu in brood zaten of in bier, vooral gisten profiteerden van de eerste pogingen van de mens om landbouw te bedrijven. Om een van beide te kunnen maken, moeten mensen gist eerst te eten geven voordat ze zichzelf te eten kunnen geven. De culturele ontwikkelingen die verband houden met de landbouw – van akkers naar gewassen, naar steden, naar het vergaren van rijkdom, naar graanopslag, naar nieuwe ziekten – maken deel uit van de geschiedenis die we delen met gist. Er valt iets voor te zeggen dat de gisten ons hebben gedomesticeerd, in allerlei opzichten.[5]

Brouwersgist, *Saccharomyces cerevisiae*

Mijn eigen relatie tot gist veranderde toen ik studeerde. Een van mijn buren had een vriend die vaak langskwam. Dan stonden er elke keer kort na zijn komst grote, met plasticfolie afgedekte mengkommen vol vloeistof in de vensterbank van de keuken. Hij zei dat het wijn was. Van een vriend die een tijd in Frans-Guyana in de gevangenis had gezeten had hij drank leren maken. Het fascineerde me, en niet lang daarna had ik mijn eigen mengkommen. Het bleek allemaal erg eenvoudig. De gist doet bijna al het werk. Die houdt ervan als het warm is, maar niet te, en vermenigvuldigt zich het liefst in het donker. Het fermentatieproces begint wanneer je de gist aan een warme suikeroplossing toevoegt. Doordat zuurstof ontbreekt, zet gist de suiker om in alcohol en komt er kooldioxide vrij. Het proces eindigt wanneer de suiker opraakt of de gist sterft aan alcoholvergiftiging.

Ik deed appelsap in een mengkom, strooide er een paar theelepels droge bakkersgist in en zette de kom naast de radiator in mijn slaapkamer. Ik zag dat zich hier en daar schuim begon te vormen en dat de plasticfolie bol ging staan. Af en toe ontsnapte er een pufje gas, telkens met iets meer alcoholdamp erin. Na drie weken kon ik mijn nieuwsgierigheid niet langer bedwingen en nam ik de kom mee naar een feestje, waar de inhoud binnen een paar minuten was verdwenen. Het brouwsel was te drinken, al was het dan wat zoet, en naar de uitwerking te oordelen was het alcoholpercentage ongeveer dat van een stevig biertje.

Het liep al snel uit de hand. Na een paar jaar had ik verschillende grote potten, vaten en bakken om drank in te brouwen, waaronder een pan met een inhoud van vijftig liter, waarin ik eigen brouwsels maakte van recepten die ik uit oude teksten haalde. Ik maakte kruidige soorten mede uit *The Closet of Sir Kenelm Digby*, uitgegeven in 1669, en middeleeuws gruitbier met wilde gagel, die ik uit een moeras in de buurt haalde. Niet lang daarna volgden meidoornwijn, brandnetelbier en een geneeskrachtige *ale* waarvan het recept in de zeventiende eeuw was opgetekend door Dr. William Butler, de lijfarts van Jacobus I, en die een remedie zou zijn voor alles van de 'Londense pest' en mazelen tot 'verscheidene andere ziekten'. Langs de muren van mijn kamer stonden vaatjes borrelende vloeistoffen en mijn klerenkast lag vol flessen.[6]

Ik gebruikte een en hetzelfde fruitsap voor gistculturen die ik overal en nergens vandaan haalde. Sommige brouwsels hadden een volle, pittige smaak. Andere waren troebel en verrukkelijk. Weer andere smaakten naar oude sokken of terpentine. Er liep een dunne scheidslijn tussen goor en geurig, maar dat deed er niet toe. Brouwen verschafte me toegang tot de onzichtbare werelden van deze schimmels, en ik vond het geweldig dat ik het verschil kon proeven tussen gistsoorten die ik van appelschillen haalde of van schoteltjes met suikerwater die ik 's nachts in boekenkasten van oude bibliotheken had laten staan.

De transformationele macht van gist wordt al heel lang voorgesteld als een goddelijke energie, een geest of een god. Hoe zou ze daar ook aan hebben kunnen ontkomen? Alcohol en beneveling behoren tot de oudste vormen van magie. Een onzichtbare macht tovert fruit om in wijn, graan in bier en nectar in mede. Die vloei-stoffen veranderen onze geestestoestand en zijn in uiteenlopende gedaanten verweven met de cultuur: in rituele vieringen, in het bestuur, als middel om voor arbeid te betalen. Al even lang laten ze de grenzen van onze zintuigen vervagen en leiden ze tot roes en extase. Gisten kunnen de sociale samenhang zowel maken als breken.

De oude Soemeriërs – die hun bierrecepten opschreven, waardoor ze vijfduizend jaar bewaard zijn gebleven – aanbaden een godin van de fermentatie, Ninkasi. In het *Egyptisch dodenboek* zijn gebeden gericht aan 'brengers van brood en bier'. De Ch'orti', een Zuid-Amerikaans volk, beschouwden het begin van het fermentatieproces als 'de geboorte van de goede geest'. De oude Grieken hadden Dionysus, de god van wijn, wijnmakerij, onbezonnenheid, dronkenschap en gedomesticeerd fruit én de personificatie van het vermogen van alcohol om de verschillen in een cultuur zowel te bevestigen als te doorbreken.[7]

Tegenwoordig zijn gisten biotechnologische gereedschappen die worden ontworpen om geneesmiddelen te maken, van insuline tot vaccins. Bolt Threads, een bedrijf dat samen met Ecovative aan myceliumleer werkt, heeft gisten genetisch gemodificeerd om spinrag te maken. Onderzoekers veranderen het metabolisme van gisten om ze suiker uit houtachtige plantaardige materie te kunnen laten produceren, die kan worden gebruikt in biobrandstoffen. Eén team werkt aan Sc2.0, een door de mens ontworpen synthetische gist die vanaf de grond af is opgebouwd, een kunstmatige levensvorm die ingenieurs kunnen programmeren om zoveel chemische verbindingen te produceren als ze willen. In al die gevallen laten gisten met hun transformationele kracht de grens vervagen tussen natuur en cultuur, tussen een organisme dat zichzelf reguleert en een kunstmatige machine.[8]

Van mijn experimenten leerde ik dat bij de kunst van het brouwen subtiele onderhandelingen met de schimmelculturen komen kijken. Fermentatie is gedomesticeerde ontbinding, geherhuiseste rotting. Als het lukt, valt het brouwsel de goede kant op. Maar zoals zo vaak het geval is met schimmels, is niets zeker. Door goed te letten op schone werkomstandigheden, temperatuur en gebruikte ingrediënten – allemaal belangrijke voorwaarden voor fermentatie – kon ik het proces zover krijgen een veelbelovende richting in te slaan. Van dwang kon echter geen sprake zijn. Daardoor was het resultaat altijd weer een verrassing.

De meeste historische brouwsels waren leuk om te drinken. De mede maakte iedereen aan het lachen. Van het gruitbier werden mensen spraakzaam. De ale van Dr. Butler leidde tot een vreemd, goudgerand zwaar hoofd. Sommige waren pure ellende in een flesje. Wat het effect ook was, het proces om een oude tekst tot leven te brouwen fascineerde me. In oude brouwrecepten is vastgelegd hoe gisten zich de afgelopen eeuwen in het leven en de hoofden van mensen hebben gegrift. Op elke pagina van die teksten zijn gisten zwijgende metgezellen, onzichtbare deelnemers aan de menselijke cultuur. Uiteindelijk waren de recepten verhaaltjes die duidelijk maakten hoe stoffen ontbinden. Ik besefte daardoor dat het ertoe doet welke verhalen we gebruiken om de wereld te begrijpen. Een verhaal over graan bepaalt of je brood of bier overhoudt, een verhaal over melk of je yoghurt of kaas overhoudt, een verhaal over appels of je moes of cider overhoudt.

Gisten zijn microscopisch klein, waardoor er gemakkelijk een sediment van verhalen omheen kan ontstaan. Over schimmels waar paddenstoelen uit groeien wordt over het algemeen in veel eenvoudiger termen gesproken. Het is al heel lang bekend dat paddenstoelen heerlijk kunnen smaken, maar je ook kunnen vergiftigen, genezen, voeden en visioenen kunnen bezorgen. Eeuwenlang schreven Oost-Aziatische dichters lyrische verzen over paddenstoelen en over de smaak ervan. 'O matsutake: / De opwinding voordat je ze vindt,' schreef Yamaguchi Sodo enthousiast in het zeventiende-eeuwse Japan. Europese schrijvers stonden twijfelachtiger tegenover paddenstoelen. Albertus Magnus waarschuwde in zijn dertiende-eeuwse herbarium *De Vegetabilibus* dat paddenstoelen 'van vochtige aard de mentale doorgangen in het hoofd van de schepsels [die ze eten] kunnen blokkeren en tot krankzinnigheid kunnen leiden'. John Gerard waarschuwde zijn lezers in 1597 dat je er maar beter helemaal van af kon blijven: 'Weinig paddenstoelen kunnen worden gegeten en de meeste verstikken en worgen de eter. Daarom adviseer ik degenen die van dergelijk modieus vlees houden geen honing tussen dorens uit te likken, tenzij de zoetheid van de een opweegt tegen de scherpte en de stekeligheid van de ander.' Toch hebben mensen er nooit van af kunnen blijven.[9]

In 1957 ontwikkelden Gordon Wasson – die als eerste met een artikel in *Life* uit 1957 psychedelische paddenstoelen populariseerde – en zijn vrouw, Valentina, een binair stelsel aan de hand waarvan ze culturen indeelden in 'mycofiel' (schimmellievend) en 'mycofoob' (schimmelvrezend). De toenmalige houding van een cultuur tegenover paddenstoelen was, zo dachten de Wassons, een 'hedendaagse weerklank' van oeroude cultussen rondom psychedelische paddenstoelen. Mycofiele culturen stamden af van paddenstoelenaanbidders. Mycofobe culturen stamden af van mensen die de krachten van paddenstoelen als iets duivels beschouwden. Mycofilie zou Yamaguchi Sodo ertoe hebben gebracht gedichten te schrijven waarin hij matsutake verheerlijkte en Terence McKenna ertoe hebben aangezet de voordelen aan te prijzen van grote doses psilocybine-producerende paddenstoelen. Mycofobie zou leiden tot morele paniek, waardoor paddenstoelen werden verboden, en ertoe hebben geleid dat Albertus Magnus en John Gerard waarschuwden voor de gevaren van dit 'modieuze vlees'. Beide opvattingen erkennen dat paddenstoelen het leven van mensen beïnvloeden. Beide kennen een andere betekenis aan dat vermogen toe.[10]

We persen organismen telkens weer in twijfelachtige hokjes. Dat is een van de manieren om er betekenis aan toe te kennen. In de negentiende eeuw werden bacteriën en schimmels onder de planten gerangschikt. Tegenwoordig erkennen we dat ze allebei een eigen rijk vormen, hoewel die rijken pas halverwege de jaren zestig onafhankelijk van elkaar werden. Het grootste deel van de geschreven geschiedenis van de mens is er nauwelijks consensus over het antwoord op de vraag wat schimmels eigenlijk zijn.[11]

Theophrastus, een leerling van Aristoteles, schreef over truffels, maar kon alleen maar zeggen wat ze niet waren. Hij schreef dat ze geen wortels hadden, geen stam, geen takken, geen knoppen, geen bloemen, geen vruchten, en ook geen schors, pitten, vezels en nerven. Volgens andere klassieke auteurs ontstonden paddenstoelen spontaan na een blikseminslag. Weer anderen dachten dat het uitgroeisels van de aarde waren, oftewel 'excrescenties'. Carl Linnaeus, de achttiende-eeuwse Zweedse botanicus die de binominale nomenclatuur bedacht, schreef in 1751 dat 'de orde der schimmels nog steeds chaos is, een schande, want geen botanicus die weet wat een soort is en wat een variëteit'.[12]

Tot op de dag van vandaag onttrekken schimmels zich aan de classificatiesystemen die we voor ze bedenken. Het systeem van Linnaeus werd ontworpen voor dieren en planten en weet niet goed raad met schimmels, korstmossen en bacteriën. Een en dezelfde schimmelsoort kan vormen aannemen die in niets op elkaar lijken. Veel soorten hebben geen onderscheidende kenmerken aan de hand waarvan we hun identiteit kunnen vaststellen. Vorderingen op het gebied van DNA-sequentie maken het mogelijk schimmels onder te verdelen in groepen die een deel van hun evolutionaire geschiedenis delen, en niet in groepen die zijn gebaseerd op gemeenschappelijke fysieke kenmerken. Maar op basis van genetische gegevens besluiten waar de ene soort ophoudt en waar de andere begint levert evenveel problemen op als het oplost. In het mycelium van één 'schimmelindividu' kunnen meerdere genomen voorkomen. In DNA dat aan één stofje wordt onttrokken, kunnen tienduizenden unieke genetische signaturen voorkomen, maar we weten niet hoe we die aan verschillende schimmelgroepen moeten toebedelen. In 2013 schreef mycoloog Nicholas Money zelfs in een artikel met de titel 'Against the naming of fungi' dat het idee van schimmelsoorten maar beter helemaal kon worden losgelaten.[13]

Mensen geven nu eenmaal betekenis aan de wereld door middel van classificatiesystemen. Regelrechte waardeoordelen zijn een andere manier. Gwen Raverat, een kleindochter van Charles Darwin, beschreef dat haar tante Etty – een dochter van Darwin – walgde van de grote stinkzwam, *Phallus impudicus*. Stinkzwammen staan erom bekend dat ze op een fallus lijken. Ze brengen ook stinkend slijm voort dat vliegen aantrekt, die hun sporen helpen verspreiden. In 1952 schreef Raverat:

> In onze bossen groeit een paddenstoel die in de volkstaal stinkzwam heet (maar de Latijnse naam is grover). Die naam

is terecht, want je vindt de zwam uitsluitend door op de geur af te aan, en dat was de truc die tante Etty had bedacht. Gewapend met een mand en een puntstok, en gekleed in een speciale jagersmantel en handschoenen, liep ze snuffelend bos door het bos. Af en toe stond ze stil, en dan bewogen haar neusvleugels omdat ze de geur van haar prooi opving. Vervolgens viel ze met een dodelijke klap op haar slachtoffer aan en prikte het stinkende karkas in haar mand. Na een dag jagen nam ze de buit mee naar huis en verbrandde die in het diepste geheim in het haardvuur van de zitkamer met de deur op slot, met het oog op de goede zeden van de dienstmeisjes.[14]

Steen des aanstoots of fetisj? Mycofoob of stiekem mycofiel? Het is niet altijd eenvoudig om het verschil te bepalen. Voor iemand die zo van stinkwammen walgde besteedde tante Etty er wel erg veel tijd aan, meer dan de meesten die ze zoeken. Met haar 'jacht' verspreidde ze ongetwijfeld veel meer sporen dan een fiks aantal vliegen. De onwelriekende geur, waar vliegen naar het schijnt geen weerstand aan kunnen bieden, bleek ook onweerstaanbaar voor tante Etty, hoewel haar walging verhulde dat ze erdoor werd aangetrokken. Uit afschuw overgoot ze stinkzwammen met een victoriaans moreel sausje en liet ze zich ijverig voor het karretje van de schimmel spannen.

De betekenis die we aan schimmels toekennen zegt vaak evenveel over onszelf als over de schimmels die we willen begrijpen. De karbolchampignon (*Agaricus xanthodermus*) staat in de meeste veldgidsen te boek als giftig. Een fervente paddenstoelenliefhebber met een uitgebreide mycologische bibliotheek vertelde me ooit dat hij een oude gids bezat waarin stond dat de paddenstoel 'heerlijk [was], indien gebakken', hoewel de auteur eraan toevoegde dat de zwam 'een flauwte kan veroorzaken bij iemand met een zwak gestel'. Hoe je tegen de karbolchampignon aankijkt, hangt af van je fysiologische gesteldheid. Ook al is hij voor de meeste mensen giftig, sommigen kunnen hem eten zonder er ziek van te worden. Hoe hij wordt beschreven, hangt af van de fysiologie van degene die hem beschrijft.[15]

Van een vergelijkbare vooringenomenheid is sprake in de discussie over symbiotische relaties, waarin sinds dat woord werd gemunt – aan het einde van de negentiende eeuw – termen worden gebruikt die van toepassing zijn op mensen. De vergelijkingen waarmee korstmossen en mycorrhizaschimmels werden geduid zeggen genoeg: meester en slaaf, bedrieger en bedrogene, mensen en gedomesticeerde organismen, mannen en vrouwen, de diplomatieke betrekkingen tussen naties... De metaforen veranderen na verloop van tijd, maar tot op de dag van vandaag proberen onderzoekers er meer-dan-menselijke relaties mee in hokjes te dwingen die voor mensen zijn gemaakt.

Historicus Jan Sapp vertelde me dat het concept van symbiose net een prisma is dat onze maatschappelijke ideeën verstrooit. Sapp praat snel en heeft een scherp oog voor ironische details. De geschiedenis van symbiose is zijn specialiteit. Hij bracht tientallen jaren door in het gezelschap van biologen – in laboratoria, op conferenties en symposia en in het oerwoud – terwijl die worstelden met de vraag hoe organismen met elkaar interacteren. Sapp, een goede vriend van Lynn Margulis en Joshua Lederberg, stond er met zijn neus bovenop toen de moderne microbiologie 'een hoge vlucht' nam. De politieke invulling van het symbioseconcept is altijd beladen geweest. Is de natuur uiteindelijk competitief of coöperatief? Vaak draait het om die vraag. Voor veel mensen verandert die hoe we onszelf zien. Geen wonder dat zulke kwesties vaak de lont in het conceptuele en ideologische kruitvat zijn.[16]

Sinds de ontwikkeling van de evolutietheorie aan het einde van de negentiende eeuw overheerst in de Verenigde Staten en West-Europa een verhaal over strijd en concurrentie. Daarin weerspiegelt zich het idee dat de mens er in een industrieel, kapitalistisch systeem op vooruitgaat. Voorbeelden van organismen die in wederzijds voordeel met elkaar samenwerkten 'verbleven in de marge van de weldenkende biologische gemeenschap', om het met Sapp te zeggen. Mutuele relaties, zoals de relaties die tot het ontstaan van korstmossen hadden geleid of die van planten met mycorrhizaschimmels, waren vreemde uitzonderingen op de regel, als tenminste al werd erkend dat zulke relaties bestonden.[17]

Verzet tegen die opvatting viel niet automatisch samen met de grens tussen West en Oost, hoewel ideeën over wederzijdse hulp en samenwerking in de evolutie prominenter aanwezig waren in Russische dan in West-Europese evolutionaire kringen. De grootste weerstand tegen het kille idee van de natuur als 'kaken en klauwen rood van het bloed' kwam van de Russische anarchist Peter Kropotkin in zijn bestseller *Wederzijdse hulp: een factor in de evolutie* uit 1902. Daarin benadrukte hij dat 'gemeenzaamheid' net zo goed onderdeel was van de natuur als de strijd om het bestaan. Hij had een duidelijke boodschap, gebaseerd op zijn interpretatie van de natuur: 'Wedijver niet! Help elkaar! Dat is de beste manier om alles en iedereen de grootste veiligheid te bieden, de grootste kans op voortbestaan en vooruitgang, zowel lichamelijk, intellectueel als moreel.'[18]

Een groot deel van de twintigste eeuw waren discussies over symbiotische relaties politiek beladen. Sapp wijst erop dat de Koude Oorlog ertoe leidde dat biologen het idee van co-existentie in de wereld als geheel serieuzer begonnen te nemen. De eerste internationale conferentie over symbiose werd in 1963 gehouden in Londen, een halfjaar nadat de Cubaanse rakettencrisis de wereld aan de rand van de afgrond had gebracht. Dat was geen toeval. De redactie van de handelingen van de conferentie schreef in haar commentaar dat 'het prangende probleem van co-existentie in de mondiale betrekkingen het comité dit jaar mogelijk heeft beïnvloed in zijn keuze voor het onderwerp van het symposium'.[19]

Het is in de wetenschap niet ongebruikelijk dat metaforen tot nieuwe manieren van denken kunnen leiden. Biochemicus Joseph Needham omschreef een treffende analogie als een 'netwerk van coördinaten' dat een geheel aan informatie kan ordenen die anders vormloos zou zijn gebleven, ongeveer zoals een beeldhouwer een geraamte van ijzerdraad gebruikt om natte klei op te modelleren. Evolutiebioloog Richard Lewontin wees erop dat het onmogelijk is om 'wetenschap te bedrijven' zonder metaforen te gebruiken, omdat bijna 'de hele moderne wetenschap een poging is verschijnselen te verklaren die mensen niet direct kunnen ervaren'. Metaforen en vergelijkingen raken zelf weer doortrokken van de verhalen en de waarden van mensen, wat betekent dat geen enkele discussie over wetenschappelijke ideeën – ook deze niet – vrij is van culturele vooroordelen.[20]

Het onderzoek naar gemeenschappelijke mycorrhizanetwerken is een van de terreinen die het zwaarst met politieke bagage zijn beladen. Sommige onderzoekers stellen ze voor als een vorm van socialisme waarmee de rijkdommen van het bos worden verdeeld. Anderen ontlenen inspiratie aan de gezinsstructuur en de ouderlijke zorg van zoogdieren: jonge bomen worden via schimmels gevoed door oude, grote 'moederbomen'. Weer anderen beschrijven netwerken in termen van 'biologische markten', waarin planten en schimmels worden voorgesteld als rationeel handelende economische individuen die handelen op de vloer van een ecologische aandelenbeurs en druk doende zijn met 'sancties', 'strategische investeringen' en 'marktwinst'.[21]

Het wood wide web is ook al zo'n antropomorfe term. Niet alleen zijn mensen de enige organismen die machines bouwen, het internet en het World Wide Web behoren tot de meest gepolitiseerde technologieën van dit moment. Op machines gebaseerde metaforen gebruiken om andere organismen te begrijpen is even problematisch als concepten ontlenen aan het maatschappelijke leven van mensen. In werkelijkheid groeien organismen en worden machines gebouwd. Organismen vernieuwen zichzelf voortdurend, machines worden door mensen onderhouden. Organismen scheppen zichzelf, bij machines doen mensen dat. Machinemetaforen zijn verzamelingen verhalen en middelen die talloze ontdekkingen hebben opgeleverd die van levensbelang zijn gebleken. Maar het zijn geen wetenschappelijke feiten en ze kunnen tot problemen leiden wanneer ze voorrang krijgen boven andere soorten verhalen. Als we organismen als machines beschouwen, gaan we ze waarschijnlijk eerder als zodanig behandelen.[22]

We kunnen alleen achteraf beoordelen welke metaforen nuttig waren. Tegenwoordig zou het absurd zijn om schimmels onder te verdelen in de categorieën 'ziekteverwekkers' en 'parasieten', zoals aan het einde van de negentiende eeuw gebruikelijk was. Maar voordat Albert Frank dankzij de korstmossen het woord 'symbiose' muntte, was er geen andere manier om de relaties tussen verschillende soorten organismen te beschrijven. In de afgelopen jaren zijn de middelen waarmee we symbiotische relaties beschrijven veel genuanceerder geworden. Toby Spribille – degene die ontdekte dat korstmossen uit meer dan twee organismen bestaan – pleit ervoor korstmossen te beschouwen als systemen. Ze lijken niet het resultaat te zijn van een vaste relatie tussen twee partners, zoals lang werd gedacht. In plaats daarvan komen ze voort uit allerlei mogelijke relaties tussen verschillende partners. Wat Spribille betreft zijn de relaties die aan korstmossen ten grondslag liggen eerder een vraag dan een antwoord dat al van tevoren vastligt.

Men denkt ook allang niet meer dat planten en mycorrhizaschimmels zich mutueel of parasitair gedragen. Zelfs in een relatie tussen één mycorrhizaschimmel en één plant is geven en nemen een rekbaar begrip. In plaats van een strikte tweedeling zien onderzoekers een continuüm tussen mutualisme en parasitisme. Gemeenschappelijke mycorrhizanetwerken kunnen zowel samenwerking als concurrentie een handje helpen. Via schimmels kunnen voedingsstoffen maar ook gifstoffen door de bodem gaan. De narratieve mogelijkheden zijn veel talrijker. We moeten telkens van perspectief veranderen en ons vertrouwd maken met onzekerheid, of die anders gewoon accepteren.

Toch willen sommigen het debat nog steeds politiseren. Met name één bioloog, vertelde Sapp met smaak, 'noemt mij biologisch links en zichzelf biologisch rechts'. Ze bespraken het idee van biologische individuen. Volgens Sapp kon je gezien de ontwikkelingen in de microbiële wetenschap moeilijk vaststellen waar de grens van een afzonderlijk organisme lag. Volgens zijn tegenstander moesten er keurig afgepaste individuen bestaan. Het moderne kapitalistisch denken is gebaseerd op het idee dat rationele individuen handelen uit eigenbelang. Zonder individuen stort het hele kaartenhuis in elkaar. Zo bezien lag aan Sapps standpunt een voorliefde voor het collectief en een verborgen socialistische neiging ten grondslag. Sapp kon erom lachen. 'Sommige mensen houden er gewoon van om een kunstmatig onderscheid te maken.'[23]

In *Braiding Sweetgrass* schrijft bioloog Robin Wall Kimmerer over een woord uit het Potawotomi, een taal van de oorspronkelijke Amerikanen. *Puhpowee* kan worden vertaald als 'de kracht waarmee paddenstoelen in het donker aan de aarde ontspringen'. Kimmerer vertelt dat ze achteraf begreep dat '*puhpowee* niet alleen wordt gebruikt voor paddenstoelen, maar ook voor andere stelen die zich 's nachts op mysterieuze wijze oprichten'. Is het antropomorf om een paddenstoel die tevoorschijn komt te beschrijven in dezelfde taal die wordt gebruikt voor mannelijke seksuele opwinding? Of is het mycomorf om mannelijke seksuele opwinding te beschrijven in dezelfde taal die wordt gebruikt voor de groei van een paddenstoel? Welke kant wijst de pijl uit? Als je zegt dat een plant 'leert', 'beslist', 'communiceert' of 'zich herinnert', vermenselijk je dan de plant of vegetaliseer je dan concepten die voor mensen zijn gereserveerd? Die mensenconcepten zouden een nieuwe betekenis kunnen krijgen wanneer ze op een plant worden toegepast, zoals plantenconcepten een nieuwe betekenis kunnen krijgen wanneer ze op mensen worden toegepast: ontspruiten, bloeien, wortelen, sappig, radicaal...[24]

Natasha Myers – de antropoloog die het woord 'involutie' introduceerde voor de neiging van organismen om verbanden met elkaar aan te gaan – wijst erop dat Charles Darwin er helemaal klaar voor leek zichzelf te vegetaliseren, om 'fytomorfisme' te bedrijven. Toen hij in 1862 over orchideeën schreef, merkte hij op: 'De positie van de antennae in deze *Catasetum* kunnen worden vergeleken met die van een man die zijn linkerarm omhooghoudt en zich vooroverbuigt, zodat zijn arm voor zijn borst komt, en met zijn rechterarm gekruist over zijn onderlichaam, zodat zijn vingers net om zijn linkerheup slaan.'[25]

Vermenselijkt Darwin de bloem of wordt hij door de bloem gevegetaliseerd? Hij beschrijft de kenmerken van de plant in menselijke termen, absoluut een teken van antropomorfisme. Maar hij stelt zich het mannenlichaam – ook dat van zichzelf – voor als een bloem, wat doet vermoeden dat hij ervoor openstaat de anatomie van de bloem op eigen merites te onderzoeken. Dat is niets nieuws. Het is lastig om ergens betekenis aan te geven zonder dat iets daarvan aan jou blijft hangen. Soms gebeurt dat doelbewust. Radical Mycology is bijvoorbeeld een organisatie zonder duidelijke structuur. Dat is geen toeval. De oprichter, Peter McCoy, wijst erop dat schimmels beschikken over het vermogen om onze manier van denken en onze verbeelding te veranderen. Bomen duiken overal als metafoor op, in de genealogie en in relaties (of het nu gaat om menselijke, biologische of linguïstische families) en in boomachtige datastructuren uit de computerwetenschap en de 'dendrieten' van zenuwstelsels (van *dendron*, het Griekse woord voor 'boom'). Waarom mycelium dan niet? Radical Mycology organiseert zichzelf volgens de decentrale myceliumlogica. Regionale netwerken vormen een los verband met de moedervestiging. Eens in de zoveel tijd komt uit het netwerk van Radical Mycology een vruchtlichaam voort, zoals de conferentie die ik bijwoonde in Oregon. Zouden onze maatschappij en onze instituties er niet totaal anders uitzien wanneer we bij een 'typische' levensvorm aan schimmels zouden denken, en niet aan dieren of planten?[26]

Soms imiteren we de wereld onbedoeld. Baasjes lijken vaak op hun hond, biologen gedragen zich vaak als hun onderzoeksobject. Sinds de term 'symbiose' aan het einde van de negentiende eeuw door Frank werd gemunt, worden onderzoekers die relaties tussen organismen bestuderen ertoe verleid ongebruikelijke samenwerkingen tussen disciplines aan te gaan. Sapp wees me erop dat er in de twintigste eeuw lange tijd geen aandacht was voor symbiotische relaties omdat onderzoekers niet bereid waren over institutionele grenzen heen te springen. Naarmate de wetenschap steeds specialistischer werd, scheidden kloven tussen de disciplines genetici van embryologen, botanici van zoölogen en microbiologen van fysiologen.

Symbiotische interacties gaan over de grenzen van soorten heen, onderzoek naar symbiotische interacties moet over de grenzen van disciplines heen gaan. Dat geldt vandaag de dag eens te meer. 'Bronnen delen in wederzijds voordeel: uitwisseling tussen disciplines vergroot het begrip van mycorrhizasymbiose...' Zo begon een verslag van de internationale conferentie over mycorrhizabiologie uit 2018. Voor onderzoek naar mycorrhizaschimmels is een academische symbiose nodig tussen mycologen en botanici. Voor onderzoek naar bacteriën die in hyfen voorkomen is symbiotische interactie nodig tussen mycologen en bacteriologen.[27]

Nooit gedraag ik me meer als een schimmel dan wanneer ik ze bestudeer en een academische symbiose aanga die is gebaseerd op de uitwisseling van gunsten en data. In Panama gedroeg ik me als het verkennende deel van mycorrhizamycelium, want wroette ik dagen achtereen tot aan mijn ellebogen in rode modder. Angstvallig loodste ik grote koelboxen vol monsters door de douane andere landen binnen, langs röntgenapparatuur en speurhonden. Ik tuurde door microscopen in Duitsland, bekeek het lipidenprofiel van schimmels in Zweden, nam monsters van schimmel-DNA en bepaalde de volgorde ervan in Engeland. Ik stuurde gigabytes gegevens die door een machine in Cambridge waren uitgespuugd voor verwerking naar Zweden en vervolgens naar medewerkers in de Verenigde Staten en België. Zouden mijn verplaatsingen sporen hebben nagelaten, dan zouden die een complex netwerk vormen, compleet met tweerichtingsverkeer van informatie en stoffen. Alsof ze planten waren kregen mijn medewerkers in Zweden en Duitsland toegang tot een groter stuk van de bodem door met me samen te werken. Ze konden niet zelf naar de tropen afreizen, en daarom breidde ik hun onderzoeksterrein voor hen uit. In ruil daarvoor kreeg ik, als was ik een schimmel, toegang tot geld en technieken die anders buiten mijn bereik zouden zijn gebleven. Mijn medewerkers in Panama profiteerden van het geld en de technische expertise van mijn collega's in Engeland. En mijn collega's in Engeland profiteerden weer van het geld en de expertise van mijn Panamese medewerkers. Om een flexibel netwerk te bestuderen, moest ik een flexibel netwerk om me heen optrekken. Het is een thema dat telkens terugkeert: kijk naar het netwerk, en het begint naar jou terug te kijken.

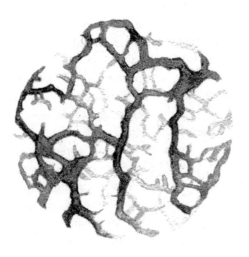

'Dronkenschap,' schreef de Franse filosoof Gilles Deleuze, is 'een triomfantelijke uitbarsting van de plant in ons.' Maar ze is niet minder de triomfantelijke uitbarsting van de schimmel in ons. Kan een roes ons helpen delen van onszelf terug te vinden in de schimmelwereld? Zou er een manier zijn om betekenis aan schimmels toe te kennen door de greep op ons mens-zijn wat te versoepelen, of door in ons mens-zijn op zoek te gaan naar iets anders, iets schimmelachtigs? Dat zouden een paar restjes kunnen zijn uit de tijd waarin we nauwer verwant waren aan schimmels. Of het zou iets kunnen zijn wat we hebben geleerd in onze lange, met deze uitzonderlijke schepsels verweven geschiedenis.[28]

Zo'n tien miljoen jaar geleden onderging het enzym in ons lichaam dat alcohol kon ontgiften en dat bekendstaat als alcoholdehydrogenase, of ADH4, een mutatie waardoor het veertig keer zo effectief werd. Die mutatie deed zich voor in de laatste voorouder die we gemeen hebben met gorilla's, chimpansees en bonobo's. Zonder gemodificeerd ADH4 zijn zelfs kleine hoeveelheden alcohol giftig. Met gemodificeerd ADH4 kan alcohol veilig worden genuttigd en kan ons lichaam het gebruiken als energiebron. Lang voordat onze voorouders mensen werden, en lang voordat er bij ons verhalen evolueerden om in culturele en spirituele zin betekenis te geven aan alcohol en aan de gistculturen die alcohol maken, evolueerden bij ons de enzymen om er in metabolische zin mee overweg te kunnen.[29]

Waarom zou het vermogen om alcohol te verteren miljoenen jaren voordat mensen fermentatietechnieken ontwikkelden zijn ontstaan? Onderzoekers wijzen erop dat ADH4 muteerde in een tijd waarin onze voorouders minder tijd doorbrachten in bomen en zich aanpasten aan een leven op de grond. Het vermogen om alcohol te verteren was volgens hen van cruciaal belang voor primaten om op de bodem van het bos te kunnen leven, want daardoor werd er een nieuwe voedselniche voor ze opengelegd: overrijp, gefermenteerd fruit dat van bomen was gevallen.

De mutatie van ADH4 ondersteunt de 'hypothese van de dronken mensaap', die bioloog Robert Dudley naar voren bracht om te verklaren waar de liefde van de mens voor alcohol vandaan komt. Volgens die hypothese vallen mensen voor de verleiding van alcohol omdat hun voorouders dat deden. De geur van alcohol, die ontstond dankzij de gisten, was een betrouwbare aanwijzing voor rijp fruit dat op de grond lag te rotten. Zowel de aantrekkingskracht die alcohol op ons uitoefent als het pantheon van fermentatie- en roesgoden en -godinnen is een overblijfsel van een al veel oudere aantrekkingskracht.[30]

Primaten zijn niet de enige dieren die door alcohol worden aangetrokken. De gewone toepaja – een klein zoogdier met een pluimachtige staart – klimt in de bloem van een palm van het geslacht *Eugeissona* en drinkt hoeveelheden gefermenteerde nectar waar, in verhouding, een mens aangeschoten van zou raken. De door gist veroorzaakte alcoholische dampen lokken de toepaja's naar de bloemen. De palm is voor zijn bestuiving afhankelijk van de toepaja's en de knoppen zijn geëvolueerd tot gespecialiseerde fermentatievaatjes: ze zitten vol gisten die voor zulke snelle fermentatie zorgen dat de nectar schuimt en bruist. Bij toepaja's is het bijzondere vermogen geëvolueerd om de alcohol af te breken, en ze lijken geen nadelige gevolgen van de roes te ondervinden.[31]

De mutatie van ADH4 hielp onze voorouders energie uit alcohol te halen. Een wending van de hypothese van de dronken mensaap is dat mensen zijn blijven zoeken naar manieren om energie uit alcohol te halen, niet alleen door die als brandstof voor hun lichaam te gebruiken, maar ook als brandstof voor verbrandingsmotoren. Elk jaar worden in de Verenigde Staten en Brazilië miljarden liter biobrandstof geproduceerd: ethanol uit mais (VS) en uit suikerriet (Brazilië). In de VS wordt een gebied groter dan Engeland gebruikt om mais te verbouwen, die vervolgens wordt verwerkt en vergist. Het oppervlak van grasland dat wordt bestemd voor de teelt van gewassen om biobrandstoffen van te maken is vergelijkbaar met het oppervlak dat in Brazilië, Maleisië en Indonesië wordt ontbost. De biobrandstofhausse heeft verstrekkende ecologische gevolgen. Er zijn enorme overheidssubsidies voor nodig, er worden gigantische hoeveelheden koolstof in de atmosfeer uitgestoten doordat grasland verandert in landbouwgrond, terwijl grote hoeveelheden kunstmest in beken en rivieren terechtkomen en verantwoordelijk zijn voor de zogeheten zone des doods in de Golf van Mexico. Opnieuw spelen gisten en de dubbelzinnige macht van de alcohol die ze voortbrengen een rol in de transformatie van de landbouw door de mens.[32]

Geïnspireerd door de hypothese van de dronken mensaap besloot ik overrijp fruit te fermenteren. Het zou een manier zijn om een verhaal werkelijkheid te laten worden, om het mijn perceptie van de wereld te laten veranderen, om onder invloed ervan beslissingen te nemen, me erdoor te laten bedwelmen. Dronkenschap mag een schimmel zijn die in ons uitbarst, dit zou de uitbarsting zijn van een schimmelverhaal. Verhalen veranderen onze perceptie maar al te vaak, en maar al te vaak merken we er niets van.

Het idee ontstond toen de enthousiaste directeur van de botanische tuin van Cambridge mij en enkele anderen een rondleiding door de tuin gaf. Doordat hij ons door de tuin meenam, wasemde zelfs de onaanzienlijkste struik hele verhalenwolken uit. Een grote appelboom sloeg alles. Die was ontstaan, zo kregen we te horen, uit een stek van een vierhonderd jaar oude appelboom uit de tuin bij Woolsthorpe Manor, het huis van de familie van Isaac Newton. Het was de enige appelboom die er groeide die oud genoeg was om er al te hebben gestaan toen Newton zijn theorie van de universele zwaartekracht formuleerde. Als er één boom was die een appel had laten vallen waar Newton door was geïnspireerd, dan was het deze wel.

Omdat de boom was ontstaan uit een stek, was hij een kloon van de beroemde boom. Daarmee was hij, in elk geval in genetisch opzicht, dezelfde boom als die van de bewuste valpartij. Tenminste, als die valpartij ook echt had plaatsgevonden. Omdat het verhaal over de appel niet op feiten was gebaseerd, zo werd ons verzekerd, was het onwaarschijnlijk dat de appel een rol had gespeeld in de theorie over de zwaartekracht. Toch was dit exemplaar verreweg de waarschijnlijkste kandidaat voor de boom die *niet* de appel had laten vallen die de inspiratie vormde voor de theorie over de zwaartekracht.

Het was niet de enige kloon. De directeur vertelde dat er nog twee waren: een op de plek waar het alchemistisch laboratorium van Newton had gestaan, voor Trinity College, en de andere bij de wiskundefaculteit. (Later bleken er zelfs nog meer te zijn, waaronder een in de tuin van de bestuursvoorzitter van het Massachusetts Institute of Technology.) De mythe was krachtig genoeg om drie verschillende academische besturen – bekend om hun voorzichtigheid en besluiteloosheid – een boom te laten planten op een bijzondere plaats in de stad. Niettemin bleef de officiële opvatting onveranderd: het verhaal over de appel van Newton was apocrief en berustte niet op feiten.

De botanische kolder werd nog fraaier. De rol die een boom had gespeeld in een van de belangrijkste wetenschappelijke doorbraken uit de geschiedenis van het westerse denken werd *tegelijkertijd* erkend en ontkend. Dankzij die ambiguïteit groeiden er echte bomen, met echte appels die op de grond vielen en ontbonden tot een stinkende alcoholische brij.

Het verhaal van de appel van Newton is apocrief omdat Newton er geen beschrijving van heeft nagelaten. Enkelen van zijn tijdgenoten hebben er echter verschillende versies van verteld. De meest gedetailleerde is die van William Stukeley, een jonge *fellow* van de Royal Society en oudheidkundige die tegenwoordig vooral bekend is door zijn werk op het gebied van Britse steenkringen. In 1726, schrijft Stukeley, aten Newton en hij samen in Londen:

> Na het diner, het was warm buiten, gingen we de tuin in & gebruikten de thee onder de schaduw van een appelboom, alleen hij & ik. [...] Tijdens het gesprek vertelde hij me dat hij zich in dezelfde omstandigheden had bevonden als toen het idee van de zwaartekracht bij hem had postgevat. Waarom moest die appel altijd loodrecht naar de grond vallen, dacht hij bij zichzelf; door de val van de appel verviel hij in gepeins. Waarom viel de appel niet opzij, of omhoog, maar altijd naar het middelpunt van de aarde? Blijkbaar is de reden dat de aarde hem aantrekt. Er moest een aantrekkende kracht in het spel zijn.[33]

De moderne versie van het verhaal over de appel van Newton is een verhaal over een verhaal over wat Newton heeft gezegd. Dat maakt de bomen in narratief opzicht zo rijk. Het was onmogelijk om uit te maken of het verhaal waar was of niet. Academici reageerden op die onduidelijkheid door te doen alsof het zowel waar als onwaar was. Het verhaal was het ene moment een legende en het andere niet. De bomen werden opgezadeld met een onmogelijk verhaal, een voorbeeld van de manier waarop niet-menselijke organismen de grenzen van ons indelingen tot het uiterste oprekken. Het deed er helemaal niet meer toe of een appel Newton echt tot zijn theorie over de zwaartekracht had geïnspireerd. De bomen groeiden, het verhaal deed het prima.

Ik vroeg de directeur netjes of ik een paar appels van de boom mocht plukken. Het was niet bij me opgekomen dat dat op bezwaren zou kunnen stuiten. Er was ons verteld dat de appels – een zeldzame soort die Flower of Kent heet – erom bekendstonden dat ze niet te eten waren. Het had iets te maken met een bijzondere combinatie van zuur en bitter, legde de directeur uit, een combinatie die sommigen van toepassing achtten op het karakter van Newton op latere leeftijd. Ik was verbaasd toen ik een glashard 'nee' te horen kreeg. Ik vroeg waarom. 'Toeristen moeten de appels uit de boom kunnen zien vallen,' bekende de directeur met een verontschuldiging, 'om de mythe aannemelijk te maken.'

Wie hield hier wie voor de gek? Hoe kunnen zoveel respectabele lieden zo dronken worden van een verhaal, er zo door getroost worden, door gegijzeld worden, ervan in vervoering raken, door verblind worden? Maar ja, waarom ook niet? Verhalen worden verteld om onze perceptie van de wereld te veranderen, dus ze doen dat alles zelden *niet*. Maar er is bijna geen geval waarin de absurditeit er zo dik bovenop ligt, waarin een boom zo duidelijk de pias voor ons moet uithangen. Ik raapte een van de gevallen, rottende appels op, snoof de alcoholgeur op en besloot dat ik dit rottende fruit zou gebruiken.

Het probleem was dat ik geen sap uit appels kon persen. Ik keek op internet en las over een appelprobleem in een buitenwijk van Cambridge. De takken van de appelbomen van sommige bewoners hingen ver boven de straat en er vielen appels vanaf. Jongeren gebruikten ze als projectielen. Er waren ruiten gesneuveld, er zaten deuken in auto's. Met een slimme politieke zet had een bewonerscomité een appelpers in de wijk neergezet om het probleem in te dammen en het afval terug te dringen. Het bleek te werken. Van het geweld in de wijk werd sap geperst. Het sap fermenteerde tot cider. Van de cider werd gemeenschapszin gedronken. Het was een sterk idee. Een menselijke crisis werd afgebroken door een schimmel. Het was opnieuw een manier waarop mensen zich verenigden om afval te gebruiken om de eetlust van schimmels te stillen. In ruil daarvoor deed de spijsvertering van schimmels iets terug voor de mensen en voor hun cultuur. Bier, penicilline, psilocybine, LSD, biobrandstoffen... hoe vaak was dat al niet voorgekomen?

Ik nam contact op met de beheerder van de pers en vroeg of ik die een keer mocht lenen. De pers bleek erg in trek en werd van de ene gebruiker aan de andere doorgegeven. Ik werd in contact gebracht met een plaatselijke dominee, die een paar dagen later voor kwam rijden in een aftandse Volvo, met het elegante apparaat erachter. Het had gemeen uitziende tanden om appels tot pulp te vermalen, een grote schroef om druk uit te oefenen en een tuit waar het sap uit liep.

Ik oogstte de appels van Newton 's nachts met een vriend; we hadden allebei een grote rugzak om. We lieten een paar appels aan de boom hangen om de mythe in stand te houden, maar het spijt me te moeten zeggen dat we er met het grootste deel vandoor gingen. Later kwam ik erachter dat we ons schuldig hadden gemaakt aan *scrumping*, een dialectwoord uit de West Country, oorspronkelijk gebruikt voor het rapen van door de wind afgevallen fruit en later voor het rapen van fruit zonder toestemming. Het verschil was dat in de West Country van appels cider werd gemaakt, en cider was van waarde. Een pint cider behoorde tot het loon dat landeigenaren de arbeiders uitkeerden, een van de vele manieren waarop het metabolisme van gisten werd teruggegeven aan het landbouwsysteem dat ze onderdak bood. Maar onder de boom van Newton zorgden appels voor rommel en voor overlast voor de tuinman. De pers deed wonderen. Van afval werd sap geperst, sap fermenteerde tot cider. Een win-winsituatie.

Appels persen was zwaar werk. Je moest de pers met z'n tweeën of drieën stevig vasthouden terwijl een ander de schroef bediende. Terwijl de appels werden vermalen, wasten twee mensen de appels en hakten ze in stukken. Het werd een heuse productielijn. In de kamer hing een scherpe geur van bedorven, gemalen appels. Overal lagen appels in verschillende stadia van ontbinding. Er zat moes in ons haar en onze kleren waren doorweekt. Het tapijt kleefde en er zaten vlekken op de muren. Aan het einde van de dag hadden we dertig liter sap.

Wanneer je cider wilt fermenteren kom je voor een keuze te staan. Of je voegt een bestaande gistcultuur uit een pakje toe, of je voegt niets toe en laat de gist op de appelschillen het werk doen. Verschillende appelsoorten hebben eigen inheemse gisten op de schil zitten, die elk in eigen tempo voor fermentatie zorgen, waarbij ze bij voorkeur een verschillend element van de smaak van het fruit behouden dan wel omzetten. Zoals bij elk fermentatieproces luistert het nauw. Als de schurken onder de gisten of bacteriën de kans krijgen, gaat het sap rotten. Cider die wordt gemaakt van één gekweekte gistsoort uit een pakje zou waarschijnlijk niet rotten, maar ook niet de eigen gistculturen van de appels vertegenwoordigen. Er was geen twijfel over mogelijk dat de wilde gisten het werk zouden opknappen. De appels van Newton werden kant-en-klaar geleverd met de gist van Newton. Op geen enkele manier viel te bepalen welke gistsoorten het mengsel zouden fermenteren, maar zo was het het grootste deel van de geschiedenis ook gegaan.

Het sap fermenteerde in een week of twee, met als resultaat een geurige, troebele vloeistof, die ik bottelde. Na een paar dagen, toen de cider was bezonken, schonk ik een glas in. Tot mijn verbazing smaakte de cider verrukkelijk. Het bittere en het zure van de appels waren verdwenen. De smaak was bloemig en verfijnd, de cider was droog en bruiste licht. Als je er veel van dronk, werd je er vrolijk en licht euforisch van. Ik had geen last van een zwaar gemoed, wat ik weleens had als ik cider had gedronken. Ik voelde me ook niet stuntelig, ook al had de gist me vrijwel zeker redeloos gemaakt. Ik was bedwelmd door een verhaal, erdoor getroost, gegijzeld, erin opgelost, erdoor verdoofd, erdoor terneergedrukt. Ik noemde de cider Gravity, 'zwaartekracht', en voelde me zwaar en duizelig onder invloed van het wonderbaarlijke metabolisme van de gist.

EPILOOG:

DEZE COMPOST

Onze handen absorberen als plantenwortels,
dus leg ik ze op alles wat mooi is op deze wereld.
— FRANCISCUS VAN ASSISI[1]

ALS KIND WAS IK DOL OP DE HERFST. BLADEREN DWAR-
relden uit een grote kastanje naar beneden en hoopten zich op
in de tuin. Ik harkte ze bijeen tot een grote berg en hield die
bij door er in de loop van weken telkens weer armen vol bladeren aan toe te voegen. Het duurde niet lang of de berg was
groot genoeg om er enkele badkuipen mee te vullen. Telkens
weer sprong ik in de bladeren vanaf de onderste takken van de
boom. Lag ik er eenmaal in, dan wriemelde ik net zo lang heen
en weer tot ik er helemaal onder bedolven was en opging in de
vreemde geuren.

Mijn vader moedigde me aan me in de wereld te storten. Ik
zat vaak op zijn schouders en dan duwde hij mijn gezicht in de
bloemen, alsof ik een bij was. We moeten talloze bloemen hebben
bestoven terwijl we van plant tot plant gingen, mijn wangen onder
de gele en oranje vegen, mijn gezicht tot nieuwe vormen geplooid

om beter in de omhulsels van de bladeren te passen, allebei uitgelaten van de kleuren, de geuren en de troep.

In mijn bladerhopen kon ik me zowel verstoppen als werelden ontdekken. Maar met het verstrijken van de maanden slonken de hopen. Het werd moeilijker om me erin te begraven. Ik ging op onderzoek uit, drong door tot in de diepste regionen van een hoop en haalde handenvol spul tevoorschijn dat steeds minder op bladeren leek en steeds meer op aarde. Wormen werden zichtbaar. Namen ze de aarde mee de hoop in of de bladeren de aarde in? Ik wist het niet. Voor mijn gevoel zakte de hoop bladeren weg, maar zo ja, waarin dan? Hoe diep was de bodem? Waardoor dreef de wereld op deze vaste zee?

Ik vroeg het mijn vader. Hij gaf antwoord. Ik reageerde nog een keer met 'Waarom?' Hoe vaak ik ook 'Waarom?' vroeg, hij had altijd een antwoord. Het spelletje ging net zolang door totdat ik uitgeput was. Tijdens een van die oeverloze sessies hoorde ik voor het eerst over ontbinding. Het kostte me moeite om me die onzichtbare beestjes voor te stellen die alle bladeren opaten en dat zulke kleine wezentjes zo'n enorme eetlust hadden. Het kostte me moeite om me voor te stellen dat ze al de bladerhopen opaten terwijl ik erin lag. Waarom kon ik dat niet zien gebeuren? Als ze zo'n eetlust hadden, dan moest ik ze toch zeker op heterdaad kunnen betrappen als ik daar in die bladerhoop lag en me maar stil genoeg hield? Maar ze ontsnapten steevast aan mijn aandacht.

Mijn vader stelde een experiment voor. We sneden de bovenkant van een doorzichtige plastic fles af. We deden er om en om aarde, zand, dode bladeren in en ten slotte een handvol wormen. De dagen daarna zag ik de wormen tussen de lagen door kronkelen. Ze mixten en mengden. Niets bleef op zijn plaats. Zand kroop in aarde en bladeren kropen in zand. De scherpe scheidslijn tussen de lagen vervaagde. De wormen zie je misschien, legde mijn vader uit, maar er zijn veel meer wezens die zich zo gedragen die je *niet* kunt zien. Kleine wormpjes. En wezentjes nog kleiner dan kleine wormpjes. En nog kleinere wezentjes die er niet uitzien als wormen maar ook kunnen mixen en mengen en het een in het ander kunnen omzetten, precies zoals de wormen. Boekbinders binden boeken. Dit waren ontbinders, die het leven ontbinden. Als zij er niet waren, gebeurde er niets.

Het was zo'n nuttig idee. Het was alsof ik te zien kreeg hoe ik achteruit moest, hoe ik achteruit kon denken. Nu wezen de pijlen twee kanten uit. Binders maken iets, ontbinders maken het ongedaan. En zolang de ontbinders niets ongedaan maken, hebben de binders niets om iets mee te binden. Die gedachte veranderde de manier waarop ik tegen de wereld aankeek. En uit die gedachte, vanuit mijn fascinatie voor de wezens die ontbinden, groeide mijn belangstelling voor schimmels.

Uit die composthoop van vragen en fascinaties is dit boek ontstaan. Er zijn zoveel vragen en maar zo weinig antwoorden, en dat is opwindend. Dubbelzinnigheid kriebelt niet meer zoals eerst; ik vind het gemakkelijker om de verleiding te weerstaan onzekerheid te bestrijden met zekerheid. In mijn gesprekken met onderzoekers en liefhebbers merkte ik dat ik vaak onbewust optrad als intermediair en vragen beantwoordde over datgene waar mensen in andere, verre uithoeken van de mycologie mee bezig waren, waarbij ik soms een paar zandkorreltjes in de aarde deed, of soms een paar kluitjes aarde in het zand. Er zit meer stuifmeel op mijn gezicht dan toen ik begon. Nieuwe waaroms hebben zich boven op oude gestapeld. Er is een grotere hoop om in te springen, en hij ruikt nog even mysterieus als in het begin. Maar er is meer klamheid, meer om me in te begraven, en er valt meer te ontdekken.

Schimmels kunnen paddenstoelen maken, maar daarvoor moeten ze eerst iets ongedaan maken. Nu dit boek is gemaakt, geef ik het aan de schimmels om het ongedaan te maken. Ik maak één exemplaar nat en besprenkel het met *Pleurotus*-mycelium. Wanneer dat zich eenmaal door de woorden, de pagina's en de schutbladen heen heeft gevreten en er oesterzwammen aan het omslag ontspringen, eet ik die op. Ik haal de pagina's uit een ander exemplaar, maak er een brij van en neem een zwak zuur om de cellulose van het papier om te zetten in suiker. Aan de suikeroplossing voeg ik een gist toe. Als die eenmaal is gefermenteerd tot bier, drink ik die op en is de cirkel rond.

Schimmels scheppen werelden en maken ze weer ongedaan. Er zijn allerlei manieren om ze op heterdaad te betrappen: wanneer je paddenstoelensoep kookt of eet, wanneer je paddenstoelen gaat plukken of koopt, wanneer je alcohol fermenteert, een plant plant of gewoon met je handen in de grond wroet. En of je nu een schimmel toegang verschaft tot je geest of je afvraagt hoe hij dat doet bij iemand anders, of je nu wordt genezen door een schimmel of ziet dat iemand anders erdoor wordt genezen, of je nu een huis bouwt van paddenstoelen of thuis paddenstoelen kweekt, schimmels zullen *jou* op heterdaad betrappen. Als je leeft, dan hebben ze dat al gedaan.

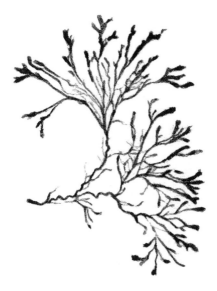

DANKWOORD

ZONDER DE LEIDING, DE LESSEN EN DE GEDULDIGE hulp van talloze experts, wetenschappers, onderzoekers en enthousiastelingen zou dit boek ondenkbaar zijn geweest. Ik bedank in het bijzonder Ralph Abraham, Andrew Adamatzky, Phil Ayres, Albert-László Barabási, Eben Bayer, Kevin Beiler, Luis Beltran, Michael Beug, Martin Bidartondo, Lynne Boddy, Ulf Büntgen, Duncan Cameron, Keith Clay, Yves Couder, Bryn Dentinger, Julie Deslippe, Katie Field, Emmanuel Fort, Mark Fricker, Maria Giovanna Galliani, Lucy Gilbert, Rufino Gonzales, Trevor Goward, Christian Gronau, Omar Hernandez, Allen Herre, David Hibbett, Stephan Imhof, David Johnson, Toby Kiers, Callum Kingwell, Natuschka Lee, Charles Lefevre, Egbert Leigh, David Luke, Scott Mangan, Michael Marder, Peter McCoy, Dennis McKenna, Pål Axel Olsson, Stefan Olsson, Magnus Rath, Alan Rayner, David Read, Dan Revillini, Marcus Roper, Jan Sapp, Carolina Sarmiento, Justin Schaffer, Jason Scott, Marc-André Selosse, Jason Slot, Sameh Soliman, Toby Spribille, Paul Stamets, Michael Stusser, Anna Tsing, Raskal Turbeville, Ben Turner, Milton Wainwright, Håkan Wallander, Joe Wright en Camilo Zalamea.

Mijn agent, Jessica Woollard, en mijn redacteuren, Will Hammond van Bodley Head en Hilary Redmon van Random House, voorzagen me van een gestage stroom aanmoedigingen, een duidelijke visie en wijze raad, waar ik immens dankbaar voor ben. Ik had het geluk dat ik bij Bodley Head/Vintage werkte met Graham Coster, Suzanne Dean, Sophie Painter en Joe Pickering en bij Random House beschikte over een uitstekend team met Tim O'Brian, Karla Eoff, Lucas Heinrich, Simon Sullivan, Molly Turpin en Ada Yonenaka. Collin Elder experimenteerde met inkt die is gemaakt van de geschubde inktzwam en maakte er prachtige tekeningen van schimmels mee. Voor hun hulp met de vertaling van verschillende passages bedank ik Xavier Buxton, Simi Freund, Julia Hart, Pete Riley en Anna Westermeier. Pam Smart verschafte waardevolle hulp bij de transcriptie van de interviews en Chris Morris van 'Spores for Thought' verzamelde sporenafdrukken. Christian Ziegler vergezelde me in het woud van Panama en slaagde erin de vreemde betovering van mycoheterotrofe planten op de gevoelige plaat vast te leggen.

Ik ben degenen dankbaar die in verschillende stadia gedeelten van het boek of het hele boek lazen: Leo Amiel, Angelika Cawdor, Nadia Chaney, Monique Charlesworth, Libby Davy, Tom Evans, Charles Foster, Simi Freund, Stephan Harding, Ian Henderson, Johnny Lifschutz, Robert Macfarlane, Barnaby Martin, Uta Paszkowski, Jeremy Prynne, Jill Purce, Pete Riley, Erin Robinsong, Nicholas Rosenstock, Will Sapp, Emma Sayer, Cosmo Sheldrake, Rupert Sheldrake, Sara Sjölund, Teddy St Aubyn, Erik Verbruggen en Flora Wallace. Zonder hun inzicht en fijngevoeligheid was het me niet gelukt.

Voor de vele soorten zorgzaamheid en inspiratie onderweg bedank ik David Abram, Mileece Abson, Matthew Barley, Fawn Baron, Finn Beames, Gerry Brady, Dean Broderick, Caroline Casey, Udavi Cruz-Márquez, Mike de Danann Datura, Andréa de Keijzer, Lindy Dufferin, Sara Perl Egendorf, Zac Embree, Amanda Feilding, Johnny Flynn, Viktor Frankel, Dana Frederick, Charlie

Gilmour, Stephan Harding, Lucy Hinton, Rick Ingrasci, James Keay, Oliver Kelhammer, Erica Kohn, Natalie Lawrence, Sam Lee, Andy Letcher, Jane Longman, Luis Eduardo Luna, Vahakn Matossian, Sean Matteson, Tom Fortes Mayer, Evan McGown, Zayn Mohammed, Mark Morey, Viktoria Mullova, Misha Mullov-Abbado, Charlie Murphy, Dan Nicholson, Richard Perl, John Preston, Paul Raphael, Anthony Ramsay, Vilma Ramsay, Steve Rooke, Gryphon Rower-Upjohn, Matt Segall, Rupinder Sidhu, Wayne Silby, Paulo Roberto Silva e Souza, Joel Solomon, Anne Stillman, Peggy Taylor, Robert Temple, Jeremy Thres, Mark Vonesch, Flora Wallace, Andrew Weil, Khari Wendell-McClelland, Kate Whitley, Heather Wolf en Jon Young. Ik sta in het krijt bij de vele geweldige docenten en mentoren die me in de loop der jaren hebben geholpen, vooral Patricia Fara, William Foster, Howard Griffiths, David Hanke, Nick Jardine, Mike Majerus, Oliver Rackham, Fergus Read, Simon Schaffer, Ed Tanner en Louis Vause.

Ik ben dankbaar voor de hulp van verschillende instituten: Clare College, Cambridge, en het Cambridge Department of Plant Sciences en het Department of History and Philosophy of Science, waar ik enkele opwindende jaren heb doorgebracht; het Smithsonian Tropical Research Institute voor de ondersteuning in de tijd waarin ik in Panama woonde en voor de voortdurende zorg voor het Barro Colorado Nature Monument; en Hollyhock, in British Columbia, omdat het me een prachtige plek gaf om de hele winter te werken.

Ontelbare uren muziek hebben me geholpen me door dit boek heen te denken en te voelen. Van bijzonder belang waren de geluiden van het Aka-volk, Johann Sebastian Bach, William Byrd, Miles Davis, João Gilberto, Billie Holiday, Charles Mingus, Thelonious Monk, Moondog, Bud Powell, Thomas Tallis, Fats Waller en Teddy Wilson. De twee locaties die het meest bepalend zijn geweest voor het ontstaan van dit boek zijn Hampstead Heath en Cortes Island. Daaraan, en aan iedereen die er woont en ze beschermt, ben ik meer verschuldigd dan ik onder woorden kan brengen. Bovenal bedank ik, voor hun inspiratie, liefde, geestigheid, wijsheid, ruimhartigheid en eindeloze geduld, Erin Robinsong, Cosmo Sheldrake en mijn ouders, Jill Purce en Rupert Sheldrake.

NOTEN

INLEIDING: HOE IS HET OM EEN SCHIMMEL TE ZIJN?

1 Hafez (1315-1390), in Ladinsky (2010).
2 Ferguson et al. (2003). Er zijn talloze andere meldingen van enorme netwerken van *Armillaria*. In een onderzoek van Anderson et al. (2018) werd een myceliumnetwerk in Michigan onderzocht dat naar schatting vijfentwintighonderd jaar oud was, minstens vierhonderd ton woog en zich over een oppervlakte van vijfenzeventig hectare uitspreidde. De onderzoekers constateerden dat de schimmel nauwelijks genetische mutatie vertoonde, wat doet vermoeden dat hij over een manier beschikt om zich te beschermen tegen beschadiging van zijn DNA. Hoe hij zijn genoom zo stabiel houdt is onbekend, maar het verklaart waarschijnlijk waarom hij zo oud is. Naast *Armillaria* zijn enkele van de grootste organismen bepaalde soorten zeegrassen (Arnaud-Haond et al. [2012]).
3 Moore et al. (2011), hoofdstuk 2.7; Honegger et al. (2018). De fossiele overblijfselen van *Prototaxites* zijn aangetroffen in Noord-Amerika, Europa, Afrika, Azië en Australië. Halverwege de negentiende eeuw braken biologen zich al het hoofd over de aard van *Prototaxites*. Ze dachten eerst nog dat het verrotte bomen

waren. Het duurde niet lang of *Prototaxites* werden bevorderd tot de status van reuzenalgen die in zee leefden, ondanks overweldigend bewijs dat ze op het land groeiden. In 2001, na tientallen jaren discussie, werd geopperd dat het de vruchtlichamen van schimmels waren. Het pleidooi was overtuigend: ze bestonden uit strak geweven vezels die meer lijken op hyfen dan op iets anders. Analyse van koolstofisotopen wijst uit dat ze konden bestaan door hun omgeving te verteren, en niet dankzij fotosynthese. Niet lang daarna betoogde Selosse (2002) dat het nog waarschijnlijker is dat *Prototaxites* reusachtige korstmossen waren, een verbond van schimmels en fotosynthetische algen. Volgens hem waren *Prototaxites* te groot om te kunnen overleven door dood plantenmateriaal te verteren. Als *Prototaxites* gedeeltelijk fotosynthetisch waren, dan zullen ze in staat zijn geweest dat voedingspatroon aan te vullen met energie uit fotosynthese en zullen ze zowel de middelen als de prikkel hebben gehad om hoger te groeien dan alles eromheen. Bovendien bevatten *Prototaxites* taaie polymeren, die destijds werden aangetroffen in algen, wat inderdaad doet vermoeden dat algencellen met hyfen verweven waren. De korstmossenhypothese kan ook verklaren waarom ze zijn uitgestorven. Nadat ze veertig miljoen jaar de wereld hadden gedomineerd, verdwenen *Prototaxites* op mysterieuze wijze, juist op het moment waarop planten tot bomen en struiken evolueerden. Dat gegeven strookt met de hypothese dat *Prototaxites* korstmosachtige organismen waren, want meer planten betekent minder licht.

4 Zie voor een uitgebreide bespreking van de diversiteit en de verbreiding van schimmels Peay (2016); zie voor mariene schimmels Bass et al. (2007); zie voor schimmel-endofyten Mejía et al. (2014), Arnold et al. (2003) en Rodriguez et al. (2009). Zie voor een verhandeling over schimmels die gedijen op alcoholdampen uit whiskyvaten Alpert (2011).

5 Zie voor schimmels die gesteente kunnen verteren Burford et al. (2003) en Quirk et al. (2014). Zie voor schimmels die kunststof en TNT aankunnen Peay et al. (2016), Harms et al. (2011), Stamets (2011) en Khan et al. (2017). Zie voor stralingsbestendige schimmels Tkavc et al. (2018) en voor radiografische schimmels Dadachova en Casadevall (2008) en Casadevall et al. (2017).

6 Zie voor het uitstoten van sporen Money (1998), Money (2016) en Dressaire et al. (2016). Zie voor de massa van sporen en de invloed ervan op het weer Fröhlich-Nowoisky et al. (2009). Zie voor een bespreking van de vele kleurrijke oplossingen die bij schimmels zijn geëvolueerd om hun sporen te verspreiden Roper et al. (2010) en Roper en Seminara (2017).

7 Zie voor dat door ecosystemen heen gaan Roper en Seminara (2017) en voor de elektrische impulsen Harold et al. (1985) en Olsson en Hansson (1995). Gistsoorten maken ongeveer voor één procent deel uit van het schimmelrijk en vermenigvuldigen zich door 'knoppen' te vormen of zich in tweeën te delen. Sommige gistsoorten vormen onder bepaalde omstandigheden hyfenachtig weefsel (Sudbery et al. [2004]).

8 Zie voor gevallen van schimmels die door asfalt heen dringen en stenen optillen Moore (2013b), hoofdstuk 3.

9 Bladsnijdersmieren voorzien hun schimmels niet alleen van voedsel en onderdak, maar ook van medicijnen. Hun 'schimmeltuinen' zijn monoculturen: ze bestaan uit één type schimmel. Zoals monoculturen van mensen zijn ook die van schimmels kwetsbaar. Vooral een bepaalde soort gespecialiseerde parasitaire schimmel vormt een bedreiging: hij kan zo'n schimmeltuin compleet verwoesten. In holtes in de opperhuid van de bladsnijdersmieren komen bacteriën voor die de mieren voeden met een speciale klier. Elk nest heeft zijn eigen bacteriënsoort, die de voorkeur van de mieren geniet boven andere soorten, zelfs nauw verwante. Deze gedomesticeerde bacteriën maken antibiotica aan die de parasitaire schimmel hinderen en de groei van de gecultiveerde schimmel bevorderen. Zonder die schimmels zouden bladsnijdersmierenkolonies niet zo groot kunnen worden. Zie Currie et al. (1999), Currie et al. (2006) en Zhang et al. (2007).

10 Zie voor de Romeinse god Robigus Money (2007), hoofdstuk 6, en Kavaler (1967), hoofdstuk 1. Zie voor superschimmels Fisher et al. (2012, 2018), Casadevall et al. (2019) en Engelthaler et al. (2019). Zie voor de schimmelziekte onder amfibieën Yong (2019) en voor de bananenziekte Maxman (2019). Ziekteverwekkende bacteriën vormen een grotere bedreiging voor dieren dan ziekteverwekkende schimmels. Bij planten is het andersom. Hetzelfde geldt in gezonde toestand: het microbioom van dieren wordt meestal gedomineerd door bacteriën, dat van planten door schimmels. Dat wil niet zeggen dat dieren geen last hebben van schimmelziekten. Casadevall (2012) beweert dat de opkomst van de zoogdieren en de neergang van reptielen nadat de dinosaurussen waren uitgestorven – de krijt-tertiair-uitsterving, KTU – mogelijk werden doordat zoogdieren zich tegen schimmelziekten konden verweren. Vergeleken met reptielen hebben zoogdieren enkele nadelen: warmbloedig zijn kost veel energie, melk produceren en intensieve ouderzorg kosten nog meer energie. Maar hun hogere lichaamstemperatuur heeft er mogelijk juist voor gezorgd dat zoogdieren als dominante landdieren de reptielen verdrongen. Die belemmert de groei van ziekteverwekkende schimmels, die naar men denkt welig tierden in de 'wereldwijde composthoop' die volgde op de massale sterfte van de bossen na de KTU. Tot op de dag van vandaag zijn zoogdieren beter bestand tegen veelvoorkomende schimmelziekten dan reptielen en amfibieën.

11 Zie voor een onderzoek naar neanderthalers Weyrich et al. (2017), zie voor Ötzi Peintner et al. (1998). Hoe Ötzi de berkenzwammen gebruikte is niet met zekerheid vast te stellen, maar ze zijn bitter en lastig te verteren, dus duidelijk niet 'voedzaam' in de gebruikelijke betekenis. Dat Ötzi de zwammen zo zorgvuldig bewaarde – ze hingen als sleutelringen aan leren veters – getuigt van een grondige kennis van hun waarde en toepassing.

12 Zie voor schimmelkuren Wainwright (1989a en 1989b). In Egypte, Soedan en Jordanië gevonden menselijke beenderen uit ongeveer het jaar 400 bevatten grote hoeveelheden van het antibioticum tetracycline, wat wijst op langdurige inname, als in een therapeutische situatie. Tetracycline is afkomstig van een bacterie en niet van een schimmel, maar de bron was waarschijnlijk beschimmeld

graan dat werd gebruikt om geneeskrachtig bier te brouwen (Bassett et al. [1980] en Nelson et al. [2010]). Tussen Flemings eerste observatie en de doorbraak van penicilline op het wereldtoneel zaten vele omwegen en er kwam heel wat kijken bij die doorbraak: experimenten, industriële knowhow, investeringen en politieke steun. Om te beginnen kostte het Fleming moeite om iemand zover te krijgen naar zijn ontdekking te kijken. In de woorden van Milton Wainwright, microbioloog en wetenschapshistoricus, was Fleming een 'excentrieke rommelaar'. 'Hij stond bekend als een halvegare die idiote dingen deed, bijvoorbeeld portretten maken van de koningin in petrischaaltjes met verschillende bacterieculturen.' Spectaculair bewijs van de therapeutische waarde van penicilline kwam pas twaalf jaar na Flemings eerste waarneming. In de jaren dertig van de vorige eeuw ontwikkelde een onderzoeksgroep in Oxford een methode om penicilline te extraheren en te zuiveren. In 1940 toonde de groep experimenteel het verbluffende vermogen van het middel aan om infecties te bestrijden. Maar het bleef moeilijk om penicilline te produceren. Omdat er nog geen product was dat algemeen verkrijgbaar was, werden instructies voor de kweek van de schimmel gepubliceerd in medische vakbladen. Sommige artsen gebruikten ruwe 'gootsteenextracten' in combinatie met fijngehakt mycelium op operatiegaas ter behandeling van infecties, een behandeling die opvallend effectief bleek (Wainwright [1989a en 1989b]). Uiteindelijk zou penicilline op industriële schaal in de Verenigde Staten worden geproduceerd. Dat was voor een deel te danken aan goed ontwikkelde Amerikaanse methoden om op industriële schaal schimmels te kweken en voor een deel aan de ontdekking van bepaalde soorten *Penicillium*-zwammen met een hogere opbrengst, die door middel van mutatie werden veredeld. De industrialisering van penicilline leidde tot een intensieve speurtocht naar nieuwe antibiotica, waarvoor duizenden schimmels en bacteriën werden gescreend.

13 Zie voor schimmels als geneesmiddel Linnakoski et al. (2018), Aly et al. (2011) en Gond et al. (2014). Zie voor psilocybine Carhart-Harris et al. (2016a), Griffiths et al. (2016) en Ross et al. (2016). Zie voor vaccins en citroenzuur *State of the World's Fungi* (2018). Zie voor de markt voor eetbare en geneeskrachtige paddenstoelen www.knowledgesourcing.com/report/global-edible-mushrooms-market [geraadpleegd op 29 oktober 2019]. Volgens een onderzoek uit 1993 in *Science* werd paclitaxel (verkocht onder de merknaam Taxol) geproduceerd door een endofytische schimmel die was geïsoleerd uit de bast van een West-Amerikaanse taxus (Stierle et al. [1993]). Sindsdien is duidelijk geworden dat paclitaxel veel vaker wordt geproduceerd door schimmels dan door planten; het gaat om zo'n tweehonderd endofytische schimmels, verspreid over verschillende families (Kusari et al. [2014]). Als krachtig middel tegen schimmels speelt het een belangrijke rol in de afweer: schimmels die paclitaxel kunnen aanmaken, kunnen andere schimmels afweren. Het werkt hetzelfde tegen schimmels als tegen kanker, namelijk doordat het celdeling tegengaat. Paclitaxel-producerende schimmels zijn immuun voor de gevolgen, net als andere schimmel-endofyten

die op taxussen voorkomen (Soliman et al. [2015]). Enkele andere op schimmels gebaseerde kankermedicijnen hebben hun weg gevonden naar de farmaceutische praktijk. Van lentinan, een polysacharide uit shiitake-paddenstoelen, is bekend dat het bevorderlijk is voor het vermogen van het immuunsysteem om kanker te bestrijden. Het middel is in Japan goedgekeurd voor de behandeling van maag- en borstkanker (Rogers [2012]). PSK, een stof die wordt gewonnen uit het gewoon elfenbankje, verlengt het leven van patiënten die lijden aan verschillende vormen van kanker en wordt in China en Japan gebruikt in combinatie met conventionele manieren om kanker te behandelen (Powell [2014]).

14 Zie voor schimmelmelaninen Cordero (2017).

15 Zie voor schattingen van het aantal schimmelsoorten Hawksworth (2001) en Hawksworth en Lücking (2017).

16 Onder neurowetenschappers staat de rol die onze verwachtingen spelen bekend als de bayesiaanse gevolgtrekking, naar Thomas Bayes, een wiskundige die een belangrijke bijdrage leverde aan de kansrekening. Zie Gilbert en Sigman (2007) en Mazzucato et al. (2019).

17 Adamatzky (2016), Latty en Beekman (2011), Nakagaki et al. (2000), Bonifaci et al. (2012), Tero et al. (2010) en Oettmeier et al. (2017). In *Advances in Physarum Machines* (Adamatzky [2016]) bespreken onderzoekers tot in detail veel van de verrassende eigenschappen van slijmzwammen. Sommigen gebruiken ze om beslissingspunten en oscillatoren te maken, anderen simuleren er historische volksverhuizingen mee of ontwerpen modellen voor toekomstige migratiepatronen. Tot de wiskundige modellen die op slijmzwammen zijn geïnspireerd behoren de zogeheten non-quantumimplementatie van Shor's factorisatie, de berekening van de kortste weg tussen verschillende punten en het ontwerpen van aanvoerketens. Oettmeier et al. (2017) merken op dat Hirohito, tussen 1926 en 1989 de keizer van Japan, gefascineerd was door slijmzwammen en er in 1935 een boek over uitgaf. Sindsdien zijn slijmzwammen in Japan een prestigieus onderzoeksonderwerp.

18 Het classificatiesysteem van Linnaeus, dat hij in 1735 publiceerde in zijn *Systema Naturae* en waarvan tegenwoordig een aangepaste versie wordt gebruikt, breidde die hiërarchieën uit naar het mensenras. Bovenaan stonden de Europeanen: 'Zeer intelligent, inventief. Met strakke kledij bedekt. Door de wet geregeerd.' Daarna volgden de Amerikanen: 'Geregeerd door gewoonte.' Vervolgens de Aziaten: 'Geregeerd door de opinie.' En tot slot de Afrikanen: 'Sloom, lui ... doortrapt, traag, ongeïnteresseerd. Onder de viezigheid. Geregeerd door grilligheid.' (Kendi [2017]) De manier waarop soorten in hiërarchische classificatiesystemen worden gerangschikt kan, bij uitbreiding, worden beschouwd als speciësisme of 'soortisme'.

19 Zie voor verschillende microbengemeenschappen in verschillende delen van het lichaam Costello et al. (2009) en Ross et al. (2018). Zie voor de vergelijking met sterren in de melkweg Yong (2016), hoofdstuk 1. In 'New Year Greeting' biedt W.H. Auden de ecosystemen van zijn lichaam aan zijn bacteriële inwoners aan.

'For creatures your size I offer / a free choice of habitat, / so settle yourselves in the zone / that suits you best, in the pools / of my pores or the tropical / forests of arm-pit en crotch, / in the deserts of my fore-arms, / or the cool woods of my scalp.' ('Aan schepsels zoals u bied ik / vrije keus van habitat, / dus nestel u in het gebied / dat u schikt, in de poelen / van mijn poriën of de tropische / bossen van oksel en kruis, / in de woestijn van mijn onderarm / of het koel bos van mijn haar.')

20 Zie voor orgaantransplantaties en culturen van menselijke cellen Ball (2019). Zie voor een schatting van de omvang van ons microbioom Bordenstein en Theis (2015). Zie voor virussen in virussen Stough et al. (2019). Zie voor een algehele inleiding in het microbioom Yong (2016) en een speciale aflevering van *Nature* over het microbioom van de mens (mei 2019) www.nature.com/collections/ fiabfcjbfj [geraadpleegd op 29 oktober 2019].

21 In zekere zin is elke bioloog tegenwoordig ecoloog, maar 'echte' ecologen hebben een voorsprong en hun methoden sijpelen door naar andere terreinen: sommige biologen roepen op om ecologische methoden toe te passen op biologische onderzoeksterreinen die van oudsher niet-ecologisch zijn. Zie Gilbert en Lynch (2019) en Venner et al. (2009). Er zijn verschillende voorbeelden van de droste-effecten van microben die in schimmels voorkomen. In een onderzoek in *Science* in 2007 beschreven Márquez et al. (2007) 'een virus in een schimmel in een plant'. De plant – een tropische grassoort – groeit van nature bij een hoge bodemtemperatuur. Maar zonder de schimmel in zijn bladeren overleeft hij zulke hoge temperaturen niet. Op zichzelf, zonder plant, brengt de schimmel het er niet veel beter van af en overleeft hij niet. Maar het blijkt dat niet de schimmel verantwoordelijk is voor het vermogen om hoge temperaturen te doorstaan, maar een virus. Zonder dat virus is schimmel noch plant bestand tegen hoge temperaturen. Het microbioom van de schimmel bepaalt met andere woorden de rol die de schimmel speelt in het microbioom van de plant. Het resultaat is duidelijk: leven of dood. Een van de spectaculairste voorbeelden van microben die in microben leven is dat van de beruchte *Rhizopus microsporus,* een schimmel die de rijstoogst laat mislukken. De voornaamste toxinen waarvan *Rhizopus* zich bedient zijn afkomstig van een bacterie die in zijn hyfen leeft. Hoezeer het lot van de schimmel en dat van zijn bacteriën met elkaar zijn verknoopt, blijkt uit het feit dat *Rhizopus* de bacterie niet alleen nodig heeft om de ziekte te veroorzaken, maar ook om zich voort te planten. *Rhizopus* experimenteel 'genezen' van zijn bacteriële bewoner belemmert de schimmel in zijn vermogen om sporen te produceren. De bacterie is verantwoordelijk voor de kenmerkende eigenschappen van *Rhizopus'* levensstijl: van zijn eetpatroon tot zijn seksuele gewoonten. Zie Araldi-Brondolo et al. (2017), Mondo et al. (2017) en Deveau et al. (2018).

22 Zie voor bespiegelingen over het verlies aan eigen identiteit Relman (2008). De vraag of de mens een enkelvoudig dan wel een meervoudig wezen is, is niet nieuw. Negentiende-eeuwse fysiologen dachten dat meercellige organismen bestonden uit gemeenschappen van cellen, waarvan elke cel een opzichzelfstaand

individu was, naar analogie van een individuele inwoner van een natiestaat. Dergelijke kwesties worden steeds complexer door ontwikkelingen in de microbiële wetenschappen, omdat de meeste cellen in je lichaam strikt genomen geen verband met elkaar houden, zoals een gemiddelde levercel en de gemiddelde cel van een nier. Zie Ball (2019), hoofdstuk 1.

1 LOKAAS

1   Who's pimping who?: Prince, 'Illusion, Coma, Pimp & Circumstance', *Musicology* (2004).

2   Psychoactieve 'truffels' zoals je die in Amsterdam kunt kopen, zijn anders dan hun naam doet vermoeden geen vruchtlichamen. Het zijn opslagorganen die bekendstaan als 'sclerotia' en truffels worden genoemd omdat ze er oppervlakkig gezien op lijken.

3   Zie voor de ontelbare geuren Bushdid et al. (2014) en voor 'olfactorisch de weg vinden' Jacobs et al. (2015). Zie voor olfactorische flashbacks en een algemene bespreking van het reukvermogen van de mens McGann (2017). Sommige mensen zijn 'superruikers' (hyperosmisch). Een onderzoek van Trivedi et al. (2019) maakt melding van een vrouw met een superreukvermogen die daarmee kan vaststellen of iemand de ziekte van Parkinson heeft.

4   Zie voor een bespreking van de geur van verschillende chemische verbindingen Burr (2012), hoofdstuk 2.

5   Die receptoren behoren tot een grote familie, genaamd G-proteïne-gekoppelde receptoren, oftewel GPCR's. Zie voor een onderzoek naar de olfactorische gevoeligheid van mensen Sarrafchi et al. (2013), die schrijft dat mensen soms geuren kunnen ruiken met een concentratie van 0,001 deeltje op een triljoen.

6   Zie voor *turmas de tierra* Ott (2002). Truffels waren volgens Aristoteles 'een aan Aphrodite gewijde vrucht'. Het is bekend dat Napoleon en Markies de Sade ze als afrodisiacum gebruikten en dat George Sand ze de 'zwarte toverappel van de liefde' noemde. De Franse gastronoom Jean Anthelme Brillat-Savarin schreef dat 'truffels bevorderlijk zijn voor erotische genoegens'. In de jaren twintig van de negentiende eeuw besloot hij dat wijdverbreide geloof aan een onderzoek te onderwerpen en consulteerde hij enkele dames ('elk antwoord dat ik kreeg was ironisch dan wel ontwijkend') en mannen ('die vanwege hun beroep geheim moesten blijven'). Hij concludeerde dat 'de truffel geen echt afrodisiacum is, maar vrouwen in bepaalde omstandigheden aanhankelijker kan maken en mannen attenter' (Hall et al. [2007], p. 33).

7   Zie voor Laurent Rambaud Chrisafis (2010). Journalist Ryan Jacobs heeft het vals spel in de truffelketen in kaart gebracht. Sommige hondenvergiftigers gebruiken gehaktballen met strychnine erin, andere doen vergif in het water in het bos om ook gemuilkorfde honden te vergiftigen, weer andere gebruiken vlees met glasscherven erin, en ook rattengif en antivries worden veel gebruikt. Volgens ge-

gevens van dierenartsen worden elk truffelseizoen honderden honden behandeld. De autoriteiten laten speurhonden in bepaalde bossen patrouilleren die gif kunnen ruiken (Jacobs [2019], pp. 130-134). In 2003 schreef *The Guardian* dat de truffelhond van Michel Tournayre, een Franse truffelexpert, was gestolen. Tournayre vermoedde dat de dieven het dier niet hadden verkocht, maar gebruikten om truffels te stelen die op het terrein van anderen groeiden (Hall et al. [2007], p. 209). Is er een betere manier om truffels te stelen dan met een gestolen hond?

8 Zie voor de elanden met de bebloede snuiten Tsing (2015), 'Interlude. Smelling', voor de door vliegen bestoven orchideeën Policha et al. (2016), voor *Euglossini* die complexe aromatische verbindingen verzamelen Vetter en Roberts (2007) en voor de gelijkenis met verbindingen die door schimmels worden aangemaakt De Jong et al. (1994). *Euglossini* scheiden een vettige substantie af die ze op het geurende voorwerp aanbrengen. Is de geur eenmaal opgenomen, dan schrapen ze het vet er weer van af en slaan het op in korfjes op hun achterpootjes. Dat proces is identiek aan enfleurage, de methode die mensen al honderden jaren gebruiken om geuren als die van jasmijn te extraheren, die te vluchtig zijn om te extraheren door middel van warmte (Eltz et al. [2007]).

9 Naef (2011).

10 Zie voor Bordeu Corbin (1986), p. 35.

11 Zie voor de recordtruffel news.bbc.co.uk/1/hi/world/europe/7123414.stm [geraadpleegd op 29 oktober 2019].

12 Zie voor een bespreking van de invloed van het bioom van een truffel op zijn geur Vahdatzadeh et al. (2015). Toen ik met Daniele en Paride op stap was, viel me op dat een truffel die werd opgegraven uit de ziltige bodem naast een rivier heel anders rook dan een die werd gevonden in zwaardere kleigrond hoger in het dal. Dat verschil doet er waarschijnlijk niet veel toe voor een spitsmuis met honger. Maar een witte truffel die in de buurt van Alba is gevonden, gaat voor vier keer zoveel geld van de hand als een die in de buurt van Bologna is gevonden (hoewel het feit dat sommige truffelhandelaars truffels uit Bologna geregeld laten doorgaan voor die uit Alba doet vermoeden dat niet iedereen het verschil merkt). Regionale verschillen in het profiel van vluchtige stoffen van truffels worden bevestigd door officieel onderzoek (Vita et al. [2015]).

13 Zie voor de oorspronkelijke constatering dat truffels androstenol produceren Claus et al. (1981), zie voor een vervolgonderzoek van negen jaar later Talou et al. (1990).

14 Het aantal vluchtige stoffen waarvan is vastgesteld dat één truffelsoort ze voortbrengt is door de jaren heen gestaag toegenomen doordat de detectiemethoden steeds gevoeliger zijn geworden. Die zijn nog altijd veel minder gevoelig dan een mensenneus en het aantal zal in de toekomst waarschijnlijk nog verder toenemen. Zie voor de vluchtige stoffen van witte truffel Pennazza et al. (2013) en Vita et al. (2015), voor die van andere soorten Splivallo et al. (2011). Er zijn verschillende redenen waarom het riskant is om de aantrekkingskracht van truffels toe te schrijven aan maar één vluchtige verbinding. In het onderzoek van

Talou et al. (1990) werd slechts een klein aantal dieren gebruikt en maar één truffelsoort onderzocht, op één plek en niet al te diep. Verschillende combinaties van vluchtige verbindingen kunnen prominenter aanwezig zijn op verschillende dieptes op verschillende plekken. Bovendien wordt een hele reeks wilde dieren door truffels aangetrokken, van wilde zwijnen tot woelratten tot insecten. Verschillende elementen uit de cocktail van vluchtige verbindingen van truffels zouden verschillende dieren kunnen aantrekken. Androstenol zou op subtielere wijze op dieren kunnen inwerken. De stof is misschien niet van zichzelf actief (waar in het onderzoek van werd uitgegaan), maar alleen in combinatie met andere verbindingen. Ook kan androstenol niet zozeer van belang zijn voor het vinden van truffels, maar des te meer voor de ervaring van de dieren die ze eten. Zie voor giftige truffelsoorten Hall et al. (2007). Behalve van *Gautieria* wordt van de gewone meandertruffel *Choiromyces meandriformis* gezegd dat die 'sterk en misselijkmakend' ruikt en in Italië als giftig wordt beschouwd (hoewel hij in Noord-Europa populair is). *Balsamia vulgaris* wordt eveneens als licht giftig beschouwd, hoewel honden van het aroma – 'als ranzig vet' – schijnen te houden.

15 Zie voor de export en de verpakking van truffels Hall et al. (2007), p. 219 en p. 227.

16 Daar waar mycelium op onderzoek uitgaat, groeien hyfen meestal uiteen zonder elkaar ooit te raken. In rijpere delen van het mycelium hebben de hyfen de neiging om elkaar heen te draaien. De punten raken tot elkaar aangetrokken en beginnen te 'oriënteren' (Hickey et al. [2002]). We begrijpen nog niet goed hoe hyfen elkaar aantrekken en afstoten. Onderzoek met een modelorganisme, de broodschimmel *Neurospora crassa*, levert enkele aanknopingspunten op. Hyfenpuntjes geven om beurten een feromoon af dat de ander aantrekt en 'opwindt'. Door dat heen-en-weer-gaan – 'alsof je een bal gooit', schrijven de auteurs van één onderzoek – kunnen hyfen vaart krijgen, zich door elkaar laten leiden en een ritme ontwikkelen. Dat 'oscilleren' – een soort tennisrally, maar dan door middel van chemie – stelt ze in staat de ander te lokken zonder zichzelf te stimuleren. Wanneer de een 'serveert', is hij niet in staat het feromoon te detecteren. Wanneer de ander serveert, wordt de eerste gestimuleerd (Read et al. [2009] en Goryachev et al. [2012]).

17 Zie voor een bespreking van paringstypen van *Schizophyllum commune* McCoy (2016), p. 13, en voor het samengaan van geslachtelijk onverenigbare hyfen Saupe (2000) en Moore et al. (2011), hoofdstuk 7.5. Het vermogen van hyfen om zich te verenigen wordt bepaald door hun 'vegetatieve compatibiliteit'. Zodra de hyfen zich eenmaal beginnen te verenigen, bepaalt een apart systeem van paringstypen welke celkernen geslachtelijk kunnen worden gerecombineerd. De twee systemen worden afzonderlijk gereguleerd, hoewel geslachtelijke recombinatie pas kan plaatsvinden als de hyfen met elkaar zijn samengegaan en genetisch materiaal hebben uitgewisseld. De uitkomst van de vegetatieve 'fusie' tussen verschillende myceliumnetwerken kan uiterst complex en onvoorspelbaar zijn (Rayner et al. [1995] en Roper et al. [2013]).

18 Zie voor details over de voortplanting van truffels Selosse et al. (2017), Rubini et al. (2007) en Taschen et al. (2016). Zie voor voorbeelden van interseksualiteit in de dierenwereld Roughgarden (2013). Als truffelkwekers echt willen snappen hoe ze truffels kunnen kweken, moeten ze de voortplanting van truffels begrijpen. Het probleem is dat ze dat niet doen. Truffelzwammen zijn nooit op heterdaad tijdens de voortplanting betrapt. Misschien is dat niet zo verrassend, gezien hun moeilijk toegankelijke manier van leven. Eigenaardig is dat niemand ooit een vaderhyfe heeft aangetroffen. Al deden onderzoekers nog zo hun best er een te vinden, ze hebben alleen moederhyfen op boomwortels en in de bodem gevonden, hetzij 'plus', hetzij 'min'. Vadertruffels lijkt geen lang leven te zijn beschoren en lijken na de bevruchting van het toneel te verdwijnen: 'geboren worden, dan een beetje seks, en daarna niets' (Dance [2018]).

19 De hyfen van sommige soorten mycorrhizaschimmels kunnen zichzelf in hun sporen terugtrekken en op een later moment opnieuw ontspruiten (Wipf et al. [2019]).

20 Zie voor de uitwerking die schimmels op plantenwortels hebben Ditengou et al. (2015), Li et al. (2016), Splivallo et al. (2009), Schenkel et al. (2018) en Moisan et al. (2019).

21 Zie voor een discussie over de evolutie van communicatie bij mycorrhizasymbiose, waaronder het opschorten van de immuunreactie, Martin et al. (2017), en voor een discussie over signaaloverdracht tussen planten en schimmels en de genetische basis daarvan Bonfante (2018). Zie voor communicatie tussen planten en schimmels bij andere soorten mycorrhizarelaties Lanfranco et al. (2018). De cocktails van chemische stoffen die schimmels aanbieden zijn genuanceerd en hebben een grote dynamiek. De vluchtige verbindingen die ze gebruiken om met een plant te communiceren zouden ze ook kunnen gebruiken om dat te doen met de omringende bacteriënpopulaties (Li et al. [2016] en Deveau et al. [2018]). Schimmels gebruiken hun vluchtige verbindingen om rivaliserende schimmels af te schrikken; planten gebruiken die van hen om ongewenste schimmels af te schrikken. (Li et al. [2016] en Quintana-Rodriguez et al. [2018]). Dezelfde stoffen kunnen een verschillende uitwerking op planten hebben, afhankelijk van de concentratie. De plantenhormonen die sommige truffelsoorten aanmaken om de fysiologie van hun gastheer te manipuleren, kunnen in hoge concentratie planten doden en als wapen dienen om planten af te schrikken die met ze concurreren om dezelfde plantenpartners (Splivallo et al. [2007 en 2011]). Op sommige soorten truffelzwammen wordt geparasiteerd door andere schimmels, die waarschijnlijk door de chemische boodschappen worden aangetrokken. De truffelparasiet *Tolypocladium capitata* is een neefje van de *Ophiocordyceps*-schimmels die op insecten parasiteren en parasiteert onder andere op hertentruffels of *Elaphomyces* (Rayner et al. [1995]; zie voor foto's mushroaming.com/cordyceps-blog [geraadpleegd op 29 oktober 2019]).

22 Zie voor het eerste bericht over de groei van *Tuber melanosporum* op de Britse eilanden – naar men denkt het gevolg van klimaatverandering – Thomas en

Büntgen (2017). De 'moderne' methode om *Tuber melanosporum* te kweken werd pas ontwikkeld in 1969 en de eerste partij kunstmatig verkregen truffels dateert van 1974. Op zaailingen wordt het mycelium van *Tuber melanosporum* aangebracht. Ze worden geplant zodra de wortels goed met de zwam zijn bezet. Na enkele jaren brengt de zwam, onder de juiste omstandigheden, truffels voort. Er wordt steeds meer land voor de truffelteelt gebruikt (wereldwijd ruim veertigduizend hectare) en zwarte-truffelgaarden zijn een succes van de Verenigde Staten tot Nieuw-Zeeland (Büntgen et al. [2015]). Lefevre legde uit dat het zelfs wanneer hij zijn methode stap voor stap zou uitschrijven lastig zou zijn om die te kopiëren. Er komt veel intuïtieve kennis aan te pas die moeilijk is over te dragen en bij te houden. De kleinste details – van de grillen van het seizoen tot de omstandigheden in de kwekerij – kunnen groot verschil maken. Dat het er allemaal zo geheimzinnig aan toegaat is deel van het probleem. Truffelkwekers brengen een groot deel van hun tijd door in een mist van onzekerheid, hun weg zoekend in een wereld vol angstvallig bewaakt 'kenniseigendom'. 'Het is een aloude traditie onder paddenstoelplukkers,' vertelde Büntgen me. 'Veel mensen plukken paddenstoelen in het bos, maar vertellen je nooit wat. Als je ze vraagt hoe hun dag was en ze zeggen: "O, ik heb heel veel gevonden!", dan hebben ze waarschijnlijk helemaal *niets* gevonden.' Die houding houdt hardnekkig generaties lang stand en vertraagt het onderzoek enorm. Lefevre laat zich echter niet van de wijs brengen en laat nog altijd op enkele bomen mycelium van de ongrijpbare *Tuber magnatum* groeien, in de hoop dat iets hem een keer laat zien hoe hij ze kan kweken. Met hetzelfde optimisme blijft hij experimenteren met Europese truffelsoorten op Amerikaanse bomen (*Tuber magnatum* blijkt een gezonde, zij het vruchteloze combinatie te vormen met espen). Andere kwekers isoleren bacteriën uit truffels in de hoop dat ze de groei van *Tuber*-mycelium kunnen bevorderen (bepaalde soorten bacteriën blijken daarvoor geschikt). Ik vroeg of veel mensen zijn *Tuber magnatum*-bomen voor hun truffelgaard kochten. 'Niet veel,' antwoordde hij, 'maar we verkopen ze met het idee dat als niemand het probeert, het niemand zal lukken.'

23 Zie voor een bespreking van 'chemisch afluisteren' Hsueh et al. (2013).

24 Nordbring-Hertz (2004) en Nordbring-Hertz et al. (2011).

25 Nordbring-Hertz (2004).

26 Tegenwoordig is de tak van de biologie die het sterkst onder invloed staat van het debat over antropomorfisme het onderzoek naar de manier waarop planten hun omgeving zintuiglijk ervaren en erop reageren. In 2007 ondertekenden zesendertig vooraanstaande plantenwetenschappers een brief waarin ze de groeiende discipline van de 'plantenneurobiologie' van tafel veegden (Alpi et al. [2007]). Degenen die die term hadden gemunt beweerden dat planten over systemen beschikken om elektrische en chemische signalen af te geven, vergelijkbaar met die van mensen en andere dieren. De auteurs beweerden dat sprake was van 'oppervlakkige vergelijkingen en twijfelachtige extrapolaties'. Er ontspon zich een verhit debat (Trewavas [2007]). Vanuit antropologisch perspectief zijn zulke

controverses fascinerend. Natasha Myers, antropologe aan de York University in Canada, interviewde enkele plantenwetenschappers over de manier waarop planten zich volgens hen gedragen (Myers [2014]). Ze beschrijft de ongemakkelijke politiek van het antropomorfisme en de verschillende manieren waarop onderzoekers daarmee omgaan.

27 Kimmerer (2013), 'Learning the Grammar of Animacy'.

28 'De relatie met bomen die als gastheer optreden wordt niet goed begrepen,' legde Lefevre uit. 'Zelfs waar de truffeloogst groot is, is het aantal wortels dat door de schimmel is gekoloniseerd relatief zeer laag. Dat betekent dat de productiviteit niet kan worden verklaard in termen van de energie die de schimmel van zijn gastheer krijgt.'

29 Zie voor geuren en de gelijkenissen ertussen Burr (2012), hoofdstuk 2. Antropoloog Anna Tsing schrijft dat in de Edoperiode in Japan (1603-1868) de geur van matsutake een populair onderwerp in de poëzie was. Uitstapjes waarop matsutake werd geplukt groeiden uit tot het herfstequivalent van de kersenbloesemfestiviteiten in de lente, en het 'herfstaroma' en het 'paddenstoelenaroma' werden poëtische topen (Tsing [2015]).

2 LEVENDE LABYRINTEN

1 Cixous (1991).

2 Zie voor het navigeren van schimmels door doolhoven Hanson et al. (2006), Held et al. (2009, 2010, 2011, 2019). Kijk voor prachtige filmpjes die de informatie van Held et al. (2011) ondersteunen op www.sciencedirect.com/science/article/pii/S1878614611000249 [geraadpleegd op 29 oktober 2019] en voor die van Held et al. (2019) op www.pnas.org/content/116/27/13543/tabfigures-data [geraadpleegd op dezelfde datum].

3 Zie voor schimmels die in zee leven Hyde et al. (1998), Sergeeva en Kopytina (2014), en Peay (2016); zie voor schimmels in stof Tanney et al. (2017) en voor een schatting van de lengte van hyfen in de bodem Ritz en Young (2004).

4 Dit is een veelvuldig beschreven verschijnsel. Zie Boddy et al. (2009) en Fukusawa et al. (2019).

5 Fukusawa et al. (2019). Zorgde het nieuwe houtblok voor veranderingen in de concentratie van chemische stoffen of in de genenexpressie in het hele netwerk? Of verdeelde het mycelium zich razendsnel opnieuw over het oorspronkelijke houtblok, wat het waarschijnlijk maakt dat het opnieuw één kant uit groeide? Boddy en haar collega's weten het niet. De onderzoekers die schimmels in microscopisch kleine doolhoven stoppen, constateren dat weefsel in de hyfenpuntjes zich als een inwendige gyroscoop gedraagt en de hyfen een geheugen voor richting geven dat ze in staat stelt in de oorspronkelijke richting verder te groeien nadat ze om een obstakel heen zijn geleid (Held et al. [2019]). Het is echter onwaarschijnlijk dat dat mechanisme verantwoordelijk is voor het effect dat Boddy en haar collega's observeerden, omdat alle hyfen – ook de puntjes – uit

het oorspronkelijke houtblok waren verwijderd voordat het op het andere bord werd gelegd.

6 Schimmeldraden verschillen van de cellen van dieren en planten, want die hebben (meestal) scherp afgebakende grenzen. Strikt genomen kun je hyfen eigenlijk helemaal geen cellen noemen. Veel schimmels hebben hyfen met compartimenten die over de hele lengte lopen, 'septa' genaamd, die ze kunnen openen en sluiten. Staan ze open, dan kan de inhoud tussen de 'cellen' heen en weer stromen. De myceliumnetwerken verkeren dan in een zogeheten supracellulaire toestand (Read [2018]). Een myceliumnetwerk kan met vele andere netwerken samengaan om woekerende 'gildes' te vormen, waar de inhoud van het ene netwerk met het andere kan worden gedeeld. Waar begint een cel en waar houdt hij op? En waar begint een netwerk en houdt het op? Meestal is er geen antwoord op die vragen mogelijk. Zie voor een recent onderzoek naar bijenzwermen Bain en Bartolo (2019) en voor commentaar daarop Ouellette (2019). In dat onderzoek worden bijenzwermen als afzonderlijke entiteiten beschouwd, en niet als zelfstandig handelende individuen die zich gedragen volgens regels die ter plaatse gelden. Door een zwerm op te vatten als een patroon of een vloeiende stroom, kan het gedrag ervan effectiever worden gemodelleerd. Zulke 'hydrodynamische' top-downmodellen zouden kunnen worden gebruikt om de groei van hyfenpuntjes effectiever te modelleren dan mogelijk is met zwermmodellen die zijn gebaseerd op interactieregels.

7 Zie voor slijmzwammen Tero et al. (2010), Watanabe et al. (2011) en Adamatzky (2016). Zie voor schimmels Asenova et al. (2016) en Held et al. (2019).

8 Zie voor een bespreking van dat evenwicht in mycelia Bebber et al. (2007).

9 Zie voor een bespreking van natuurlijke selectie van verbindingen in myceliumnetwerken Bebber et al. (2007).

10 Zie voor een bespreking van de rol van bioluminescentie van schimmels en van de verspreiding van sporen door insecten Oliveira et al. (2015) en voor lichtgevende paddenstoelen voor de Turtle www.cia.gov/library/publications/intelligence-history/intelligence/intelltech.html [geraadpleegd op 29 oktober 2019] en Diamant (2004), p. 27. In een gids over zwammen uit 1875 schreef Mordecai Cooke dat lichtgevende schimmels meestal worden aangetroffen op hout dat werd gebruikt in kolenmijnen. Mijnwerkers 'zijn bekend met fosforescerende paddenstoelen en zeggen dat ze voldoende licht geven om "hun handen te kunnen zien". De soorten *Polyporus* gaven zoveel licht dat ze vanaf ongeveer twintig meter zichtbaar waren.'

11 Olssons filmpjes zijn online te zien via doi.org/10.6084/m9.figshare.c.4560923. v1 [geraadpleegd op 29 oktober 2019].

12 Oliveira et al. (2015) constateerden dat het mycelium van *Neonothopanus gardneri* licht gaf volgens een dag-nachtritme dat door de temperatuur werd gereguleerd. De auteurs denken dat de schimmels door in het donker meer licht te geven beter in staat zijn insecten aan te trekken die hun sporen verspreiden. Het verschijnsel dat Olsson waarnam kan niet met een dag-nacht-

ritme worden verklaard omdat het zich in de loop van enkele weken maar één keer voordeed.

13 Zie voor de diameter van hyfen Fricker et al. (2017). Ecoloog Robert Whittaker merkt op dat de evolutie van dieren een verhaal is over 'verandering en uitsterven', terwijl dat van schimmels gaat over 'behoudzucht en continuïteit'. De grote diversiteit in lichaamsbouw van dieren die als fossiel bewaard zijn gebleven, laat zien dat dieren allerlei manieren hebben ontwikkeld om delen van de wereld in zich op te nemen. Hetzelfde kan worden gezegd van schimmels. Schimmels met een mycelium hebben er langer over gedaan om te evolueren dan veel andere organismen, maar het is opvallend hoezeer oeroude, fossiele schimmels lijken op die van nu. Blijkbaar is er slechts een beperkt aantal mogelijkheden om als netwerk te leven. Zie Whittaker (1969).

14 Zie voor myceliumnetten die vallende bladeren kunnen vangen Hedger (1990).

15 Zie voor de druk van de ziekteverwekkende schimmel die rijst aantast Howard et al. (1991) en voor de bus van acht ton en een algemene bespreking van invasieve schimmelgroei Money (2004a). Om een dergelijke hoge druk te kunnen uitoefenen moeten de penetrerende hyfen zich aan de plant 'vastlijmen' om te voorkomen dat ze zichzelf van het oppervlak af duwen. Ze doen dat door een kleefstof aan te maken die een druk van meer dan tien megapascal kan weerstaan. Superlijm kan een druk weerstaan van vijftien tot vijfentwintig megapascal, maar waarschijnlijk niet op het wasachtige oppervlak van een plantenblad (Roper en Seminara [2017]).

16 Die blaasjes heten 'vesikels'. De groei van de hyfenpuntjes wordt geregeld door een celorgaan, of 'organel', dat 'spitzenkörper' heet: 'puntlichaam'. Anders dan de meeste organellen heeft een spitzenkörper geen duidelijk afgebakende grens. Het is geen enkelvoudig orgaan, zoals een celkern, hoewel het zich wel als zodanig lijkt te verplaatsen. Men denkt dat een spitzenkörper een 'vesikelvoorraadcentrum' is, dat vesikels uit het binnenste van de hyfe ontvangt en sorteert en ze doorgeeft aan het hyfenpuntje. De spitzenkörper stuurt zowel zichzelf als zijn hyfe. Een hyfe begint zich te vertakken zodra een spitzenkörper zich deelt. Wanneer de groei ophoudt, verdwijnt de spitzenkörper. Wanneer je de positie van de spitzenkörper in het hyfenpuntje verandert, kun je de hyfe een andere kant uit sturen. Wat de spitzenkörper maakt, kan het ook weer ongedaan maken; het kan de wanden tussen hyfen afbreken om ervoor te zorgen dat verschillende delen van een myceliumnetwerk zich kunnen verenigen. Zie voor een inleiding in spitzenkörper en 'zeshonderd vesikels per seconde' Moore (2013a), hoofdstuk 2. Zie voor een uitgebreide bespreking van spitzenkörper Steinberg (2007) en voor de waarneming dat je de hyfen van sommige soorten kunt zien groeien Roper en Seminara (2017).

17 De Franse filosoof Henri Bergson beschreef het verstrijken van de tijd in termen die doen denken aan een hyfe: 'Duur is het continu verglijden van het heden dat aan de toekomst knaagt en aanwast naarmate het voortschrijdt' (Bergson [1911], p. 7). Voor bioloog J.B.S. Haldane bestond leven niet uit dingen, maar

uit gestabiliseerde processen. Haldane vond zelfs dat 'het concept van een "ding" of materiële eenheid' van 'geen enkel nut' was voor het denken over biologie (Dupré en Nicholson [2018]). Zie voor een inleiding in de procesbiologie Dupré en Nicholson (2018) en voor het citaat van Bateson Bateson (1928), p. 209.

18 Zie voor stinkwammen die door asfalt heen groeien Niksic et al. (2004) en voor Mordecai Cooke Moore (2013b), hoofdstuk 3. Groeiende uitsteeksels komen ook bij andere organismen dan schimmels voor, maar zijn eerder uitzondering dan regel. Dierlijke zenuwcellen groeien doordat het uiteinde ervan langer wordt, net als sommige plantencellen, zoals stuifmeelbuisjes. Maar beide kunnen zich niet tot in het oneindige blijven verlengen, wat hyfen onder de juiste omstandigheden wel kunnen (Riquelme [2012]).

19 Frank Dugan beschrijft de 'kruidenvrouwtjes' of 'wijze vrouwen' van het Europa ten tijde van de Reformatie als de 'vroedvrouwen' van de moderne mycologie (Dugan [2011]). Uiteenlopend bewijs doet vermoeden dat vrouwen de belangrijkste bron van traditionele kennis over paddenstoelen waren. Ze verschaften een groot deel van de informatie over paddenstoelen die wetenschappelijk werd beschreven door mannelijke natuurvorsers uit die tijd, onder wie Carolus Clusius (1526-1609) en Francis van Sterbeeck (1630-1693). Op enkele schilderijen – van *De paddenstoelenverkoopster* (Felice Boselli, 1650-1732) en *Paddenstoelen zoekende vrouwen* (Camille Pissarro, 1830-1903) tot *De paddenstoelenplukkers* (Felix Schlesinger, 1833-1910) – staan vrouwen die met paddenstoelen in de weer zijn. In verschillende reisverslagen van reizigers uit de negentiende en de twintigste eeuw die door Europa trokken komen beschrijvingen voor van vrouwen die paddenstoelen zoeken of verkopen.

20 Zie voor een bespreking en een ruime definitie van polyfonie Bringhurst (2009), hoofdstuk 2, 'Singing with the frogs: the theory and practice of literary polyphony'.

21 Zie voor een schatting van de stroomsnelheid in rhizomorfen Fricker et al. (2017). Men denkt dat schimmels chemische stoffen gebruiken om hun ontwikkeling te reguleren, maar er is weinig over die stoffen bekend (Moore et al. [2011], hoofdstuk 12.5, en Moore [2005]). Hoe kan zulk vastomlijnd weefsel uit een uniforme massa hyfenstrengen ontstaan? De vinger van een dier is een hoogontwikkeld lichaamsdeel. Maar het bestaat uit een complexe combinatie van verschillende soorten cellen, zoals bloedcellen, botcellen, zenuwcellen enzovoort. Paddenstoelen zijn ook hoogontwikkeld, maar bestaan uit één celtype: hyfen. Hoe schimmels paddenstoelen maken was lange tijd een mysterie. In 1921 brak de Russische ontwikkelingsbioloog Alexander Gurwitsch zich het hoofd over het ontstaan van paddenstoelen. De steel, de ring rond de steel en de hoed bestaan allemaal uit hyfen, klittend als 'onverzorgd, ongekamd haar'. Hij verbaasde zich erover. Een paddenstoel opbouwen met alleen maar hyfen is alsof je een gezicht probeert te maken van alleen maar spiercellen. Wat Gurwitsch betrof was de manier waarop hyfen zich tot complex weefsel samenvoegen een van de grote raadsels van de ontwikkelingsbiologie. De bouw van een dier ligt vanaf het vroegste moment van zijn ontwikkeling vast. Die bouw komt voort uit onderde-

len die in hoge mate zijn georganiseerd; regelmaat leidt tot nog meer regelmaat. Maar de bouw van paddenstoelen komt voort uit delen met een veel lagere organisatiegraad. Een regelmatige bouw ontstaat uit materiaal zonder regelmaat (Von Bertalanffy [1933], pp. 112-117). Gedeeltelijk geïnspireerd door de groei van paddenstoelen opperde Gurwitsch dat de ontwikkeling van organismen werd gestuurd door 'velden'. De vorm van ijzervijlsel kan worden beïnvloed door een magnetisch veld. Op dezelfde manier, aldus Gurwitsch, werd de vorm van cellen en van weefsel binnen een organisme gevormd door biologische velden. De veldtheorie van Gurwitsch is opgepikt door enkele hedendaagse biologen. Michael Levin, onderzoeker aan de Tufts University in Boston, beschrijft dat cellen baden in een 'veld vol informatie', dat kan bestaan uit fysieke, chemische en elektrische signalen. Die informatievelden kunnen helpen verklaren hoe een complexe bouw ontstaat (Levin [2011] en [2012]). In een onderzoek uit 2004 werd een wiskundig model ontworpen dat de groei van mycelium simuleerde: een 'cyberschimmel' (Meskkauskas et al. [2004], Money [2004b], en Moore [2005]). In het model kan elk hyfenpuntje het gedrag van andere hyfenpuntjes beïnvloeden. Volgens het onderzoek ontstaan paddenstoelachtige vormen wanneer alle puntjes zich nauwgezet aan dezelfde groeiregels houden. Die conclusie impliceert dat de bouw van paddenstoelen voortkomt uit 'groepsgedrag' van hyfen zonder dat er zoiets als een van bovenaf gestuurde ontwikkeling voor nodig is zoals die bij planten en dieren wordt aangetroffen. Maar willen ze daarin slagen, dan moeten tienduizenden hyfenpuntjes tegelijkertijd aan dezelfde regels gehoorzamen en tegelijkertijd op andere regels overstappen, een moderne versie van het raadsel van Gurwitsch. De onderzoekers die de cyberschimmel bouwden, denken dat veranderingen in de ontwikkeling zouden kunnen worden gecoördineerd door een cellulaire 'klok', maar er is nog geen bewijs voor een dergelijk mechanisme. Hoe levende schimmels hun ontwikkeling coördineren blijft een mysterie.

22 Zie voor voortstuwing door middel van eiwitmotortjes Fricker et al. (2017) en voor het exemplaar van *Serpula* in Haddon Hall Moore (2013b), hoofdstuk 3. Zie voor een bespreking van het belang van de stroming van vloeistoffen voor de ontwikkeling van schimmels Alberti (2015) en Fricker et al. (2017). De stroomsnelheid in hyfen varieert van drie tot zeventig micrometer per seconde, soms meer dan honderd keer zo snel als via passieve diffusie (Abadeh en Lew [2013]). Alan Rayner pleit voor de analogie van de rivier omdat 'rivieren zowel het landschap vormen als erdoor worden gevormd'. Een rivier stroomt tussen oevers door. Gaandeweg vormt hij die oevers. Rayner beschouwt hyfen als doodlopende rivieren die tussen oevers door stromen die ze zelf hebben geschapen. Zoals in elk systeem waarin iets stroomt, komt alles aan op de druk. Hyfen nemen water op uit de omgeving. De inwendige waterstroom voert de druk in het netwerk op. Maar de druk zelf veroorzaakt de stroming niet. Als er stoffen door het mycelium moeten stromen, dan moeten de hyfen ook daar ruimte voor maken. Op die manier groeit een hyfe. De inhoud ervan stroomt in de richting van de punt. Water stroomt door een myceliumnetwerk naar een snelgroeiende paddenstoel.

Wanneer je de drukverschillen zou omkeren, zou je de stroomrichting omdraaien (Roper et al. [2013]). Hyfen blijken de stroming echter veel nauwkeuriger te kunnen regelen. In een onderzoek uit 2019 werd de verplaatsing gevolgd van voedingsstoffen en stoffen die signalen doorgeven. In sommige grote hyfen veranderde de richting waarin de vloeistof stroomde om de paar uur, waardoor de voedings- en signaalstoffen in beide richtingen door het netwerk konden stromen. Drie uur lang ging de stroom de ene kant uit, de drie uur daarna de andere. Hoe hyfen de stroom van de stoffen die erdoorheen gaan beheersen is onbekend, maar door de stroom ritmisch te veranderen, kunnen ze de stoffen efficiënt over het netwerk verdelen. De auteurs denken dat het gecoördineerd openen en sluiten van hyfenporiën een 'belangrijke factor' is in de coördinatie van het tweerichtingsverkeer in de hyfen (Schmieder et al. [2019], zie ook het commentaar van Roper en Dressaire [2019]). 'Samentrekkingsvacuolen' zijn een andere manier waarop schimmels de stroomrichting zouden kunnen bepalen. Dat zijn buisjes in de hyfen waarlangs contractiegolven worden doorgegeven en waarvan bekend is dat ze een rol spelen in het transport binnen myceliumnetwerken (Shepherd et al. [1993], Rees et al. [1994], Allaway en Ashford [2001], en Ashford en Allaway [2002]).

23 Roper et al. (2013), Hickey et al. (2016) en Roper en Dressaire (2019). De filmpjes zijn te zien op YouTube: 'Nuclear dynamics in a fungal chimera' www.youtube.com/watch?v=_FSuUQP_BBc [geraadpleegd op 29 oktober 2019] en 'Nuclear traffic in a filamentous fungus', www.youtube.com/watch?v=AtXKcro5o3o [geraadpleegd op dezelfde datum].

24 Cerdá-Olmeda (2001) en Ensminger (2001), hoofdstuk 9.

25 Zie voor 'het intelligentst' Cerdá-Olmeda (2001), zie voor vermijdingsreacties Johnson en Gamow (1971) en Cohen et al. (1975).

26 Veel aspecten van het leven van het mycelium worden door licht beïnvloed, van de vorming van paddenstoelen tot het aanknopen van relaties met andere organismen. De zo gevreesde schimmel die hele rijstoogsten laat mislukken, infecteert zijn gastheer in het donker (Deng et al. [2015]). Zie voor de lichtgevoeligheid van schimmels Purschwitz et al. (2006), Rodriguez-Romero et al. (2010) en Corrochano en Galland (2016), voor het 'voelen' van oppervlakken Hoch et al. (1987) en Brand en Gow (2009) en voor de gevoeligheid voor zwaartekracht Moore (1996), Moore et al. (1996), Kern (1999), Bahn et al. (2007) en Galland (2014).

27 Darwin en Darwin (1880), p. 573. Zie voor argumenten pro 'wortelhersenen' Trewavas (2016) en Calvo Garzón en Keijzer (2011) en voor argumenten contra analogieën met hersenen Taiz et al. (2019). Zie voor een inleiding in het debat over 'plantenintelligentie' Pollan, 'The Intelligent Plant' (2013).

28 Zie voor het gedrag van hyfenpuntjes Held et al. (2019).

29 Zie voor heksenkringen Gregory (1982).

30 Sommige onderzoekers maken melding van plotselinge samentrekkingen of stuiptrekkingen van hyfen, waarmee ze informatie zouden overdragen. Maar die

vertonen niet genoeg regelmaat om op elk gewenst moment van nut te kunnen zijn. Zie McKerracher en Heath (1986a en 1986b), Jackson en Heath (1992) en Reynaga-Peña en Bartnicki-García (2005). Anderen denken dat informatie door myceliumnetwerken kan worden verzonden door het stromingspatroon binnen het netwerk te veranderen, en in sommige gevallen de richting van de stroming in ritmische trillingen (Schmieder et al. [2019] en Roper en Dressaire [2019]). Het is een veelbelovend idee, dat van pas kan komen om myceliumnetwerken te beschouwen als een soort *liquid computer*, waarvan vele varianten zijn gebouwd en die worden gebruikt in straaljagers en voor de besturing van kerncentrales (Adamatzky [2019]). Maar veranderingen van de stroming in het mycelium verlopen te traag om alle verschijnselen te kunnen verklaren. De regelmatige pulsen van metabolische activiteit die door myceliumnetwerken heen gaan zijn eveneens een plausibele manier om te verklaren hoe myceliumnetwerken hun gedrag coördineren, maar ook die verlopen te traag om de meeste verschijnselen te kunnen verklaren (Tlalka et al. [2003, 2007], Fricker et al. [2007a en 2007b], en Fricker et al. [2008]). Hét uithangbord voor organismen die als netwerk leven is de problemen oplossende slijmzwam. Ook al zijn slijmzwammen geen schimmels, er zijn manieren bij ze geëvolueerd waarmee ze hun woekerende, telkens veranderende verschijningsvorm coördineren en ze zijn een handig voorbeeld om na te denken over de uitdagingen en mogelijkheden waar schimmels met een mycelium mee worden geconfronteerd. Ze groeien sneller dan mycelium, waardoor ze gemakkelijker zijn te bestuderen. Verschillende onderdelen van slijmzwammen communiceren met elkaar via ritmische samentrekkingen die door de vertakkingen van hun netwerk golven. Vertakkingen die op voedsel zijn gestuit, maken een signaalmolecuul aan dat de kracht van de samentrekking versterkt. Hevigere samentrekkingen zorgen voor een toename van het volume van de celinhoud die door de vertakkingen van het netwerk stroomt. Bij een bepaalde samentrekking gaat er meer materiaal via een korte route dan via een lange. Hoe meer materiaal er via een bepaalde route wordt getransporteerd, des te sterker die wordt. Er is sprake van een feedbacklus die het organisme in staat stelt zich in de richting van 'succesvolle' routes te bewegen, ten koste van minder 'succesvolle'. Pulsen vanuit verschillende delen van het netwerk kunnen worden gecombineerd, kunnen interfereren en elkaar versterken. Aldus integreren slijmzwammen informatie uit verschillende vertakkingen en kunnen ze complexe routeproblemen oplossen zonder dat ze daar een bepaald gedeelte van zichzelf voor hoeven te reserveren (Zhu et al. [2013], Alim et al. [2017], en Alim [2018]).

31 Een onderzoeker merkte halverwege de jaren tachtig op dat 'je niet verder van de hoofdrichting van het biologisch onderzoek verwijderd kunt zijn dan wanneer je je bezighoudt met de elektrobiologie van schimmels' (Harold et al. 1985). Toch is nadien aangetoond dat schimmels op verrassende manieren kunnen reageren op elektrische stimuli. Het toedienen van stroomstootjes aan mycelium kan leiden tot een substantiële hogere paddenstoelenopbrengst (Takaki et al. [2014]). De oogst van de gewilde matsutake – die zich tot dusver niet heeft laten

telen – kan worden verdubbeld door de bodem rond de partnerbomen van de zwam een stroomstoot van vijftig kilovolt toe te dienen. Onderzoekers begonnen aan dat onderzoek na berichten van matsutakeplukkers dat er een paar dagen nadat ergens de bliksem was ingeslagen recordhoeveelheden matsutake te vinden waren (Islam en Ohga [2012]). Zie voor actiepotentialen in planten Brunet en Arendt (2015). Zie voor vroege meldingen van actiepotentialen in schimmels Slayman et al. (1976). Zie voor een algemene bespreking van de elektrofysiologie van schimmels Gow en Morris (2009). Zie voor 'kabelbacteriën' Pfeffer et al. (2012), voor actiepotentiaalachtige golven van activiteit in bacteriënkolonies Prindle et al. (2015), Liu et al. (2017), Martinez-Corral et al. (2019) en voor een samenvatting Popkin (2017).

32 Olsson mat de snelheid door de tijd tussen de stimulus en de reactie te meten. Die geschatte snelheid omvat dus de tijd die de schimmel nodig heeft om de stimulus waar te nemen, de tijd waarmee de stimulus van A naar B ging, en de tijd waarin de reactie door de micro-elektroden werd geregistreerd. De daadwerkelijke snelheid waarmee de stimulus werd overgebracht zou dus aanzienlijk hoger kunnen zijn. De snelst gemeten transportstroom in mycelium is rond de honderdtachtig millimeter per uur (Whiteside et al. [2019]). De actiepotentiaalachtige impulsen die Olsson mat, hadden een snelheid van ongeveer achttienhonderd millimeter per uur.

33 Olsson en Hansson (1985) en Olsson (2009). Zie voor Olssons registratie van de verandering van actiepotentiaalachtige activiteit doi.org/10.6084/ m9.figshare.c.4560923.v1 [geraadpleegd op 29 oktober 2019].

34 Oné Pagán wijst erop dat er geen algemeen aanvaarde definitie van hersenen bestaat. Hij vindt het beter om hersenen te definiëren in termen van wat ze doen dan op basis van specifieke details van de bouw (Pagán [2019]). Zie voor de regulering van poriën in schimmelnetwerken Jedd en Pieuchot (2012) en Lai et al. (2012).

35 Adamatzky (2018a en 2018b).

36 Zie voor voorbeelden van computers op basis van zulke netwerken Van Delft et al. (2018) en Adamatzky (2016).

37 Adamatzky (2018a en 2018b).

38 Ik vroeg Olsson waarom niemand zijn onderzoeken uit de jaren negentig had gerepliceerd. 'Toen ik het werk op conferenties presenteerde, waren de mensen echt geïnteresseerd,' zei hij, 'maar ze vonden het maf.' Alle onderzoekers die ik naar zijn onderzoek heb gevraagd zijn erdoor gefascineerd en willen er meer over weten. Sindsdien is het vele keren aangehaald. Maar het lukte Olsson niet om nader onderzoek gefinancierd te krijgen. Men achtte de kans groot dat het niets zou opleveren: 'te riskant', in technisch jargon.

39 Zie voor de 'oude mythe' Pollan (2013) en voor oeroude cellulaire processen die aan het gedrag van hersenen ten grondslag liggen Manicka en Levin (2019). De 'verplaatsingshypothese' houdt in dat hersenen zijn geëvolueerd vanuit de noodzaak tot en als gevolg van de behoefte van dieren om zich te verplaatsen.

Organismen die zich niet verplaatsen komen niet voor dezelfde uitdagingen te staan. Bij die organismen zijn verschillende soorten netwerken geëvolueerd die daarmee kunnen omgaan (Solé et al. [2019]).

40 Darwin (1871), geciteerd in Trewavas (2014), hoofdstuk 2. Zie voor 'minimale cognitie' Calvo Garzón en Keijzer (2011), voor 'biologisch belichaamde cognitie' Keijzer (2017), voor cognitie bij planten Trewavas (2016), voor 'basale' cognitie en gradaties van cognitie Manicka en Levin (2019), voor een bespreking van microbiële intelligentie Westerhoff et al. (2014) en voor een bespreking van verschillende soorten 'hersenen' Solé et al. (2019).

41 Zie voor 'netwerkneurowetenschap' Bassett en Sporns (2017) en Barbey (2018). Wetenschappelijke vorderingen die het mogelijk maken om menselijk hersenweefsel in petrischaaltjes te kweken – zogeheten hersenorganoïden – staan ons begrip van intelligentie alleen nog maar meer in de weg. De filosofische en ethische vragen die zulke technieken opwerpen – en het gebrek aan heldere antwoorden – herinneren ons eraan dat onze eigen biologische grenzen allesbehalve duidelijk zijn afgebakend. In 2018 publiceerden vooraanstaande neurowetenschappers en bio-ethici een artikel in *Nature* waarin ze enkele van die vragen naar voren brachten (Farahany et al. [2018]). In de komende decennia zullen vorderingen die met de kweek van hersenweefsel worden gemaakt de groei van kunstmatige 'minihersenen' mogelijk maken, die de werking van menselijke hersenen nog beter kunnen nabootsen. De auteurs schrijven: 'Naarmate hersensurrogaten groter en verfijnder worden, komt de mogelijkheid dat ze over vermogens zoals menselijk bewustzijn zullen beschikken steeds dichterbij. Tot die vermogens zouden het (tot op zekere hoogte) ervaren van genot, pijn en verdriet kunnen behoren, evenals de opslag en het terughalen van herinneringen en mogelijk zelfs de perceptie van handelingsvermogen en zelfbewustzijn.' Sommige onderzoekers zijn bezorgd dat hersenorganoïden ooit slimmer zullen zijn dan wij (Thierry [2019]).

42 Zie voor het experiment met de platwormen Shomrat en Levin (2013) en voor het zenuwstelsel van octopussen Hague et al. (2013) en Godfrey-Smith (2017), hoofdstuk 3.

43 Bengtson et al. (2017) en Donoghue en Antcliffe (2010). Met de nodige voorzichtigheid wijzen Bengtson en zijn collega's erop dat de exemplaren die ze bestudeerden misschien geen echte schimmels waren, maar tot een afzonderlijke tak organismen behoren die in elk waarneembaar opzicht lijken op schimmels van nu. Je begrijpt hun aarzeling. Als de myceliumfossielen echte schimmels waren, zouden ze volgens Bengtson en zijn team ons huidige begrip van de manier waarop schimmels zijn geëvolueerd en waar dat is gebeurd 'op zijn kop zetten'. Schimmels fossiliseren niet goed, en wanneer ze precies van de levensstamboom zijn afgetakt is onderwerp van discussie. Op DNA gebaseerde methoden – die gebruikmaken van de zogeheten moleculaire klok – wijzen uit dat de vroegste schimmels ongeveer een miljard jaar geleden hun eigen weg zijn gegaan. In 2019 maakten onderzoekers melding van gefossiliseerd mycelium van ongeveer een

miljard jaar oud, aangetroffen in van de Noordpool afkomstige schalie (Loron et al. [2019] en Ledford [2019]). Vóór die vondst waren de oudste fossielen die zonder twijfel van schimmels afkomstig waren ongeveer vierhonderdvijftig miljoen jaar oud (Taylor et al. [2007]). De vroegste fossiele paddenstoel met lamellen is van ongeveer honderdtwintig miljoen jaar geleden (Heads et al. [2017]).

44 Zie voor Barbara McClintock Keller (1984).

45 Ibid.

46 Humboldt (1849), deel 1, p. 20.

3 INTIMITEIT TUSSEN ONBEKENDEN

1 Rich (1994).

2 Naast BIOMEX bestaan er verschillende andere astrobiologische projecten. Zie voor BIOMEX De Vera et al. (2019) en voor EXPOSE Rabbow et al. (2009).

3 Zie voor het citaat over de 'grenzen en beperkingen' Sancho et al. (2008). Zie voor een bespreking van organismen die de ruimte in zijn gestuurd, waaronder korstmossen, Cottin et al. (2017). Zie voor korstmossen als modelorganisme voor astrobiologisch onderzoek Meeßen et al. (2017) en De la Torre Noetzel et al. (2018).

4 Wulf (2015), hoofdstuk 22.

5 Zie voor een bespreking van Schwendener en de duale hypothese Sapp (1994), hoofdstuk 1.

6 Sapp (1994), hoofdstuk 1; zie voor de 'sensationele romantiek' Ainsworth (1976), hoofdstuk 4. Sommigen van de biografen van Beatrix Potter denken dat ze een aanhanger was van Schwendeners duale hypothese en dat ze later in haar leven mogelijk van gedachten is veranderd. Maar in een brief uit 1897 aan Charles MacIntosh, een plaatselijke postbode en amateurbioloog, bleek ze een duidelijk standpunt in deze kwestie in te nemen: 'U ziet: we geloven niet in de theorie van Schwendener, en volgens de oude boeken veranderen de korstmossen geleidelijk via hepatica [leverbloempjes] in soorten met bladeren. Ik zou heel graag sporen van een van die grote platte korstmossen kweken en ook die van een echte hepatica om de beide groeiwijzen te vergelijken. De namen doen er niet toe, want ik kan ze drogen. Wanneer u me nog wat sporen van de korstmos en de hepatica zou kunnen bezorgen zodra het weer omslaat, ben ik u zeer erkentelijk.' (Kroken [2007]).

7 De boom is een van de belangrijkste metaforen uit moderne evolutietheorieën en zoals bekend de enige illustratie in Darwins *Het ontstaan van soorten*. Darwin was zeker niet de eerste die de illustratie gebruikte. Eeuwenlang bood de zich vertakkende bouw van bomen een denkkader voor disciplines van theologie tot wiskunde. Het bekendst is waarschijnlijk de stamboom, waarvan de wortels teruggaan tot het Oude Testament (de Boom van Jesse).

8 Zie voor een bespreking van de manier waarop Schwendener korstmossen voor-

stelde Sapp (1994), hoofdstuk 1, en Honegger (2000). Zie voor Albert Frank en 'symbiose' Sapp (1994), hoofdstuk 1, Honegger (2000) en Sapp (2004). Frank gebruikte voor het eerst het woord 'Symbiotismus' (symbiotisme).

9 Voorouders van groene zeeslakken – *Elysia viridis* – namen algen op in hun weefsel. Groene zeeslakken halen hun energie uit zonlicht, zoals een plant. Zie voor nieuwe symbiotische ontdekkingen Honegger (2000), voor 'dierlijke korstmossen' Sapp (1994), hoofdstuk 1, en voor 'microkorstmossen' Sapp (2016).

10 Zie voor het citaat van Huxley Sapp (1994), p. 21.

11 Zie voor de schatting van acht procent Ahmadjian (1995) en voor gebied groter dan het tropisch regenwoud Moore (2013a), hoofdstuk 1. Zie voor 'hangen als hashtags' Hillman (2018), voor de diversiteit van leefomgeving van korstmossen, waaronder vrij levende korstmossen en korstmossen die op insecten leven, Seaward (2008), en voor het interview met Knudsen aeon.co/videos/how-lsd-helped-ascientist-find-beauty-in-a-peculiar-and-overlooked-form-of-life [geraadpleegd op 29 oktober 2019].

12 Zie voor het citaat van Milne twitter.com/GlamFuzz [geraadpleegd op 29 oktober 2019], voor Mount Rushmore Perrottet (2006) en voor de beelden op Paaseiland www.theguardian.com/world/2019/mar/01/easter-island-statues-leprosy [geraadpleegd op 29 oktober 2019].

13 Zie voor de manier waarop korstmossen voor verwering zorgen Chen et al. (2000), Seaward (2008) en Porada et al. (2014). Zie voor korstmossen en bodemvorming Burford et al. (2003).

14 Zie voor de geschiedenis van panspermie en aanverwante ideeën Temple (2007) en Steele et al. (2018).

15 In reactie op Lederbergs bezorgdheid over interplanetaire besmetting ontwikkelde NASA methoden om ruimtevaartuigen te steriliseren voordat ze van de aarde vertrokken. Die waren geen groot succes: er bestaat een doelbewust gecreëerde, bloeiende bacteriën- en schimmelpopulatie aan boord van het ISS (Novikova et al. [2006]). Toen de Apollo-11-missie in 1969 terugkeerde van de eerste reis naar de maan, werden de astronauten drie weken lang in quarantaine gehouden in een omgebouwde Airstream-caravan (Scharf [2016]).

16 Het was al bekend dat bacteriën DNA uit hun omgeving kunnen opnemen sinds het werk van Frederick Griffith uit de jaren twintig, dat begin jaren veertig werd bevestigd door Oswald Avery en enkele van zijn collega's. Lederberg toonde aan dat bacteriën actief genenmateriaal met elkaar kunnen uitwisselen, een proces dat bekendstaat als 'conjugatie'. Zie voor een bespreking van Lederbergs ontdekking Lederberg (1952), Sapp (2009), hoofdstuk 10, en Gontier (2015b). Het DNA van virussen heeft grote invloed uitgeoefend op de geschiedenis van dierlijk leven. Men denkt dat virusgenen een belangrijke rol hebben gespeeld in de evolutie van zoogdieren met een placenta uit voorouders die eieren legden (Gontier [2015b] en Sapp [2016]).

17 DNA van bacteriën is aangetroffen in het genoom van dieren (zie voor een algemene bespreking Yong [2016], hoofdstuk 8), DNA van bacteriën en schimmels in

de genomen van planten en algen (Pennisi [2019a]) en DNA van schimmels in algen die korstmossen vormen (Beck et al. [2015]). Horizontale genenoverdracht komt veelvuldig voor onder schimmels (Gluck-Thaler en Slot [2015], Richards et al. [2011] en Milner et al. [2019]). Minstens acht procent van het menselijk genoom begon ooit in virussen (Horie et al. [2010]).

18 Zie voor buitenaards DNA dat de evolutie op aarde 'kortsluit' Lederberg en Cowie (1958).

19 Zie voor vijandige omstandigheden in de ruimte De la Torre Noetzel et al. (2018).

20 Sancho et al. (2008).

21 Zelfs bij achttien kilogray nam de fotosynthese van de *Circinaria gyrosa*-monsters met maar zeventig procent af. Bij vierentwintig kilogray nam de fotosynthetische activiteit met vijfennegentig procent af, maar was die nog niet volledig geëlimineerd (Meeßen et al. [2017]). Om die resultaten in perspectief te plaatsen: een van de meest stralingstolerante organismen ooit, een oerbacterie die werd geïsoleerd uit een fumarole diep in zee (de precieze naam luidt *Thermococcus gammatolerans*), kan gammastraling van dertig kilogray weerstaan (Jolivet et al. [2003]). Zie voor een samenvatting van onderzoeken naar korstmossen in de ruimte Cottin et al. (2017), Sancho et al. (2008) en Brandt et al. (2015). Zie voor de effecten van hoge stralingsdoses op korstmossen Meeßen et al. (2017), Brandt et al. (2017) en De la Torre et al. (2017). Zie voor beerdiertjes in de ruimte Jönsson et al. (2008).

22 Korstmossen 'verschaffen' sommige disciplines geregeld 'informatie'. Ze zijn zo gevoelig voor bepaalde vormen van vervuiling door de industrie dat ze als betrouwbare indicatoren voor de luchtkwaliteit worden gebruikt: 'korstmossenvlaktes' onder de rook van verstedelijkt gebied kunnen worden gebruikt om vervuild gebied in kaart te brengen. In sommige gevallen dienen korstmossen als indicatoren in meer letterlijke zin. Geologen gebruiken ze om de ouderdom van rotsformaties te bepalen (een discipline die bekendstaat als lichenometrie). Lakmoes, de pH-gevoelige kleurstof die in elk practicumlokaal op middelbare scholen wordt gebruikt, is afkomstig van een korstmos.

23 Recent werk van Thijs Ettema en zijn onderzoeksgroep aan Uppsala University doet vermoeden dat eukaryoten zijn ontstaan binnen oerbacteriën (archaea). Over de precieze volgorde van de gebeurtenissen wordt nog stevig gediscussieerd (Eme et al. [2017]). Van bacteriën werd lang gedacht dat ze geen inwendige celorganen of 'organellen' hadden. Dat beeld is aan het kantelen. Veel bacteriën blijken over organelachtige weefsels te beschikken die gespecialiseerde functies uitvoeren. Zie voor een bespreking Cepelewicz (2019).

24 Margulis (1999); Mazur (2009), 'Intimacy of Strangers and Natural Selection'.

25 Zie voor 'fusie en versmelting' Margulis (1996) en voor de oorsprong van endosymbiose Sapp (1994), hoofdstukken 4 en 11. Zie voor het citaat van Stanier Sapp (1994), p. 179, en voor de 'theorie van seriële endosymbiose' Sapp (1994), p. 174. Zie voor bacteriën binnen bacteriën binnen insecten Bublitz et al. (2019).

En zie voor het oorspronkelijke artikel van Margulis (gepubliceerd onder de naam Sagan) Sagan (1967).

26 Zie voor 'heel goed vergelijkbaar' Sagan (1967) en voor 'opmerkelijke voorbeelden' Margulis (1981), p. 167. Voor De Bary was in 1879 de belangrijkste implicatie van symbiose dat die tot evolutionaire vernieuwing kon leiden (Sapp [1994], p. 9). 'Symbiogenese' ('ontstaan door samen te leven') was de term die de Russen Konstantin Meresjkovski (1855-1921) en Boris Michailovitsj Kozo-Poljanski (1890-1957) muntten voor het proces waarbij door middel van symbiose nieuwe soorten kunnen ontstaan (Sapp [1994], pp. 47-48). Kozo-Poljanski nam verschillende verwijzingen naar korstmossen op in zijn werk. 'Men denke niet dat korstmossen slechts een eenvoudige optelsom zijn van bepaalde algen en schimmels. Ze kunnen juist specifieke eigenschappen hebben die in geen van beide worden aangetroffen [...] in alles – de chemie, de vorm, de bouw, het leven, de verspreiding – vertoont het samengestelde korstmos nieuwe eigenschappen die de samenstellende delen niet vertonen (Kozo-Poljanski, vert. [2010], pp. 55-56).

27 Zie voor de citaten van Dawkins en Dennett, onder andere, Margulis (1996).

28 'De evolutionaire "levensstamboom" lijkt een verkeerde metafoor,' merkte geneticus Richard Lewontin op. 'Misschien moeten we het leven eerder zien als een grote lap macramé,' (Lewontin [2001]). Dat is niet helemaal eerlijk tegenover bomen. De takken van sommige bomen kunnen met elkaar samengaan, een proces dat 'inosculatie' heet, van het Latijnse *osculare,* 'kussen'. Maar kijk eens naar de boom het dichtst bij je in de buurt. De kans is groot dat die zich vertakt in plaats van inosculeert. De takken van de meeste bomen lijken niet op hyfen, waarvoor samengaan dagelijkse kost is. Of de boom een geschikte metafoor voor de evolutie is, is al tientallen jaren onderwerp van debat. Darwin vroeg zich af of 'het koraal van het leven' geen beter beeld was, hoewel hij uiteindelijk vond dat dat het 'nodeloos ingewikkeld' zou maken (Gontier [2015a]). In 2009, tijdens een van de felste debatten over de bomenkwestie, kwam *New Scientist* met een nummer met de kop: 'Darwin had ongelijk.' 'Darwins boom ontworteld,' gilde het redactioneel commentaar. Het was te verwachten dat het tot woedende reacties zou leiden (Gontier [2015a]). In de storm van verontwaardiging die opstak, sprong een brief van Daniel Dennett eruit: 'Wat dacht u eigenlijk toen u die schreeuwerige cover maakte met de kreet "Darwin had ongelijk"?' Het is begrijpelijk dat Dennett zo boos was. Darwin had geen ongelijk. Hij kwam alleen met zijn evolutietheorie voordat bekend was dat er DNA, genen, symbiotische versmeltingen en horizontale genenoverdracht bestaan. Onze kennis van de geschiedenis van het leven is door die ontdekkingen veranderd. Maar Darwins centrale stelling, dat de evolutie voortschrijdt door middel van natuurlijke selectie, staat niet ter discussie, alleen de mate waarin die de drijvende kracht achter de evolutie is (O'Malley [2015]). Symbiose en horizontale genenoverdracht zijn nieuwe manieren om leven voort te brengen; ze zijn de nieuwe 'coauteurs' van de evolutie, maar natuurlijke selectie blijft de samensteller. Toch zijn veel biolo-

gen de levensstamboom vanwege symbiotische versmeltingen en horizontale genenoverdracht met andere ogen gaan zien, namelijk als een breisel dat wordt gevormd doordat takken zich splitsen, samengaan en zich verstrengelen: een 'netwerk', een 'net', een 'rhizoom' of een 'spinnenweb' (Gontier [2015a] en Sapp [2009], hoofdstuk 21). De daarin aanwezige lijnen verknopen en verweven zich. Vanuit het breiwerk lopen lussen de wereld van virussen in en uit, genetische entiteiten die niet eens als levensvorm worden beschouwd. Mocht iemand op zoek zijn naar een nieuw organisme dat als uithangbord voor de evolutie kan dienen, dan hoeft hij niet ver te zoeken. Niets lijkt meer op dat beeld van het leven dan het mycelium van schimmels.

29 Bepaalde korstmossen vormen bepaalde organen, soralen. Soralen stoten sorediën uit, die bestaan uit schimmel- en algencellen. In sommige gevallen kan de zojuist ontsproten schimmel van een korstmos een band aangaan met een fotobiont die niet helemaal aan zijn behoeften voldoet en voortbestaat als 'fotosynthetisch vlekje', de 'prothallus', totdat de ware voorbijkomt (Goward [2009c]). Sommige korstmossen kunnen uit elkaar en weer in elkaar gaan zonder sporen voort te brengen. Wanneer sommige korstmossen samen met de juiste voedingsstoffen in een petrischaaltje worden gedaan, komen de partners los van elkaar en gaan uiteen. Wanneer ze eenmaal van elkaar zijn gescheiden, kunnen ze opnieuw een relatie aangaan (zij het een meestal onvolmaakte). In die zin zijn korstmossen reversibel. In enkele gevallen kan de honing dus zogezegd uit de yoghurt worden geroerd. Maar tot op heden zijn de partners van slechts één korstmossensoort – muurkrijtkorst of *Endocarpon pusillum* – van elkaar gescheiden, los van elkaar opgekweekt en weer samengevoegd, waarna alle stadia in de ontwikkeling van het korstmos zich alsnog voordeden, zoals de vorming van vruchtbare sporen, een proces dat 'spore-tot-spore-resynthese' wordt genoemd (Ahmadjian en Heikkilä [1970]).

30 De symbiotische aard van korstmossen brengt enkele interessante technische problemen met zich mee. Korstmossen waren lange tijd de nachtmerrie van taxonomen. Tegenwoordig worden ze vernoemd naar de naam van de schimmelpartner. Zo staat het korstmos dat ontstaat uit het verbond tussen de schimmel *Xanthoria parietina* en de alg *Trebouxia irregularis* bekend onder de naam *Xanthoria parietina* (groot dooiermos). En zo heet de combinatie van de schimmel *Xanthoria parietina* en de alg *Trebouxia arboricola* ook hetzelfde als de schimmel: *Xanthoria parietina*. Korstmossennamen zijn een synecdoche, want een deel fungeert als aanduiding voor een geheel (Spribille [2018]). Het huidige systeem impliceert dat het schimmelgedeelte van het korstmos het korstmos *is*. Maar dat is onjuist. Korstmossen ontstaan uit een verbond tussen twee verschillende levensvormen. 'Door korstmossen te beschouwen als schimmels,' beklaagt Goward zich, 'verlies je het hele korstmos uit het oog.' Goward [2009c]). Het is alsof chemici een verbinding met koolstof erin, van diamant tot methaan tot methamfetamine, 'koolstof' noemen. Je moet toegeven dat hun dan iets zou ontgaan. Dit is niet zomaar gemopper over semantiek. Iets een naam geven is

erkennen dat het bestaat. Wanneer er ergens een nieuwe soort wordt ontdekt, wordt die 'beschreven' en krijgt ze een naam. En korstmossen hebben namen, meer dan genoeg zelfs. Lichenologen zijn geen taxonomische asceten. Alleen ketst de enige naam die ze kunnen geven af van het verschijnsel dat ze proberen te beschrijven. Het is een kwestie van taxonomie: biologie is gebouwd rond een taxonomisch systeem dat niet over de middelen beschikt om de symbiotische status van korstmossen te erkennen. Ze zijn letterlijk onnoembaar.

31 Sancho et al. (2008).

32 De la Torre Noetzel et al. (2018).

33 Zie voor de unieke samenstellende delen van korstmossen en het gebruik ervan door de mens Shukla et al. (2010) en *State of the World's Fungi* (2018). Zie voor de metabolische erfenis van korstmossenrelaties Lutzoni et al. (2001).

34 Zie voor een verslag van het Deep Carbon Observatory Watts (2018).

35 Zie voor korstmossen in woestijnen Lalley en Viles (2005) en *State of the World's Fungi* (2018). Zie voor korstmossen in gesteente De los Ríos et al. (2005) en Burford et al. (2003), voor Antarctic Dry Valleys Sancho et al. (2008), voor vloeibare stikstof Oukarroum et al. (2017) en voor de levensduur van korstmossen Goward (1995).

36 Sancho et al. (2008).

37 Zie voor de schok van het wegslingeren Sancho et al. (2008) en Cockell (2008). Volgens sommige onderzoeken zijn bacteriën beter bestand tegen hoge temperaturen en plotselinge grote drukverschillen dan korstmossen. Zie voor de terugkeer in de dampkring Sancho et al. (2008).

38 Sancho et al. (2008) en Lee et al. (2017).

39 Zie voor de oorsprong van korstmossen Lutzoni et al. (2018) en Honegger et al. (2012). Er is een levendig debat gaande over de identiteit van oeroude korstmosachtige fossielen en hun relatie met bestaande stambomen. Er zijn mariene korstmosachtige organismen van zeshonderd miljoen jaar geleden gevonden (Yuan et al. [2005]) en sommige onderzoekers beweren dat die een rol hebben gespeeld in de overgang van de voorlopers van korstmossen naar het land (Lipnicki [2015]). Zie voor de meervoudige evolutie van korstmossen en voor 'herkorstmossen' Goward (2009c). Zie voor ontkorstmossen Goward (2010) en voor optioneel korstmos worden Selosse et al. (2018).

40 Hom en Murray (2014).

41 Zie voor 'niet de zanger, maar het lied' Doolittle en Booth (2017).

42 *Hydropunctaria maura* heette ooit *Verrucaria maura* ('zwarte wratachtige'). Zie voor een langetermijnstudie naar de komst van korstmossen op het nieuw ontstane eiland Surtsey www.anbg.gov.au/lichen/case-studies/surtsey.html [geraadpleegd op 29 oktober 2019].

43 Zie voor 'gehelen' en 'verzamelingen van delen' Goward (2009a).

44 Spribille et al. (2016).

45 Zie voor een bespreking van de diversiteit van schimmels in korstmossen Arnold et al. (2009) en voor extra partners in *Letharia vulpina* Tuovinen et al. (2019) en

Jenkins en Richards (2019).

46 Zie voor 'Het maakt niet uit hoe je ze noemt' Hillman (2018). Goward heeft een definitie van korstmossen opgesteld die rekening houdt met die recente ontdekkingen: 'Het blijvende fysieke bijproduct van verkorstmossing, gedefinieerd als een proces aan de hand waarvan een niet-lineair systeem, dat bestaat uit een niet nader omschreven aantal taxa van schimmels, algen en bacteriën, leidt tot het ontstaan van een thallus [het gedeelde 'lichaam' van het korstmos], die wordt beschouwd als nieuwe eigenschap van de samenstellende delen' (Goward 2009b).

47 Zie voor korstmossen als reservoir voor microben Grube et al. (2015), Aschenbrenner et al. (2016), en Cernava et al. (2019).

48 Zie voor de queertheorie over korstmossen Griffiths (2015).

49 Zie Gilbert et al. (2012) voor een gedetailleerde uiteenzetting over de manier waarop microben verschillende definities van biologische individualiteit in de war schoppen. Zie voor meer over microben en immuniteit McFall-Ngai (2007) en Lee en Mazmanian (2010). Sommige onderzoekers stellen alternatieve definities voor biologische individuen voor, gebaseerd op het 'gedeelde lot' van levende systemen. Zo vindt Frédéric Bouchard dat 'een biologisch individu een functioneel geïntegreerde entiteit is waarvan de integratie verband houdt met het gedeelde lot van het systeem wanneer het te maken krijgt met selectiedruk vanuit de omgeving' (Bouchard 2018).

50 Gordon et al. (2013) en Bordenstein en Theis (2015).

51 Zie voor infecties die door darmbacteriën worden veroorzaakt Van Tyne et al. (2019).

52 Gilbert et al. (2012).

4 MYCELIUMHERSENEN

1 Sabina, op een opname van Gordon Wasson, geciteerd in Schultes et al. (2001), p. 156.

2 Zie voor een korte samenvatting van klinisch onderzoek naar psychedelica Winkelman (2017) en voor een uitgebreide bespreking Pollan (2018).

3 Hughes et al. (2016).

4 Zie voor de timing en de hoogte van de dodelijke beet Hughes et al. (2011) en Hughes (2013) en voor het oriëntatievermogen Chung et al. (2017). Er zijn allerlei soorten *Ophiocordyceps*-schimmels en allerlei soorten reuzenmieren, maar elke mier is gastheer van maar één schimmelsoort en elke schimmelsoort kan de besturing van slechts één mierensoort overnemen (De Bekker et al. [2014]). Verschillende schimmel/mier-combinaties zijn kieskeurig als het aankomt op de keuze van de plek waar de mier zijn dood vindt. Sommige schimmels laten hun insectenavatar in een tak bijten, andere in bast en weer andere in een blad (Andersen et al. [2009] en Chung et al. [2017]).

5 Zie voor het aandeel van schimmels in de biomassa van mieren Mangold et al.

(2019) en voor een visualisatie van het schimmelnetwerk in mieren Fredericksen et al. (2017).

6 Zie voor de hypothese dat manipulatie door schimmels plaatsvindt door middel van chemische stoffen Fredericksen et al. (2017). Zie voor chemische stoffen die door *Ophiocordyceps* worden aangemaakt De Bekker et al. (2014) en voor een bespreking van *Ophiocordyceps* en ergotalkaloïden Mangold et al. (2019).

7 Zie voor fossiele littekens op bladeren Hughes et al. (2011).

8 Zie voor het citaat van McKenna Letcher (2006), p. 258.

9 Schultes et al. (2001), p. 9. Zie voor een uitvoerige maar niet altijd even kritische bespreking van beneveling in de dierenwereld Siegel (2005) en Samorini (2002).

10 Zie voor een bespreking van *Amanita muscaria* Letcher (2006), hoofdstuk 7 tot en met 9. Sommige onderzoekers denken dat de aanklagers in het heksenproces van Salem aan ergotisme leden (Caporael, [1976] en Matossian, [1982]), hoewel hun pleidooi krachtig wordt weersproken door Spanos en Gottleib (1976). Door ergotisme veroorzaakte wanen en spirituele angsten, die in de Middeleeuwen en de Renaissance bekend waren onder de naam Sint-Antoniusvuur, zouden de inspiratie zijn geweest voor visioenen van de hel uit die tijd. Zie voor Bosch Dixon (1984). Ook levende have is bevattelijk voor vergiftiging door ergot ofwel moederkoren. Het Engels kent verschillende benamingen voor de effecten van moederkoren op runderen, paarden en schapen (Clay [1988]). Ergotschimmels hebben ook een effectieve geneeskrachtige werking en worden al honderden jaren door vroedvrouwen gebruikt om de bloedingen na een bevalling te stelpen. Henry Wellcome, de zakenman uit wiens fortuin de liefdadigheidsorganisatie Wellcome Trust voortkwam, een belangrijke financier van medisch onderzoek, liet onderzoek doen naar berichten over de geneeskrachtige werking van moederkoren. Hij schreef dat vroedvrouwen in Schotland, Duitsland en Frankrijk die in de zestiende eeuw 'opvallend en zeer efficiënt' gebruikten om weeën op te wekken en het bloed na de bevalling te stelpen. Van kruiden- en vroedvrouwen leerden artsen de therapeutische eigenschappen van ergot kennen, het werkzame bestanddeel van het middel ergometrine, dat tot op de dag van vandaag wordt gebruikt om zware bloedingen na een bevalling te behandelen (Dugan [2011], pp. 20-21). Vanwege hun reputatie als medicijn bij de bevalling begon Albert Hofmann in de jaren dertig ergotalkaloïden te onderzoeken bij Sandoz Laboratories. Zijn onderzoeksprogramma leidde in 1938 tot de synthese van LSD. Zie voor een bespreking van ergotalkaloïden, de geschiedenis en het gebruik ervan Wasson et al. (2009), 'A Challenging Question and My Answer'.

11 Zie voor een discussie over de geschiedenis van het gebruik van psilocybine-producerende paddenstoelen in Mexico Letcher (2006), hoofdstuk 5, Schultes (1940) en Schultes et al. (2001), 'Little Flowers of the Gods'. Zie voor het citaat van Sahagún Schultes (1940).

12 Letcher (2006), p. 76.

13 Zie voor McKenna en de Tassili-schilderingen en het citaat van McKenna (1992), hoofdstuk 6. Zie voor een bespreking van McKenna en de Tassili-schil-

deringen Metzner (2005), pp. 42-43, en voor een kritische bespreking Letcher (2006), pp. 37-38.

14 In een artikel uit 2019 werden de resten geanalyseerd die in een buideltje zaten – gemaakt van vossensnuit – dat werd aangetroffen in een zak met rituele voorwerpen van ruim duizend jaar geleden, opgegraven in Bolivia. De onderzoekers vonden sporen van verschillende psychoactieve stoffen, waaronder cocaïne (uit coca), DMT, harmine en bufotenine. Analyse leverde voorlopig bewijs van de aanwezigheid van psilocine, een psychoactieve stof die ontstaat bij de afbraak van psilocybine. Als dat klopt, zou dat kunnen betekenen dat er ook paddenstoelen met psilocybine in de zak hadden gezeten (Miller et al. [2019]). De Mysteriën van Eleusis – festiviteiten ter ere van Demeter, godin van het graan en van de oogst, en haar dochter Persephone – waren een van de belangrijkste religieuze vieringen in het oude Griekenland. Een van de gebruiken was dat ingewijden een kom vloeistof dronken die bekendstond als *kykeon*. Daarna zagen ze spookachtige verschijningen en kwamen ze terecht in een angstaanjagende extatische en visionaire trance. Velen beschreven dat de ervaring hen voor altijd had veranderd (Wasson et al. [2009], hoofdstuk 3). Hoewel het recept van kykeon een goed bewaard geheim was, is het zeer waarschijnlijk een geestverruimend brouwsel geweest. In het oude Athene brak een schandaal uit toen bekend werd dat aristocraten thuis tijdens banketten kykeon met hun gasten hadden gedronken (Wasson et al. [1986], p. 155). Er werden geen lijsten met deelnemers aan de rituelen van Eleusis bijgehouden, en vandaar dat er onduidelijkheid bestaat over degenen die eraan meededen. Maar omdat de meeste Atheense burgers ingewijden waren, denkt men dat veel beroemdheden eraan hebben deelgenomen, onder wie Euripides, Sophocles, Pindarus en Aeschylus. Plato schreef over de inwijding in de mysteriën in *Symposium* en in *Phaedrus*, in bewoordingen die duidelijk verwijzen naar de rituelen van Eleusis (Burkett [1987], pp. 91-93). Aristoteles verwees niet expliciet naar de Mysteriën van Eleusis, maar wel naar de inwijding in bepaalde mysteriën, waarschijnlijk een verwijzing naar die van Eleusis omdat de Eleusische rituelen halverwege de vierde eeuw v.Chr wijd en zijd bekend waren. Hofmann dacht net als Gordon Wasson en Carl Ruck dat kykeon werd gemaakt van ergotschimmels uit graan en werd gezuiverd om de afschuwelijke symptomen te voorkomen die optreden wanneer ze per ongeluk worden gegeten (Wasson et al. [2009]). McKenna dacht dat de priesters in Eleusis paddenstoelen met psilocybine uitdeelden (McKenna [1992], hoofdstuk 8). Anderen vermoeden dat sprake was van een bereiding van papaver. Er zijn andere voorbeelden van mogelijk gebruik in oude religies. In Midden-Azië ontstond een religieuze cultus rond het gebruik van een geestverruimend middel dat soma heette. Soma leidde tot een extatische toestand; liederen waarin soma wordt bezongen komen voor in de Rigveda, een tekst uit ongeveer 1500 v.Chr. Net als bij kykeon is onbekend wat er in de drank zat. Sommigen – vooral Wasson – beweren dat het om vliegenzwammen ging (*Amanita muscaria*, zie voor een bespreking Letcher [2008], hoofdstuk 8). McKenna – consequent als hij is – achtte het waarschijnlijker dat

het om psilocybine-producerende paddenstoelen ging. Andere onderzoekers hebben cannabis geopperd. Voor én tegen alle gegadigden bestaat onweerlegbaar bewijs.

15 Zie voor de verwijzing naar de fictieve monsters Yong (2017). In 2018 ontdekten onderzoekers van de University of Ryukyu in Japan dat verschillende soorten cicaden *Ophiocordyceps*-schimmels hadden gedomesticeerd die in deze insecten leven (Matsuura et al. [2018]). Zoals zoveel insecten die voornamelijk van boomsap leven, zijn cicaden voor essentiële voedingsstoffen en vitaminen afhankelijk van symbiotische bacteriën. Zonder kunnen ze niet overleven. Maar in enkele in Japan voorkomende cicaden zijn de bacteriën vervangen door een *Ophiocordyceps*-soort. Het is het laatste wat je zou verwachten. *Ophiocordyceps* zijn wrede, efficiënte moordenaars die hun kunstjes in een periode van tientallen miljoenen jaren hebben geperfectioneerd. Toch zijn ze in de loop van hun lange gezamenlijke geschiedenis essentiële levenspartners van de cicaden geworden. Bovendien is dat minstens drie keer in aparte takken van de stamboom van cicaden gebeurd. Gedomesticeerde *Ophiocordyceps* maken eens te meer duidelijk dat het onderscheid tussen 'nuttige' en 'parasitaire' microben niet altijd duidelijk is.

16 Zie voor geneesmiddelen die het immuunsysteem onderdrukken *State of the World's Fungi* (2018), 'Useful Fungi'. Zie voor het middel voor de eeuwige jeugd Adachi en Chiba (2007).

17 Coyle et al. (2018). Zie voor de 'mafste' ontdekking twitter.com/mbeisen/status/1019655132940627969 [geraadpleegd op 29 oktober 2019].

18 Zie voor een beschrijving van het gedrag van geïnfecteerde vliegen Hughes et al. (2016) en Cooley et al. (2018). Zie voor 'vliegende zoutstrooiers van de dood' Yong (2018).

19 Zie voor het onderzoek van Kasson Boyce et al. (2019) en voor een bespreking Yong (2018). Het is niet de eerste keer dat wordt beschreven dat schimmels die insecten manipuleren hun gastheer besturen met chemische stoffen die ook op de menselijke geest inwerken; zwammen die familie zijn van *Ophiocordyceps*-schimmels worden in Mexico samen met psilocybine-producerende paddenstoelen gegeten tijdens bepaalde inheemse ceremoniën (Guzmán et al. [1998]).

20 Er is beschreven dat cathinon mieren agressief maakt en de stof zou verantwoordelijk kunnen zijn voor het hyperactieve gedrag dat bij geïnfecteerde cicaden is waargenomen (Boyce et al. [2019]).

21 Zie Ovidius (1993), p. 175. Zie voor sjamanisme in de Amazone Viveiros de Castro (2004) en voor de Joekagir Willerslev (2007).

22 Zie Hughes et al. (2016). Neuromicrobiologie is een relatief nieuw vakgebied; de kennis van de manier waarop microben het gedrag, de cognitie en de geestesgesteldheid van dieren beïnvloeden is nog fragmentarisch (Hooks et al. [2018]). Niettemin beginnen zich enkele patronen af te tekenen. Muizen hebben bijvoorbeeld een gezonde darmflora nodig om een functionerend zenuwstelsel te kunnen ontwikkelen (Bruce-Keller et al. [2018]). Wanneer je het microbioom

van adolescente muizen uitschakelt voordat ze de kans krijgen een functionerend zenuwstelsel te ontwikkelen, vertonen ze cognitieve gebreken, waaronder problemen met hun geheugen en moeite met het herkennen van voorwerpen (De la Fuente-Nunez et al. [2017]). De spectaculairste resultaten zijn afkomstig van onderzoeken waarin microbiomen tussen verschillende muizenstambomen worden uitgewisseld. Wanneer 'timide' muizensoorten poeptransplantaties krijgen van 'normale' soorten, zijn ze lang niet meer zo voorzichtig. En wanneer de 'normale' muizen microben toegediend krijgen van de 'timide' soorten, dan worden ze 'overdreven behoedzaam en beginnen ze te aarzelen' (Bruce-Keller et al. [2018]). Verschillen in darmflora zijn ook van invloed op het vermogen van muizen om pijnervaringen te vergeten (Pennisi [2019b] en Chu et al. [2019]). Veel darmmicroben brengen chemische stoffen voort die de activiteit van het zenuwstelsel beïnvloeden, waaronder neurotransmitters en korte-ketenvetzuren. Meer dan negentig procent van de serotonine in ons lichaam – de neurotransmitter waar we ons blij door voelen wanneer we er ruim voldoende van aanmaken en neerslachtig wanneer we er te weinig van hebben – wordt geproduceerd in onze darmen, en darmbacteriën spelen een grote rol in de aanmaak ervan (Yano et al. 2015). In twee onderzoeken is gekeken naar het effect van poeptransplantaties van depressieve patiënten op steriele muizen en ratten. De dieren ontwikkelden symptomen die horen bij een depressie, waaronder angst en een gebrek aan belangstelling voor plezierige activiteiten. De onderzoeken doen vermoeden dat een verstoring van het microbioom niet alleen kan leiden tot depressies, maar ook verantwoordelijk kan zijn voor depressief gedrag bij muizen en mensen (Zheng et al. [2016] en Kelly et al. [2016]). Nader onderzoek bij mensen laat zien dat bepaalde probiotische behandelingen de symptomen kunnen wegnemen die horen bij depressiviteit, angststoornissen en negatieve gedachten (Mohajeri et al. [2018] en Valles-Colomer et al. [2019]). Er aast echter een probiotica-industrie met een waarde van vele miljarden dollars op het vakgebied van de neuromicrobiologie, en sommige onderzoekers wijzen op het gevaar dat bepaalde resultaten worden gehypet. Het microbioom is zeer complex, en het is een uitdaging om het te manipuleren. Er spelen zoveel variabelen een rol dat maar weinig onderzoekers erin slagen een causaal verband aan te wijzen tussen de werking van een bepaalde microbe en bepaald gedrag (Hooks et al. [2018]).

23 Zie voor een volledige uiteenzetting van het 'uitgebreide fenotype' Dawkins (1982) en voor 'nauw begrensde speculatie' Dawkins (2004). Zie voor een bespreking van de manipulatie van het gedrag van insecten door schimmels in termen van uitgebreide fenotypen Andersen et al. (2009), Hughes (2013 en 2014), en Cooley et al. (2018).
24 Zie voor een bespreking van de 'eerste golf' van wetenschappelijk onderzoek naar geestverruimende middelen in de jaren vijftig en zestig Dyke (2008) en Pollan (2018), hoofdstuk 3.
25 Zie voor het onderzoek aan de Johns Hopkins University Griffiths et al. (2016)

en voor het onderzoek aan New York University Ross et al. (2016). Zie voor het interview met Griffiths *Fantastic Fungi: The Magic Beneath Us*, onder regie van Louis Schwartzberg. Zie voor een algehele bespreking, waaronder het record van 'effectiefste interventies' Pollan (2018), hoofdstuk 1.

26 Zie voor een onderzoek naar mystieke ervaringen met behulp van psilocybine Griffiths et al. (2008) en voor de rol van ontzag in psychotherapie door het gebruik van geestverruimende middelen Hendricks (2018).

27 Zie voor de rol van psilocybine bij de behandeling van tabaksverslaving Johnson et al. (2014 en 2015), zie voor het door psilocybine veroorzaakte 'openstaan' voor nieuwe ervaringen en tevredenheid over het leven MacLean et al. (2011), zie voor een algehele bespreking van de rol van geestverruimende middelen in de behandeling van verslavingen Pollan (2018), hoofdstuk 6, deel 2, en voor verbondenheid met de natuur Lyons en Carhart-Harris (2018) en Studerus et al. (2011). Sommige stammen van oorspronkelijke Amerikanen hebben een lange traditie in het gebruik van peyote, een geestverruimende cactus, tegen alcoholisme. In onderzoeken uit de jaren vijftig tot en met zeventig werd gekeken of met psilocybine en LSD drugsverslavingen konden worden behandeld. Sommige resultaten waren positief. In 2012 werden gegevens uit de strengste vergelijkende onderzoeken gebruikt voor een meta-analyse. Daaruit bleek dat één dosis LSD minimaal een halfjaar lang goed werkte tegen alcoholmisbruik (Krebs en Johansen [2012]). Met een online vragenlijst die werd ontworpen om de 'natuurlijke ecologie' van het verschijnsel te onderzoeken, analyseerde Matthew Johnson met een team collega's verhalen van ruim driehonderd mensen die zeiden dat ze na een ervaring met psilocybine of LSD minder waren gaan roken of er helemaal mee waren gestopt (Johnson et al. [2017]).

28 Zie voor 'verstokte materialist of atheïst' Pollan (2018), hoofdstuk 4, en voor de niet-materiële werkelijkheid als basis voor religieuze overtuigingen Pollan (2018), hoofdstuk 2. Zelfs degenen die de sessies met proefpersonen op de Johns Hopkins University begeleidden en observeerden maakten melding van een onverwachte verandering in hun kijk op de wereld. Een van hen, die bij tientallen sessies aanwezig was, omschreef de ervaring als volgt: 'Toen ik begon was ik atheïst, maar ik maakte elke dag op mijn werk dingen mee die haaks stonden op mijn overtuiging. Doordat ik de mensen begeleidde die psilocybine hadden gebruikt, werd mijn wereld steeds mysterieuzer' (Pollan [2018], hoofdstuk 1).

29 Zie voor de invloed van geestverruimende middelen op de groei en de bouw van neuronen Ly et al. (2018).

30 Zie voor psilocybine en het DMN Carhart-Harris et al. (2012) en Petri et al. (2014). Zie voor de effecten van LSD op de verbindingen in de hersenen Carhart-Harris et al. (2016b).

31 Zie voor het citaat van Hoffer Pollan (2018), hoofdstuk 3.

32 Zie voor het citaat van Johnson Pollan (2018), hoofdstuk 6. Zie voor de rol van psilocybine in de behandeling van het 'verbeten pessimisme' van depressies Carhart-Harris et al. (2012).

33 Zie voor een bespreking van de desintegratie van het ego en van 'opgaan in iets groters' Pollan (2018), voorwoord en hoofdstuk 5.

34 Zie voor 'het koele duister van de geest' en 'uitzinniger' McKenna en McKenna (1976), pp. 8-9.

35 Zie voor het citaat van Whitehead Russell (1956), p. 39, en voor 'nauw begrensde' speculatie Dawkins (2004).

36 Het is lastig om in te schatten wanneer paddenstoelen voor het eerst 'magisch' werden. De eenvoudigste methode is ervan uitgaan dat het vermogen om psilocybine aan te maken ontstond in de meest recente gemeenschappelijke voorouder van alle schimmels die psilocybine produceren. Die methode werkt echter niet, want 1) psilocybine is horizontaal overgedragen tussen verschillende takken van de schimmelstamboom (Reynolds et al. [2018]), en 2) biosynthese van psilocybine is meermalen geëvolueerd (Awan et al. [2018]). Jason Slot, onderzoeker aan Ohio State University, deed zijn schatting van vijfenzeventig miljoen jaar op basis van de hypothese dat de genen die nodig zijn om psilocybine te maken voor het eerst een cluster vormden in de geslachten *Gymnopilus* en *Psilocybe*. Hij vermoedt dat dat is gebeurd omdat de andere gevallen waarin het psilocybine-genencluster is aangetoond zich voordeden als gevolg van horizontale genenoverdracht.

37 Zie voor de horizontale genenoverdracht van het psilocybine-genencluster Reynolds et al. (2018) en voor het meermalen ontstaan van de biosynthese van psilocybine Awan et al. (2018).

38 In sommige relaties tussen insecten en schimmels gaat het om minder duidelijke manieren van manipulatie. Neem de 'koekoeksschimmels', die munt slaan uit het sociale gedrag van termieten door balletjes te vormen die eruitzien als termieteneitjes en een feromoon aanmaken dat in echte termieteneitjes wordt aangetroffen. Termieten nemen de nepeitjes mee naar hun nest, waar ze ervoor zorgen. Als de 'schimmeleitjes' niet blijken uit te komen, gooien de termieten ze op de storthoop. Omgeven door compost dat rijk is aan voedingsstoffen, groeien de koekoeksschimmels en ondervinden ze geen last van concurrentie van andere schimmels (Matsuura et al. [2009]).

39 Zie voor bladsnijdersmieren die psilocybine-producerende paddenstoelen eten Masiulionis et al. (2013) en voor muggen en andere insecten die ze eten, evenals voor de 'lokhypothese', Awan et al. (2018). Zuivere psilocybine in kristalvorm is duur en strenge regelgeving bemoeilijkt het onderzoek. Er bestaat enig bewijs dat psilocybine het gedrag van insecten en andere ongewervelde dieren verstoort. In een bekende reeks experimenten uit de jaren zestig dienden onderzoekers verschillende soorten drugs aan spinnen toe en bestudeerden vervolgens hun webben. Hoge doses psilocybine maakten het onmogelijk om een web te spinnen. Spinnen die lagere doses kregen sponnen lossere webben en gedroegen zich 'alsof ze zwaarder waren'. Daarentegen zorgde LSD ervoor dat de spinnen 'ongewoon regelmatige' webben sponnen (Witt [1971]). Recent onderzoek heeft aangetoond dat fruitvliegen die metitepine kregen, een chemische stof die

de serotoninereceptoren blokkeert die psilocybine juist stimuleert, hun eetlust verloren. Daarom denken sommige onderzoekers dat psilocybine er juist voor zorgt dat de eetlust van vliegen *toeneemt,* mogelijk met als doel de verspreiding van sporen te bevorderen (Awan et al. [2018]). Michael Beug, biochemicus en mycoloog aan Evergreen State College, behoort tot de onderzoekers die gekant zijn tegen de hypothese dat psilocybine als afweermiddel zou dienen. Paddenstoelen zijn vruchten. Zoals een appelboom fruit voortbrengt om de verspreiding van zijn zaad te bevorderen, zo brengen schimmels paddenstoelen voort om hun sporen te verspreiden. Psilocybine, aldus Beug, wordt in hoge concentraties aangetroffen in paddenstoelen van de meeste psilocybineproducerende schimmelsoorten, maar in verwaarloosbare hoeveelheden in het mycelium (zij het niet in allemaal: het mycelium van *Psilocybe caerulescens* en *Psilocybe hoogshagenii/semperviva* bevat naar verluidt een aanzienlijke concentratie psilocybine). Maar juist het mycelium en niet de paddenstoelen zijn het meest bij verdediging gebaat. Waarom zouden paddenstoelen met psilocybine de moeite nemen zich te verdedigen terwijl het mycelium onbeschermd blijft (Pollan [2018], hoofdstuk 2)?

40 Ook van andere zoogdieren is bekend dat ze zonder nare bijwerkingen paddenstoelen met psilocybine eten. Beug, de biochemicus en mycoloog die bij de North American Mycological Association gaat over de meldingen van vergiftigingen, heeft er daar heel wat van ontvangen. 'Bij paarden en koeien zou het toeval kunnen zijn,' vertelde Beug me. In andere gevallen lijken dieren eropuit te zijn. 'Sommige honden zien hun baasje de paddenstoelen plukken en krijgen er belangstelling voor, waarna ze die keer op keer eten, met gevolgen die de menselijke waarnemer bekend voorkomen.' Slechts één keer kwam hem een verhaal ter ore over een kat 'die bij herhaling paddenstoelen at en "stoned" leek'.

41 Schultes (1940).

42 Zie voor een bespreking van Wassons artikel in *Life* en het bereik ervan Pollan (2018), hoofdstuk 2, en Davis (1996), hoofdstuk 4.

43 Zie voor 'achter mijn moeder aan liep' McKenna (2012). Het eerste verslag van een trip in een breed gelezen tijdschrift werd waarschijnlijk geschreven door Sidney Katz, die een artikel publiceerde in het populaire Canadese tijdschrift *Maclean's,* onder de titel 'Mijn twaalf uur als waanzinnige'. Zie voor een bespreking Pollan (2018), hoofdstuk 3.

44 Zie voor een bespreking van Leary's 'visionaire reis' en het Harvard Psilocybin Project Letcher (2006), pp. 198-201, en Pollan (2018), hoofdstuk 3. Zie voor het citaat van Leary Leary (2005).

45 Letcher (2006), p. 201 en pp. 254-255; Pollan (2018), hoofdstuk 3.

46 Zie voor een bespreking van de toenemende belangstelling voor paddo's Letcher (2006), 'Underground, Overground'. Zie voor een bespreking van de ontwikkelingen in teelttechnieken Letcher (2006), 'Muck en Brass'. Zie voor de kwekersgids McKenna en McKenna (1976).

47 Zie voor een bespreking van *The Mushroom Cultivator* en de Nederlandse en de

Engelse 'paddoscene' Letcher (2006), 'Muck en Brass'.
48 In Midden-Amerikaanse weiden schieten de paddenstoelen uit de grond. Niets wijst erop dat mensen ze kweken.
49 Zie voor korstmossen die psilocybine bevatten Schmull et al. (2014) en voor het wereldwijd voorkomen van psilocybine-producerende paddenstoelen Stamets (1996 en 2005). Zie voor het 'in overvloed' voorkomen Allen en Arthur (2005) en voor een overzicht van de ontdekking van paddenstoelen met psilocybine over de hele wereld Letcher (2006), pp. 221-225. Zie voor 'parken, nieuwbouwwijken' Stamets (2005).
50 Schultes et al. (2001), p. 23.
51 Zie James (2002), p. 300.

5 VOORDAT ER PLANTENWORTELS BESTONDEN

1 Tom Waits, 'Green Gra**', op *Real Gone* (2004).
2 Zie voor de evolutie van planten op het land Lutzoni et al. (2018), Delwiche en Cooper (2015), en Pirozynski en Malloch (1975). Zie voor de biomassa van planten Bar-On et al. (2018).
3 Zie voor vroege 'biokorsten' Beerling (2019), p. 15, en Wellman en Strother (2015). Zie voor het leven tijdens het ordovicium web.archive.org/web/20071221094614/http://www.palaeos.com/Paleozoic/Ordovician/Ordovician.htm#Life [geraadpleegd op 29 oktober 2019].
4 Zie voor de prikkels die de voorouders van planten kregen om op het land te gaan leven Beerling (2019), p. 155. Het is geen verrassing dat er niet altijd overeenstemming over dit onderwerp heeft bestaan. Het idee was afkomstig van Kris Pirozynski en David Malloch, die h(i)n 1975 naar voren brachten in het artikel 'The origin of land plants: a matter of mycotropism'. Daarin beweerden ze dat 'landplanten altijd afhankelijk zijn geweest [van schimmels], want anders hadden ze het land nooit kunnen koloniseren'. Dat was destijds een radicaal idee, want het impliceerde dat symbiose de drijvende kracht was geweest achter een van de belangrijkste evolutionaire ontwikkelingen uit de geschiedenis van het leven. Lynn Margulis onderschreef dat idee en noemde symbiose 'de maan die het levensgetij uit de diepte van de oceaan het droge land op en de lucht in trok' (Beerling [2019], pp. 126-127). Zie voor een bespreking van schimmels en hun rol in de evolutie van landplanten Lutzoni et al. (2018), Hoysted et al. (2018), Selosse et al. (2015) en Strullu-Derrien et al. (2018).
5 Zie voor het percentage plantensoorten dat een mycorrhizarelatie aangaat Brundrett en Tedersoo (2018). Bij de zeven procent van de op het land levende plantensoorten die dat niet doen zijn andere strategieën geëvolueerd, bijvoorbeeld parasitisme en vlees eten. Dat percentage is misschien zelfs nog wel lager: recent onderzoek wijst uit dat planten die van oudsher als 'niet-mycorrhizaal' werden beschouwd – bijvoorbeeld planten uit de koolfamilie – betrekkingen

aangaan met niet-mycorrhizaschimmels die de plant dezelfde voordelen bieden als mycorrhizarelaties (Van der Heijden et al. [2017], Cosme et al. [2018], en Hiruma et al. [2018]).

6 Zie voor schimmels in zeewieren – 'mycofycobiose' – Selosse en Tacon (1998) en voor de 'zachte groene balletjes' Hom en Murray (2014).

7 Men denkt dat de stam levermossen zich ruim vierhonderd miljoen jaar geleden als eerste van de stamboom van landplanten afsplitste. Levermossen van de geslachten *Treubia* en *Haplomitrium* zouden ons het beste een glimp van het vroege plantenleven kunnen opleveren (Beerling [2019], p. 25). Behalve fossielen zijn er nog enkele soorten bewijs. De groep genen die verantwoordelijk is voor de chemische stoffen die planten als signaal afgeven om met mycorrhizaschimmels te communiceren, is identiek in alle levende groepen planten. Dat doet vermoeden dat die aanwezig was in de gemeenschappelijke voorouder van alle planten (Wang et al. [2010], Bonfante en Selosse [2010] en Delaux et al. [2015]). De nog levende voorouders van de eerste landplanten – de levermossen – gaan betrekkingen aan met de alleroudste soorten mycorrhizaschimmels (Pressel et al. [2010]). Bovendien lijkt het er volgens de laatste schattingen op dat schimmels de overstap naar het land eerder maakten dan de voorlopers van de huidige landplanten, wat betekent dat het bijna niet anders kan of de vroegste planten zullen op schimmels zijn gestuit (Lutzoni et al. [2018]).

8 Zie voor de evolutie van wortels Brundrett (2002) en Brundrett en Tedersoo (2018).

9 Zie voor de evolutie van dunnere, meer opportunistische wortels Ma et al. (2018). De diameter van zeer dunne wortels varieert, maar ligt veelal ergens tussen 100 en 500 micrometer. Van enkele van de oudste mycorrhizaschimmels – de arbusculaire mycorrhiza – hebben de transporthyfen een diameter van 20 tot 30 micrometer en de dunnere, absorberende hyfen een diameter van 2 tot 7 micrometer (Leake et al. [2004]).

10 Zie voor een derde tot de helft van de biomassa van de bodem Johnson et al. (2013) en voor schattingen van de lengte van mycorrhizaschimmels in de bovenste tien centimeter van de bodem Leake en Read (2017). De schattingen zijn gebaseerd op de lengte van mycorrhizamycelium in verschillende ecosystemen en houden rekening met de mycorrhizasoort en het soort landgebruik (Leake et al. [2004]).

11 Zie voor het werk van Frank aan mycorrhizaschimmels Frank (2005) en voor een bespreking ervan Trappe (2005).

12 Zie voor een beschrijving van Franks experimenten Beerling (2019), p. 129. Een van Franks meest uitgesproken critici was botanicus Roscoe Pound, de latere decaan van Harvard Law School. Pound deed zijn voorstellen af als 'absoluut ongeloofwaardig'. Pound koos de kant van de 'nuchterder' auteurs, die bleven volhouden dat mycorrhizaschimmels 'waarschijnlijk schade toebrachten door voedsel te nemen dat eigenlijk aan de boom toebehoorde'. 'Hoe dan ook,' foeterde Pound, 'is symbiose in het voordeel van een van beide partijen en kunnen

we nooit zeker weten dat de andere niet beter af zou zijn wanneer hij op zichzelf was gebleven' (Sapp [2004]).

13 Zie voor het eerste citaat 'Afscheid van Lórien' in het Tweede Boek, p. 463, en voor het tweede 'De grijze havens' in het Zesde Boek, pp. 1233-1234.

14 Zie voor de razendsnelle evolutie ten tijde van het devoon Beerling (2019), p. 152 en p. 155, en voor de afname van kooldioxide Johnson et al. (2013) en Mills et al. (2017). Er zijn alternatieve verklaringen voor de kooldioxidedaling in de atmosfeer. Zo komen kooldioxide en andere broeikasgassen vrij bij vulkanische en andere tektonische activiteit. Wanneer de uitstoot van kooldioxide als gevolg van vulkaanuitbarstingen zou dalen, dan zou ook de hoeveelheid kooldioxide in de atmosfeer dalen, wat een periode van afkoeling van de aarde zou kunnen inluiden (McKenzie et al. [2016]).

15 Zie voor de hulp van mycorrhizaschimmels bij de enorme plantengroei in het devoon Beerling (2019), p. 162, en voor een bespreking van verwering in relatie tot de activiteit van mycorrhiza Taylor et al. (2009).

16 Mills maakte gebruik van het COPSE-model (Carbon, Oxygen, Phosphorus, Sulphur, en Evolution, oftewel koolstof, zuurstof, fosfor, zwavel en evolutie), waarmee wordt gekeken naar de cycli die al die elementen doorlopen in lange perioden van de evolutie, in relatie tot een 'versimpelde voorstelling van landbiota, atmosfeer, oceanen en sediment' (Mills et al. [2017]).

17 Mills et al. (2017). Zie voor Fields experimenten met de reactie van mycorrhiza op oeroude klimaten Field et al. (2012).

18 Zie voor een algemene bespreking van de evolutie van mycorrhiza Brundrett en Tedersoo (2018). De groep schimmels die planten het land op hielpen en het goed doen in grasland en tropisch bos – arbusculaire mycorrhiza – zouden slechts één keer zijn geëvolueerd. Arbusculaire mycorrhiza groeien als veerachtige lobben in plantencellen. De soort die vooral voorkomt in bos in gematigde streken – ectomycorrhiza – is bij meer dan zestig verschillende gelegenheden ontstaan (Hibbett et al. [2000]). Zulke schimmels – de truffels behoren ertoe – groeien als een myceliumomhulsel rond de punten van plantenwortels, zoals Frank al aan het einde van de negentiende eeuw had gezien. Orchideeën houden er eigen mycorrhizarelaties op na, met een eigen evolutionaire geschiedenis. Hetzelfde geldt voor planten uit de heidefamilie, of *Ericaceae* (Martin et al. [2017]). Field bestudeert met haar collega's een totaal andere groep mycorrhiza, die pas aan het begin van dit millennium werd ontdekt, de *Mucoromycotina*. Die komt overal in het plantenrijk voor en zou de vroegste landplanten hebben vergezeld, maar was geheel onopgemerkt gebleven, ondanks tientallen jaren onderzoek. Misschien bevinden zich er nog wel meer pal onder onze neus (Van der Heijden et al. [2017], Cosme et al. [2018], Hiruma et al. [2018] en Selosse et al. [2018]).

19 Zie voor experimenten met aardbeien Orrell (2018) en voor een vervolgonderzoek naar de invloed van mycorrhizaschimmels op interacties tussen planten en bestuivers Davis et al. (2019).

20 Zie voor basilicum Copetta et al. (2006), voor tomaten Copetta et al. (2011)

en Rouphael et al. (2015), voor munt Gupta et al. (2002), voor sla Baslam et al. (2011), voor artisjokken Ceccarelli et al. (2010), voor sint-janskruid en echinacea Rouphael et al. (2015) en voor brood Torri et al. (2013).

21 Rayner (1945).

22 Zie voor de 'sociale functie van intelligentie' Humphrey (1976).

23 Zie voor 'wederkerige beloningen' Kiers et al. (2011). Kiers en haar collega's konden zo precies te werk gaan omdat ze een kunstmatig systeem gebruikten. De planten waren geen normale planten, maar 'orgaanculturen' van wortels: wortels die groeien zonder scheuten of bladeren. Toch is het vermogen van planten en schimmels om naar believen voedingsstoffen of koolstof aan gunstigere partners over te dragen aangetoond bij complete planten die in aarde groeien (Bever et al. [2009], Fellbaum et al. [2014] en Zheng et al. [2015]). Hoe planten en schimmels de stromen voedingsstoffen precies kunnen reguleren is nog niet bekend, maar het schijnt een algemeen kenmerk van hun relatie te zijn (Werner en Kiers [2015]).

24 Niet alle planten- en schimmelsoorten kunnen de uitwisseling in dezelfde mate beheersen. Sommige plantensoorten erven het vermogen om koolstof aan schimmelpartners van hun voorkeur te geven. Andere soorten beschikken gewoon niet over die aanleg (Grman [2012]). Sommige planten zijn afhankelijker van hun schimmelpartners dan andere. Weer andere, bijvoorbeeld planten met microscopisch kleine zaadjes, ontkiemen niet als er geen schimmel is, veel planten weer wel. Sommige planten geven niets terug aan de schimmel wanneer ze jong zijn, maar beginnen de schimmel te belonen naarmate ze ouder worden, een aanpak die Field 'nu kopen, later betalen' noemt (Field et al. [2015]).

25 Zie voor een onderzoek naar de ongelijke verdeling van bronnen Whiteside et al. (2019).

26 Kiers en haar collega's maten de snelheid van het transport in het netwerk en registreerden maximumsnelheden van meer dan vijftig micrometer per seconde – ongeveer honderd keer sneller dan passieve diffusie – en regelmatige omkeringen – schommelingen – van de stroomrichting in het netwerk (Whiteside et al. [2019]).

27 Zie voor de rol van de context in mycorrhizarelaties Hoeksema et al. (2010) en Alzarhani et al. (2019). Zie voor de invloed van fosfor op de 'kieskeurigheid' van planten Ji en Bever (2016). Zelfs binnen planten- en schimmelsoorten bestaat grote variatie in het gedrag van afzonderlijke planten en schimmels (Mateus et al. [2019]).

28 Zie voor de schatting van het aantal bomen op aarde Crowther et al. (2015).

29 Zie voor een bespreking van de gaten in onze kennis in het onderzoek naar mycorrhiza Lekberg en Helgason (2018).

30 Zie voor een bespreking van de uitwisseling tussen planten en schimmels en hoe die wordt gereguleerd Wipf et al. (2019). In één onderzoek leverde een schimmel die tegelijkertijd met twee verschillende soorten planten was verbonden – vlas en sorghum – meer voedingsstoffen aan het vlas, ook al bezorgde de

sorghum de schimmel meer koolstof. Op basis van een kosten-batenanalyse zou je verwachten dat de schimmel juist meer voedingsstoffen aan de sorghum zou leveren (Walder et al. [2012] en Hortal et al. [2017]). Sommige plantensoorten gaan zelfs nog een stap verder en leveren hun schimmelpartners helemaal geen koolstof. In zulke gevallen lijkt de uitwisseling tussen de partners niet te zijn gebaseerd op wederkerige beloning. Natuurlijk kunnen er allerlei andere voor- en nadelen zijn waar geen rekening mee is gehouden, want het is lastig om zoveel variabelen tegelijk te meten. Om die reden zijn de meeste onderzoeken gericht op een beperkt aantal gemakkelijk te manipuleren parameters, zoals koolstof en fosfor. Dat zorgt voor een grote mate van detail, maar maakt het moeilijk om de resultaten te extrapoleren naar de echte wereld (Walder en Van der Heijden [2015] en Van der Heijden en Walder [2016]).

31 Zie voor de invloed van mycorrhizaschimmels op de dynamiek van het bos op continentale schaal Phillips et al. (2013), Bennett et al. (2017), Averill et al. (2018), Zhu et al. (2018), Steidinger et al. (2019) en Chen et al. (2019). Zie voor de opmars van bomen nadat de Laurentide-ijskap zich had teruggetrokken Pither et al. (2018).

32 Zie voor het onderzoek van de University of British Columbia Pither et al. (2018) en voor commentaar daarop Zobel (2018). Zie voor een onderzoek naar het door mycorrhiza geholpen voortkruipen van planten op open terrein Collier en Bidartondo (2009) en voor co-migratie van planten en hun mycorrhizapartners Peay (2016).

33 Rodriguez et al. (2009).

34 Osborne et al. (2018), met commentaar van Geml en Wagner (2018).

35 Zie voor involutie Hustak en Myers (2012).

36 Zie voor een bespreking van de rol van plant/schimmel-relaties in de aanpassing aan klimaatverandering Pickles et al. (2012), Giauque en Hawkes (2013), Kivlin et al. (2013), Mohan et al. (2014), Fernandez et al. (2017) en Terrer et al. (2016). Zie voor 'alarmerende verslechtering' Sapsford et al. (2017) en Van der Linde et al. (2018). Mycorrhizarelaties laten op verschillende manieren sporen na in de wereld boven de grond, bijvoorbeeld door hun invloed op de cycli van voedings-stoffen in de bodem. Die cycli kunnen als chemische weersystemen worden beschouwd. Het chemische 'klimaat', dat bestaat uit verschillende schimmelsoor-ten, bepaalt mede welke plantensoorten er groeien. De verschillende planten zijn op hun beurt van invloed op het gedrag van de mycorrhizaschimmels. Arbuscu-laire mycorrhiza (AM) – de oeroude stam die in plantencellen groeit – sturen de chemische weersystemen een heel andere kant uit dan ectomycorrhiza (EM), de soort die verschillende keren is geëvolueerd en in een myceliumomhulsel rond plantenwortels groeit. Anders dan AM-schimmels stammen EM-schimmels af van vrij levende afbraakschimmels. Het gevolg is dat ze organische materie beter kunnen afbreken dan AM-schimmels. Op de schaal van een ecosysteem maakt dat groot verschil. EM-schimmels gedijen in koelere klimaten, waar de ontbinding langzamer verloopt. AM-schimmels gedijen in warmere, natte klimaten, waar

ontbinding sneller verloopt. EM-schimmels concurreren meestal met vrij levende afbrekende organismen en vertragen de koolstofcyclus. AM-schimmels bevorderen juist de activiteit van vrij levende, afbrekende organismen en versnellen daardoor de koolstofcyclus. EM-schimmels zorgen ervoor dat er meer koolstof in de bovenste bodemlagen wordt vastgehouden. AM-schimmels zorgen ervoor dat er meer koolstof doorsijpelt naar diepere bodemlagen en daar wordt vastgehouden. (Phillips et al. [2013], Craig et al. [2018], Zhu et al. [2018] en Steidinger et al. [2019]). Mycorrhizarelaties kunnen ook van invloed zijn op de manieren waarop planten met elkaar interacteren. In sommige situaties vergroten mycorrhizaschimmels de diversiteit van het plantenleven door concurrerende interacties tussen planten te temperen, waardoor minder dominante plantensoorten zich kunnen vestigen (Van der Heijden et al. [2008], Bennett en Cahill [2016], Bachelot et al. [2017] en Chen et al. [2019]). In andere situaties verminderen ze de diversiteit door planten te helpen concurrenten uit te sluiten. In sommige gevallen werken de relaties tussen planten en mycorrhizagemeenschappen hele generaties door, wat wel bekendstaat als het *legacy effect* ('erfeffect', Mueller et al. [2019]). Een onderzoek naar de gevolgen van de voor dennen fatale bergdenkever aan de westkust van Noord-Amerika wees uit dat het van hun mycorrhizagemeenschappen afhing of jonge dennen overleefden. Groeiden ze op met mycorrhizaschimmels uit gebieden waar volwassen dennen door de kevers waren gedood, dan gingen er meer van dood. Via de mycorrhizagemeenschappen dreunden de gevolgen van de kevers na in volgende generaties (Karst et al. [2015]).

37 Howard (1945), hoofdstuk 1 en 2.

38 Zie voor de verdubbeling van de oogst Tilman et al. (2002), voor de uitstoot door de landbouw en het stabiliseren van de opbrengst Foley et al. (2005) en Godfray et al. (2010) en voor het disfunctioneren als gevolg van kunstmest met fosfor Elser en Bennett (2011). Zie voor het verlies van gewassen King et al. (2017) en voor de dertig voetbalvelden Arsenault (2014). Zie voor de voorspelling van de wereldwijde vraag naar voedsel Tilman et al. (2011).

39 Zie voor een onderzoek naar traditionele landbouwmethoden in China King (1911). Zie voor Howards zorgen over het 'bodemleven' Howard (1940). Zie voor de schade aan microbengemeenschappen in de bodem als gevolg van landbouw Wagg et al. (2014), De Vries et al. (2013) en Toju et al. (2018).

40 Zie voor het Agroscope-onderzoek Banerjee et al. (2019), voor de gevolgen van ploegen voor mycorrhizagemeenschappen Helgason et al. (1998) en voor een vergelijking tussen ecologische en niet-ecologische landbouwpraktijken op die gemeenschappen Verbruggen et al. (2010), Manoharan et al. (2017) en Rillig et al. (2019).

41 Zie voor 'techneuten van het ecosysteem' Banerjee et al. (2018) en voor de rol van mycorrhizaschimmels in de stabiliteit van de bodem Leifheit et al. (2014), Mardhiah et al. (2016), Delavaux et al. (2017), Lehmann et al. (2017), Powell en Rillig (2018) en Chen et al. (2018). Zie voor de invloed van mycorrhizaschimmels op de waterabsorptie door de bodem Martínez-García et al. (2017) en voor

koolstof die in de bodem wordt opgeslagen Swift (2001) en Scharlemann et al. (2014). Zie voor een analyse van koolstof in de bodem die wordt vastgehouden door schimmels Clemmensen et al. (2013) en Lehmann et al. (2017). Zie voor schattingen van het aantal organismen in de bodem Berendsen et al. (2012) en voor de schatting van het aantal mensen dat ooit op aarde heeft geleefd www.prb. org/howmanypeoplehaveeverlivedonearth/ [geraadpleegd op 29 oktober 2019].

42 Zie voor de invloed van mycorrhizaschimmels op de resistentie van planten tegen stress Zabinski en Bunn (2014), Delavaux et al. (2017), Brito et al. (2018), Rillig et al. (2018) en Chialva et al. (2018). Andere onderzoeken wijzen uit dat gewassen die worden behandeld met endofyten die in plantenscheuten voorkomen spectaculair beter bestand zijn tegen de druk van droogte en hitte (Redman en Rodriguez [2017]).

43 Zie voor onvoorspelbare resultaten van mycorrhizarelaties op oogsten Ryan en Graham (2018), maar zie ook Rillig et al. (2019) en Zhang et al. (2019). Zie voor de onderzoeken van Field naar de reactie van gewassen op mycorrhizaschimmels Thirkell et al. (2017) en voor de variatie in de reactie op mycorrhiza tussen varianten van een gewas Thirkell et al. (2019).

44 Zie voor een bespreking van de effectiviteit van commerciële mycorrhizaproducten Hart et al. (2018) en Kaminsky et al. (2018). Er komen steeds meer producten op de markt die gebruikmaken van endofyten om gewassen te beschermen. In 2019 keerde de us Environmental Protection Agency een schimmelbestrijdingsmiddel goed dat was ontworpen om via planten terecht te komen in bijen (Fritts [2019]).

45 Zie Kiers en Denison (2014).

46 Zie Howard (1940), hoofdstuk 11.

47 Bateson (1987), hoofdstuk 4.94; Merleau-Ponty (2002), deel 1.

6 WOOD WIDE WEBS

1 Humboldt (1845), deel 1, p. 33, op basis van de Engelse vertaling van Anna Westermeier. De zin met 'netachtig, verstrengeld web' (*Eine allgemeine Verkettung, nicht in einfacher linearer Richtung, sondern in netzartig verschlugenem Gewebe, [...], stellt sich allmählich dem forschenden Natursinn dar*) komt niet voor in de Engelse vertaling uit 1849.

2 Die Russische botanicus was F. Kamienski, die zijn vermoeden over *Monotropa* publiceerde in 1882 (Trappe [2015]). Zie voor een onderzoek met radioactieve glucose Björkman (1960).

3 Zie voor een bespreking van Humboldts 'netachtig, verstrengeld web' Wulf (2015), hoofdstuk 18.

4 Zie voor Reads onderzoek met radioactieve kooldioxide Francis en Read (1984). In 1988 schreef Edward I. Newman, auteur van een klassiek overzicht van gemeenschappelijke mycorrhizanetwerken, dat 'dit verschijnsel, als het wijdver-

breid is, grote implicaties voor het functioneren van ecosystemen zou kunnen hebben'. Newman onderscheidde vijf manieren waarop gemeenschappelijke mycorrhizanetwerken van belang zouden kunnen zijn: 1) zaailingen zouden snel via één hyfennetwerk met elkaar kunnen worden verbonden en daar al in een vroeg stadium van kunnen profiteren; 2) een plant zou via hyfen organisch materiaal (zoals energierijke koolstofverbindingen) van een andere kunnen ontvangen, en misschien wel zoveel dat de 'ontvanger' erdoor zou groeien en zijn overlevingskans zou toenemen; 3) het machtsevenwicht tussen planten zou veranderen als ze minerale voedingsstoffen via een gemeenschappelijk myceliumnetwerk zouden verkrijgen in plaats van elk afzonderlijk via de bodem; 4) minerale voedingsstoffen zouden van de ene naar de andere plant kunnen gaan, wat dominante concurrentie zou kunnen verminderen; 5) voedingsstoffen die afkomstig zijn van stervende wortels zouden rechtstreeks via hyfen naar levende wortels kunnen gaan zonder ooit in de bodem door te dringen (Newman [1988)].

5 Simard et al. (1997). Simard kweekte zaailingen van drie boomsoorten in een bos in British Columbia. Twee daarvan – papierberk en douglasspar – gaan relaties aan met dezelfde mycorrhizaschimmel. De derde soort, reuzenlevensboom, gaat relaties aan met een heel andere, niet-verwante mycorrhizaschimmel. Dat betekende dat ze er vrij zeker van kon zijn dat de berk en de spar een netwerk deelden, terwijl de reuzenlevensboom alleen maar de grond waarin zijn wortels groeide met hen deelde, en geen gemeenschappelijke relatie via schimmels onderhield. (Deze onderzoeksopzet sluit niet helemaal uit dat de planten blijvend geen contact onderhielden, een punt waarop haar onderzoek later werd bekritiseerd.) Een belangrijk verschil met Reads eerdere onderzoeken was dat Simard de zaailingen blootstelde aan twee verschillende radioactieve koolstofisotopen. Met maar één isotoop is het *tweerichtingsverkeer* van koolstof tussen planten onmogelijk te volgen. In dat geval zou je kunnen aantonen dat een ontvangende plant gelabelde koolstof van een donorplant heeft opgenomen. Maar de donorplant zou evenveel koolstof van de ontvangende plant hebben kunnen opnemen, zonder dat je dat zou kunnen weten. Met haar methode was Simard in staat om uit te rekenen hoe groot de overdracht tussen de planten was.

6 Read (1997).

7 Zie voor wortelenten Bader en Leuzinger (2019) en voor 'we moeten minder nadruk leggen' Read (1997). Wortelenten hebben de afgelopen decennia relatief weinig aandacht gekregen, maar er zijn enkele interessante verschijnselen aan toe te schrijven, zoals 'levende stronken': stronken die blijven leven lang nadat de stam is gekapt. Wortelenten kunnen voorkomen bij één boom, bij verschillende bomen van één soort en zelfs tussen bomen van verschillende soorten.

8 Barabási (2001).

9 Zie voor een onderzoek naar het World Wide Web Barabási en Albert (1999). Zie voor een algemene bespreking van de ontwikkelingen in de netwerkwetenschap halverwege de jaren negentig Barabási (2014). Zie voor 'meer gemeen' Ba-

rabási (2001) en voor 'kosmisch web' en de netwerkstructuur van het universum de handige samenvatting van Ferreira (2019), maar ook Gott (2016), hoofdstuk 9, Govoni et al. (2019) en Umehata et al. (2019), met commentaar van Hamden (2019).

10 Zie voor een samenvatting van de onderzoeken waarin biologisch gezien betekenisvolle overdracht van stoffen tussen planten plaatsvindt Simard et al. (2015). Zie voor 'tweehonderdtachtig kilo' Klein et al. (2016) en voor commentaar Van der Heijden (2016). Het onderzoek van Klein et al. (2016) was ongebruikelijk omdat ze de koolstofoverdracht maten tussen volwassen bomen in een bos. De bomen waren even oud, wat wil zeggen dat er geen waarneembare verschillen in hoeveelheden voedingsstoffen tussen bestonden.

11 Zie voor onderzoeken die op weinig of variabel voordeel wijzen Van der Heijden et al. (2009) en Booth (2004). In het algemeen is in experimenten waarin duidelijk voordeel voor planten is aangetoond gekeken naar soorten die relaties aanknopen met zogeheten ectomycorrhizaschimmels. In onderzoeken met wisselvalliger resultaten is gekeken naar een van de oudste groepen, de arbusculaire mycorrhizaschimmels.

12 Zie voor een bespreking van verschillende meningen binnen de onderzoeksgemeenschap en de verschillen in interpretatie van het bewijs Hoeksema (2015). Een deel van het probleem is dat het ingewikkeld is om met gemeenschappelijke mycorrhizanetwerken te experimenteren in gecontroleerde laboratoriumomstandigheden, laat staan in echte bodems. Allereerst is het heel lastig om te laten zien dat twee planten door dezelfde schimmel met elkaar zijn verbonden. Levende systemen hebben de neiging te lekken. Een radioactieve marker in een plant kan op allerlei manieren terechtkomen in een andere plant. Bovendien moet elk experiment dat op een netwerk wordt uitgevoerd netwerkende planten vergelijken met niet-netwerkende planten. Het probleem is dat een netwerk de standaardsituatie is. Sommige onderzoekers snijden de schimmelband tussen planten door door er fijnmazig nylongaas tussen te zetten. Anderen graven greppels om planten van elkaar te scheiden, maar het is lastig om uit te maken of die ingrepen niet voor bijkomende schade zorgen.

13 Zie voor de meervoudige oorsprong van mycoheterotrofie Merckx (2013). Darwin was een groot liefhebber van orchideeën en dacht lang na over de vraag hoe die met hun kleine zaadjes konden blijven voortbestaan. In 1863 schreef hij in een brief aan Joseph Hooker, de directeur van Kew Gardens, dat hij, 'hoewel hij geen feit paraat' had, de stellige overtuiging was toegedaan dat ontkiemende orchideeënzaadjes 'heel jong parasiteren op cryptogammen' [schimmels]. Pas een jaar of dertig later werd aangetoond dat schimmels van cruciaal belang waren voor het ontkiemen van orchideeënzaad (Beerling [2019], p. 141).

14 Zie voor *Sarcodes sanguinea* Muir (1912), hoofdstuk 8, en voor de 'duizend onzichtbare draden' Wulf (2015), hoofdstuk 23. Het was een telkens terugkerend thema van Muir, die ook schreef over 'ontelbare onverbreekbare banden', naast zijn welbekende uitspraak: 'Wanneer we iets opzichzelfstaands bestuderen,

ontdekken we dat het met al het andere in het universum is verbonden.'

15 De dynamiek van bron en afvoerputje regelt de fotosynthese van planten. Wanneer de producten die het gevolg zijn van fotosynthese zich ophopen, wordt het tempo van de fotosynthese teruggeschroefd. Netwerken van mycorrhizaschimmels voeren het tempo van de fotosynthese van de planten op doordat ze als koolstofafvoerputje dienen, waardoor ze voorkomen dat de fotosyntheseproducten zich ophopen (Gavito et al. [2019]).

16 Zie voor het afdekken van sparrenzaailingen door Simard Simard et al. (1997) en voor planten die doodgaan Eason et al. (1991).

17 Zie voor de omkering van de koolstofstroom Simard et al. (2015).

18 Zie voor een bespreking van het evolutionaire raadsel Wilkinson (1998) en Gorzelak et al. (2015).

19 Zie voor het delen van overtollige voedingsstoffen als 'gemeenschappelijk goed' Walder en Van der Heijden (2015). Een andere mogelijkheid is dat de ontvangende planten een groot aantal verschillende schimmelsoorten in zich herbergen. Plant A profiteert misschien van de schimmelgemeenschap van plant B wanneer de omstandigheden veranderen. Verschillende schimmelgemeenschappen zijn een soort waarborg tegen ongewisse milieuomstandigheden (Moeller en Neubert [2016]).

20 Zie voor verwantenselectie door middel van gemeenschappelijke mycorrhizaverbindingen Gorzelak et al. (2015), Pickles et al. (2017) en Simard (2018). Enkele varensoorten passen een vorm van verwantenselectie toe, of 'ouderzorg', door mycorrhizanetwerken te gebruiken, en doen dat waarschijnlijk al miljoenen jaren (Beerling [2019], pp. 138-140). Die varensoorten (van de geslachten *Lycopodium*, *Huperzia*, *Psilotum*, *Botrychium* en *Ophioglossum*) kennen twee fasen in hun levenscyclus. Sporen ontkiemen tot zogeheten gametofyten, die geen fotosynthese hebben. De bevruchting vindt erin plaats. Is een gametofyt eenmaal bevrucht, dan ontwikkelt hij zich tot zijn bovengrondse volwassen gedaante, de sporofyt. In de sporofyt vindt fotosynthese plaats. Gametofyten kunnen alleen boven de grond leven doordat ze van koolstof worden voorzien via mycorrhizanetwerken, die ze delen met volwassen sporofyten. Het is een geval van 'nu kopen, later betalen'.

21 Zie voor tweerichtingsverkeer Lindahl et al. (2001) en Schmieder et al. (2019).

22 Zie voor onderzoeken die de voordelen aantonen waar planten van profiteren wanneer ze deel uitmaken van gemeenschappelijke mycorrhizanetwerken Booth (2004), McGuire (2007), Bingham en Simard (2011) en Simard et al. (2015).

23 Zie voor een onderzoek waaruit geen voordeel van deelname aan een gemeenschappelijk mycorrhizanetwerk blijkt Booth (2004) en van de toename van concurrentie door deelname aan gemeenschappelijke mycorrhizanetwerken Weremijewicz et al. (2016) en Jakobsen en Hammer (2015).

24 Zie voor de 'schimmelinhaalstrook' en het transport van gifstoffen door schimmels Barto et al. (2011 en 2012) en Achatz en Rillig (2014).

25 Zie voor hormonen Pozo et al. (2015) en voor celkerntransport via netwerken

van mycorrhizaschimmels Giovannetti et al. (2004, 2006). Zie voor het transport van RNA tussen een parasitaire plant en zijn waardplant Kim et al. (2014). Zie voor interactie tussen planten via RNA en voor ziekteverwekkende schimmels Cai et al. (2018).

26 Zie voor het gebruik van schimmelnetwerken door bacteriën Otto et al. (2017), Berthold et al. (2016) en Zhang et al. (2018). Zie voor de invloed van 'endohyfale' bacteriën op het metabolisme van schimmels Vannini et al. (2016), Bonfante en Desirò (2017) en Deveau et al. (2018). Zie voor de morielje die bacteriën exploiteert Pion et al. (2013) en Lohberger et al. (2019).

27 Babikova et al. (2013).

28 Zie voor de overdracht van informatie van tomatenplant tot tomatenplant Song en Zeng (2010). Zie voor stresssignalen tussen douglassparren en dennenzaailingen Song et al. (2015a) en voor de overdracht tussen douglassparren en dennenzaailingen Song et al. (2015b).

29 Zie voor elektrische signalen bij planten Mousavi et al. (2013) en Toyota et al. (2018), en voor commentaar Muday en Brown-Harding (2018). Zie voor de elektrische respons van planten op herbivoren Salvador-Recatalà et al. (2014). Er blijven veel vragen bestaan over de chemische communicatie tussen plantenwortels en schimmels waaruit hun relatie ontstaat. Read probeerde een keer de mycoheterotrofe *Sarcodes sanguinea* te kweken – de 'vuurzuil' van Muir – en boekte enig resultaat voordat hij op een 'muur' stuitte. 'Het was fascinerend,' herinnerde Read zich. 'De schimmel kroop richting het zaadje en leek opgewonden en belangstellend, hij maakte zich groot en zei "Hoi". Het is duidelijk dat er signalen worden afgegeven. Jammer dat de planten nooit groot genoeg werden om het experiment voort te zetten. Volgende generaties onderzoekers zullen moeten kijken naar de manier waarop die signalen worden afgegeven.'

30 Beiler et al. (2009 en 2015). In andere onderzoeken is gekeken naar de bouw van gemeenschappelijke mycorrhizanetwerken op basis van de soorten die interactie met elkaar aangaan, maar die gaan niet expliciet over de ruimtelijke organisatie van bomen binnen een ecosysteem. Tot die onderzoeken behoren Southworth et al. (2005), Toju et al. (2014 en 2016) en Toju en Sato (2018).

31 Als je willekeurige lijnen tussen de bomen in het stuk bos van Beiler zou trekken, zou elke boom evenveel verbindingen krijgen. Er zouden maar weinig bomen zijn met een heel groot of juist een heel klein aantal verbindingen. Je zou het gemiddelde aantal verbindingen per boom kunnen berekenen, en dan zouden de meeste bomen ongeveer dat aantal verbindingen hebben. In netwerktaal vertegenwoordigt zo'n kenmerkende knoop de 'schaal' van het netwerk. In werkelijkheid zien we iets anders. In de lapjes grond van Beiler, in Barabási's kaart van het internet en in een netwerk van vliegroutes is een klein aantal zeer goed verbonden hubs goed voor de overgrote meerderheid van verbindingen in het netwerk. De knopen in zo'n netwerk verschillen zo sterk van elkaar dat er niet zoiets bestaat als een kenmerkende knoop. De netwerken hebben geen schaal en worden 'schaalvrij' genoemd. Barabási's ontdekking van schaalvrije netwerken

aan het einde van de jaren negentig droeg bij aan een kader voor het gedrag van complexe systemen. Zie voor het verschil tussen goed en slecht verbonden hubs Barabási (2014), 'The Sixth Link: The 80/20 Rule'. Zie voor de kwetsbaarheid van schaalvrije netwerken Albert et al. (2000) en Barabási (2001) en voor een bespreking van schaalvrije netwerken in de natuur Bascompte (2009).

32 Zie voor een bespreking van verschillende soorten gemeenschappelijke mycorrhizanetwerken en hun verschillende bouw Simard et al. (2012) en voor een bespreking van het samengaan van verschillende arbusculaire mycorrhizanetwerken Giovannetti et al. (2015). Twee bomen die met elkaar verbonden zijn, zijn niet altijd op dezelfde manier verbonden. Sommige elzensoorten vormen bijvoorbeeld relaties met een zeer beperkt aantal schimmelsoorten, die op hun beurt weinig relaties met andere soorten bomen dan elzen aangaan. Dat wil zeggen dat elzen isolationistische neigingen hebben en gesloten, naar binnen gerichte netwerken met elkaar vormen. In de terminologie van de manieren waarop een stuk bos is ingericht, is een elzengaard een 'module': onderling goed verbonden, maar met weinig externe betrekkingen (Kennedy et al. [2015]). Dat idee komt ons bekend voor. Teken een netwerk van al je kennissen op een stuk papier en bedenk dat elke verbinding een relatie is. Hoeveel van je relaties zijn gelijkwaardig? Wat zet je op het spel wanneer je de relatie met je zus, je achterneef, die vriendin op je werk en je huisbaas als gelijkwaardige relaties in je sociale netwerk beschouwt? Netwerkwetenschappers Nicholas Christakis en James Fowler spreken in verband met de invloed die een gegeven verbinding in een sociaal netwerk heeft van 'besmettelijkheid'. Je houdt er bijvoorbeeld een sociale band met je zus en je huisbaas op na, maar de invloed, de besmettelijkheid, van die banden verschilt. Christakis en Fowler hebben een theorie ontwikkeld die de 'theorie van de drie graden van invloed' heet en waarmee ze beschrijven dat de invloed sterk daalt na drie graden van verwijdering (Christakis en Fowler [2009], hoofdstuk 1).

33 Prigogine en Stengers (1984), hoofdstuk 1.

34 Zie voor ecosystemen als complexe adaptieve systemen Levin (2005) en voor dynamisch, niet-lineair gedrag van ecosystemen Hastings et al. (2018).

35 Zie voor de parallellen van Simard tussen gemeenschappelijke mycorrhizanetwerken en neurale netwerken Simard (2018). Onderzoekers in andere disciplines delen die opvatting. Manicka en Levin (2019) vinden dat methoden die tot nu zijn gebruikt om hersenfuncties te bestuderen op andere biologische terreinen zouden moeten worden toegepast om het probleem op te lossen van de 'thematische schotten' die verschillende biologische disciplines van elkaar scheiden. In de neurowetenschappen is een 'connectoom' een kaart van neurale verbindingen in menselijke hersenen. Zou het mogelijk zijn om een mycorrhizaconnectoom van een ecosysteem te maken? 'Als ik onbeperkte financiële middelen zou hebben,' zei Beiler, 'zou ik een bos helemaal suf samplen. Dan zou je een haarscherp beeld van het netwerk krijgen – wat precies met wat verbonden is en *waar* – en een beeld van het systeem als geheel.' Zie voor een voorbeeld van een onderzoek uit de neurowetenschap volgens een dergelijke benadering Markram et al. (2015).

36 Simard (2018).

37 'Veel schimmels gaan op een losse manier met wortels om,' vertelde Selosse me. 'Neem truffels. Natuurlijk tref je truffelmycelium aan rond de wortels van de officiële "waardbomen". Maar je vindt het ook in de wortels van planten eromheen die niet tot de gebruikelijke gastheren behoren en gewoonlijk helemaal geen mycorrhizarelaties aangaan. Die toevallige relaties zijn strikt genomen niet mycorrhizaal, maar ze komen wel degelijk voor.' Zie voor meer over non-mycorrhizaschimmels die verschillende planten met elkaar verbinden Toju en Sato (2018).

7 RADICALE MYCOLOGIE

1 Le Guin (2017).

2 Veel van die vroege planten – lycofyten en pteridofyten – maakten relatief weinig 'echt' hout aan. Men denkt dat ze vooral bestonden uit bastachtig materiaal, dat bekendstaat als 'periderm' (Nelsen et al. [2016]).

3 Zie voor drie triljoen bomen Crowther et al. (2015). Volgens de beste schatting van de biomassaverdeling van dit moment vormen planten zo'n tachtig procent van de totale biomassa op aarde. Zo'n zeventig procent daarvan bestaat naar schatting uit 'houtige' stelen en stammen, zodat hout voor ongeveer zestig procent deel uitmaakt van de mondiale biomassa (Bar-On et al. [2018]).

4 Zie voor de samenstelling van hout en de relatieve overvloed van lignine en cellulose Moore (2013a), hoofdstuk 1.

5 Zie voor een inleiding in de afbraak van hout en enzymatische verbranding Moore et al. (2011), hoofdstuk 10.7, en Watkinson et al. (2015), hoofdstuk 5. Zie voor die vijfentachtig gigaton Hawksworth (2009) en voor het wereldwijde koolstofbudget voor 2018 Quéré et al. (2018). De andere belangrijke groep houtrotschimmels zijn de bruinrotschimmels, die zo heten omdat het hout bruin wordt als ze het afbreken. Bruinrotschimmels verteren vooral de cellulose van het hout. Maar ook zij kunnen radicale chemie bedrijven om de afbraak van lignine te versnellen. Ze pakken dat iets anders aan dan witrotschimmels. In plaats van vrije radicalen te gebruiken om de ligninemoleculen af te breken, produceren ze radicalen die met de lignine reageren en haar vatbaar maken voor afbraak door bacteriën (Tornberg en Olsson [2002]).

6 Dat zoveel hout zo lang kon blijven liggen zonder te verrotten, heeft tot veel discussie geleid. In een artikel in *Science* uit 2012 beweerde een team onder aanvoering van David Hibbett dat de evolutie van ligNineperoxidasen in witrotschimmels ongeveer tegelijkertijd optrad met de 'scherpe daling' van koolstofopslag aan het einde van het carboon, wat doet vermoeden dat die opslag zich kan hebben voorgedaan doordat bij schimmels nog niet het vermogen was ontwikkeld om lignine af te breken (Floudas et al. [2012], met commentaar van Hittinger [2012]). De ontdekking betekende steun voor de hypothese van Jen-

nifer Robinson (1990). In 2016 publiceerden Matthew Nelsen et al. een artikel waarin ze die hypothese met verschillende argumenten weerlegden: 1) Veel planten die verantwoordelijk waren voor de enorme koolstofopslag tijdens het carboon maakten geen lignine aan. 2) Schimmels en bacteriën die lignine afbreken bestonden mogelijk al voor het carboon. 3) Belangrijke steenkoollagen ontstonden nadat bij witrotschimmels enzymen waren geëvolueerd die lignine afbreken. 4) Als er vóór het carboon geen lignine werd afgebroken, zou alle kooldioxide in de atmosfeer in nog geen miljoen jaar zijn verdwenen. Zie Nelsen et al. (2016), met commentaar van Montañez (2016). Zo duidelijk ligt het allemaal niet. De verhouding afbraak/koolstofopslag is lastig te meten en het is moeilijk voorstelbaar dat het vermogen van witrotschimmels om lignine en andere taaie onderdelen van hout af te breken, zoals kristallijne cellulose, geen invloed zal hebben gehad op de wereldwijde koolstofopslag (Hibbett et al. [2016]).

7   Zie voor de afbraak van steenkool door schimmels Singh (2006), pp. 14-15. De kerosineschimmel is een gistsoort, *Candida keroseneae* (Buddie et al. [2011]).

8   Hawksworth (2009). Zie ook Rambold et al. (2013), die vinden dat 'mycologie zou moeten worden erkend als een biologische discipline die op gelijke hoogte staat met andere belangrijke disciplines'.

9   Zie voor mycologie in het oude China Yun-Chang (1985). Zie voor de toestand van de mycologie in het moderne China en de wereldwijde paddenstoelenproductie *State of the World's Fungi* (2018). Zie voor doden als gevolg van vergiftiging door paddenstoelen Marley (2010).

10 *State of the World's Fungi* (2018); Hawksworth (2009).

11 Zie voor een bespreking van de recente geschiedenis van de 'burgerwetenschap' en de '*zooniverse*' – een digitaal platform dat mensen in staat stelt mee te werken aan onderzoeksprojecten op uiteenlopende terreinen – Lintott (2019), besproken door West (2019). Zie voor een klassieke bespreking van 'lekenexperts' in het geval van de aidscrisis Epstein (1995) en voor een discussie over deelname aan wetenschappelijk onderzoek door middel van crowdsourcing Kelty (2010). Zie voor burgerwetenschap in de ecologie Silvertown (2009) en voor een bespreking van de geschiedenis van experimenteel 'spaarzame' thuiswetenschap Werrett (2019). In dit verband kan het werk van Darwin niet ongenoemd blijven. Het grootste deel van zijn leven deed Darwin dat bijna allemaal thuis. Hij kweekte orchideeën in de vensterbank en appels in de boomgaard, fokte wedstrijdduiven en teelde wormen op zijn balkon. Een groot deel van zijn bewijs voor de evolutietheorie was afkomstig van amateurfokkers en -kwekers en hij onderhield een intensieve correspondentie met een goedgeorganiseerd netwerk van hobbyverzamelaars en -tuiniers (Boulter [2010]). Tegenwoordig bieden digitale platforms nieuwe mogelijkheden. Eind 2018 trok er een laagfrequente brom over de wereld, die ontsnapte aan de waarneming van de meeste seismologische systemen. Het traject en de oorsprong van de brom werden stukje bij beetje achterhaald dankzij inderhaast opgezette, provisorische samenwerking tussen amateur- en professionele seismologen, die contact onderhielden via Twitter

(Sample [2018]).

12 Zie voor een geschiedenis van de doe-het-zelf-mycologie Steinhardt (2018).

13 McCoy (2016), p. xx.

14 Zie voor cijfers op het gebied van landbouwafval Moore et al. (2011), hoofdstuk 11.6, en voor luiers in Mexico-Stad Espinosa-Valdemar et al. (2011). Als het plastic er nog aan zat, bedroeg het massaverlies nog altijd een indrukwekkende zeventig procent. Zie voor landbouwafval in India Prasad (2018).

15 Zie voor de verspreiding van paddenstoelen na de krijt-tertiair-massa-extinctie Vajda en McLoughlin (2004) en voor matsutakepaddenstoelen na de atoombom op Hiroshima Tsing (2015), 'Prologue'. Tsing schrijft in haar aantekeningen dat de bron van dat verhaal moeilijk valt te achterhalen.

16 Zie voor een filmpje van *Pleurotus* op sigarettenpeuken radicalmycology.com/publications/videos/mushrooms-can-digest-cigarette-filters/ [geraadpleegd op 29 oktober 2019].

17 Zie voor een bespreking van aspecifieke schimmelenzymen en hun vermogen om gifstoffen af te breken Harms et al. (2011).

18 In 2015 kreeg Stamets een prijs van de Amerikaanse Mycological Society. In de officiële bekendmaking werd hij omschreven als een 'uiterst origineel, autodidactisch lid van de mycologische gemeenschap dat lange tijd grote invloed op de mycologie heeft uitgeoefend' (fungi.com/blogs/articles/paul-receives-the-gordon-and-tina-wasson-award [geraadpleegd op 29 oktober 2019]). In een interview met Tim Ferris uit 2018 vertelde Stamets dat hij de prijs had gekregen omdat hij 'meer mensen voor mycologie had geïnteresseerd dan wie ook in de geschiedenis' (tim.blog/2018/10/15/the-tim-ferriss-show-transcripts-paul-stamets/ [geraadpleegd op dezelfde datum]).

19 Zie voor DMPP Stamets (2011), 'Part II: Mycorestoration'. *Psilocybe azurescens* wordt daar niet in genoemd; Stamets vertelde me er persoonlijk over.

20 Zie voor een samenvatting van het vermogen van schimmels om gifstoffen af te breken Harms et al. (2011) en voor een algemene bespreking van mycosanering McCoy (2016), hoofdstuk 10.

21 Zie voor myceliumsnelwegen Harms et al. (2011) en voor de mycofiltratie van *E. coli* Taylor et al. (2015). Zie voor het Finse bedrijf dat goud terugwint met mycelium www.vttresearch.com/media/news/filter-developed-by-vtt-helps-recover-800f-gold-in-mobile-phone-scrap [geraadpleegd op 29 oktober 2019]. Enkele onderzoeken maken gewag van paddenstoelen die na de fall-out van Tsjernobyl waren verrijkt met het radioactieve zware metaal cesium (Oolbekkink en Kuyper [1989], Kammerer et al. [1994], en Nikolova et al. [1997]).

22 Zie voor een bespreking van de extra behoeften van schimmels Harms et al. (2011) en voor die uitdagingen McCoy (2016), hoofdstuk 10.

23 Zie voor CoRenewal corenewal.org [geraadpleegd op 29 oktober 2019] en voor het opruimen van de rommel na de bosbranden in Californië newfoodeconomy.org/mycoremediationradical-mycology-mushroom-natural-disaster-pollution-clean-up/ [geraadpleegd op 29 oktober 2019]. Zie voor het gebruik van *Pleu-*

rotus in de Deense haven www.sailing.org/news/87633.php#.XCkcIc9KiOE [geraadpleegd op dezelfde datum].

24 Zie voor de schimmel die polyurethaan afbreekt Khan et al. (2017) en voor een ander voorbeeld van een schimmel die plastic afbreekt Brunner et al. (2018). Mycoloog Tradd Cotter van de organisatie Mushroom Mountain leidt een crowdsource-initiatief waarmee schimmelsoorten uit afgelegen oorden worden verzameld: zie newfoodeconomy.org/mycoremediationradical-mycology-mushroom-natural-disaster-pollution-clean-up/ [geraadpleegd op 29 oktober 2019].

25 Zie voor Mary Hunt Bennett en Chung (2001). De *crowd* hoeft niet altijd te bestaan uit 'niet-wetenschappers'. In 2017 trok een onderzoek van het Earth Microbiome Project waarover in *Nature* werd gepubliceerd de aandacht vanwege de ongebruikelijke methodologie. Onderzoekers riepen wetenschappers over de hele wereld op om goed geconserveerde monsters in te sturen die ze konden gebruiken voor een overzicht van microbiële diversiteit in de wereld (Raes [2017]).

26 Elk jaar deed Darwin een wedstrijd met zijn neef, een dominee, wie de grootste peer kon kweken door de nieuwste variëteiten te kruisen. De wedstrijd werd een bron van vermaak voor de hele familie. Zie Boulter (2010), p. 31.

27 Zie voor Wu San Kwung McCoy (2016), p. 71, voor champignons Monaco (2017) en voor een algemene geschiedenis van de paddenstoelenteelt in Europa Ainsworth (1976), hoofdstuk 4. Het verhaal van de ondergrondse champignonteelt in Parijs heeft een modern staartje gekregen. In Parijs hebben steeds minder mensen een auto en zijn verschillende ondergrondse parkeergarages met succes omgebouwd tot kwekerijen van eetbare paddenstoelen. Zie www.bbc.co.uk/news/av/business-49928362/turningparis-s-underground-car-parks-into-mushrooms-farms [geraadpleegd op 29 oktober 2019].

28 Paddenstoelen prepareren is allerminst voorbehouden aan mensen. Verschillende eekhoornsoorten in Noord-Amerika staan erom bekend dat ze paddenstoelen drogen en opslaan voor later gebruik (O'Regan et al. [2016]).

29 Zie voor de ouderdom van de *Macrotermes*-heuvels Erens et al. (2015) en voor de complexiteit van *Macrotermes*-gemeenschappen Aanen et al. (2002).

30 Zie voor een bespreking van het verteringsproces van *Macrotermes* en voor productieve vormen van voedsel verteren Aanen et al. (2002), Poulsen et al. (2014) en Yong (2014).

31 Zie voor termieten die 'privé-eigendom' eten Margonelli (2018), hoofdstuk 1. Zie voor de termieten die de roepies aten www.bbc.co.uk/news/world-southa-sia-13194864 [geraadpleegd op 29 oktober 2019]. Zie voor een bespreking van de insectendodende schimmelproducten Stamets (2011), 'Mycopesticides'. In een artikel in *Science* uit 2019 werd melding gemaakt van een genetisch gemodificeerde variant van *Metarhizium* die bijna alle muggen in een gecontroleerde 'bijna-natuurlijke omgeving' in Burkina Faso uitschakelde. De auteurs stellen voor de schimmel in te zetten om de verspreiding van malaria tegen te gaan (Lovett et al. [2019]).

32 Zie voor het 'wakker schudden' van de bodem Fairhead en Scoones (2005), voor de voordelen van termietenaarde Fairhead (2016) en voor de verwoesting van de buitenpost van het Franse garnizoen Fairhead en Leach (2003).

33 Zie voor de spirituele hiërarchie in West-Afrikaanse culturen Fairhead (2016). In delen van Guinea bepleisteren de mensen de muren van hun huizen met aarde die ze uit *Macrotermes*-heuvels halen (Fairhead [2016]).

34 Zie voor een bespreking van materialen op schimmelbasis Haneef et al. (2017) en Jones et al. (2019). Zie voor portobellopaddenstoelen en batterijen Campbell et al. (2015). Zie voor de van schimmel gemaakte huidvervangers Suarato et al. (2018).

35 Zie voor schimmelmaterialen die bestand zijn tegen termieten phys.org/ news/2018-06-scientists-material-fungus-rice-glass.html [geraadpleegd op 29 oktober 2019]. Bouwmaterialen van mycelium zijn toegepast in de paviljoens van enkele belangrijke tentoonstellingen, zoals het PS1-paviljoen in het Museum of Modern Art in New York uit 2014 en de Shell Mycelium Installation in Kochi, in India.

36 Zie voor bouwen in de ruimte door NASA www.nasa.gov/directorates/space-tech/niac/2018_Phase_I_Phase_II/Mycoarchitecture_off_planet/ [geraad-pleegd op 29 oktober 2019]. Zie voor 'zelfreparerend beton' op basis van schimmels Luo et al. (2018).

37 Om de composiet van hout en mycelium te maken, worden zaagsel en mais gemengd tot een vochtige smurrie. In dat mengsel wordt mycelium ingebracht, waarna het in de plastic mallen wordt gestort. Het mycelium 'loopt' door het substraat, waardoor een gietvorm van mycelium en gedeeltelijk verteerd hout ontstaat. Bij het leer en het zachte schuim gaat het anders. In plaats van dat het substraat in de mallen wordt gegoten, wordt het op dunne platen uitgespreid. Door de groeiomstandigheden in de gaten te houden, wordt het mycelium ge-dwongen omhoog te groeien. Binnen een week kan de sponsachtige laag worden geoogst. Samengeperst en gelooid voelt het materiaal bijna aan als echt leer. Als het wordt gedroogd, krijgt het zijn schuimvorm.

38 Bayers doel op de lange termijn is erachter te komen volgens welke biofysica my-celium ruimtelijke structuren vormt. 'Ik beschouw schimmels als nanotechmon-teurs die moleculen in elkaar zetten,' legde hij uit. 'We willen begrijpen hoe de 3D-oriëntatie van de microvezels de eigenschappen van de materialen beïnvloedt: de sterkte, de duurzaamheid en de flexibiliteit.' Bayers visioen is genetisch pro-grammeerbare schimmels te ontwikkelen. Als schimmels op dat niveau beheers-baar zijn, aldus Bayer, 'kunnen we heel andere materialen maken. Je zou het zelfs een kneedbare verbinding als glycerine kunnen laten uitscheiden. Dan zou je iets krijgen wat van nature veel flexibeler en waterafstotend is. Je zou zoveel meer kunnen doen.' Het draait hier om het woordje 'zou'. De genetica van schimmels is complex en we weten er nog maar weinig van. Een gen inbrengen en het door de schimmel tot uitdrukking laten brengen is één ding, dat doen op een stabiele, voorspelbare manier is iets heel anders. En schimmelgedrag programmeren door een reeks genetische bevelen uit te vaardigen is weer iets heel anders.

39 Er bestaat geen precedent voor bouwen met schimmels, en daarom moet een groot deel van het onderzoek van de grond af worden opgebouwd. Daar gaat een groter deel van Bayers aandacht naar uit dan naar rechttoe rechtaan productie. In de afgelopen tien jaar heeft zijn bedrijf dertig miljoen dollar in research geïnvesteerd. Op die manier met mycelium werken vereist nieuwe methoden, nieuwe manieren om de schimmel zover te krijgen dat hij gaat groeien, zich anders gaat gedragen.

40 Zie voor FUNGAR info.uwe.ac.uk/news/uwenews/news.aspx?id=3970 en www.theregister.co.uk/2019/09/17/like_computers_love_fungus/ [beide geraadpleegd op 29 oktober 2019].

41 Stamets et al. (2018).

42 Zie voor het belang van bestuivers en de afname van bestuivers Klein et al. (2007) en Potts et al. (2010). Zie voor problemen die worden veroorzaakt door de varroamijt Stamets et al. (2018).

43 Zie voor een bespreking van antivirale stoffen op schimmelbasis Linnakoski et al. (2018) en voor een bespreking van Project BioShield Stamets (2011), hoofdstuk 4. Stamets vertelde me dat de schimmels met de krachtigste antivirale eigenschappen de apothekerzwam zijn (*Lacrifomes officinalis*), de berkenweerschijnzwam (*Inonotus obliquus*), de gesteelde lakzwam of reishi (*Ganoderma spp.*), de berkenzwam (*Fomitopsis betulina*) en het gewoon elfenbankje (*Trametes versicolor*). De best gedocumenteerde verhalen over schimmelkuren zijn afkomstig uit China, waar medicinale paddenstoelen al minstens tweeduizend jaar een centrale plaats in artsenijboeken innemen. Men denkt dat het klassieke kruidenboek *Shen Nong Ben Cao* ('het herbarium van Shen Nong'), uit ongeveer 200 n.Chr., een compilatie is van veel oudere, mondeling overgeleverde tradities. Het behandelt verschillende zwammen die ook nu nog als geneesmiddel worden gebruikt, waaronder gesteelde lakzwam/reishi (*Ganoderma lucidum*) en schermpjeseikhaas (*Polyporus umbellatus*). Reishi was een van de meest geliefde en is het onderwerp van talloze schilderijen en van snij- en borduurwerk (Powell [2014]).

44 Stamets et al. (2018).

8 BETEKENIS TOEKENNEN AAN SCHIMMELS

1 Haraway (2016), hoofdstuk 4.

2 Zie voor gisten in het menselijk microbioom Huffnagle en Noverr (2013), voor de bepaling van de DNA-volgorde van de gistsoort Goffeau et al. (1996) en voor Nobelprijzen voor onderzoek naar gisten *State of the World's Fungi* (2018), 'Useful Fungi'.

3 Zie voor een bespreking van het bewijs voor vroege brouwpraktijken Money (2018), hoofdstuk 2.

4 Lévi-Strauss (1973), p. 473.

5 Zie voor de domesticering van gist Money (2018), hoofdstuk 1, en Legras et al. (2007). Zie voor 'brood vóór bier' Wadley en Hayden (2015) en Dunn (2012). De ontwikkeling van de landbouw was van invloed op een aantal relaties tussen mensen en schimmels. Veel schimmels die plantenziekten veroorzaken zouden parallel aan de domesticatie van landbouwgewassen zijn geëvolueerd. Zoals ook nu nog bieden domesticatie en landbouw nieuwe kansen aan zulke ziekteverwekkers (Dugan [2008], p. 56).

6 Ik werd geïnspireerd door het uitstekende boek *Sacred Herbal and Healing Beers* (Buhner [1998]).

7 Zie voor de Soemeriërs en het *Egyptisch dodenboek* Katz (2003), hoofdstuk 2. Zie voor de Ch'orti' Aasved (1988), p. 757, en voor Dionysus Kerényi (1976) en Paglia (2001), hoofdstuk 3.

8 Zie voor een bespreking voor het gebruik van gisten in de biotechnologie Money (2018), hoofdstuk 5, en voor Sc2.0 de site syntheticyeast.org/sc2-0/introduction/ [geraadpleegd op 29 oktober 2019].

9 Zie voor de lyrische gedichten Yun-Chang (1985). Het citaat van Yamaguchi Sodo komt uit de proloog van Tsing (2015), dat van Magnus uit Letcher (2006), p. 50, en dat van Gerard uit idem, p. 49.

10 Wasson en Wasson (1957), deel II, hoofdstuk 18. De Wassons deelden een groot deel van de wereld op in categorieën. De Verenigde Staten (Wasson was Amerikaans) waren mycofoob, net als de Angelsaksen en de Scandinaviërs. Rusland (Valentina was Russisch) was mycofiel, net als de Slaven en Catalanen. 'De Grieken,' merkten de Wassons vol verachting op, 'zijn altijd mycofoob geweest.' 'Van begin tot eind vinden we in de geschriften van de oude Grieken niet één enthousiast woord over paddenstoelen.' Natuurlijk is het zelden zo duidelijk. De Wassons tornden als eersten aan hun eigen strakke stelsel. Ze schreven dat de Finnen 'van oudsher mycofoob' waren, maar in streken waar Russen vakantie hielden 'vele soorten hadden leren kennen en ervan waren gaan houden'. De Wassons vergaten erbij te zeggen waar de bekeerde Finnen zich tussen de twee uitersten bevonden.

11 Zie voor de herindeling van schimmels en bacteriën Sapp (2009), p. 47. Zie voor een bespreking van de geschiedenis van de schimmeltaxonomie Ainsworth (1976), hoofdstuk 10.

12 Zie voor Theophrastus Ainsworth (1976), p. 35. Zie voor het verband tussen schimmels en blikseminslagen en een algemene bespreking van het Europese begrip van schimmels Ainsworth (1976), hoofdstuk 2. Zie voor 'The order of fungi' en een goede inleidende geschiedenis van de schimmeltaxonomie Ramsbottom (1953), hoofdstuk 3.

13 Money (2013).

14 Raverat (1952), p. 136.

15 Een van de eerste bewaard gebleven taxonomische pogingen om schimmels in te delen stamt uit 1601. Paddenstoelen werden onderverdeeld in 'eetbare' en 'giftige' soorten, dat wil zeggen: naar hun potentiële relatie met het menselijk

lichaam (Ainsworth [1976], p. 183). Dergelijke oordelen snijden meestal weinig hout. Brouwersgist kan worden gebruikt om brood en alcohol te maken, maar je kunt er een levensbedreigende infectie van krijgen wanneer hij in je bloedbaan terechtkomt.

16 Het woord 'mutualisme' had in de eerste decennia van zijn bestaan een uitdrukkelijk politieke betekenis en stond voor een vroege anarchistische denkrichting. Ook het concept 'organisme' werd eind negentiende eeuw door Duitse biologen in politieke termen bezien. Rudolf Virchow beschouwde een organisme als een gemeenschap van samenwerkende cellen, die stuk voor stuk ten dienste stonden van het geheel, zoals een populatie onderling afhankelijke, samenwerkende burgers ten grondslag ligt aan een gezonde natiestaat (Ball [2019], hoofdstuk 1).

17 Zie voor 'verbleven in de marge' Sapp (2004). Het verband tussen Darwins theorie van evolutie door middel van natuurlijke selectie, de ideeën van Thomas Malthus over voedselproductie en bevolkingsgroei en de markttheorie van Adam Smith kreeg veel wetenschappelijke aandacht. Zie bijvoorbeeld Young (1985).

18 Sapp (1994), hoofdstuk 2.

19 Sapp (2004).

20 Zie voor Needham Haraway (2004), p. 106, en Lewontin (2000), p. 3.

21 Toby Kiers, hoogleraar aan de Vrije Universiteit in Amsterdam, is een groot voorstander van toepassing van 'het idee van biologische markten' op de interactie tussen planten en schimmels. De biologische markt is op zichzelf geen nieuw concept; die wordt al tientallen jaren gebruikt om na te denken over het gedrag van dieren. Maar Kiers en haar collega's zijn de eersten die het concept toepassen op organismen zonder hersenen (zie bijvoorbeeld Werner et al. [2014], Wyatt et al. [2014], Kiers et al. [2016] en Noë en Kiers [2018]). Wat Kiers betreft vormen economische metaforen de basis van economische modellen, die nuttige onderzoeksinstrumenten zijn. 'Het is niet de bedoeling een vergelijking te maken met onze markten,' vertelde ze me. 'De modellen stellen ons vooral in staat toetsbare voorspellingen te doen.' Met economische modellen worden geen vage begrippen als 'complexiteit' en 'contextafhankelijkheid' losgelaten op de duizelingwekkend gevarieerde wereld van de interactie tussen planten en schimmels. Ze maken het juist mogelijk om ondoorzichtige interactiewebben te ontrafelen en eenvoudige hypothesen te toetsen. Kiers raakte geïnteresseerd in biologische markten nadat ze had ontdekt dat planten en mycorrhizaschimmels 'wederkerige beloningen' gebruiken om de uitwisseling van koolstof en fosfor te regelen. Planten die meer fosfor van een schimmel krijgen, geven daarvoor meer koolstof in ruil terug; schimmels die meer koolstof krijgen, voorzien de plant van meer fosfor (Kiers et al. [2011]). Volgens Kiers stellen marktmodellen ons in staat te begrijpen hoe zulk 'strategisch ruilgedrag' kan zijn geëvolueerd en hoe het zich in verschillende richtingen kan ontwikkelen. 'Tot nu toe is het een erg nuttig middel gebleken, al was het maar omdat we er verschillende experimenten mee hebben kunnen opzetten,' legde ze uit.

'Je kunt zeggen: "Volgens de theorie zorgt een toename van het aantal partners ervoor dat de ruilstrategie op een bepaalde manier verandert, afhankelijk van de beschikbare bronnen." Dat maakt het mogelijk om een experiment te doen: laten we het aantal partners veranderen en kijken of die ruilstrategie echt op die manier verandert. Het is eerder een klankbord dan een strak protocol.' In dit geval is het marktenkader een verzameling op menselijke interactie gebaseerde verhalen die kunnen helpen vragen over de wereld te formuleren, nieuwe perspectieven te bedenken. Dat wil niet zeggen, zoals Kropotkin deed, dat mensen hun gedrag zouden moeten baseren op het gedrag van niet-menselijke organismen. Het wil ook niet zeggen dat planten en schimmels zelf kapitalistische individuen zijn die rationele beslissingen nemen. Zelfs al zouden ze dat zijn, dan zou hun gedrag waarschijnlijk niet passen in een economisch model dat van toepassing is op mensen. Elke econoom zal erkennen dat menselijke markten zich in de praktijk niet gedragen als 'ideale' markten. De rommelige complexiteit van het menselijk economisch gedrag past niet in de modellen die voor dat gedrag zijn bedacht. Ook het gedrag van schimmels past niet keurig in de theorie over biologische markten. Om te beginnen staan of vallen biologische markten – net als de kapitalistische menselijke markten waarvan ze zijn afgeleid – bij de mogelijkheid om afzonderlijke 'ruilers' aan te wijzen die handelen uit eigenbelang. In werkelijkheid is niet duidelijk wat er precies doorgaat voor een afzonderlijke 'ruiler' (Noë en Kiers [2018]). Het mycelium van 'één' mycorrhizaschimmel kan samengaan met dat van een ander, met als gevolg dat verschillende soorten celkernen – verschillende soorten genomen – door het netwerk gaan. Wat telt als individu? Een afzonderlijke kern? Eén onderling verbonden netwerk? Een plukje van een netwerk? Kiers is duidelijk over die problemen. 'Als de theorie van biologische markten geen bruikbare manier is om de interactie tussen planten en schimmels te bestuderen, dan gebruiken we die niet langer.' Marktkaders zijn stukken gereedschap waarvan niet van tevoren duidelijk is of ze bruikbaar zijn. Sommige onderzoekers hebben moeite met biologische markten. Kiers: 'In deze discussie gaat het er soms verhit aan toe terwijl daar geen enkele reden toe is.' Raken marktkaders soms een gevoelige sociaal-politieke zenuw? Mensen houden er vele verschillende economische systemen op na, maar de theorie van de biologische markten lijkt opvallend veel op het vrijemarktkapitalisme. Zou het niet beter zijn om ook te kijken naar de waarde van economische modellen uit andere culturen? Er zijn zoveel manieren om waarde toe te kennen. Misschien zijn er andere valuta's waarnaar kan worden gekeken.

22 Het internet en het World Wide Web genereren zichzelf meer dan de meeste andere technologieën (in de eerder aangehaalde woorden van Barabási: het World Wide Web blijkt 'meer gemeen te hebben met een cel of een ecologisch systeem dan met een Zwitsers horloge'). Toch bestaan die netwerken uit machines en protocollen die zichzelf niet genereren en niet langer zouden functioneren als mensen er niet permanent aandacht aan besteedden.

23 Sapp vertelde me een verhaal dat illustreert hoe gemakkelijk biologische metaforen een splijtzwam kunnen vormen. Het viel hem op dat veel onderzoekers
doen alsof grote, complexe organismen, zoals dieren en planten, 'succesvoller'
zijn dan de bacteriën en schimmels waarmee ze partnerschappen aangaan. Sapp
maakte korte metten met dat idee. 'Volgens welke definitie van succes? De laatste
keer dat ik het heb gecheckt bestond de wereld vooral uit microben. De aarde
behoort de microben toe. Die waren er al vanaf het begin en zullen er tot het
einde zijn, lang nadat complexe "hogere" dieren zijn verdwenen. Zij hebben de
atmosfeer en het leven zoals we die kennen geschapen, zij vormen het grootste
deel van ons lichaam.' Sapp vertelde dat hij evolutiebioloog John Maynard Smith
het belang van microben had zien bagatelliseren door een metafoor te veranderen. Als een microbe baat had bij een relatie, dan noemde Maynard Smith die
een 'microbiële parasiet' en het grote organisme de 'gastheer'. Maar wanneer het
grote organisme de microbe manipuleerde, noemde Maynard Smith dat organisme geen parasiet. Hij veranderde de metafoor en noemde het grote organisme de
'meester' en de microbe de 'slaaf'. Sapp maakte zich boos dat de microbe óf een
parasiet was óf een slaaf, maar Maynard Smith zou die nooit beschouwen als een
dominante partner die zijn gastheer manipuleerde. De microbe kon simpelweg
niet de lakens uitdelen.

24 Zie voor *puhpowee* Kimmerer (2013), 'Learning the Grammar of Animacy'
en 'Allegiance to Gratitude'. Primatoloog Frans de Waal, die zich ergert aan
wetenschappers die de beschuldiging van 'antropomorfisme' gebruiken om de
uitzonderingspositie van de mens te bepleiten, beklaagt zich over 'antropo-
ontkenning': '*a priori* de overeenkomsten tussen mens en dier verwerpen, ook al
bestaan die' (De Waal [1999]).

25 Hustak en Myers (2012).

26 Ingold vraagt zich af hoe anders het menselijk denken eruit zou zien als schimmels, en niet dieren, als het 'paradigmatische voorbeeld van een levensvorm'
zouden worden beschouwd. Hij onderzoekt de implicatie van de keuze voor zo'n
'schimmelmodel' en stelt dat mensen evenzeer zijn ingebed in netwerken, maar
dat de 'wegen van onze betrekkingen' moeilijker te zien zijn dan die van schimmels (Ingold [2003]).

27 Zie voor 'bronnen delen' Waller et al. (2018).

28 Deleuze en Guattari (2005), p. 11.

29 Carrigan et al. (2015). Alcoholdehydrogenase verschilt van acetaldehydedehy-
drogenase, een ander enzym dat verantwoordelijk is voor de afbraak van alcohol
en dat tussen populaties verschilt, waardoor sommige mensen moeite hebben
met het verteren van alcohol.

30 Zie voor de hypothese van de dronken mensaap Dudley (2014). Er is aangetoond dat aantasting van fruit door schimmels het aroma van het fruit versterkt
en ervoor zorgt dat dieren en vogels erop afkomen (Peris et al. [2017]).

31 Wiens et al. (2008) en Money (2018), hoofdstuk 2.

32 Zie voor de gevolgen van de productie van biobrandstoffen in de Verenigde Sta-

ten Money (2018), hoofdstuk 5. Zie voor veranderd landgebruik door biobrand-stoffen Wright en Wimberly (2013) en voor subsidies en koolstofuitstoot Lu et al. (2018).
33 Stukeley (1752).

EPILOOG: DEZE COMPOST

1 Ladinsky (2002).

BIBLIOGRAFIE

Aanen, D.K., Eggleton, P., Rouland-Lefevre, C., Guldberg-Froslev, T., Rosendahl, S., Boomsma, J.J., 2002, 'The evolution of fungus-growing termites and their mutualistic fungal symbionts.' *Proceedings of the National Academy of Sciences* 99: pp. 14887-14892.

Aasved, M.J., 1988. *Alcohol, drinking and intoxication in preindustrial societies: Theoretical, nutritional, and religious considerations.* Proefschrift, University of California at Santa Barbara.

Abadeh, A., Lew, R.R., 2013, 'Mass flow and velocity profiles in *Neurospora* hyphae: partial plug flow dominates intra-hyphal transport.' *Microbiology* 159: pp. 2386-2394.

Achatz, M., Rillig, M.C., 2014, 'Arbuscular mycorrhizal fungal hyphae enhance transport of the allelochemical juglone in the field.' *Soil Biology and Biochemistry* 78: pp. 76-82.

Adachi, K., Chiba, K., 2007, 'ftystory. Its discovery and the following accelerated development of sphingosine 1-phosphate receptor agonists as immunomodulators based on reverse pharmacology.' *Perspectives in Medicinal Chemistry* 1: pp. 11-23.

Adamatzky, A., 2016, *Advances in Physarum Machines*. Springer International Publishing.

– 2018a. 'On spiking behaviour of oyster fungi.' *Pleurotus djamor. Scientific Reports* 8: 7873.

– 2018b. 'Towards fungal computer.' *Journal of the Royal Society Interface Focus* 8: 20180029.

– 2019, 'A brief history of liquid computers.' *Philosophical Transactions of the Royal Society B* 374: 20180372.

Ahmadjian, V., 1995, 'Lichens are more important than you think.' *BioScience* 45: 123.

—, Heikkilä, H., 1970, 'The culture and synthesis of *Endocarpon pusillum* and *Staurothele clopima*.' *The Lichenologist* 4: pp. 259-267.

Ainsworth, G.C., 1976, *Introduction to the History of Mycology*. Cambridge, Verenigd Koninkrijk: Cambridge University Press.

Albert, R., Jeong, H., Barabási, A-L., 2000, 'Error and attack tolerance of complex networks.' *Nature* 406: pp. 378-382.

Alberti, S., 2015, 'Don't go with the cytoplasmic flow.' *Developmental Cell* 34: pp. 381-382.

Alim, K., 2018, 'Fluid flows shaping organism morphology.' *Philosophical Transactions of the Royal Society B* 373: 20170112.

—, Andrew, N., Pringle, A., Brenner, M.P., 2017, 'Mechanism of signal propagation in *Physarum polycephalum*.' *Proceedings of the National Academy of Sciences* 114: pp. 5136-5141.

Allaway, W., Ashford, A., 2001, 'Motile tubular vacuoles in extramatrical mycelium and sheath hyphae of ectomycorrhizal systems'. *Protoplasma* 215: pp. 218-225.

Allen, J., Arthur, J., 2005, 'Ethnomycology and Distribution of Psilocybin Mushrooms.' In *Sacred Mushroom of Visions: Teonanacatl*, onder redactie van R. Metzner, Rochester, Vermont: Park Street Press, pp. 49-68.

Alpert, C., 2011, 'Unraveling the Mysteries of the Canadian Whiskey Fungus.' *Wired*: www.wired.com/2011/05/ff-angelsshare/ [geraadpleegd op 29 oktober 2019].

Alpi, A., Amrhein, N., Bertl, A., Blatt, M.R., Blumwald, E., Cervone, F., Dainty, J., Michelis, M., Epstein, E., Galston, A.W., et al., 2007, 'Plant neurobiology: no brain, no gain?' *Trends in Plant Science* 12: pp. 135-136.

Aly, A., Debbab, A., Proksch, P., 2011, 'Fungal endophytes: unique plant inhabitants with great promises.' *Applied Microbiology and Biotechnology* 90: pp. 1829-1845.

Alzarhani, K.A., Clark, D.R., Underwood, G.J., Ford, H., Cotton, A.T., Dumbrell, A.J., 2019, 'Are drivers of root-associated fungal community structure context specific?' *The ISME Journal* 13: pp. 1330-1344.

Andersen, S.B., Gerritsma, S., Yusah, K.M., Mayntz, D., Hywel Jones, N.L., Billen, J., Boomsma, J.J., Hughes, D.P., 2009, 'The life of a dead ant: the expression of an adaptive extended phenotype.' *The American Naturalist* 174: pp. 424-433.

Anderson, J.B., Bruhn, J.N., Kasimer, D., Wang, H., Rodrigue, N., Smith, M.L., 2018, 'Clonal evolution and genome stability in a 2500-year-old fungal individual.' *Proceedings of the Royal Society B* 285: 20182233.

Araldi-Brondolo, S.J., Spraker, J., Shaffer, J.P., Woytenko, E.H., Baltrus, D.A., Gallery, R.E., Arnold, E.A., 2017, 'Bacterial endosymbionts: master modulators of fungal phenotypes.' *Microbiology spectrum* 5: FUNK-0056-2016.

Arnaud-Haond, S., Duarte, C.M., Diaz-Almela, E., Marbà, N., Sintes, T., Serrão, E.A., 2012, 'Implications of extreme life span in clonal organisms: millenary clones in meadows of the threatened seagrass *Posidonia oceanica.' PLOS ONE* 7: e30454.

Arnold, E.A., Mejía, L., Kyllo, D., Rojas, E.I., Maynard, Z., Robbins, N., Herre, E., 2003, 'Fungal endophytes limit pathogen damage in a tropical tree.' *Proceedings of the National Academy of Sciences* 100: pp. 15649-15654.

–, Miadlikowska, J., Higgins, L.K., Sarvate, S.D., Gugger, P., Way, A., Hofstetter, V., Kauff, F., Lutzoni, F., 2009, 'A phylogenetic estimation of trophic transition networks for ascomycetous fungi: are lichens cradles of symbiotrophic fungal diversification?' *Systematic Biology* 58: pp. 283-297.

Arsenault, C., 2014. 'Only 60 Years of Farming Left if Soil Degradation Continues.' *Scientific American*: www.scientificamerican.com/article/only-60-years-of-farming-left-if-soildegradation-continues/ [geraadpleegd op 29 oktober 2019].

Aschenbrenner, I.A., Cernava, T., Berg, G., Grube, M., 2016, 'Understanding microbial multi-species symbioses.' *Frontiers in Microbiology* 7: p. 180.

Asenova, E., Lin, H-Y., Fu, E., Nicolau, D.V., 2016, 'Optimal fungal space searching algorithms.' *IEEE Transactions on NanoBioscience* 15: pp. 613-618.

Ashford, A.E., Allaway, W.G., 2002, 'The role of the motile tubular vacuole system in mycorrhizal fungi.' *Plant and Soil* 244: pp. 177-187.

Averill, C., Dietze, M.C., Bhatnagar, J.M., 2018, 'Continental-scale nitrogen pollution is shifting forest mycorrhizal associations and soil carbon stocks.' *Global Change Biology* 24: pp. 4544-4553.

Awan, A.R., Winter, J.M., Turner, D., Shaw, W.M., Suz, L.M., Bradshaw, A.J., Ellis, T., Dentinger, B., 2018, 'Convergent evolution of psilocybin biosynthesis by psychedelic mushrooms.' *bioRxiv*: 374199.

Babikova, Z., Gilbert, L., Bruce, T.J., Birkett, M., Caulfield, J.C., Woodcock, C., Pickett, J.A., Johnson, D., 2013. 'Underground signals carried through common mycelial networks warn neighbouring plants of aphid attack.' *Ecology Letters* 16: pp. 835-843.

Bachelot, B., Uriarte, M., McGuire, K.L., Thompson, J., Zimmerman, J., 2017, 'Arbuscular mycorrhizal fungal diversity and natural enemies promote coexistence of tropical tree species.' *Ecology* 98: pp. 712-720.

Bader, M.K-F., Leuzinger, S., 2019, 'Hydraulic coupling of a leafless kauri tree remnant to conspecific hosts.' *iScience* 19: pp. 1238-1243.

Bahn, Y-S., Xue, C., Idnurm, A., Rutherford, J.C., Heitman, J., Cardenas, M.E., 2007, 'Sensing the environment: lessons from fungi.' *Nature Reviews Microbiology* 5: pp. 57-69.

Bain, N., Bartolo, D., 2019, 'Dynamic response and hydrodynamics of polarized crowds.' *Science* 363: pp. 46-49.

Ball, P., 2019, *How to Grow a Human*. Londen: William Collins.

Banerjee, S., Schlaeppi, K., Van der Heijden, M.G., 2018. 'Keystone taxa as drivers of microbiome structure and functioning.' *Nature Reviews Microbiology* 16: pp. 567-576.

Banerjee, S., Walder, F., Büchi, L., Meyer, M., Held, A.Y., Gattinger, A., Keller, T., Charles, R., Van der Heijden, M.G., 2019. 'Agricultural intensification reduces microbial network complexity and the abundance of keystone taxa in roots.' *The ISME Journal* 13: pp. 1722-1736.

Barabási, A-L., 2014, *Linked: How Everything Is Connected to Everything Else and What It Means for Business, Science, and Everyday Life*. New York: Basic Books.

–, 2001, 'The Physics of the Web.' *Physics World* 14: pp. 33-38, physicsworld.com/a/the-physics-of-the-web/ [geraadpleegd op 29 oktober 2019].

–, Albert, R., 1999, 'Emergence of scaling in random networks.' *Science* 286: pp. 509-512.

Barbey, A.K., 2018, 'Network neuroscience theory of human intelligence.' *Trends in Cognitive Sciences* 22: pp. 8-20.

Bar-On, Y.M., Phillips, R., Milo, R., 2018, 'The biomass distribution on Earth.' *Proceedings of the National Academy of Sciences* 115: pp. 6506-6511.

Barto, K.E., Hilker, M., Müller, F., Mohney, B.K., Weidenhamer, J.D., Rillig, M.C., 2011, 'The fungal fast lane: common mycorrhizal networks extend bioactive zones of allelochemicals in soils.' *PLOS ONE* 6: e27195.

–, Weidenhamer, J.D., Cipollini, D., Rillig, M.C., 2012, 'Fungal superhighways: do common mycorrhizal networks enhance below ground communication?' *Trends in Plant Science* 17: pp. 633-637.

Bascompte, J., 2009, 'Mutualistic networks.' *Frontiers in Ecology and the Environment* 7: pp. 429-436.

Baslam, M., Garmendia, I., Goicoechea, N., 2011, 'Arbuscular mycorrhizal fungi (AMF) improved growth and nutritional quality of greenhouse-grown lettuce.' *Journal of Agricultural and Food chemistry* 59: pp. 5504-5515.

Bass, D., Howe, A., Brown, N., Barton, H., Demidova, M., Michelle, H., Li, L., Sanders, H., Watkinson, S.C., Willcock, S., et al., 2007, 'Yeast forms dominate fungal diversity in the deep oceans.' *Proceedings of the Royal Society B* 274: pp. 3069-3077.

Bassett, D.S., Sporns, O., 2017, 'Network neuroscience.' *Nature Neuroscience* 20: pp. 353-364.

Bassett, E., Keith, M.S., Armelagos, G., Martin, D., Villanueva, A., 1980, 'Tetracycline-labeled human bone from ancient Sudanese Nubia (A.D. 350).' *Science* 209: pp. 1532-1534.

Bateson, B., 1928, *William Bateson, Naturalist*. Cambridge, Verenigd Koninkrijk: Cambridge University Press.

–, 1987, *Steps to an Ecology of Mind*. Northvale, New Jersey: Jason Aronson Inc.

Bebber, D.P., Hynes, J., Darrah, P.R., Boddy, L., Fricker, M.D., 2007, 'Biological solutions to transport network design.' *Proceedings of the Royal Society B* 274: pp. 2307-2315.

Beck, A., Divakar, P., Zhang, N., Molina, M., Struwe, L., 2015, 'Evidence of ancient horizontal gene transfer between fungi and the terrestrial alga *Trebouxia*.' *Organisms Diversity & Evolution* 15: pp. 235-248.

Beerling, D., 2019, *Making Eden*. Oxford: Oxford University Press.

Beiler, K.J., Durall, D.M., Simard, S.W., Maxwell, S.A., Kretzer, A.M., 2009, 'Architecture of the woodwide web: *Rhizopogon* spp. genets link multiple Douglas-fir cohorts.' *New Phytologist* 185: pp. 543-553.

–, Simard, S.W., Durall, D.M., 2015, 'Topology of tree-mycorrhizal fungus interaction networks in xeric and mesic Douglas-fir forests.' *Journal of Ecology* 103: pp. 616-628.

Bekker, C. de, Quevillon, L.E., Smith, P.B., Fleming, K.R., Ghosh, D., Patterson, A.D., Hughes, D.P., 2014, 'Species-specific ant brain manipulation by a specialized fungal parasite.' *BMC Evolutionary Biology* 14: p. 166.

Bengtson, S., Rasmussen, B., Ivarsson, M., Muhling, J., Broman, C., Marone, F., Stampanoni, M., Bekker, A., 2017, 'Fungus-like mycelial fossils in 2.4-billion-year-old vesicular basalt.' *Nature Ecology & Evolution* 1: 0141.

Bennett, J.A., Cahill, J.F., 2016, 'Fungal effects on plant-plant interactions contribute to grassland plant abundances: evidence from the field.' *Journal of Ecology* 104: pp. 755-764.

–, Maherali, H., Reinhart, K.O., Lekberg, Y., Hart, M.M., Klironomos, J., 2017, 'Plant-soil feedbacks and mycorrhizal type influence temperate forest population dynamics.' *Science* 355: pp. 181-184.

Bennett, J.W., Chung, K.T., 2001, 'Alexander Fleming and the discovery of penicillin.' *Advances in Applied Microbiology* 49: pp. 163-184.

Berendsen, R.L., Pieterse, C.M., Bakker, P.A., 2012, 'The rhizosphere microbiome and plant health.' *Trends in Plant Science* 17: pp. 478-486.

Bergson, H., 1911, *Creative Evolution*. New York: Henry Holt and Company.

Bertalanffy, L., von, 1933, *Modern Theories of Development: An Introduction to Theoretical Biology*. Londen: Humphrey Milford.

Berthold, T., Centler, F., Hübschmann, T., Remer, R., Thullner, M., Harms, H., Wick, L.Y., 2016, 'Mycelia as a focal point for horizontal gene transfer among soil bacteria. *Scientific Reports* 6: p. 36390.

Bever, J.D., Richardson, S.C., Lawrence, B.M., Holmes, J., Watson, M., 2009, 'Preferential allocation to beneficial symbiont with spatial structure maintains mycorrhizal mutualism.' *Ecology Letters* 12: pp. 13-21.

Bingham, M.A., Simard, S.W., 2011, 'Mycorrhizal networks affect ectomycorrhizal fungal community similarity between conspecific trees and seedlings.' *Mycorrhiza* 22: pp. 317-326.

Björkman, E., 1960, '*Monotropa Hypopitys* L.—an Epiparasite on Tree Roots.' *Physiologia Plantarum* 13: pp. 308-327.

Boddy, L., Hynes, J., Bebber, D.P., Fricker, M.D., 2009, 'Saprotrophic cord systems: dispersal mechanisms in space and time.' *Mycoscience* 50: pp. 9-19.

Bonfante, P., 2018, 'The future has roots in the past: the ideas and scientists that shaped mycorrhizal research.' *New Phytologist* 220: pp. 982-995.

–, Desirò, A., 2017, 'Who lives in a fungus? The diversity, origins and functions of fungal endobacteria living in Mucoromycota.' *The ISME Journal* 11: pp. 1727-1735.

–, Selosse, M-A., 2010, 'A glimpse into the past of land plants and of their mycorrhizal affairs: from fossils to evo-devo.' *New Phytologist* 186: pp. 267-270.

Bonifaci, V., Mehlhorn, K., Varma, G., 2012, '*Physarum* can compute shortest paths.' *Journal of Theoretical Biology* 309: pp. 121-133.

Booth, M.G., 2004, 'Mycorrhizal networks mediate overstorey-understorey competition in a temperate forest.' *Ecology Letters* 7: pp. 538-546.

Bordenstein, S.R., Theis, K.R., 2015, 'Host biology in light of the microbiome: ten principles of holobionts and hologenomes.' *PLOS Biology* 13: e1002226.

Bouchard, F., 2018, 'Symbiosis, Transient Biological Individuality, and Evolutionary Process.' In *Everything Flows: Towards a Processual Philosophy of Biology*, onder redactie van Dupré, J. en Nicholson, J. Oxford: Oxford University Press, pp. 186-98.

Boulter, M., 2010, *Darwin's Garden: Down House and the Origin of Species.* Berkeley, Californië: Counterpoint.

Boyce, G.R., Gluck-Thaler, E., Slot, J.C., Stajich, J.E., Davis, W.J., James, T.Y., Cooley, J.R., Panaccione, D.G., Eilenberg, J., Licht, H.H. et al., 2019, 'Psychoactive plant- and mushroom-associated alkaloids from two behavior modifying cicada pathogens.' *Fungal Ecology* 41: pp. 147-164.

Brand, A., Gow, N.A., 2009, 'Mechanisms of hypha orientation of fungi.' *Current Opinion in Microbiology* 12: pp. 350-357.

Brandt, A., de Vera, J.P., Onofri, S., Ott, S., 2014, 'Viability of the lichen *Xanthoria elegans* and its symbionts after 18 months of space exposure and simulated Mars conditions on the ISS.' *International Journal of Astrobiology* 14: pp. 411-425.

–, Meeßen, J., Jänicke, R.U., Raguse, M., Ott, S., 2017, 'Simulated space radiation: impact of four different types of high-dose ionizing radiation on the lichen *Xanthoria elegans.*' *Astrobiology* 17: pp. 136-144.

Bringhurst, R., 2009, *Everywhere Being Is Dancing.* Berkeley, Californië: Counterpoint.

Brito, I., Goss, M.J., Alho, L., Brígido, C., Tuinen, D. van, Félix, M.R., Carvalho, M., 2018, 'Agronomic management of AMF functional diversity to overcome biotic and abiotic stresses—The role of plant sequence and intact extraradical mycelium.' *Fungal Ecology* 40: pp. 72-81.

Bruce-Keller, A.J., Salbaum, M.J., Berthoud, H-R., 2018, 'Harnessing gut microbes for mental health: getting from here to there.' *Biological Psychiatry* 83: pp. 214-223.

Bruggeman, F.J., Heeswijk, W.C. van, Boogerd, F.C., Westerhoff, H.V., 2000,

'Macromolecular Intelligence in Microorganisms.' *Biological Chemistry* 381: pp. 965-972.

Brundrett, M.C., 2002, 'Coevolution of roots and mycorrhizas of land plants.' *New Phytologist* 154: pp. 275-304.

–, Tedersoo, L., 2018, 'Evolutionary history of mycorrhizal symbioses and global host plant diversity.' *New Phytologist* 220: pp. 1108-1115.

Brunet, T., Arendt, D., 2015, 'From damage response to action potentials: early evolution of neural and contractile modules in stem eukaryotes.' *Philosophical Transactions of the Royal Society B* 371: 20150043.

Brunner, I., Fischer, M., Rüthi, J., Stierli, B., Frey, B., 2018, 'Ability of fungi isolated from plastic debris floating in the shoreline of a lake to degrade plastics.' *PLOS ONE* 13: e0202047.

Bublitz, D.C., Chadwick, G.L., Magyar, J.S., Sandoz, K.M., Brooks, D.M., Mesnage, S., Ladinsky, M.S., Garber, A.I., Bjorkman, P.J., Orphan, V.J. et al., 2019, 'Peptidoglycan Production by an Insect-Bacterial Mosaic.' *Cell* 179: pp. 1-10.

Buddie, A.G., Bridge, P.D., Kelley, J., Ryan, M.J., 2011, '*Candida keroseneae* sp. nov., a novel contaminant of aviation kerosene.' *Letters in Applied Microbiology* 52: pp. 70-75.

Büdel, B., Vivas, M., Lange, O.L., 2013, 'Lichen species dominance and the resulting photosynthetic behavior of Sonoran Desert soil crust types (Baja California, Mexico).' *Ecological Processes* 2: p. 6.

Buhner, S.H., 1998, *Sacred Herbal and Healing Beers*. Boulder, Colorado: Siris Books.

Buller, A.H.R., 1931, *Researches on Fungi,* vol. 4. Londen: Longmans, Green, and Co.

Büntgen, U., Egli, S., Schneider, L., von Arx, G., Rigling, A., Camarero, J.J., Sangüesa-Barreda, G., Fischer, C.R., Oliach, D., Bonet, J.A.,et al., 2015, 'Long-term irrigation effects on Spanish holm oak growth and its black truffle symbiont.' *Agriculture, Ecosystems & Environment* 202: pp. 148-159.

Burford, E.P., Kierans, M., Gadd, G.M., 2003, 'Geomycology: fungi in mineral substrata.' *Mycologist* 17: pp. 98-107.

Burkett, W., 1987, *Ancient Mystery Cults*. Cambridge, Massachusetts: Harvard University Press.

Burr, C., 2012, *The Emperor of Scent*. New York: Random House.

Bushdid, C., Magnasco, M., Vosshall, L., Keller, A., 2014, 'Humans can discriminate more than 1 trillion olfactory stimuli.' *Science* 343: pp. 1370-1372.

Cai, Q., Qiao, L., Wang, M., He, B., Lin, F-M., Palmquist, J., Huang, S-D., Jin, H., 2018, 'Plants send small RNAs in extracellular vesicles to fungal pathogen to silence virulence genes.' *Science* 360: pp. 1126-1129.

Calvo Garzón, P., Keijzer, F., 2011, 'Plants: Adaptive behavior, root-brains, and minimal cognition. *Adaptive Behavior* 19: pp. 155-171.

Campbell, B., Ionescu, R., Favors, Z., Ozkan, C.S., Ozkan, M., 2015, 'Bio-derived, binderless, hierarchically porous carbon anodes for Li-ion batteries.' *Scientific Reports* 5: p. 14575.

Caporael, L., 1976, 'Ergotism: the satan loosed in Salem?' *Science* 192: pp. 21-26.

Carhart-Harris, R.L., Bolstridge, M., Rucker, J., Day, C.M., Erritzoe, D., Kaelen, M., Bloomfield, M., Rickard, J.A., Forbes, B., Feilding, A. et al., 2016a, 'Psilocybin with psychological support for treatment-resistant depression: an open-label feasibility study.' *The Lancet Psychiatry* 3: pp. 619-627.

–, Erritzoe, D., Williams, T., Stone, J., Reed L.J., Colasanti, A., Tyacke, R.J., Leech, R., Malizia, A.L., Murphy, K. et al., 2012, 'Neural correlates of the psychedelic state as determined by fMRI studies with psilocybin.' *Proceedings of the National Academy of Sciences* 109: pp. 2138-2143.

–, Muthukumaraswamy, S., Roseman, L., Kaelen, M., Droog, W., Murphy, K., Tagliazucchi, E., Schenberg, E.E., Nest, T., Orban, C., et al. 2016b, 'Neural correlates of the LSD experience revealed by multimodal neuroimaging.' *Proceedings of the National Academy of Sciences* 113: pp. 4853-4858.

Carrigan, M.A., Uryasev, O., Frye, C.B., Eckman, B.L., Myers, C.R., Hurley, T.D., Benner, S.A., 2015, 'Hominids adapted to metabolize ethanol long before human-directed fermentation.' *Proceedings of the National Academy of Sciences* 112: pp. 458-463.

Casadevall, A., 2012. 'Fungi and the rise of mammals.' *Pathogens* 8: e1002808.

–, Cordero, R.J., Bryan, R., Nosanchuk, J., Dadachova, E., 2017, 'Melanin, Radiation, and Energy Transduction in Fungi.' *Microbiology Spectrum* 5: FUNK-0037-2016.

–, Kontoyiannis, D.P., Robert, V., 2019, 'On the Emergence of *Candida auris*: Climate Change, Azoles, Swamps, and Birds.' *mBio* 10: e01397-19.

Ceccarelli, N., Curadi, M., Martelloni, L., Sbrana, C., Picciarelli, P., Giovannetti, M., 2010, 'Mycorrhizal colonization impacts on phenolic content and antioxidant properties of artichoke leaves and flower heads two years after field transplant.' *Plant and Soil* 335: pp. 311-323.

Cepelewicz, J., 2019, 'Bacterial Complexity Revises Ideas About "Which Came First?"' *Quanta*: www.quantamagazine.org/bacterial-organelles-revise-ideas-about-which-came-first-20190612/ [geraadpleegd op 29 oktober 2019].

Cerdá-Olmedo, E., 2001, '*Phycomyces* and the biology of light and color.' *FEMS Microbiology Reviews* 25: pp. 503-512.

Cernava, T., Aschenbrenner, I., Soh, J., Sensen, C.W., Grube, M., Berg, G., 2019, 'Plasticity of a holobiont: desiccation induces fasting-like metabolism within the lichen microbiota.' *The ISME Journal* 13: pp. 547-556.

Chen, J., Blume, H., Beyer, L., 2000, 'Weathering of rocks induced by lichen colonization—a review.' *Catena* 39: pp. 121-146.

Chen, L., Swenson, N.G., Ji, N., Mi, X., Ren, H., Guo, L., Ma, K., 2019, 'Differential soil fungus accumulation and density dependence of trees in a subtropical forest.' *Science* 366: pp. 124-128.

Chen, M., Arato, M., Borghi, L., Nouri, E., Reinhardt, D., 2018, 'Beneficial services of arbuscular mycorrhizal fungi—from ecology to application.' *Frontiers in Plant Science* 9: p. 1270.

Chialva, M., Fossalunga, A. di, Daghino, S., Ghignone, S., Bagnaresi, P., Chiapello, M., Novero, M., Spadaro, D., Perotto, S., Bonfante, P., 2018, 'Native soils with their microbiotas elicit a state of alert in tomato plants.' *New Phytologist* 220: pp. 1296-1308.

Chrisafis, A., 2010, 'French truffle farmer shoots man he feared was trying to steal "black diamonds".' *The Guardian*: www.theguardian.com/world/2010/dec/22/french-truffle-farmer-shoots-trespasser [geraadpleegd op 29 oktober 2019].

Christakis, N.A., Fowler, J.H., 2009, *Connected: The Surprising Power of Our Social Networks and How They Shape Our Lives*. Londen: HarperPress.

Chu, C., Murdock, M.H., Jing, D., Won, T.H., Chung, H., Kressel, A.M., Tsaava, T., Addorisio, M.E., Putzel, G.G., Zhou, L., et al. 2019, 'The microbiota regulate neuronal function and fear extinction learning.' *Nature* 574: pp. 543-548.

Chung, T-Y., Sun, P-F., Kuo, J-I., Lee, Y-I., Lin, C-C., Chou, J-Y., 2017, 'Zombie ant heads are oriented relative to solar cues.' *Fungal Ecology* 25: pp. 22-28.

Cixous, H., 1991, *The Book of Promethea*. Lincoln, Nebraska: University of Nebraska Press.

Claus, R., Hoppen, H., Karg, H., 1981, 'The secret of Truffles: A steroidal pheromone?' *Experientia* 37: pp. 1178-1179.

Clay, K., 1988, 'Fungal Endophytes of Grasses: A Defensive Mutualism between Plants and Fungi.' *Ecology* 69: pp. 10-16.

Clemmensen, K., Bahr, A., Ovaskainen, O., Dahlberg, A., Ekblad, A., Wallander, H., Stenlid, J., Finlay, R., Wardle, D., Lindahl, B., 2013, 'Roots and associated fungi drive long-term carbon sequestration in boreal forest.' *Science* 339: pp. 1615-1618.

Cockell, C.S., 2008, 'The interplanetary exchange of photosynthesis.' *Origins of Life and Evolution of Biospheres* 38: pp. 87-104.

Cohen, R., Jan, Y., Matricon, J., Delbrück, M., 1975, 'Avoidance response, house response, and wind responses of the sporangiophore of *Phycomyces*.' *The Journal of General Physiology* 66: pp. 67-95.

Collier, F.A., Bidartondo, M.I., 2009, 'Waiting for fungi: the ectomycorrhizal invasion of lowland heathlands.' *Journal of Ecology* 97: pp. 950-963.

Collinge, A., Trinci, A., 1974, 'Hyphal tips of wild-type and spreading colonial mutants of *Neurospora crassa*.' *Archive of Microbiology* 99: pp. 353-368.

Cooke, M., 1875, *Fungi: Their Nature and Uses*. New York: D. Appleton and Company.

Cooley, J.R., Marshall, D.C., Hill, K.B.R., 2018, 'A specialized fungal parasite (*Massospora cicadina*) hijacks the sexual signals of periodical cicadas (Hemiptera: Cicadidae: *Magicicada*).' *Scientific Reports* 8: p. 1432.

Copetta, A., Bardi, L., Bertolone, E., Berta, G., 2011, 'Fruit production and quality of tomato plants (*Solanum lycopersicum* L.) are affected by green compost and arbuscular mycorrhizal fungi.' *Plant Biosystems* 145: pp. 106-115.

–, Lingua, G., Berta, G., 2006, 'Effects of three AM fungi on growth, distribution of glandular hairs, and essential oil production in *Ocimum basilicum* L. var. Genovese.' *Mycorrhiza* 16: pp. 485-494.

Corbin, A., 1986, *The Foul and the Fragrant: Odor and the French Social Imagination*. Leamington Spa, Verenigd Koninkrijk: Berg Publishers Ltd.

Cordero, R.J., 2017, 'Melanin for space travel radioprotection.' *Environmental Microbiology* 19: pp. 2529-2532.

Corrales, A., Mangan, S.A., Turner, B.L., Dalling, J.W., 2016, 'An ectomycorrhizal nitrogen economy facilitates monodominance in a neotropical forest.' *Ecology Letters* 19: pp. 383-392.

Corrochano, L.M., Galland, P., 2016, 'Photomorphogenesis and Gravitropism in Fungi.' In *Growth, Differentiation, and Sexuality*, onder redactie van J. Wendland, Springer International Publishing, pp. 235-266.

Cosme, M., Fernández, I., Heijden, M.G. van der, Pieterse, C., 2018, 'Non-mycorrhizal Plants: The Exceptions that Prove the Rule.' *Trends in Plant Science* 23: pp. 577-587.

Costello, E.K., Lauber, C.L., Hamady, M., Fierer, N., Gordon, J.I., Knight, R., 2009, 'Bacterial community variation in human body habitats across space and time.' *Science* 326: pp. 1694-1697.

Cottin, H., Kotler, J., Billi, D., Cockell, C., Demets, R., Ehrenfreund, P., Elsaesser, A., d'Hendecourt, L., Loon, J.J. van, Martins, Z. et al. 2017, 'Space as a tool for astrobiology: review and recommendations for experimentations in earth orbit and beyond.' *Space Science Reviews* 209: pp. 83-181.

Coyle, M.C., Elya, C.N., Bronski, M.J., Eisen, M.B., 2018, 'Entomophthovirus: An insect-derived iflavirus that infects a behavior manipulating fungal pathogen of dipterans.' *bioRxiv*: 371526.

Craig, M.E., Turner, B.L., Liang, C., Clay, K., Johnson, D.J., Phillips, R.P., 2018, 'Tree mycorrhizal type predicts within-site variability in the storage and distribution of soil organic matter.' *Global Change Biology* 24: pp. 3317-3330.

Crowther, T., Glick, H., Covey, K., Bettigole, C., Maynard, D., Thomas, S., Smith, J., Hintler, G., Duguid, M., Amatulli, G. et al. 2015, 'Mapping tree density at a global scale.' *Nature* 525: pp. 201-268.

Currie, C.R., Poulsen, M., Mendenhall, J., Boomsma, J.J., Billen, J., 2006, 'Co-evolved crypts and exocrine glands support mutualistic bacteria in fungus-growing ants.' *Science* 311: pp. 81-83.

–, Scott, J.A., Summerbell, R.C., Malloch, D., 1999. Fungus-growing ants use antibioticproducing bacteria to control garden parasites. *Nature* 398: pp. 701-704.

Dadachova, E., Casadevall, A., 2008, 'Ionizing radiation: how fungi cope, adapt, and exploit with the help of melanin.' *Current Opinion in Microbiology* 11: pp. 525-531.

Dance, A., 2018, 'Inner Workings: The mysterious parentage of the coveted black truffle.' *Proceedings of the National Academy of Sciences* 115: pp. 10188-10190.

Darwin, C., Darwin, F., 1880, *The Power of Movement in Plants*. Londen: John Murray.

Davis, J., Aguirre, L., Barber, N., Stevenson, P., Adler, L., 2019, 'From plant fungi to bee parasites: mycorrhizae and soil nutrients shape floral chemistry and bee pathogens.' *Ecology* 100: e02801.

Davis, W., 1996, *One River: Explorations and Discoveries in the Amazon Rain Forest.* New York: Simon and Schuster.

Dawkins, R., 1982, *The Extended Phenotype.* Oxford: Oxford University Press.

–, 2004, 'Extended Phenotype—But Not Too Extended. A Reply to Laland, Turner and Jablonka.' *Biology and Philosophy* 19: pp. 377-396.

Delaux, P.M., Radhakrishnan, G.V., Jayaraman, D., Cheema, J., Malbreil, M., Volkening, J.D., Sekimoto, H., Nishiyama, T., Melkonian, M., Pokorny, L. et al., 2015, 'Algal ancestor of land plants was preadapted for symbiosis.' *Proceedings of the National Academy of Sciences* 112: pp. 13390- 13395.

Delavaux, C.S., Smith-Ramesh, L., Kuebbing, S.E., 2017, 'Beyond nutrients: a meta-analysis of the diverse effects of arbuscular mycorrhizal fungi on plants and soils.' *Ecology* 98: pp. 2111-2119.

Deleuze, G., Guattari, F., 2005, *A Thousand Plateaus: Capitalism and Schizophrenia.* Minneapolis, Minneapolis: University of Minnesota Press.

Delft, F.C., Ipolitti, G., Nicolau, D.V., Perumal, A., Kašpar, O., Kheireddine, S., Wachsmann-Hogiu, S., Nicolau, D.V., 2018, 'Something has to give: scaling combinatorial computing by biological agents exploring physical networks encoding NP-complete problems.' *Journal of the Royal Society Interface Focus* 8: p. 20180034.

Delwiche, C., Cooper, E., 2015, 'The evolutionary origin of a terrestrial flora.' *Current Biology* 25: R899-R910.

Deng, Y., Qu, Z., Naqvi, N.I., 2015, 'Twilight, a novel circadian-regulated gene, integrates phototropism with nutrient and redox homeostasis during fungal development.' *PLOS Pathogens* 11: e1004972.

Deveau, A., Bonito, G., Uehling, J., Paoletti, M., Becker, M., Bindschedler, S., Hacquard, S., Hervé, V., Labbé, J., Lastovetsky, O. et al., 2018, 'Bacterial-fungal interactions: ecology, mechanisms and challenges.' *FEMS Microbiology Reviews* 42: pp. 335-352.

Diamant, L., 2004, *Chaining the Hudson: The Fight for the River in the American Revolution.* New York: Fordham University Press.

Ditengou, F.A., Müller, A., Rosenkranz, M., Felten, J., Lasok, H., Doorn, M. van, Legué, V., Palme, K., Schnitzler, J-P., Polle, A., 2015, 'Volatile signalling by sesquiterpenes from ectomycorrhizal fungi reprogrammes root architecture.' *Nature Communications* 6: p. 6279.

Dixon, L.S., 1984, 'Bosch's "St. Anthony Triptych"—An Apothecary's Apotheosis.' *Art Journal* 44: pp. 119-131.

Donoghue, P.C., Antcliffe, J.B., 2010, 'Early life: origins of multicellularity.' *Nature* 466: p. 41.

Doolittle, F.W., Booth, A., 2017, 'It's the song, not the singer: an exploration of holobiosis and evolutionary theory.' *Biology & Philosophy* 32: pp. 5-24.

Dressaire, E., Yamada, L., Song, B., Roper, M., 2016, 'Mushrooms use convectively created airflows to disperse their spores.' *Proceedings of the National Academy of Sciences* 113: pp. 2833-2838.

Dudley, R., 2014, *The Drunken Monkey: Why We Drink and Abuse Alcohol*. Berkeley, Californië: University of California Press.

Dugan, F.M., 2008, *Fungi in the Ancient World*. St. Paul, Minneapolis: American Phytopathological Society.

–, 2011, *Conspectus of World Ethnomycology*. St. Paul, Minneapolis: American Phytopathological Society.

Dunn, R., 2012, 'A Sip for the Ancestors.' *Scientific American*: blogs.scientificamerican.com/guest-blog/a-sip-for-the-ancestors-the-true-story-ofcivilizations-stumbling-debt-to-beer-and-fungus/ [geraadpleegd op 29 oktober 2019].

Dupré, J., Nicholson, D.J., 2018, 'A manifesto for a processual biology.' In *Everything Flows: Towards a Processual Philosophy of Biology*, onder redactie van J. Dupré en D.J. Nicholson, Oxford: Oxford University Press, pp. 3-48.

Dyke, E., 2008, *Psychedelic Psychiatry: LSD from Clinic to Campus*. Baltimore, Maryland: The Johns Hopkins University Press.

Eason, W., Newman, E., Chuba, P., 1991, 'Specificity of interplant cycling of phosphorus: The role of mycorrhizas.' *Plant and Soil* 137: pp. 267-274.

Elser, J., Bennett, E., 2011, 'A broken biogeochemical cycle.' *Nature*: www.nature.com/articles/478029a [geraadpleegd op 29 oktober 2019].

Eltz, T., Zimmermann, Y., Haftmann, J., Twele, R., Francke, W., Quezada-Euan, J.J.G., Lunau, K., 2007, 'Enfleurage, lipid recycling and the origin of perfume collection in orchid bees.' *Proceedings of the Royal Society B* 274: pp. 2843-2848.

Eme, L., Spang, A., Lombard, J., Stairs, C.W., Ettema, T.J.G., 2017, 'Archaea and the origin of eukaryotes.' *Nature Reviews Microbiology* 15: pp. 711-723.

Engelthaler, D.M., Casadevall, A., 2019, 'On the Emergence of *Cryptococcus gattii* in the Pacific Northwest: ballast tanks, tsunamis, and black swans.' *mBio* 10: e02193-19.

Ensminger, P.A., 2001, *Life Under the Sun*. New Haven, Connecticut: Yale Scholarship Online.

Epstein, S., 1995, 'The construction of lay expertise: AIDS activism and the forging of credibility in the reform of clinical trials.' *Science, Technology, Human Values* 20: pp. 408-437.

Erens, H., Boudin, M., Mees, F., Mujinya, B., Baert, G., Strydonck, M., Boeckx, P., Ranst, E., 2015, 'The age of large termite mounds—radiocarbon dating of *Macrotermes falciger* mounds of the Miombo woodland of Katanga, DR Congo.' *Palaeogeography, Palaeoclimatology, Palaeoecology* 435: pp. 265-271.

Espinosa-Valdemar, R., Turpin-Marion, S., Delfín-Alcalá, I., Vázquez-Morillas, A., 2011, 'Disposable diapers biodegradation by the fungus *Pleurotus ostreatus*.' *Waste Management* 31: pp. 1683-1688.

Fairhead, J., 2016, 'Termites, mud daubers and their earths: a multispecies approach to fertility and power in West Africa.' *Conservation and Society* 14: pp. 359-367.

–, Leach, M., 2003, 'Termites, Society and Ecology: Perspectives from West Africa.' In *Insects in Oral Literature and Traditions*, onder redactie van E. Motte-Florac en J. Thomas, Leuven: Peeters.

–, Scoones, I., 2005, 'Local knowledge and the social shaping of soil investments: critical perspectives on the assessment of soil degradation in Africa.' *Land Use Policy* 22: pp. 33-41.

Farahany, N.A., Greely, H.T., Hyman, S., Koch, C., Grady, C., Paşca, S.P., Sestan, N., Arlotta, P., Bernat, J.L., Ting, J. et al., 2018, 'The ethics of experimenting with human brain tissue.' *Nature* 556: pp. 429-432.

Ferreira, B., 'There's growing evidence that the universe is connected by giant structures,' *Vice* (2019), www.vice.com/en_us/article/zmj7pw/theres-growing-evidence-that-the-universeis-connected-by-giant-structures [geraadpleed op 16 november 2019].

Fellbaum, C.R., Mensah, J.A., Cloos, A.J., Strahan, G.E., Pfeffer, P.E., Kiers, T.E., Bücking, H., 2014, 'Fungal nutrient allocation in common mycorrhizal networks is regulated by the carbon source strength of individual host plants.' *New Phytologist* 203: pp. 646-656.

Ferguson, B.A., Dreisbach, T., Parks, C., Filip, G., Schmitt, C., 2003, 'Coarse-scale population structure of pathogenic *Armillaria* species in a mixed-conifer forest in the Blue Mountains of northeast Oregon.' *Canadian Journal of Forest Research* 33: pp. 612-623.

Fernandez, C.W., Nguyen, N.H., Stefanski, A., Han, Y., Hobbie, S.E., Montgomery, R.A., Reich, P.B., Kennedy, P.G., 2017, 'Ectomycorrhizal fungal response to warming is linked to poor host performance at the boreal-temperate ecotone.' *Global Change Biology* 23: pp. 1598-1609.

Field, K.J., Cameron, D.D., Leake, J.R., Tille, S., Bidartondo, M.I., Beerling, D.J., 2012, 'Contrasting arbuscular mycorrhizal responses of vascular and non-vascular plants to a simulated Palaeozoic CO_2 decline.' *Nature Communications* 3: p. 835.

–, Leake, J.R., Tille, S., Allinson, K.E., Rimington, W.R., Bidartondo, M.I., Beerling, D.J., Cameron, D.D., 2015, 'From mycoheterotrophy to mutualism: mycorrhizal specificity and functioning in *Ophioglossum vulgatum* sporophytes.' *New Phytologist* 205: pp. 1492-1502.

Fischer, M.C., Hawkins, N.J., Sanglard, D., Gurr, S.J., 2018, 'Worldwide emergence of resistance to antifungal drugs challenges human health and food security.' *Science* 360: pp. 739-742.

–, Henk, D.A., Briggs, C.J., Brownstein, J.S., Madoff, L.C., McCraw, S.L., Gurr, S.J., 2012, 'Emerging fungal threats to animal, plant and ecosystem health.' *Nature* 484: pp. 186-194.

Floudas, D., Binder, M., Riley, R., Barry, K., Blanchette, R.A., Henrissat, B., Martínez, A.T., Otillar, R., Spatafora, J.W., Yadav, J.S. et al., 2012, 'The Paleozoic origin of enzymatic lignin decomposition reconstructed from 31 fungal genomes.'

Science 336: pp. 1715-1719.

Foley, J.A., DeFries, R., Asner, G.P., Barford, C., Bonan, G., Carpenter, S.R., Chapin, S.F., Coe, M.T., Daily, G.C., Gibbs, H.K. et al., 2005, 'Global consequences of land use.' *Science* 309: pp. 570-574.

Fossalunga, A. di, Lipuma, J., Venice, F., Dupont, L., Bonfante, P., 2017, 'The endobacterium of an arbuscular mycorrhizal fungus modulates the expression of its toxin-antitoxin systems during the life cycle of its host.' *The ISME Journal* 11: pp. 2394-2398.

Francis, R., Read, D.J., 1984, 'Direct transfer of carbon between plants connected by vesicularabuscular mycorrhizal mycelium.' *Nature* 307: pp. 53-56.

Frank, A.B., 2005, 'On the nutritional dependence of certain trees on root symbiosis with belowground fungi (an English translation of A.B. Frank's classic paper of 1885).' *Mycorrhiza* 15: pp. 267-275.

Fredericksen, M.A., Zhang, Y., Hazen, M.L., Loreto, R.G., Mangold, C.A., Chen, D.Z., Hughes, D.P., 2017, 'Three-dimensional visualization and a deep-learning model reveal complex fungal parasite networks in behaviorally manipulated ants.' *Proceedings of the National Academy of Sciences* 114: pp. 12590-12595.

Fricker, M.D., Boddy, L., Bebber, D.P., 2007a, 'Network Organisation of Mycelial Fungi.' In *Biology of the Fungal Cell*, onder redactie van J.R. Howard en N.A.R. Gow. Springer International Publishing, pp. 309-330.

–, Heaton, L.L., Jones, N.S., Boddy, L., 2017, 'The Mycelium as a Network.' *Microbiology Spectrum* 5: FUNK-0033-2017.

–, Lee, J., Bebber, D., Tlalka, M., Hynes, J., Darrah, P., Watkinson, S., Boddy, L., 2008, 'Imaging complex nutrient dynamics in mycelial networks.' *Journal of Microscopy* 231: pp. 317-331.

–, Tlalka, M., Bebber, D., Tagaki, S., Watkinson, S.C., Darrah, P.R., 2007b, 'Fourier-based spatial mapping of oscillatory phenomena in fungi.' *Fungal Genetics and Biology* 44: pp. 1077-1084.

Fries, N., 1943, 'Untersuchungen über Sporenkeimung und Mycelentwicklung bodenbewohnender Hymenomyceten.' *Symbolae Botanicae Upsaliensis* 6: pp. 633-664.

Fritts, R., 2019, 'A new pesticide is all the buzz.' *Ars Technica*: arstechnica.com/science/2019/10/now-available-in-the-us-a-pesticide-delivered-bybees/ [geraadpleegd op 29 oktober 2019].

Fröhlich-Nowoisky, J., Pickersgill, D.A., Després, V.R., Pöschl, U., 2009, 'High diversity of fungi in air particulate matter.' *Proceedings of the National Academy of Sciences* 106: pp. 12814-12819.

Fuente-Nunez, C. de la, Meneguetti, B., Franco, O., Lu, T.K., 2017, 'Neuromicrobiology: how microbes influence the brain.' *ACS Chemical Neuroscience* 9: pp. 141-150.

Fukusawa, Y., Savoury, M., Boddy, L., 2019, 'Ecological memory and relocation decisions in fungal mycelial networks: responses to quantity and location of new resources.' *The ISME Journal* 10.1038/s41396-018-0189-7.

Galland, P., 2014, 'The sporangiophore of *Phycomyces blakesleeanus*: a tool to investigate fungal gravireception and graviresponses.' *Plant Biology* 16: pp. 58-68.

Gavito, M.E., Jakobsen, I., Mikkelsen, T.N., Mora, F., 2019, 'Direct evidence for modulation of photosynthesis by an arbuscular mycorrhiza-induced carbon sink strength.' *New Phytologist* 223: pp. 896-907.

Geml, J., Wagner, M.R., 2018, 'Out of sight, but no longer out of mind—towards an increased recognition of the role of soil microbes in plant speciation.' *New Phytologist* 217: pp. 965-967.

Giauque, H., Hawkes, C.V., 2013, 'Climate affects symbiotic fungal endophyte diversity and performance.' *American Journal of Botany* 100: pp. 1435-1444.

Gilbert, C.D., Sigman, M., 2007, 'Brain states: top-down influences in sensory processing.' *Neuron* 54: pp. 677-696.

Gilbert, J.A., Lynch, S.V., 2019, 'Community ecology as a framework for human microbiome research.' *Nature Medicine* 25: pp. 884-889.

Gilbert, S.F., Sapp, J., Tauber, A.I., 2012, 'A symbiotic view of life: we have never been individuals.' *The Quarterly Review of Biology* 87: pp. 325-341.

Giovannetti, M., Avio, L., Fortuna, P., Pellegrino, E., Sbrana, C., Strani, P., 2006, 'At the Root of the Wood Wide Web.' *Plant Signaling & Behavior* 1: pp. 1-5.

–, Avio, L., Sbrana, C., 2015, 'Functional Significance of Anastomosis in Arbuscular Mycorrhizal Networks.' In *Mycorrhizal Networks*, onder redactie van T. Horton. Springer International Publishing, pp. 41-67.

–, Sbrana, C., Avio, L., Strani, P., 2004, 'Patterns of below-ground plant interconnections established by means of arbuscular mycorrhizal networks.' *New Phytologist* 164: pp. 175-181.

Gluck-Thaler, E., Slot, J.C., 2015, 'Dimensions of horizontal gene transfer in eukaryotic microbial pathogens.' *PLOS Pathogens* 11: e1005156.

Godfray, C.H., Beddington, J.R., Crute, I.R., Haddad, L., Lawrence, D., Muir, J.F., Pretty, J., Robinson, S., Thomas, S.M., Toulmin, C., 2010, 'Food security: the challenge of feeding 9 billion people.' *Science* 327: 812-818.

Godfrey-Smith, P., 2017, *Other Minds: The Octopus and the Evolution of Intelligent Life*. Londen: William Collins.

Goffeau, A., Barrell, B., Bussey, H., Davis, R., Dujon, B., Feldmann, H., Galibert, F., Hoheisel, J., Jacq, C., Johnston, M. et al., 1996, 'Life with 6000 Genes.' *Science* 274: pp. 546-567.

Gogarten, P.J., Townsend, J.P., 2005, 'Horizontal gene transfer, genome innovation and evolution.' *Nature Reviews Microbiology* 3: pp. 679-687.

Gond, S.K., Kharwar, R.N., White, J.F., 2014, 'Will fungi be the new source of the blockbuster drug taxol?' *Fungal Biology Reviews* 28: pp. 77-84.

Gontier, N., 2015a, 'Historical and Epistemological Perspectives on What Horizontal Gene Transfer Mechanisms Contribute to Our Understanding of Evolution.' In *Reticulate Evolution*, onder redactie van N. Gontier. Springer International Publishing.

–, 2015b. 'Reticulate Evolution Everywhere.' In *Reticulate Evolution*, onder redactie van N. Gontier. Springer International Publishing.

Gonzalo, G., Colpa, D.I., Habib, M., Fraaije, M.W., 2016, 'Bacterial enzymes involved in lignin degradation.' *Journal of Biotechnology* 236: pp. 110-119.

Gordon, J., Knowlton, N., Relman, D.A., Rohwer, F., Youle, M., 2013, 'Superorganisms and holobionts.' *Microbe* 8: 152-153.

Goryachev, A.B., Lichius, A., Wright, G.D., Read, N.D., 2012, 'Excitable behavior can explain the "ping-pong" mode of communication between cells using the same chemoattractant.' *BioEssays* 34: pp. 259-266.

Gorzelak, M.A., Asay, A.K., Pickles, B.J., Simard, S.W., 2015, 'Inter-plant communication through mycorrhizal networks mediates complex adaptive behaviour in plant communities.' *AoB PLANTS* 7: plv050.

Gott, J.R., 2016, *The Cosmic Web: Mysterious Architecture of the Universe*. Princeton, New Jersey: Princeton University Press.

Govoni, F., Orrù, E., Bonafede, A., Iacobelli, M., Paladino, R., Vazza, F., Murgia, M., Vacca, V., Giovannini, G., Feretti, L. et al., 2019, 'A radio ridge connecting two galaxy clusters in a filament of the cosmic web.' *Science* 364: pp. 981-984.

Gow, N.A.R., Morris, B.M., 2009, 'The electric fungus.' *Botanical Journal of Scotland* 47: pp. 263-277.

Goward, T., 1995, 'Here for a Long Time, Not a Good Time.' *Nature Canada* 24: p. 9. www.waysoflichenment.net/public/pdfs/Goward_1995_Here_for_a_good_time_no t_a_long_time.pdf [geraadpleegd op 29 oktober 2019].

–, 2009a, 'Twelve Readings on the Lichen Thallus IV—Re-emergence.' *Evansia* 26: pp. 1-6. www.waysofenlichenment.net/ways/readings/essay4 [geraadpleegd op 29 oktober 2019]

–, 2009b, 'Twelve Readings on the Lichen Thallus V—Conversational.' *Evansia* 26: pp. 31-37. www.waysofenlichenment.net/ways/readings/essay5 [geraadpleegd op 29 oktober 2019].

–, 2009c, 'Twelve Readings on the Lichen Thallus VII—Species.' *Evansia* 26: pp. 153-62. www.waysofenlichenment.net/ways/readings/essay7 [geraadpleegd op 29 oktober 2019].

–, 2010, 'Twelve Readings on the Lichen Thallus VIII—Theoretical.' *Evansia* 27: pp. 2-10. www.waysofenlichenment.net/ways/readings/essay8 [geraadpleegd op 29 oktober 2019].

Gregory, P.H., 1982, 'Fairy rings; free and tethered.' *Bulletin of the British Mycological Society* 16: pp. 161-163.

Griffiths, D., 2015, 'Queer Theory for Lichens.' *UnderCurrents* 19: pp. 36-45.

Griffiths, R., Johnson, M., Carducci, M., Umbricht, A., Richards, W., Richards, B., Cosimano, M., Klinedinst, M., 2016, 'Psilocybin produces substantial and sustained decreases in depression and anxiety in patients with life-threatening cancer: A randomized doubleblind trial.' *Journal of Psychopharmacology* 30: pp. 1181-1197.

–, Richards, W., Johnson, M., McCann, U., Jesse, R., 2008, 'Mystical-type experiences occasioned by psilocybin mediate the attribution of personal meaning and spiritual significance 14 months later.' *Journal of Psychopharmacology* 22: pp. 621-632.

Grman, E., 2012, 'Plant species differ in their ability to reduce allocation to non-beneficial arbuscular mycorrhizal fungi.' *Ecology* 93: pp. 711-718.

Grube, M., Cernava, T., Soh, J., Fuchs, S., Aschenbrenner, I., Lassek, C., Wegner, U., Becher, D., Riedel, K., Sensen, C.W. et al., 2015, 'Exploring functional contexts of symbiotic sustain within lichen-associated bacteria by comparative omics.' *The ISME Journal* 9: pp. 412-424.

Guin, U. Le, 2017. 'Deep in Admiration.' In *Arts of Living on a Damaged Planet: Ghosts of the Anthropocene*, onder redactie van A. Tsing, J. Swanson, E. Gan en N. Bubandt. Minneapolis, Minnesota: University of Minnesota Press, pp. M15-M21.

Gupta, M., Prasad, A., Ram, M., Kumar, S., 2002, 'Effect of the vesicular-arbuscular mycorrhizal (VAM) fungus *Glomus fasciculatum* on the essential oil yield related characters and nutrient acquisition in the crops of different cultivars of menthol mint (*Mentha arvensis*) under field conditions.' *Bioresource Technology* 81: pp. 77-79.

Guzmán, G., Allen, J.W., Gartz, J., 1998, 'A worldwide geographical distribution of the neurotropic fungi, an analysis and discussion.' *Annali del Museo Civico di Rovereto: Sezione Archeologia, Storia, Scienze Naturali*. 14: pp. 189-280. www.museocivico.rovereto.tn.it/UploadDocs/104_art09-Guzman%20&%20C.pdf [geraadpleegd op 29 oktober 2019].

Hague, T., Florini, M., Andrews, P., 2013, 'Preliminary in vitro functional evidence for reflex responses to noxious stimuli in the arms of *Octopus vulgaris*.' *Journal of Experimental Marine Biology and Ecology* 447: pp. 100-105.

Hall, I.R., Brown, G.T., Zambonelli, A., 2007, *Taming the truffle*. Portland, Oregon: Timber Press.

Hamden, E., 2019, 'Observing the cosmic web.' *Science* 366: pp. 31-32.

Haneef, M., Ceseracciu, L., Canale, C., Bayer, I.S., Heredia-Guerrero, J.A., Athanassiou, A., 2017, 'Advanced materials from fungal mycelium: fabrication and tuning of physical properties.' *Scientific Reports* 7: p. 41292.

Hanson, K.L., Nicolau, D.V., Filipponi, L., Wang, L., Lee, A.P., Nicolau, D.V., 2006, 'Fungi use efficient algorithms for the exploration of microfluidic networks.' *Small* 2: pp. 1212-1220.

Haraway, D.J., 2004, *Crystals, Fabrics, and Fields*. Berkeley, Californië: North Atlantic Books.

–, 2016, *Staying with the Trouble: Making Kin in the Chthulucene*. Durham, North Carolina: Duke University Press.

Harms, H., Schlosser, D., Wick, L.Y., 2011, 'Untapped potential: exploiting fungi in bioremediation of hazardous chemicals.' *Nature Reviews Microbiology* 9: pp. 177-192.

Harold, F.M., Kropf, D.L., Caldwell, J.H., 1985, 'Why do fungi drive electric currents through themselves?' *Experimental Mycology* 9: pp. 183-186.

Hart, M.M., Antunes, P.M., Chaudhary, V., Abbott, L.K., 2018, 'Fungal inoculants in the field: Is the reward greater than the risk?' *Functional Ecology* 32: pp. 126-135.

Hastings, A., Abbott, K.C., Cuddington, K., Francis, T., Gellner, G., Lai, Y-C., Morozov, A., Petrovskii, S., Scranton, K., Zeeman, M., 2018, 'Transient phenomena in ecology.' *Science* 361: eaat6412.

Hawksworth, D., 2001, 'The magnitude of fungal diversity: the 1.5 million species estimate revisited.' *Mycological Research* 12: pp. 1422-1432.

–, 2009, 'Mycology: A Neglected Megascience.' In *Applied Mycology*, onder redactie van M. Rai en P.D. Bridge. Oxford: CABI, pp. 1-16.

–, Lücking, R., 2017, 'Fungal Diversity Revisited: 2.2 to 3.8 Million Species.' *Microbiology Spectrum* 5: FUNK-00522016.

Heads, S.W., Miller, A.N., Crane, L.J., Thomas, J.M., Ruffatto, D.M., Methuen, A.S., Raudabaugh, D.B., Wang, Y., 2017, 'The oldest fossil mushroom.' *PLOS ONE* 12: e0178327.

Hedger, J., 1990, 'Fungi in the tropical forest canopy.' *Mycologist* 4: pp. 200-202.

Heijden, M.G., van der, 2016, 'Underground networking.' *Science* 352: pp. 290-291.

–, Bardgett, R.D., Straalen, N.M., 2008, 'The unseen majority: soil microbes as drivers of plant diversity and productivity in terrestrial ecosystems.' *Ecology Letters* 11: pp. 296-310.

–, Dombrowski, N., Schlaeppi, K., 2017, 'Continuum of root-fungal symbioses for plant nutrition.' *Proceedings of the National Academy of Sciences* 114: pp. 11574-11576.

–, Horton, T.R., 2009, 'Socialism in soil? The importance of mycorrhizal fungal networks for facilitation in natural ecosystems.' *Journal of Ecology* 97: pp. 1139-1150.

–, Walder, F., 2016, 'Reply to "Misconceptions on the application of biological market theory to the mycorrhizal symbiosis."' *Nature Plants* 2: p. 16062.

Held, M., Edwards C., Nicolau D., 2009. Fungal intelligence; Or on the behaviour of microorganisms in confined micro-environments. *Journal of Physics: Conference Series* 178: 012005.

–, Edwards, C., Nicolau, D.V., 2011, 'Probing the growth dynamics of *Neurospora crassa* with microfluidic structures.' *Fungal Biology* 115: pp. 493-505.

–, Kašpar, O., Edwards, C., Nicolau, D.V., 2019, 'Intracellular mechanisms of fungal space searching in microenvironments.' *Proceedings of the National Academy of Sciences* 116: pp. 13543-13552.

–, Lee, A.P., Edwards, C., Nicolau, D.V., 2010, 'Microfluidics structures for probing the dynamic behaviour of filamentous fungi.' *Microelectronic Engineering* 87: pp. 786-789.

Helgason, T., Daniell, T., Husband, R., Fitter, A., Young, J., 1998, 'Ploughing up the wood-wide web?' *Nature* 394: p. 431.

Hendricks, P.S., 2018, 'Awe: a putative mechanism underlying the effects of classic psychedelicassisted psychotherapy.' *International Review of Psychiatry* 30: pp. 1-12.

Hibbett, D., Blanchette, R., Kenrick, P., Mills, B., 2016, 'Climate, decay, and the death of the coal forests.' *Current Biology* 26: R563-R567.

–, Gilbert, L., Donoghue, M., 2000, 'Evolutionary instability of ectomycorrhizal symbioses in basidiomycetes.' *Nature* 407: pp. 506-508.

Hickey, P.C., Dou, H., Foshe, S., Roper, M., 2016, 'Anti-jamming in a fungal transport network.' arXiv:1601:06097v1 (physics.bio-ph).

–, Jacobson, D., Read, N.D., Glass, L.N., 2002, 'Live-cell imaging of vegetative hyphal fusion in *Neurospora crassa*.' *Fungal Genetics and Biology* 37: pp. 109-19.

Hillman, B., 2018, *Extra Hidden Life, among the Days*. Middletown, Connecticut: Wesleyan University Press.

Hiruma, K., Kobae, Y., Toju, H., 2018, 'Beneficial associations between Brassicaceae plants and fungal endophytes under nutrient-limiting conditions: evolutionary origins and hostsymbiont molecular mechanisms.' *Current Opinion in Plant Biology* 44: pp. 145-154.

Hittinger, C., 2012, 'Endless rots most beautiful.' *Science* 336: pp. 1649-1650.

Hoch, H.C., Staples, R.C., Whitehead, B., Comeau, J., Wolf, E.D., 1987, 'Signaling for growth orientation and cell differentiation by surface topography in *Uromyces*.' *Science* 235: pp. 1659-1662.

Hoeksema, J., 2015, 'Experimentally Testing Effects of Mycorrhizal Networks on Plant-Plant Interactions and Distinguishing Among Mechanisms.' In *Mycorrhizal Networks*, onder redactie van T. Horton, Springer International Publishing, pp. 255-277.

–, Chaudhary, V.B., Gehring C.A., Johnson, N.C., Karst, J., Koide, R.T., Pringle, A., Zabinski, C., Bever, J.D., Moore, J.C., et al., 2010, 'A meta-analysis of context-dependency in plant response to inoculation with mycorrhizal fungi.' *Ecology Letters* 13: pp. 394-407.

Hom, E.F., Murray, A.W., 2014, 'Niche engineering demonstrates a latent capacity for fungal-algal mutualism.' *Science* 345: pp. 94-98.

Honegger, R., 2000, 'Simon Schwendener (1829-1919) and the dual hypothesis of lichens.' *The Bryologist* 103: pp. 307-313.

–, Edwards, D., Axe, L., 2012, 'The earliest records of internally stratified cyanobacterial and algal lichens from the Lower Devonian of the Welsh Borderland.' *New Phytologist* 197: pp. 264-275.

–, Edwards D., Axe, L., Strullu-Derrien, C., 2018, 'Fertile *Prototaxites taiti*: a basal ascomycete with inoperculate, polysporous asci lacking croziers.' *Philosophical Transactions of the Royal Society B* 373: 20170146.

Hooks, K.B., Konsman, J., O'Malley, M.A., 2018, 'Microbiota-gut-brain research: a critical analysis.' *Behavioral and Brain Sciences* 42: e60.

Horie, M., Honda, T., Suzuki, Y., Kobayashi, Y., Daito, T., Oshida, T., Ikuta, K., Jern, P., Gojobori, T., Coffin, J.M. et al., 2010, 'Endogenous non-retroviral RNA virus elements in mammalian genomes.' *Nature* 463: pp. 84-87.

Hortal, S., Plett, K., Plett, J., Cresswell, T., Johansen, M., Pendall, E., Anderson, I., 2017, 'Role of plant-fungal nutrient trading and host control in determining the competitive success of ectomycorrhizal fungi.' *The ISME Journal* 11: pp. 2666-2676.

Howard, A., 1940, *An Agricultural Testament*. Oxford: Oxford University Press. www.journeytoforever.org/farm_library/howardAT/ATtoc.html#contents [geraadpleegd op 29 oktober 2019].

–, 1945. *Farming and Gardening for Health and Disease*. Londen: Faber and Faber journeytoforever.org/farm_library/howardSH/SHtoc.html [geraadpleegd op 29 oktober 2019].

Howard, R., Ferrari, M., Roach, D., Money, N., 1991, 'Penetration of hard substrates by a fungus employing enormous turgor pressures.' *Proceedings of the National Academy of Sciences* 88: pp. 11281-11284.

Hoysted, G.A., Kowal, J., Jacob, A., Rimington, W.R., Duckett, J.G., Pressel, S., Orchard, S., Ryan, M.H., Field, K.J., Bidartondo, M.I., 2018, 'A mycorrhizal revolution.' *Current Opinion in Plant Biology* 44: pp. 1-6.

Hsueh, Y-P., Mahanti, P., Schroeder, F.C., Sternberg, P.W., 2013, 'Nematode-Trapping Fungi Eavesdrop on Nematode Pheromones.' *Current Biology* 23: pp. 83-86.

Huffnagle, G.B., Noverr, M.C., 2013, 'The emerging world of the fungal microbiome.' *Trends in Microbiology* 21: pp. 334-341.

Hughes, D.P., 2013, 'Pathways to understanding the extended phenotype of parasites in their hosts.' *Journal of Experimental Biology* 216: pp. 142-147.

–, Araújo, J., Loreto, R., Quevillon, L., Bekker, C. de, Evans, H., 2016, 'From so simple a beginning: the evolution of behavioural manipulation by fungi.' *Advances in Genetics* 94: pp. 437-469.

–, 2014, 'On the Origins of Parasite-Extended Phenotypes.' *Integrative and Comparative Biology* 54: pp. 210-217.

–, Wappler, T., Labandeira, C.C., 2011, 'Ancient death-grip leaf scars reveal ant-fungal parasitism.' *Biology Letters* 7: pp. 67-70.

Humboldt, A. von, 1849. *Cosmos: A Sketch of Physical Description of the Universe*. Londen: Henry G. Bohn.

–, 1845, *Kosmos: Entwurf einer physischen Weltbeschreibung*. Stuttgart en Tübingen: J.G. Cotta'schen Buchhandlungen. archive.org/details/b29329693_0001 [geraadpleegd op 29 oktober 2019].

Humphrey, N., 1976, 'The Social Function of Intellect.' In *Growing Points in Ethology*, onder redactie van P. Bateson en R.A. Hindle. Cambridge, Verenigd Koninkrijk: Cambridge University Press, pp. 303-317.

Hustak, C., Myers, N., 2012, 'Involutionary momentum: affective ecologies and the sciences of plant/insect encounters.' *Differences* 23: pp. 74-118.

Hyde, K., Jones, E., Leano, E., Pointing, S., Poonyth, A., Vrijmoed, L., 1998, 'Role of fungi in marine ecosystems.' *Biodiversity and Conservation* 7: pp. 1147-1161.

Ingold, T., 2003, 'Two Reflections on Ecological Knowledge.' In *Nature Knowledge: Ethnoscience, Cognition, and Utility*, onder redactie van G. Sanga en G. Ortalli. Oxford: Berghahn Books, pp. 301-311.

Islam, F., Ohga, S., 2012, 'The response of fruit body formation on *Tricholoma matsutake in situ* condition by applying electric pulse stimulator.' *ISRN Agronomy* 2012: pp. 1-6.

Jackson, S., Heath, I., 1992, 'UV microirradiations elicit Ca²⁺-dependent apex-directed cytoplasmic contractions in hyphae.' *Protoplasma* 170: pp. 46-52.

Jacobs, L.F., Arter, J., Cook, A., Sulloway, F.J., 2015, 'Olfactory orientation and navigation in humans.' *PLOS ONE* 10: e0129387.

Jacobs, R., 2019, *The Truffle Underground*. New York: Clarkson Potter.

Jakobsen, I., Hammer, E., 2015, 'Nutrient Dynamics in Arbuscular Mycorrhizal Networks.' In *Mycorrhizal Networks*, onder redactie van T. Horton. Springer International Publishing, pp. 91-131.

James, W., 2002, *The Varieties of Religious Experience: A Study in Human Nature (Centenary Edition)*. Londen: Routledge.

Jedd, G., Pieuchot, L., 2012, 'Multiple modes for gatekeeping at fungal cell-to-cell channels.' *Molecular Microbiology* 86: pp. 1291-1294.

Jenkins, B., Richards, T.A., 2019, 'Symbiosis: wolf lichens harbour a choir of fungi.' *Current Biology* 29: R88-R90.

Ji, B., Bever, J.D., 2016, 'Plant preferential allocation and fungal reward decline with soil phosphorus: implications for mycorrhizal mutualism.' *Ecosphere* 7: e01256.

Johnson, D., Gamow, R., 1971, 'The avoidance response in *Phycomyces*.' *The Journal of General Physiology* 57: pp. 41-49.

Johnson, M.W., Garcia-Romeu, A., Cosimano, M.P., Griffiths, R.R., 2014, 'Pilot study of the 5-HT 2AR agonist psilocybin in the treatment of tobacco addiction.' *Journal of Psychopharmacology* 28: pp. 983-992.

–, Garcia-Romeu, A., Griffiths, R.R., 2015, 'Long-term follow-up of psilocybinfacilitated smoking cessation.' *The American Journal of Drug and Alcohol Abuse* 43: pp. 55-60.

–, Garcia-Romeu, A., Johnson, P.S., Griffiths, R.R., 2017, 'An online survey of tobacco smoking cessation associated with naturalistic psychedelic use.' *Journal of Psychopharmacology* 31: pp. 841-850.

Johnson, N.C., Angelard, C., Sanders, I.R., Kiers, T.E., 2013, 'Predicting community and ecosystem outcomes of mycorrhizal responses to global change.' *Ecology Letters* 16: pp. 140-153.

Jolivet, E., L'Haridon, S., Corre, E., Forterre, P., Prieur, D., 2003, '*Thermococcus gammatolerans* sp. nov., a hyperthermophilic archaeon from a deep-sea hydrothermal vent that resists ionizing radiation.' *International Journal of Systematic and Evolutionary Microbiology* 53: pp. 847-851.

Jones, M.P., Lawrie, A.C., Huynh, T.T., Morrison, P.D., Mautner, A., Bismarck, A., John, S., 2019, 'Agricultural by-product suitability for the production of chitinous composites and nanofibers.' *Process Biochemistry* 80: pp. 95-102.

Jong, E. de, Field, J.A., Spinnler, H.E., Wijnberg, J.B., Bont, J.A. de, 1994, 'Significant biogenesis of chlorinated aromatics by fungi in natural environments.' *Applied and Environmental Microbiology* 60: pp. 264-270.

Jönsson, K.I., Rabbow, E., Schill, R.O., Harms-Ringdahl, M., Rettberg, P., 2008, 'Tardigrades survive exposure to space in low Earth orbit.' *Current Biology* 18: R729-R731.

–, Wojcik, A., 2017, 'Tolerance to x-rays and heavy ions (Fe, He) in the tardigrade *Richtersius coronifer* and the bdelloid rotifer *Mniobia russeola*.' *Astrobiology* 17: pp. 163-167.

Kaminsky, L.M., Trexler, R.V., Malik, R.J., Hockett, K.L., Bell, T.H., 2018, 'The inherent conflicts in developing soil microbial inoculants.' *Trends in Biotechnology* 37: pp. 140-151.

Kammerer, L., Hiersche, L., Wirth, E., 1994, 'Uptake of radiocaesium by different species of mushrooms.' *Journal of Environmental Radioactivity* 23: pp. 135-150.

Karst, J., Erbilgin, N., Pec, G.J., Cigan, P.W., Najar, A., Simard, S.W., Cahill, J.F., 2015, 'Ectomycorrhizal fungi mediate indirect effects of a bark beetle outbreak on secondary chemistry and establishment of pine seedlings.' *New Phytologist* 208: pp. 904-914.

Katz, S.E., 2003, *Wild Fermentation*. White River Junction, Vermont: Chelsea Green Publishing Company.

Kavaler, L., 1967, *Mushrooms, Moulds and Miracles: The Strange Realm of Fungi.* Londen: George G. Harrap & Co.

Keijzer, F.A., 2017, 'Evolutionary convergence and biologically embodied cognition.' *Journal of the Royal Society Interface Focus* 7: p. 20160123.

Keller, E.F., 1984, *A Feeling for the Organism*. New York: Times Books.

Kelly, J.R., Borre, Y., O'Brien, C., Patterson, E., Aidy, El S., Deane, J., Kennedy, P.J., Beers, S., Scott, K., Moloney, G. et al., 2016, 'Transferring the blues: Depression-associated gut microbiota induces neurobehavioural changes in the rat.' *Journal of Psychiatric Research* 82: pp. 109-118.

Kelty, C., 2010, 'Outlaw, hackers, victorian amateurs: diagnosing public participation in the life sciences today.' *Journal of Science Communication* 9.

Kendi, I.X., 2017, *Stamped from the Beginning*. New York: Nation Books.

Kennedy, P.G., Walker, J.K.M., Bogar, L.M., 2015, 'Interspecific Mycorrhizal Networks and Nonnetworking Hosts: Exploring the Ecology of the Host Genus *Alnus*.' In *Mycorrhizal Networks*, onder redactie van T. Horton. Springer International Publishing, pp. 227-254.

Kerényi, C., 1976, *Dionysus: Archetypal Image of Indestructible Life*. Princeton, New Jersey: Princeton University Press.

Kern, V.D., 1999, 'Gravitropism of basidiomycetous fungi—On Earth and in microgravity.' *Advances in Space Research* 24: pp. 697-706.

Khan, S., Nadir, S., Shah, Z., Shah, A., Karunarathna, S.C., Xu, J., Khan, A., Munir, S., Hasan, F., 2017, 'Biodegradation of polyester polyurethane by *Aspergillus tubingensis*.' *Environmental Pollution* 225: pp. 469-480.

Kiers, T.E., Denison, R.F., 2014, 'Inclusive fitness in agriculture.' *Philosophical Transactions of the Royal Society B* 369: p. 20130367.

–, Duhamel, M., Beesetty, Y., Mensah, J.A., Franken, O., Verbruggen, E., Fellbaum, C., Fellbaum, C.R., Kowalchuk, G.A. et al., 2011, 'Reciprocal rewards stabilize cooperation in the mycorrhizal symbiosis.' *Science* 333: pp. 880-882.

–, West, S.A., Wyatt, G.A., Gardner, A., Bücking, H., Werner, G.D., 2016, 'Misconceptions on the application of biological market theory to the mycorrhizal symbiosis.' *Nature Plants* 2: p. 16063.

Kim, G., LeBlanc, M.L., Wafula, E.K., dePamphilis, C.W., Westwood, J.H., 2014, 'Genomic-scale exchange of mRNA between a parasitic plant and its hosts.' *Science* 345: pp. 808-811.

Kimmerer, R.W., 2013, *Braiding Sweetgrass*. Minneapolis, Minnesota: Milkweed Editions.

King, A., 2017, 'Technology: The Future of Agriculture.' *Nature* 544: S21-S23.

King, F.H., 1911, *Farmers of Forty Centuries*. Emmaus, Pennsylvania: Organic Gardening Press. soilandhealth.org/wp-content/uploads/01aglibrary/010122king/ffc.html [geraadpleegd op 29 oktober 2019].

Kivlin, S.N., Emery, S.M., Rudgers, J.A., 2013, 'Fungal symbionts alter plant responses to global change.' *American Journal of Botany* 100: pp. 1445-1457.

Klein, A-M., Vaissière, B.E., Cane, J.H., Steffan-Dewenter, I., Cunningham, S.A., Kremen, C., Tscharntke, T., 2007, 'Importance of pollinators in changing landscapes for world crops.' *Proceedings of the Royal Society B* 274: pp. 303-313.

Klein, T., Siegwolf, R.T., Körner, C., 2016, 'Belowground carbon trade among tall trees in a temperate forest.' *Science* 352: pp. 342-344.

Kozo-Polyanksy, B.M., 2010, *Symbiogenesis: A New Principle of Evolution*. Cambridge, Massachusetts: Harvard University Press.

Krebs, T.S., Johansen, P-Ø., 2012, 'Lysergic acid diethylamide (LSD) for alcoholism: meta-analysis of randomized controlled trials.' *Journal of Psychopharmacology* 26: pp. 994-1002.

Kroken, S., 2007, '"Miss Potter's First Love"—A Rejoinder.' *Inoculum* 58: p. 14.

Kusari, S., Singh, S., Jayabaskaran, C., 2014, 'Biotechnological potential of plant-associated endophytic fungi: hope versus hype.' *Trends in Biotechnology* 32: pp. 297-303.

Ladinsky, D., 2002, *Love Poems from God*. New York: Penguin.

–, 2010, *A Year with Hafiz: Daily Contemplations*. New York: Penguin.

Lai, J., Koh, C., Tjota, M., Pieuchot, L., Raman, V., Chandrababu, K., Yang, D., Wong, L., Jedd, G., 2012, 'Intrinsically disordered proteins aggregate at fungal cell-to-cell channels and regulate intercellular connectivity.' *Proceedings of the National Academy of Sciences* 109: pp. 15781-15786.

Lalley, J., Viles, H., 2005, 'Terricolous lichens in the northern Namib Desert of Namibia: distribution and community composition.' *The Lichenologist* 37: pp. 77-91.

Lanfranco, L., Fiorilli, V., Gutjahr, C., 2018, 'Partner communication and role of nutrients in the arbuscular mycorrhizal symbiosis.' *New Phytologist* 220: pp. 1031-1046.

Latty, T., Beekman, M., 2011, 'Irrational decision-making in an amoeboid organism: transitivity and context-dependent preferences.' *Proceedings of the Royal Society B* 278: pp. 307-312.

Leake, J., Johnson, D., Donnelly, D., Muckle, G., Boddy, L., Read, D., 2004, 'Networks of power and influence: the role of mycorrhizal mycelium in controlling plant communities and agroecosystem functioning.' *Canadian Journal of Botany* 82: pp. 1016-1045.

–, Read, D., 2017, 'Mycorrhizal Symbioses and Pedogenesis Throughout Earth's History.' In *Mycorrhizal Mediation of Soil: Fertility, Structure, and Carbon Storage*, onder redactie van N. Johnson, C. Gehring en J. Jansa. Oxford: Elsevier, pp. 9-33.

Leary, T., 2005, 'The Initiation of the "High Priest".' In *Sacred Mushroom of Visions: Teonanacatl,* onder redactie van R. Metzner. Rochester, Vermonet: Park Street Press, pp. 160-178.

Lederberg, J., 1952, 'Cell genetics and hereditary symbiosis.' *Physiological Reviews* 32: pp. 403-430.

–, Cowie, D., 1958, 'Moondust; the study of this covering layer by space vehicles may offer clues to the biochemical origin of life.' *Science* 127: pp. 1473-1475.

Ledford, H., 2019, 'Billion-year-old fossils set back evolution of earliest fungi.' *Nature*: www.nature.com/articles/d41586-019-01629-1 [geraadpleegd op 29 oktober 2019].

Lee, N.N., Friz, J., Fries, M.D., Gil, J.F., Beck, A., Pellinen-Wannberg, A., Schmitz, B., Steele, A., Hofmann, B.A., 2017, 'The Extreme Biology of Meteorites: Their Role in Understanding the Origin and Distribution of Life on Earth and in the Universe.' In *Adaptation of Microbial Life to Environmental Extremes*, onder redactie van H. Stan-Lotter en S. Fendrihan. Springer International Publishing, pp. 283-325.

Lee, Y., Mazmanian, S.K., 2010, 'Has the microbiota played a critical role in the evolution of the adaptive immune system?' *Science* 330: pp. 1768-1773.

Legras, J., Merdinoglu, D., Couet, J., Karst, F., 2007, 'Bread, beer and wine: *Saccharomyces cerevisiae* diversity reflects human history.' *Molecular Ecology* 16: pp. 2091-2102.

Lehmann, A., Leifheit, E.F., Rillig, M.C., 2017, 'Mycorrhizas and Soil Aggregation.' In *Mycorrhizal Mediation of Soil: Fertility, Structure, and Carbon Storage*, onder redactie van N. Johnson, C. Gehring en J. Jansa. Oxford: Elsevier, pp. 241-262.

Leifheit, E.F., Veresoglou, S.D., Lehmann, A., Morris, K.E., Rillig, M.C., 2014, 'Multiple factors influence the role of arbuscular mycorrhizal fungi in soil aggregation—a meta-analysis.' *Plant and Soil* 374: pp. 523-537.

Lekberg, Y., Helgason, T., 2018, '*In situ* mycorrhizal function—knowledge gaps and future directions.' *New Phytologist* 220: pp. 957-962.

Leonhardt, Y., Kakoschke, S., Wagener, J., Ebel, F., 2017, 'Lah is a transmembrane protein and requires Spa10 for stable positioning of Woronin bodies at the septal pore of *Aspergillus fumigatus*.' *Scientific Reports* 7: p. 44179.

Letcher, A., 2006, *Shroom: A Cultural History of the Magic Mushroom*. Londen: Faber and Faber.

Levin, M., 2011, 'The wisdom of the body: future techniques and approaches to morphogenetic fields in regenerative medicine, developmental biology and cancer.' *Regenerative Medicine* 6: pp. 667-673.

–, 2012, 'Morphogenetic fields in embryogenesis, regeneration, and cancer: non-local control of complex patterning.' *Biosystems* 109: pp. 243-261.

Levin, S.A., 2005, 'Self-organization and the emergence of complexity in ecological systems.' *BioScience* 55: pp. 1075-1079.

Lévi-Strauss, C., 1973, *From Honey to Ashes: Introduction to a Science of Mythology*, 2. New York: Harper & Row.

Lewontin, R., 2000, *The Triple Helix: Gene, Organism, and Environment*. Cambridge, Massachusetts: Harvard University Press.

–, 2001. *It Ain't Necessarily So: The Dream of the Human Genome and Other Illusions*. New York: New York Review Books.

Li, N., Alfiky, A., Vaughan, M.M., Kang, S., 2016, 'Stop and smell the fungi: fungal volatile metabolites are overlooked signals involved in fungal interaction with plants.' *Fungal Biology Reviews* 30: pp. 134-144.

Li, Q., Yan, L., Ye, L., Zhou, J., Zhang, B., Peng, W., Zhang, X., Li, X., 2018, 'Chinese black truffle (*Tuber indicum*) alters the ectomycorrhizosphere and endoectomycosphere microbiome and metabolic profiles of the host tree *Quercus aliena*.' *Frontiers in Microbiology* 9: p. 2202.

Lindahl, B., Finlay, R., Olsson, S., 2001, 'Simultaneous, bidirectional translocation of 32P and 33P between wood blocks connected by mycelial cords of *Hypholoma fasciculare*.' *New Phytologist* 150: pp. 189-194.

Linde, S. van der, Suz, L.M., Orme, D.C., Cox, F., Andreae, H., Asi, E., Atkinson, B., Benham, S., Carroll, C., Cools, N., et al. 2018, 'Environment and host as large-scale controls of ectomycorrhizal fungi.' *Nature* 558: pp. 243-248.

Linnakoski, R., Reshamwala, D., Veteli, P., Cortina-Escribano, M., Vanhanen, H., Marjomäki, V., 2018, 'Antiviral agents from fungi: diversity, mechanisms and potential applications.' *Frontiers in Microbiology* 9: p. 2325.

Lintott, C., 2019, *The Crowd and the Cosmos: Adventures in the Zooniverse*. Oxford: Oxford University Press.

Lipnicki, L.I., 2015, 'The role of symbiosis in the transition of some eukaryotes from aquatic to terrestrial environments.' *Symbiosis* 65: pp. 39-53.

Liu, J., Martinez-Corral, R., Prindle, A., Lee, D-Y.D., Larkin, J., Gabalda-Sagarra, M., Garcia-Ojalvo, J., Süel, G.M., 2017, 'Coupling between distant biofilms and emergence of nutrient timesharing.' *Science* 356: pp. 638-642.

Lohberger, A., Spangenberg, J.E., Ventura, Y., Bindschedler, S., Verrecchia, E.P., Bshary, R., Junier, P., 2019, 'Effect of organic carbon and nitrogen on the interactions of *Morchella* spp. and bacteria dispersing on their mycelium.' *Frontiers in Microbiology* 10: p. 124.

Löpez-Franco, R., Bracker, C.E., 1996, 'Diversity and dynamics of the Spitzenkörper in growing hyphal tips of higher fungi.' *Protoplasma* 195: pp. 90-111.

Loron, C.C., François, C., Rainbird, R.H., Turner, E.C., Borensztajn, S., Javaux, E.J., 2019, 'Early fungi from the Proterozoic era in Arctic Canada.' *Nature* 570: pp. 232-235.

Lovett, B., Bilgo, E., Millogo, S., Ouattarra, A., Sare, I., Gnambani, E., Dabire, R.K., Diabate, A., Leger, R.J., 2019, 'Transgenic *Metarhizium* rapidly kills mosquitoes in a malaria-endemic region of Burkina Faso.' *Science* 364: pp. 894-897.

Lu, C., Yu, Z., Tian, H., Hennessy, D.A., Feng, H., Al-Kaisi, M., Zhou, Y., Sauer, T., Arritt, R., 2018, 'Increasing carbon footprint of grain crop production in the US Western Corn Belt.' *Environmental Research Letters* 13: p. 124007.

Luo, J., Chen, X., Crump, J., Zhou, H., Davies, D.G., Zhou, G., Zhang, N., Jin, C., 2018, 'Interactions of fungi with concrete: Significant importance for bio-based self-healing concrete.' *Construction and Building Materials* 164: pp. 275-285.

Lutzoni, F., Nowak, M.D., Alfaro, M.E., Reeb, V., Miadlikowska, J., Krug, M., Arnold, E.A., Lewis, L.A., Swofford, D.L., Hibbett, D. et al., 2018, 'Contemporaneous radiations of fungi and plants linked to symbiosis.' *Nature Communications* 9: p. 5451.

–, Pagel, M., Reeb, V., 2001, 'Major fungal lineages are derived from lichen symbiotic ancestors.' *Nature* 411: pp. 937-940.

Ly, C., Greb, A.C., Cameron, L.P., Wong, J.M., Barragan, E.V., Wilson, P.C., Burbach, K.F., Zarandi, S., Sood, A., Paddy, M.R. et al., 2018, 'Psychedelics promote structural and functional neural plasticity.' *Cell Reports* 23: pp. 3170-3182.

Lyons, T., Carhart-Harris, R.L., 2018, 'Increased nature relatedness and decreased authoritarian political views after psilocybin for treatment-resistant depression.' *Journal of Psychopharmacology* 32: pp. 811-819.

Ma, Z., Guo, D., Xu, X., Lu, M., Bardgett, R.D., Eissenstat, D.M., McCormack, L.M., Hedin, L.O., 2018, 'Evolutionary history resolves global organization of root functional traits.' *Nature* 555: pp. 94-97.

MacLean, K.A., Johnson, M.W., Griffiths, R.R., 2011, 'Mystical experiences occasioned by the hallucinogen psilocybin lead to increases in the personality domain of openness.' *Journal of Psychopharmacology* 25: pp. 1453-1461.

Mangold, C.A., Ishler, M.J., Loreto, R.G., Hazen, M.L., Hughes, D.P., 2019, 'Zombie ant death grip due to hypercontracted mandibular muscles.' *Journal of Experimental Biology* 222: jeb200683.

Manicka, S., Levin, M., 2019, 'The Cognitive Lens: a primer on conceptual tools for analysing information processing in developmental and regenerative morphogenesis.' *Philosophical Transactions of the Royal Society B* 374: p. 20180369.

Manoharan, L., Rosenstock, N.P., Williams, A., Hedlund, K., 2017, 'Agricultural management practices influence AMF diversity and community composition with cascading effects on plant productivity.' *Applied Soil Ecology* 115: pp. 53-59.

Mardhiah, U., Caruso, T., Gurnell, A., Rillig, M.C., 2016, 'Arbuscular mycorrhizal fungal hyphae reduce soil erosion by surface water flow in a greenhouse experiment.' *Applied Soil Ecology* 99: pp. 137-140.

Margonelli, L., 2018, *Underbug: An Obsessive Tale of Termites and Technology*. New York: Farrar, Straus and Giroux.

Margulis, L., 1981, *Symbiosis in Cell Evolution: Life and Its Environment on the Early Earth*. San Francisco, W.H. Freeman and Company.

–, 1996., 'Gaia Is a Tough Bitch.' In *The Third Culture: Beyond the Scientific Revolution*, onder redactie van John Brockman. New York: Touchstone.

–, 1999, *The Symbiotic Planet: A New Look at Evolution*. Londen: Phoenix.

Markram, H., Muller, E., Ramaswamy, S., Reimann, M.W., Abdellah, M., Sanchez, C., Ailamaki, A., Alonso-Nanclares, L., Antille, N., Arsever, S. et al., 2015, 'Reconstruction and simulation of neocortical microcircuitry.' *Cell* 163: pp. 456-492.

Marley, G., 2010, *Chanterelle Dreams, Amanita Nightmares: The Love, Lore, and Mystique of Mushrooms*. White River Junction, Vermont: Chelsea Green Publishing Company.

Márquez, L.M., Redman, R.S., Rodriguez, R.J., Roossinck, M.J., 2007, 'A virus in a fungus in a plant: three-way symbiosis required for thermal tolerance.' *Science* 315: pp. 513-515.

Martin, F.M., Uroz, S., Barker, D.G., 2017, 'Ancestral alliances: Plant mutualistic symbioses with fungi and bacteria.' *Science* 356: eaad4501.

Martinez-Corral, R., Liu, J., Prindle, A., Süel, G.M., Garcia-Ojalvo, J., 2019, 'Metabolic basis of brainlike electrical signalling in bacterial communities.' *Philosophical Transactions of the Royal Society B* 374: p. 20180382.

Martínez-García, L.B., Deyn, G.B. De, Pugnaire, F.I., Kothamasi, D., Heijden, M.G. van der, 2017, 'Symbiotic soil fungi enhance ecosystem resilience to climate change.' *Global Change Biology* 23: pp. 5228-5236.

Masiulionis, V.E., Weber, R.W., Pagnocca, F.C., 2013, 'Foraging of *Psilocybe* basidiocarps by the leaf-cutting ant *Acromyrmex lobicornis* in Santa Fé, Argentina.' *SpringerPlus* 2: p. 254.

Mateus, I.D., Masclaux, F.G., Aletti, C., Rojas, E.C., Savary, R., Dupuis, C., Sanders, I.R., 2019, 'Dual RNA-seq reveals large-scale non-conserved genotype × genotype-specific genetic reprograming and molecular crosstalk in the mycorrhizal symbiosis.' *The ISME Journal* 13: pp. 1226-1238.

Matossian, M.K., 1982, 'Ergot and the Salem Witchcraft Affair: An outbreak of a type of food poisoning known as convulsive ergotism may have led to the 1692 accusations of witchcraft.' *American Scientist* 70: pp. 355-357.

Matsuura, K., Yashiro, T., Shimizu, K., Tatsumi, S., Tamura, T., 2009, 'Cuckoo fungus mimics termite eggs by producing the cellulose-digesting enzyme β-glucosidase.' *Current Biology* 19: pp. 30-36.

–, Moriyama, M., Łukasik, P., Vanderpool, D., Tanahashi, M., Meng, X-Y., McCutcheon, J.P., Fukatsu, T., 2018, 'Recurrent symbiont recruitment from fungal parasites in cicadas.' *Proceedings of the National Academy of Sciences* 115: E5970-E5979.

Maugh, T.H., 1982, 'The scent makes sense.' *Science* 215: p. 1224.

Maxman, A., 2019, 'CRISPR might be the banana's only hope against a deadly fungus.' *Nature*: www.nature.com/articles/d41586-019-02770-7 [geraadpleegd op 29 oktober 2019].

Mazur, S., 2009, 'Lynn Margulis: Intimacy of Strangers & Natural Selection.' *Scoop*:

www.scoop.co.nz/stories/HL0903/S00194/lynn-margulis-intimacy-of-stran-
gersnatural-selection.htm [geraadpleegd op 29 oktober 2019].

Mazzucato, L., Camera, L.G., Fontanini, A., 2019, 'Expectation-induced modulation of metastable activity underlies faster coding of sensory stimuli.' *Nature
Neuroscience* 22: pp. 787-796.

McCoy, P., 2016, *Radical Mycology: A Treatise on Working and Seeing with Fungi.*
Portland, Oregon: Chthaeus Press.

McFall-Ngai, M., 2007, 'Adaptive Immunity: Care for the community.' *Nature* 445:
p. 153.

McGann, J.P., 2017, 'Poor human olfaction is a 19th-century myth.' *Science* 356:
eaam7263.

McGuire, K.L., 2007, 'Common ectomycorrhizal networks may maintain monodominance in a tropical rain forest.' *Ecology* 88: pp. 567-574.

McKenna, D., 2012, *Brotherhood of the Screaming Abyss.* Clearwater, Minnesota:
North Star Press of St. Cloud Inc.

McKenna, T., 1992, *Food of the Gods: The Search for the Original Tree of Knowledge.*
New York: Bantam Books.

–, McKenna, D. (Oss, O.T., Oeric, O.N.), 1976, *Psilocybin: Magic Mushroom Grower's Guide.* Berkeley, Californië: AND/OR Press.

McKenzie, R.N., Horton, B.K., Loomis, S.E., Stockli, D.F., Planavsky, N.J., Lee,
C-T.A., 2016, 'Continental arc volcanism as the principal driver of icehouse-
greenhouse variability.' *Science* 352: pp. 444-447.

McKerracher, L., Heath, I., 1986a, 'Fungal nuclear behavior analysed by ultraviolet
microbeam irradiation.' *Cell Motility and the Cytoskeleton* 6: pp. 35-47.

–, 1986b, 'Polarized cytoplasmic movement and inhibition of saltations induced by
calcium-mediated effects of microbeams in fungal hyphae.' *Cell Motility and the
Cytoskeleton* 6: pp. 136-145.

Meeßen, J., Backhaus, T., Brandt, A., Raguse, M., Böttger, U., Vera, J.P. de, Torre, R.
de la, 2017, 'The effect of high-dose ionizing radiation on the isolated photo-
biont of the astrobiological model lichen *Circinaria gyrosa.' Astrobiology* 17: pp.
154-162.

Mejía, L.C., Herre, E.A., Sparks, J.P., Winter, K., García, M.N., Bael, S.A., Stitt, J.,
Shi, Z., Zhang, Y., Guiltinan. M.J. et al., 2014, 'Pervasive effects of a dominant
foliar endophytic fungus on host genetic and phenotypic expression in a tropical
tree.' *Frontiers in Microbiology* 5: p. 479.

Merckx, V., 2013. 'Mycoheterotrophy: An Introduction.' In *Mycoheterotrophy—The
Biology of Plants Living on Fungi,* onder redactie van V. Merckx. Springer International Publishing, pp. 1-18.

Merleau-Ponty, M., 1997, *De fenomenologie van de waarneming,* Amsterdam: Ambo.

Meskkauskas, A., McNulty, L.J., Moore, D., 2004, 'Concerted regulation of all
hyphal tips generates fungal fruit body structures: experiments with computer
visualizations produced by a new mathematical model of hyphal growth.' *Mycological Research* 108: pp. 341-353.

Metzner, R., 2005. 'Introduction: Visionary Mushrooms of the Americas.' In *Sacred Mushroom of Visions: Teonanacatl*, onder redactie van R. Metzner. Rochester, Vermont: Park Street Press, pp. 1-48.

Miller, M.J., Albarracin-Jordan, J., Moore, C., Capriles, J.M., 2019, 'Chemical evidence for the use of multiple psychotropic plants in a 1,000-year-old ritual bundle from South America.' *Proceedings of the National Academy of Sciences* 116: pp. 11207-11212.

Mills, B.J., Batterman, S.A., Field, K.J., 2017, 'Nutrient acquisition by symbiotic fungi governs Palaeozoic climate transition.' *Philosophical Transactions of the Royal Society B* 373: p. 20160503.

Milner, D.S., Attah, V., Cook, E., Maguire, F., Savory, F.R., Morrison, M., Müller, C.A., Foster, P.G., Talbot, N.J., Leonard, G. et al., 2019, 'Environment-dependent fitness gains can be driven by horizontal gene transfer of transporter-encoding genes.' *Proceedings of the National Academy of Sciences* 116: p. 201815994.

Moeller, H.V., Neubert, M.G., 2016, 'Multiple friends with benefits: an optimal mutualist management strategy?' *The American Naturalist* 187: E1-E12.

Mohajeri, H.M., Brummer, R.J., Rastall, R.A., Weersma, R.K., Harmsen, H.J., Faas, M., Eggersdorfer, M., 2018, 'The role of the microbiome for human health: from basic science to clinical applications.' *European Journal of Nutrition* 57: pp. 1-14.

Mohan, J.E., Cowden, C.C., Baas, P., Dawadi, A., Frankson, P.T., Helmick, K., Hughes, E., Khan, S., Lang, A., Machmuller, M. et al., 2014, 'Mycorrhizal fungi mediation of terrestrial ecosystem responses to global change: mini-review.' *Fungal Ecology* 10: pp. 3-19.

Moisan, K., Cordovez, V., Zande, E.M. van de, Raaijmakers, J.M., Dicke, M., Lucas-Barbosa, D., 2019, 'Volatiles of pathogenic and non-pathogenic soil-borne fungi affect plant development and resistance to insects.' *Oecologia* 190: pp. 589-604.

Monaco, E., 2017, 'The Secret History of Paris's Catacomb Mushrooms.' *Atlas Obscura*: www.atlasobscura.com/articles/paris-catacomb-mushrooms [geraadpleegd op 29 oktober 2019].

Mondo, S.J., Lastovetsky, O.A., Gaspar, M.L., Schwardt, N.H., Barber, C.C., Riley, R., Sun, H., Grigoriev, I.V., Pawlowska, T.E., 2017, 'Bacterial endosymbionts influence host sexuality and reveal reproductive genes of early divergent fungi.' *Nature Communications* 8: p. 1843.

Money, N.P., 1998 'More g's than the Space Shuttle: ballistospore discharge.' *Mycologia* 90: p. 547.

–, 1999, 'Fungus punches its way in.' *Nature* 401: pp. 332-333.

–, 2004a, 'The fungal dining habit: a biomechanical perspective.' *Mycologist* 18: pp. 71-76.

–, 2004b, Theoretical biology: mushrooms in cyberspace. *Nature* 431: 32.

–, 2007, *Triumph of the Fungi: A Rotten History*. Oxford: Oxford University Press.

–, 2013, 'Against the naming of fungi.' *Fungal Biology* 117: pp. 463-465.

–, 2016, *Fungi: A Very Short Introduction*. Oxford: Oxford University Press.

–, 2018, *The Rise of Yeast*. Oxford, UK: Oxford University Press.

Montañez, I., 2016, 'A Late Paleozoic climate window of opportunity.' *Proceedings of the National Academy of Sciences* 113: p. 2334-2336.

Montiel-Castro, A.J., González-Cervantes, R.M., Bravo-Ruiseco, G., Pacheco-López, G., 2013, 'The microbiota-gut-brain axis: neurobehavioral correlates, health and sociality.' *Frontiers in Integrative Neuroscience* 7: p. 70.

Moore D., 1996, 'Graviresponses in fungi.' *Advances in Space Research* 17: pp. 73-82.

–, 2005, 'Principles of mushroom developmental biology.' *International Journal of Medicinal Mushrooms* 7: pp. 79-101.

–, 2013a, *Fungal Biology in the Origin and Emergence of Life*. Cambridge, Verenigd Koninkrijk: Cambridge University Press.

–, 2013b. *Slayers, Saviors, Servants, and Sex: An Exposé of Kingdom Fungi*. Springer International Publishing.

–, Hock. B., Greening, J.P., Kern, V.D., Frazer, L., Monzer, J., 1996, 'Gravimorphogenesis in agarics.' *Mycological Research* 100: pp. 257-273.

–, Robson, G.D., Trinci, A.P.J., 2011, *21st Century Guidebook to Fungi*. Cambridge, Verenigd Koninkrijk: Cambridge University Press.

Mousavi, S.A., Chauvin, A., Pascaud, F., Kellenberger, S., Farmer, E.E., 2013, 'Glutamate receptor like genes mediate leaf-to-leaf wound signalling.' *Nature* 500: pp. 422-426.

Muday, G.K., Brown-Harding, H., 2018, 'Nervous system-like signaling in plant defense.' *Science* 361: pp. 1068-1069.

Mueller, R.C., Scudder, C.M., Whitham, T.G., Gehring, C.A., 2019, 'Legacy effects of tree mortality mediated by ectomycorrhizal fungal communities.' *New Phytologist* 224: pp. 155-165.

Muir, J., 1912, *The Yosemite*. New York: The Century Company. vault.sierraclub.org/john_muir_exhibit/writings/the_yosemite/ [geraadpleegd op 29 oktober 2019].

Myers, N., 2014, 'Conversations on plant sensing: notes from the field.' *NatureCulture* 3: pp. 35-66.

Naef, R., 2011, 'The volatile and semi-volatile constituents of agarwood, the infected heartwood of *Aquilaria* species: a review.' *Flavour and Fragrance Journal* 26: pp. 73-87.

Nakagaki, T., Yamada, H., Tóth, A., 2000, 'Maze-solving by an amoeboid organism.' *Nature* 407: p. 470.

Nelsen, M.P., DiMichele, W.A., Peters, S.E., Boyce, K.C., 2016, 'Delayed fungal evolution did not cause the Paleozoic peak in coal production.' *Proceedings of the National Academy of Sciences* 113: pp. 2442-2447.

Nelson, M.L., Dinardo, A., Hochberg, J., Armelagos, G.J., 2010, 'Mass spectroscopic characterization of tetracycline in the skeletal remains of an ancient population from Sudanese Nubia 350-550 CE.' *American Journal of Physical Anthropology* 143: pp. 151-154.

Newman, E.I., 1988, 'Mycorrhizal links between plants: their functioning and ecological significance.' *Advances in Ecological Research* 18: pp. 243-270.

Nikolova, I., Johanson, K.J., Dahlberg, A., 1997, 'Radiocaesium in fruitbodies and mycorrhizae in ectomycorrhizal fungi.' *Journal of Environmental Radioactivity* 37: pp. 115-125.

Niksic, M., Hadzic, I., Glisic, M., 2004, 'Is *Phallus impudicus* a mycological giant?' *Mycologist* 18: pp. 21-22.

Noë, R., Hammerstein, P., 1995, 'Biological markets.' *Trends in Ecology & Evolution* 10: pp. 336-339.

–, Kiers, T.E., 2018, 'Mycorrhizal Markets, Firms, and Co-ops.' *Trends in Ecology & Evolution* 33: pp. 777-789.

Nordbring-Hertz, B., 2004, 'Morphogenesis in the nematode-trapping fungus *Arthrobotrys oligospora*—an extensive plasticity of infection structures.' *Mycologist* 18: pp. 125-133.

–, Jansson, H., Tunlid, A., 2011, 'Nematophagous Fungi.' In *Encyclopedia of Life Sciences*. Chichester: John Wiley & Sons Ltd.

Novikova, N., Boever, P., Poddubko, S., Deshevaya, E., Polikarpov, N., Rakova, N., Coninx, I., Mergeay, M., 2006, 'Survey of environmental biocontamination on board the International Space Station.' *Research in Microbiology* 157: pp. 5-12.

Oettmeier, C., Brix, K., Döbereiner, H-G., 2017, '*Physarum polycephalum*—a new take on a classic model system.' *Journal of Physics D: Applied Physics* 50: p. 41.

Oliveira, A.G., Stevani, C.V., Waldenmaier, H.E., Viviani, V., Emerson, J.M., Loros, J.J., Dunlap, J.C., 2015, 'Circadian control sheds light on fungal bioluminescence.' *Current Biology* 25: pp. 964-968.

Olsson, S., 2009, 'Nutrient Translocation and Electrical Signalling in Mycelia.' In *The Fungal Colony*, onder redactie van N.A.R. Gow, G.D. Robson en G.M. Gadd. Cambridge, Verenigd Koninkrijk: Cambridge University Press, pp. 25-48.

–, Hansson, B., 1995, 'Action potential-like activity found in fungal mycelia is sensitive to stimulation.' *Naturwissenschaften* 82: pp. 30-31.

O'Malley, M.A., 2015, 'Endosymbiosis and its implications for evolutionary theory.' *Proceedings of the National Academy of Sciences* 112: pp. 10270-10277.

Oolbekkink, G.T., Kuyper, T.W., 1989, 'Radioactive caesium from Chernobyl in fungi.' *Mycologist* 3: pp. 3-6.

O'Regan, H.J., Lamb, A.L., Wilkinson, D.M., 2016, 'The missing mushrooms: Searching for fungi in ancient human dietary analysis.' *Journal of Archaeological Science* 75: pp. 139-143.

Orrell, P., 2018, *Linking Above and Below-Ground Interactions in Agro-Ecosystems: An Ecological Network Approach*. Proefschrift University of Newcastle, Newcastle. theses.ncl.ac.uk/jspui/handle/10443/4102 [geraadpleegd op 29 oktober 2019].

Osborne, O.G., De-Kayne, R., Bidartondo, M.I., Hutton, I., Baker, W.J., Turnbull, C.G., Savolainen, V., 2018, 'Arbuscular mycorrhizal fungi promote coexistence and niche divergence of sympatric palm species on a remote oceanic island.' *New Phytologist* 217: pp. 1254-1266.

Ott, J., 2002, 'Pharmaka, philtres, and pheromones. Getting high and getting off.' *MAPS* XII: pp. 26-32.

Otto, S., Bruni, E.P., Harms, H., Wick, L.Y., 2017, 'Catch me if you can: dispersal and foraging of *Bdellovibrio bacteriovorus* 109J along mycelia.' *The ISME Journal* 11: pp. 386-393.

Ouellette, N.T., 2019, 'Flowing crowds.' *Science* 363: pp. 27-28.

Oukarroum, A., Gharous, M., Strasser, R.J., 2017, 'Does *Parmelina tiliacea* lichen photosystem II survive at liquid nitrogen temperatures?' *Cryobiology* 74: pp. 160-162.

Ovidius, 1993. *Metamorphosen*, vertaald door M. d'Hane-Scheltema. Amsterdam: Athenaeum-Polak & Van Gennep Press.

Pagán, O.R., 2019, 'The brain: a concept in flux.' *Philosophical Transactions of the Royal Society B* 374: p. 20180383.

Paglia, C., 1992, *Het seksuele masker: kunst, seksualiteit en decadentie in de westerse beschaving*, vertaald door Gerda Baardman. Amsterdam: Prometheus.

Pan, X., Pike, A., Joshi, D., Bian, G., McFadden, M.J., Lu, P., Liang, X., Zhang, F., Raikhel, A.S., Xi, Z., 2017, 'The bacterium *Wolbachia* exploits host innate immunity to establish a symbiotic relationship with the dengue vector mosquito *Aedes aegypti*.' *The ISME Journal* 12: pp. 277-288.

Patra, S., Banerjee, S., Terejanu, G., Chanda, A., 2015, 'Subsurface pressure profiling: a novel mathematical paradigm for computing colony pressures on substrate during fungal infections.' *Scientific Reports* 5: p. 12928.

Peay, K.G., 2016, 'The mutualistic niche: mycorrhizal symbiosis and community dynamics.' *Annual Review of Ecology, Evolution, and Systematics* 47: pp. 1-22.

–, Kennedy, P.G., Talbot, J.M., 2016, 'Dimensions of biodiversity in the Earth mycobiome. *Nature Reviews Microbiology* 14: pp. 434-447.

Peintner, U., Poder, R., Pumpel, T., 1998, 'The iceman's fungi.' *Mycological Research* 102: pp. 1153-1162.

Pennazza, G., Fanali, C., Santonico, M., Dugo, L., Cucchiarini, L., Dachà, M., D'Amico, A., Costa, R., Dugo, P., Mondello, L., 2013, 'Electronic nose and GC-MS analysis of volatile compounds in *Tuber magnatum* Pico: Evaluation of different storage conditions.' *Food Chemistry* 136: pp. 668-674.

Pennisi, E., 2019a, 'Algae suggest eukaryotes get many gifts of bacteria DNA.' *Science* 363: 439-440.

–, 2019b, 'Chemicals released by bacteria may help gut control the brain, mouse study suggests.' *Science*: www.sciencemag.org/news/2019/10/chemicals-released-bacteriamay-help-gut-control-brain-mouse-study-suggests [geraadpleegd op 29 oktober 2019].

Peris, J.E., Rodríguez, A., Peña, L., Fedriani, J., 2017, 'Fungal infestation boosts fruit aroma and fruit removal by mammals and birds.' *Scientific Reports* 7: p. 5646.

Perrottet, T., 2006, 'Mt. Rushmore.' *Smithsonian Magazine*: www.smithsonianmag.com/travel/mt-rushmore-116396890/ [geraadpleegd op 29 oktober 2019].

Petri, G., Expert, P., Turkheimer, F., Carhart-Harris, R., Nutt, D., Hellyer, P., Vaccarino, F., 2014, 'Homological scaffolds of brain functional networks.' *Journal of The Royal Society Interface* 11: p. 20140873.

Pfeffer, C., Larsen, S., Song, J., Dong, M., Besenbacher, F., Meyer, R., Kjeldsen, K., Schreiber, L., Gorby, Y.A., El-Naggar, M.Y., et al. 2012, 'Filamentous bacteria transport electrons over centimetre distances.' *Nature* 491: pp. 218-221.

Phillips, R.P., Brzostek, E., Midgley, M.G., 2013, 'The mycorrhizal-associated nutrient economy: a new framework for predicting carbon-nutrient couplings in temperate forests.' *New Phytologist* 199: pp. 41-51.

Pickles, B., Egger, K., Massicotte, H., Green, D., 2012, 'Ectomycorrhizas and climate change.' *Fungal Ecology* 5: pp. 73-84.

–, Wilhelm, R., Asay, A.K., Hahn, A.S., Simard, S.W., Mohn, W.W., 2017, 'Transfer of 13C between paired Douglas-fir seedlings reveals plant kinship effects and uptake of exudates by ectomycorrhizas.' *New Phytologist* 214: p. 400-411.

Pion, M., Spangenberg, J., Simon, A., Bindschedler, S., Flury, C., Chatelain, A., Bshary, R., Job, D., Junier, P., 2013, 'Bacterial farming by the fungus *Morchella crassipes*.' *Proceedings of the Royal Society B* 280: p. 20132242.

Pirozynski, K.A., Malloch, D.W., 1975, 'The origin of land plants: A matter of mycotrophism.' *Biosystems* 6: pp. 153-164.

Pither, J., Pickles, B.J., Simard, S.W., Ordonez, A., Williams, J.W., 2018, 'Below-ground biotic interactions moderated the postglacial range dynamics of trees.' *New Phytologist* 220: pp. 1148-1160.

Policha, T., Davis, A., Barnadas, M., Dentinger, B.T., Raguso, R.A., Roy, B.A., 2016, 'Disentangling visual and olfactory signals in mushroom-mimicking *Dracula* orchids using realistic three-dimensional printed flowers.' *New Phytologist* 210: pp. 1058-1071.

Pollan, M., 2013, 'The Intelligent Plant.' *The New Yorker*: michaelpollan.com/articlesarchive/the-intelligent-plant/ [geraadpleegd op 29 oktober 2019].

–, 2018, *Verruim je geest. Wat psychedelica ons leren over bewustzijn, sterven, verslaving en depressie*, vertaald door Lidwien Biekmann en Koos Mebius. Amsterdam: Arbeiderspers.

Popkin, G., 2017, 'Bacteria Use Brainlike Bursts of Electricity to Communicate.' *Quanta*: www.quantamagazine.org/bacteria-use-brainlike-bursts-of-electricity-tocommunicate-20170905/ [geraadpleegd op 29 oktober 2019].

Porada, P., Weber, B., Elbert, W., Pöschl, U., Kleidon, A., 2014, 'Estimating impacts of lichens and bryophytes on global biogeochemical cycles.' *Global Biogeochemical Cycles* 28: pp. 71-85.

Potts, S.G., Biesmeijer, J.C., Kremen, C., Neumann, P., Schweiger, O., Kunin, W.E., 2010, 'Global pollinator declines: trends, impacts and drivers.' *Trends in Ecology & Evolution* 25: pp. 345-353.

Poulsen, M., Hu, H., Li, C., Chen, Z., Xu, L., Otani, S., Nygaard, S., Nobre, T., Klaubauf, S., Schindler, P.M. et al., 2014, 'Complementary symbiont contributions to plant decomposition in a fungusfarming termite.' *Proceedings of the National Academy of Sciences* 111: pp. 14500-14505.

Powell, J.R., Rillig, M.C., 2018, 'Biodiversity of arbuscular mycorrhizal fungi and ecosystem function.' *New Phytologist* 220: pp. 1059-1075.

Powell, M., 2014, *Medicinal Mushrooms: A Clinical Guide*. Bath: Mycology Press.

Pozo, M.J., López-Ráez, J.A., Azcón-Aguilar, C., García-Garrido, J.M., 2015, 'Phytohormones as integrators of environmental signals in the regulation of mycorrhizal symbioses.' *New Phytologist* 205: pp. 1431-1436.

Prasad, S., 2018, 'An ingenious way to combat India's suffocating pollution.' *The Washington Post*: www.washingtonpost.com/news/theworldpost/ wp/2018/08/01/india-pollution/ [geraadpleegd op 29 oktober 2019].

Pressel, S., Bidartondo, M.I., Ligrone, R., Duckett, J.G., 2010, 'Fungal symbioses in bryophytes: New insights in the Twenty First Century.' *Phytotaxa* 9: pp. 238-253.

Prigogine, I., Stengers, I., 1984, *Order Out of Chaos: Man's New Dialogue with Nature*. New York: Bantam Books.

Prindle, A., Liu, J., Asally, M., Ly, S., Garcia-Ojalvo, J., Süel, G.M., 2015, 'Ion channels enable electrical communication in bacterial communities.' *Nature* 527: pp. 59-63.

Purschwitz, J., Müller, S., Kastner, C., Fischer, R., 2006, 'Seeing the rainbow: light sensing in fungi.' *Current Opinion in Microbiology* 9: pp. 566-571.

Quéré, C., Andrew, R.M., Friedlingstein, P., Sitch, S., Hauck, J., Pongratz, J., Pickers, P., Korsbakken, J., Peters, G.P., Canadell, J.G. et al., 2018, 'Global Carbon Budget 2018.' *Earth System Science Data Discussions*: https://doi.org/10:5194/ essd-2018-120 [geraadpleegd op 29 oktober 2019].

Quintana-Rodriguez, E., Rivera-Macias, L.E., Adame-Alvarez, R.M., Torres, J., Heil, M., 2018, 'Shared weapons in fungus-fungus and fungus-plant interactions? Volatile organic compounds of plant or fungal origin exert direct antifungal activity *in vitro*.' *Fungal Ecology* 33: pp. 115-121.

Quirk, J., Andrews, M., Leake, J., Banwart, S., Beerling, D., 2014, 'Ectomycorrhizal fungi and past high CO_2 atmospheres enhance mineral weathering through increased below-ground carbon-energy fluxes.' *Biology Letters* 10: 20140375.

Rabbow, E., Horneck, G., Rettberg, P., Schott, J-U., Panitz, C., L'Afflitto, A., Heise-Rotenburg von, R., Willnecker, R., Baglioni, P., Hatton, J. et al., 2009, 'expose, an astrobiological exposure facility on the International Space Station—from proposal to flight.' *Origins of Life and Evolution of Biospheres* 39: pp. 581-598.

Raes, J., 2017, 'Crowdsourcing Earth's microbes.' *Nature* 551: pp. 446-447.

Rambold, G., Stadler, M., Begerow, D., 2013, 'Mycology should be recognized as a field in biology at eye level with other major disciplines—a memorandum.' *Mycological Progress* 12: pp. 455-463.

Ramsbottom, J., 1953, *Mushrooms and Toadstools*. Londen: Collins.

Raverat, G., 1952, *Period Piece: A Cambridge Childhood*. Londen: Faber.

Rayner, A., 1997, *Degrees of Freedom*. Londen: World Scientific.

–, Griffiths, G.S., Ainsworth, A.M., 1995, 'Mycelial Interconnectedness.' In *The*

Growing Fungus, onder redactie van N.A.R. Gow en G.M. Gadd. Londen: Chapman & Hall, pp. 21-40.

Rayner M., 1945, *Trees and Toadstools*. Londen: Faber and Faber.

Read, D., 1997, 'Mycorrhizal fungi: The ties that bind.' *Nature* 388: pp. 517-518.

Read, N., 2018, 'Fungal cell structure and organization.' In *Oxford Textbook of Medical Mycology*, onder redactie van C.C. Kibbler, R. Barton, N.A.R. Gow, S. Howell, D.M. MacCallum en R.J. Manuel. Oxford: Oxford University Press, pp. 23-34.

Read, N.D., Lichius, A., Shoji, J., Goryachev, A.B., 2009, 'Self-signalling and self-fusion in filamentous fungi.' *Current Opinion in Microbiology* 12: pp. 608-615.

Redman, R.S., Rodriguez, R.J., 2017, 'The Symbiotic Tango: Achieving Climate-Resilient Crops Via Mutualistic Plant-Fungus Relationships.' In *Functional Importance of the Plant Microbiome, Implications for Agriculture, Forestry and Bioenergy*, onder redactie van S. Doty. Springer International Publishing, pp. 71-87.

Rees, B., Shepherd, V.A., Ashford, A.E., 1994, 'Presence of a motile tubular vacuole system in different phyla of fungi.' *Mycological Research* 98: pp. 985-992.

Reid, C.R., Latty, T., Dussutour, A., Beekman, M., 2012, 'Slime mold uses an externalized spatial "memory" to navigate in complex environments.' *Proceedings of the National Academy of Sciences* 109: pp. 17490-17494.

Relman, D.A., 2008, '"Til death do us part": coming to terms with symbiotic relationships.' *Nature Reviews Microbiology* 6: pp. 721-724.

Reynaga-Peña, C.G., Bartnicki-García, S., 2005, 'Cytoplasmic contractions in growing fungal hyphae and their morphogenetic consequences.' *Archives of Microbiology* 183: pp. 292-300.

Reynolds, H.T., Vijayakumar, V., Gluck-Thaler, E., Korotkin, H., Matheny, P., Slot, J.C., 2018, 'Horizontal gene cluster transfer increased hallucinogenic mushroom diversity.' *Evolution Letters* 2: pp. 88-101.

Rich, A., 1994, 'Notes Toward a Politics of Location.' In *Blood, Bread, and Poetry: Selected Prose, 1979-1985*. New York: W.W. Norton.

Richards, T.A., Leonard, G., Soanes, D.M., Talbot, N.J., 2011, 'Gene transfer into the fungi.' *Fungal Biology Reviews* 25: pp. 98-110.

Rillig, M.C., Aguilar-Trigueros, C.A., Camenzind, T., Cavagnaro, T.R., Degrune, F., Hohmann, P., Lammel, D.R., Mansour, I., Roy, J., Heijden, M.G. van der, et al., 2019, 'Why farmers should manage the arbuscular mycorrhizal symbiosis: A response to Ryan & Graham (2018) "Little evidence that farmers should consider abundance or diversity of arbuscular mycorrhizal fungi when managing crops."' *New Phytologist* 222: pp. 1171-1175.

–, Lehmann, A., Lehmann, J., Camenzind, T., Rauh, C., 2018, 'Soil Biodiversity Effects from Field to Fork.' *Trends in Plant Science* 23: pp. 17-24.

Ríos, A. de los, Sancho, L., Grube, M., Wierzchos, J., Ascaso, C., 2005, 'Endolithic growth of two *Lecidea* lichens in granite from continental Antarctica detected by molecular and microscopy techniques.' *New Phytologist* 165: pp. 181-190.

Riquelme, M., 2012, 'Tip growth in filamentous fungi: a road trip to the apex.' *Microbiology* 67: pp. 587-609.

Ritz, K., Young, I., 2004, 'Interactions between soil structure and fungi.' *Mycologist* 18: pp. 52-59.

Robinson, J.M., 1990, 'Lignin, land plants, and fungi: Biological evolution affecting Phanerozoic oxygen balance.' *Geology* 18: pp. 607-610.

Rodriguez, R., White, J.F., Arnold, A., Redman, R., 2009, 'Fungal endophytes: diversity and functional roles.' *New Phytologist* 182: pp. 314-330.

Rodriguez-Romero, J., Hedtke, M., Kastner, C., Müller, S., Fischer, R., 2010, 'Fungi, hidden in soil or up in the air: light makes a difference.' *Microbiology* 64: pp. 585-610.

Rogers, R., 2012, *The Fungal Pharmacy*. Berkeley, Californië: North Atlantic Books.

Roper, M., Dressaire, E., 2019, 'Fungal biology: bidirectional communication across fungal networks.' *Current Biology* 29: R130-R132.

Roper, M., Lee, C., Hickey, P.C., Gladfelter, A.S., 2015, 'Life as a moving fluid: fate of cytoplasmic macromolecules in dynamic fungal syncytia.' *Current Opinion in Microbiology* 26: pp. 116-122.

–, Seminara A., 2017, 'Mycofluidics: the fluid mechanics of fungal adaptation. *Annual Review of Fluid Mechanics* 51: pp. 1-28.

–, Seminara, A., Bandi, M., Cobb, A., Dillard, H.R., Pringle, A., 2010, 'Dispersal of fungal spores on a cooperatively generated wind.' *Proceedings of the National Academy of Sciences* 107: pp. 17474-14479.

–, Simonin, A., Hickey, P.C., Leeder, A., Glass, L.N., 2013, 'Nuclear dynamics in a fungal chimera.' *Proceedings of the National Academy of Sciences* 110: pp. 12875-12880.

Ross, A.A., Müller, K.M., Weese, J.S., Neufeld, J.D., 2018, 'Comprehensive skin microbiome analysis reveals the uniqueness of human skin and evidence for phylosymbiosis within the class Mammalia.' *Proceedings of the National Academy of Sciences* 115: E5786-E5795.

Ross, S., Bossis, A., Guss, J., Agin-Liebes, G., Malone, T., Cohen, B., Mennenga, S., Belser, A., Kalliontzi, K., Babb, J. et al., 2016, 'Rapid and sustained symptom reduction following psilocybin treatment for anxiety and depression in patients with life-threatening cancer: a randomized controlled trial.' *Journal of Psychopharmacology* 30: pp. 1165-1180.

Roughgarden, J., 2013, *Evolution's Rainbow*. Berkeley, Californië: University of California Press.

Rouphael, Y., Franken, P., Schneider, C., Schwarz, D., Giovannetti, M., Agnolucci, M., Pascale, S., Bonini, P., Colla, G., 2015, 'Arbuscular mycorrhizal fungi act as biostimulants in horticultural crops.' *Scientia Horticulturae* 196: pp. 91-108.

Rubini, A., Riccioni, C., Arcioni, S., Paolocci, F., 2007, 'Troubles with truffles: unveiling more of their biology.' *New Phytologist* 174: pp. 256-259.

Russell, B., 1956, *Portraits from Memory and Other Essays*. New York: Simon and Schuster.

Ryan, M.H., Graham, J.H., 2018, 'Little evidence that farmers should consider abundance or diversity of arbuscular mycorrhizal fungi when managing crops.' *New Phytologist* 220: pp. 1092-1107.

Sagan, L., 1967, 'On the origin of mitosing cells.' *Journal of Theoretical Biology* 14: pp. 225-274.

Salvador-Recatalà, V., Tjallingii, F.W., Farmer, E.E., 2014, 'Real-time, in vivo intracellular recordings of caterpillar-induced depolarization waves in sieve elements using aphid electrodes.' *New Phytologist* 203: pp. 674-684.

Sample, I., 2018, 'Magma shift may have caused mysterious seismic wave event.' *The Guardian*: www.theguardian.com/science/2018/nov/30/magma-shift-mysterious-seismic-waveevent-mayotte [geraadpleegd op 29 oktober 2019].

Samorini, G., 2002, *Animals and Psychedelics: The Natural World and the Instinct to Alter Consciousness*. Rochester, Vermont: Park Street Press.

Sancho, L.G., Torre, R. de la, Pintado, A., 2008, 'Lichens, new and promising material from experiments in astrobiology.' *Fungal Biology Reviews* 22: pp. 103-109.

Sapp, J., 2004, 'The dynamics of symbiosis: an historical overview.' *Canadian Journal of Botany* 82: pp. 1046-1056.

–, 1994, *Evolution by Association*. Oxford: Oxford University Press.

–, 2009, *The New Foundations of Evolution*. Oxford: Oxford University Press.

–, 2016, 'The Symbiotic Self.' *Evolutionary Biology* 43: pp. 596-603.

Sapsford, S.J., Paap, T., Hardy, G.E., Burgess, T.I., 2017, 'The "chicken or the egg": which comes first, forest tree decline or loss of mycorrhizae?' *Plant Ecology* 218: pp. 1093-1106.

Sarrafchi, A., Odhammer, A.M., Salazar, L., Laska, M., 2013, 'Olfactory sensitivity for six predator odorants in cd-1 mice, human subjects, and spider monkeys.' *PLOS ONE* 8: e80621.

Saupe, S., 2000, 'Molecular genetics of heterokaryon incompatibility in filamentous ascomycetes.' *Microbiology and Molecular Biology Reviews* 64: pp. 489-502.

Scharf, C., 2016, 'How the Cold War Created Astrobiology.' *Nautilus*: nautil.us/issue/32/space/how-the-cold-war-created-astrobiology-rp [geraadpleegd op 29 oktober 2019].

Scharlemann, J.P., Tanner, E.V., Hiederer, R., Kapos, V., 2014, 'Global soil carbon: understanding and managing the largest terrestrial carbon pool.' *Carbon Management* 5: pp. 81-91.

Schenkel, D., Maciá-Vicente, J.G., Bissell, A., Splivallo, R., 2018, 'Fungi indirectly affect plant root architecture by modulating soil volatile organic compounds.' *Frontiers in Microbiology* 9: p. 1847.

Schmieder, S.S., Stanley, C.E., Rzepiela, A., Swaay, D. van, Sabotič, J., Nørrelykke, S.F., deMello, A.J., Aebi, M., Künzler, M., 2019, 'Bidirectional propagation of signals and nutrients in fungal networks via specialized hyphae.' *Current Biology* 29: pp. 217-228.

Schmull, M., Dal-Forno, M., Lücking, R., Cao, S., Clardy, J., Lawrey, J.D., 2014, '*Dictyonema huaorani* (Agaricales: Hygrophoraceae), a new lichenized basidiomycete from Amazonian Ecuador with presumed hallucinogenic properties.' *The Bryologist* 117: pp. 386-394.

Schultes, R.E., 1940, 'Teonanacatl: The Narcotic Mushroom of the Aztecs.' *American Anthropologist* 42: pp. 429-443.

–, Hofmann, A., Rätsch, C., 2001, *Plants of the Gods: Their Sacred, Healing, and Hallucinogenic Powers*. Rochester, Vermont: Healing Arts Press, 2e editie.

Seaward, M., 2008, 'Environmental role of lichens.' In *Lichen Biology*, onder redactie van T.H. Nash, Cambridge, Verenigd Koninkrijk: Cambridge University Press, pp. 274-298.

Selosse, M-A., 2002, *Prototaxites*: a 400 Myr old giant fossil, a saprophytic holobasidiomycete, or a lichen?' *Mycological Research* 106: pp. 641-644.

–, Schneider-Maunoury, L., Martos, F., 2018, 'Time to re-think fungal ecology? Fungal ecological niches are often prejudged.' *New Phytologist* 217: pp. 968-972.

–, Schneider-Maunoury, L., Taschen, E., Rousset, F., Richard, F., 2017, 'Black truffle, a hermaphrodite with forced unisexual behaviour.' *Trends in Microbiology* 25: pp. 784-787.

–, Strullu-Derrien, C., Martin, F.M., Kamoun, S., Kenrick, P., 2015, 'Plants, fungi and oomycetes: a 400-million year affair that shapes the biosphere.' *New Phytologist* 206: pp. 501-506.

–, Tacon, L.F., 1998, 'The land flora: a phototroph-fungus partnership?' *Trends in Ecology & Evolution* 13: 15-20.

Sergeeva, N.G., Kopytina, N.I., 2014, 'The first marine filamentous fungi discovered in the bottom sediments of the oxic/anoxic interface and in the bathyal zone of the black sea.' *Turkish Journal of Fisheries and Aquatic Sciences* 14: pp. 497-505.

Sheldrake, M., Rosenstock, N.P., Revillini, D., Olsson, P.A., Wright, S.J., Turner, B.L., 2017, 'A phosphorus threshold for mycoheterotrophic plants in tropical forests.' *Proceedings of the Royal Society B* 284: 20162093.

Shepherd, V., Orlovich, D., Ashford, A., 1993, 'Cell-to-cell transport via motile tubules in growing hyphae of a fungus.' *Journal of Cell Science* 105: pp. 1173-1178.

Shomrat, T., Levin, M., 2013, 'An automated training paradigm reveals long-term memory in planarians and its persistence through head regeneration.' *Journal of Experimental Biology* 216: pp. 3799-3810.

Shukla, V., Joshi, G.P., Rawat, M.S.M., 2010, 'Lichens as a potential natural source of bioactive compounds: a review.' *Phytochemical Reviews* 9: pp. 303-314.

Siegel, R.K.,2005, *Intoxication: The Universal Drive for Mind-Altering Substances*. Rochester, Vermont: Park Street Press.

Silvertown, J., 2009, 'A new dawn for citizen science.' *Trends in Ecology & Evolution* 24: pp. 467-471.

Simard, S., 2018, 'Mycorrhizal Networks Facilitate Tree Communication, Learning, and Memory.' In *Memory and Learning in Plants*, onder redactie van F. Baluska, M. Gagliano en G. Witzany, Springer International Publishing, pp. 191-213.

–, Asay, A., Beiler, K., Bingham, M., Deslippe, J., He, X., Phillip, L., Song, Y., Teste, F., 2015, 'Resource Transfer Between Plants Through Ectomycorrhizal Fungal

Networks.' In *Mycorrhizal Networks*, onder redactie van T. Horton, Springer International Publishing, pp. 133-176.

–, Perry, D.A., Jones, M.D., Myrold, D.D., Durall, D.M., Molina, R., 1997, 'Net transfer of carbon between ectomycorrhizal tree species in the field.' *Nature* 388: pp. 579-582.

–, Beiler, K.J., Bingham, M.A., Deslippe, J.R., Philip, L.J., Teste, F.P., 2012, 'Mycorrhizal networks: Mechanisms, ecology and modelling.' *Fungal Biology Reviews* 26: pp. 39-60.

Singh, H., 2006, *Mycoremediation*. New York: John Wiley & Sons.

Slayman, C., Long, W., Gradmann, D., 1976, '"Action potentials" in *Neurospora crassa*, a mycelial fungus.' *Biochimica et Biophysica Acta* 426: pp. 732-744.

Smith, S.E., Read, D.J., 2008, *Mycorrhizal Symbiosis*. Londen: Academic Press.

Solé, R., Moses, M., Forrest, S., 2019, 'Liquid brains, solid brains.' *Philosophical Transactions of the Royal Society B* 374: 20190040.

Soliman, S., Greenwood, J.S., Bombarely, A., Mueller, L.A., Tsao, R., Mosser, D.D., Raizada , M.N., 2015, 'An endophyte constructs fungicide-containing extracellular barriers for its host plant.' *Current Biology* 25: pp. 2570-2576.

Song, Y., Simard, S.W., Carroll, A., Mohn, W.W., Zeng, R., 2015a, 'Defoliation of interior Douglas-fir elicits carbon transfer and stress signalling to ponderosa pine neighbors through ectomycorrhizal networks.' *Scientific Reports* 5: p. 8495.

–, Ye, M., Li, C., He, X., Zhu-Salzman, K., Wang, R., Su, Y., Luo, S., Zeng, R., 2015b, 'Hijacking common mycorrhizal networks for herbivore-induced defence signal transfer between tomato plants.' *Scientific Reports* 4: p. 3915.

–, Zeng, R., 2010, 'Interplant communication of tomato plants through underground common mycorrhizal networks.' *PLOS ONE* 5: e11324.

Southworth, D., He, X-H., Swenson, W., Bledsoe, C., Horwath, W., 2005, 'Application of network theory to potential mycorrhizal networks.' *Mycorrhiza* 15: pp. 589-595.

Spanos, N.P., Gottleib, J., 1976, 'Ergotism and the Salem village witch trials.' *Science* 194: pp. 1390-1394.

Splivallo, R., Fischer, U., Göbel, C., Feussner, I., Karlovsky, P., 2009, 'Truffles regulate plant root morphogenesis via the production of auxin and ethylene.' *Plant Physiology* 150: pp. 2018-2029.

–, Novero, M., Bertea, C.M., Bossi, S., Bonfante, P., 2007, 'Truffle volatiles inhibit growth and induce an oxidative burst in *Arabidopsis thaliana*.' *New Phytologist* 175: pp. 417-424.

–, Ottonello, S., Mello, A., Karlovsky, P., 2011, 'Truffle volatiles: from chemical ecology to aroma biosynthesis.' *New Phytologist* 189: pp. 688-699.

Spribille, T., 2018, 'Relative symbiont input and the lichen symbiotic outcome.' *Current Opinion in Plant Biology* 44: 57-63.

–, Tuovinen, V., Resl, P., Vanderpool, D., Wolinski, H., Aime, C.M., Schneider, K., Stabentheiner, E., Toome-Heller, M., Thor, G. et al., 2016, 'Basidiomycete yeasts in the cortex of ascomycete macrolichens.' *Science* 353: pp. 488-492.

Stamets, P., 1996, *Psilocybin Mushrooms of the World*. Berkeley, Californië: Ten Speed Press.

–, 2005, 'Global Ecologies, World Distribution, and Relative Potency of Psilocybin Mushrooms.' In *Sacred Mushroom of Visions: Teonanacatl*, onder redactie van R. Metzner, Rochester, Vermont: Park Street Press, pp. 69-75.

–, 2011. *Mycelium Running*. Berkeley, Californië: Ten Speed Press.

–, Naeger, N.L., Evans, J.D., Han, J.O., Hopkins, B.K., Lopez, D., Moershel, H.M., Nally, R., Sumerlin, D., Taylor, A.W. et al., 2018, 'Extracts of polypore mushroom mycelia reduce viruses in honey bees.' *Scientific Reports* 8: 13936.

State of the World's Fungi, 2018, Royal Botanic Gardens, Kew, Verenigd Koninkrijk. stateoftheworldsfungi.org [geraadpleegd op 29 oktober 2019].

Steele, E.J., Al-Mufti, S., Augustyn, K.A., Chandrajith, R., Coghlan, J.P., Coulson, S.G., Ghosh, S., Gillman, M., Gorczynski, R.M., Klyce, B. et al., 2018, 'Cause of Cambrian Explosion—Terrestrial or cosmic?' *Progress in Biophysics and Molecular Biology* 136: pp. 3-23.

Steidinger, B., Crowther, T., Liang, J., Nuland, V.M., Werner, G., Reich, P., Nabuurs, G., de-Miguel, S., Zhou, M., Picard, N. et al., 2019, 'Climatic controls of decomposition drive the global biogeography of forest-tree symbioses.' *Nature* 569: pp. 404-408.

Steinberg, G., 2007, 'Hyphal growth: a tale of motors, lipids, and the spitzenkörper.' *Eukaryotic Cell* 6: pp. 351-360.

Steinhardt, J.B., 2018, *Mycelium is the Message: open science, ecological values, and alternative futures with do-it-yourself mycologists*. Proefschrift University of California, Santa Barbara, Californië.

Stierle, A., Strobel, G., Stierle, D., 1993, 'Taxol and taxane production by *Taxomyces andreanae*, an endophytic fungus of Pacific yew.' *Science* 260: pp. 214-216.

Stough, J.M., Yutin, N., Chaban, Y.V., Moniruzzaman, M., Gann, E.R., Pound, H.L., Steffen, M.M., Black, J.N., Koonin, E.V., Wilhelm, S.W. et al., 2019, 'Genome and environmental activity of a chrysochromulina parva virus and its virophages.' *Frontiers in Microbiology* 10: p. 703.

Strullu-Derrien, C., Selosse, M-A., Kenrick, P., Martin, F.M., 2018, 'The origin and evolution of mycorrhizal symbioses: from palaeomycology to phylogenomics.' *New Phytologist* 220: pp. 1012-1030.

Studerus, E., Kometer, M., Hasler, F., Vollenweider, F.X., 2011, 'Acute, subacute and long-term subjective effects of psilocybin in healthy humans: a pooled analysis of experimental studies.' *Journal of Psychopharmacology* 25: pp. 1434-1452.

Stukeley, W., 1752, *Memories of Sir Isaac Newton's Life*. Ongepubliceerd, verkrijgbaar via de website van de Royal Society: ttp.royalsociety.org/ttp/ttp. html?id=1807da00-909a-4abf-b9c1-0279a08e4bf2&type=book [geraadpleegd op 29 oktober 2019].

Suarato, G., Bertorelli, R., Athanassiou, A., 2018, 'Borrowing from nature: biopolymers and biocomposites as smart wound care materials.' *Frontiers in Bioengineering and Biotechnology* 6: p. 137.

Sudbery, P., Gow, N., Berman, J., 2004, 'The distinct morphogenic states of *Candida albicans*.' *Trends in Microbiology* 12: pp. 317-324.

Swift, R.S., 2001, 'Sequestration of carbon by soil.' *Soil Science* 166: pp. 858-871.

Taiz, L., Alkon, D., Draguhn, A., Murphy, A., Blatt, M., Hawes, C., Thiel, G., Robinson, D.G., 2019, 'Plants neither possess nor require consciousness.' *Trends in Plant Science* 24: pp. 677-687.

Takaki, K., Yoshida, K., Saito, T., Kusaka, T., Yamaguchi, R., Takahashi, K., Sakamoto, Y., 2014, 'Effect of electrical stimulation on fruit body formation in cultivating mushrooms.' *Microorganisms* 2: pp. 58-72.

Talou, T., Gaset, A., Delmas, M., Kulifaj, M., Montant, C., 1990, 'Dimethyl sulphide: the secret for black truffle hunting by animals?' *Mycological Research* 94: pp. 277-278.

Tanney, J.B., Visagie, C.M., Yilmaz, N., Seifert, K.A., 2017, 'Aspergillus subgenus *Polypaecilum* from the built environment.' *Studies in Mycology* 88: pp. 237-267.

Taschen, E., Rousset, F., Sauve, M., Benoit, L., Dubois, M-P., Richard, F., Selosse, M-A., 2016, 'How the truffle got its mate: insights from genetic structure in spontaneous and planted Mediterranean populations of *Tuber melanosporum*.' *Molecular Ecology* 25: pp. 5611-5627.

Taylor, A., Flatt, A., Beutel, M., Wolff, M., Brownson, K., Stamets, P., 2015, 'Removal of *Escherichia coli* from synthetic stormwater using mycofiltration.' *Ecological Engineering* 78: pp. 79-86.

Taylor, L., Leake, J., Quirk, J., Hardy, K., Banwart, S., Beerling, D., 2009, 'Biological weathering and the long-term carbon cycle: integrating mycorrhizal evolution and function into the current paradigm.' *Geobiology* 7: pp. 171-191.

Taylor, T., Klavins, S., Krings, M., Taylor, E., Kerp, H., Hass, H., 2007, 'Fungi from the Rhynie chert: a view from the dark side.' *Transactions of the Royal Society of Edinburgh: Earth Sciences* 94: pp. 457-473.

Temple, R., 2007, 'The prehistory of panspermia: astrophysical or metaphysical?' *International Journal of Astrobiology* 6: pp. 169-180.

Tero, A., Takagi, S., Saigusa, T., Ito, K., Bebber, D.P., Flicker, M.D., Yumiki, K., Kobayashi, R., Nakagaki, T., 2010, 'Rules for biologically inspired adaptive network design.' *Science* 327: pp. 439-442.

Terrer, C., Vicca, S., Hungate, B.A., Phillips, R.P., Prentice, I.C., 2016, 'Mycorrhizal association as a primary control of the CO_2 fertilization effect.' *Science* 353: pp. 72-74.

Thierry, G., 2019, 'Lab-grown mini brains: we can't dismiss the possibility that they could one day outsmart us.' *The Conversation*: theconversation.com/lab-grown-mini-brains-we-cantdismiss-the-possibility-that-they-could-one-day-outsmart-us-125842 [geraadpleegd op 29 oktober 2019].

Thirkell, T.J., Charters, M.D., Elliott, A.J., Sait, S.M., Field, K.J., 2017, 'Are mycorrhizal fungi our sustainable saviours? Considerations for achieving food security.' *Journal of Ecology* 105: pp. 921-929.

–, Pastok, D., Field, K.J., 2019, 'Carbon for nutrient exchange between arbuscular mycorrhizal fungi and wheat varies according to cultivar and changes in atmospheric carbon dioxide concentration.' *Global Change Biology*: DOI: 10:1111/gcb.14851.

Thomas, P., Büntgen, U., 2017, 'First harvest of Périgord black truffle in the UK as a result of climate change.' *Climate Research* 74: pp. 67-70.

Tilman, D., Balzer, C., Hill, J., Befort, B.L., 2011, 'Global food demand and the sustainable intensification of agriculture.' *Proceedings of the National Academy of Sciences* 108: pp. 20260-20264.

–, Cassman, K.G., Matson, P.A., Naylor, R., Polasky, S., 2002, 'Agricultural sustainability and intensive production practices.' *Nature* 418: pp. 671-677.

Tkavc, R., Matrosova, V.Y., Grichenko, O.E., Gostinčar, C., Volpe, R.P., Klimenkova, P., Gaidamakova, E.K., Zhou, C.E., Stewart, B.J., Lyman, M.G. et al., 2018, 'Prospects for Fungal Bioremediation of Acidic Radioactive Waste Sites: Characterization and Genome Sequence of *Rhodotorula taiwanensis* MD1149. '*Frontiers in Microbiology* 8: p. 2528.

Tlalka, M., Bebber, D.P., Darrah, P.R., Watkinson, S.C., Fricker, M.D., 2007, 'Emergence of selforganised oscillatory domains in fungal mycelia.' *Fungal Genetics and Biology* 44: pp. 1085-1095.

–, Hensman, D., Darrah, P., Watkinson, S., Fricker, M.D., 2003, 'Noncircadian oscillations in amino acid transport have complementary profiles in assimilatory and foraging hyphae of *Phanerochaete velutina*.' *New Phytologist* 158: pp. 325-335.

Toju, H., Guimarães, P.R., Olesen, J.M., Thompson, J.N., 2014, 'Assembly of complex plant-fungus networks.' *Nature Communications* 5: p. 5273.

–, Peay, K.G., Yamamichi, M., Narisawa, K., Hiruma, K., Naito, K., Fukuda, S., Ushio, M., Nakaoka, S., Onoda, Y., et al. 2018, 'Core microbiomes for sustainable agroecosystems.' *Nature Plants* 4: pp. 247-257.

–, Sato, H., 2018, 'Root-associated fungi shared between arbuscular mycorrhizal and ectomycorrhizal conifers in a temperate forest.' *Frontiers in Microbiology* 9: p. 433.

–, Yamamoto, S., Tanabe, A.S., Hayakawa, T., Ishii, H.S., 2016, 'Network modules and hubs in plant-root fungal biomes.' *Journal of The Royal Society Interface* 13: p. 20151097.

Tolkien, J.R.R., 1996, *In de ban van de ring*, Utrecht/Antwerpen: Het Spectrum. (Vertaling van Max Schuchart, 38e druk, eendelige dundrukeditie.)

Tornberg. K., Olsson, S., 2002, 'Detection of hydroxyl radicals produced by wood-decomposing fungi.' *FEMS Microbiology Ecology* 40: pp. 13-20.

Torre, R. de la, Miller, A.Z., Cubero, B., Martín-Cerezo, L.M., Raguse, M., Meeßen, J., 2017, 'The effect of high-dose ionizing radiation on the astrobiological model lichen *Circinaria gyrosa*.' *Astrobiology* 17: pp. 145-153.

Torre Noetzel, R. de la, Miller, A.Z., Rosa, J.M. de la, Pacelli, C., Onofri, S., Sancho, L., Cubero, B., Lorek, A., Wolter, D., Vera, J.P. de, 2018, 'Cellular responses of the lichen *Circinaria gyrosa* in Mars-like conditions.' *Frontiers in Microbiology* 9: p. 308.

Torri, L., Migliorini, P., Masoero, G., 2013, 'Sensory test vs. electronic nose and/ or image analysis of whole bread produced with old and modern wheat varieties adjuvanted by means of the mycorrhizal factor.' *Food Research International* 54: pp. 1400-1408.

Toyota, M., Spencer, D., Sawai-Toyota, S., Jiaqi, W., Zhang, T., Koo, A.J., Howe, G.A., Gilroy, S., 2018, 'Glutamate triggers long-distance, calcium-based plant defense signaling.' *Science* 361: pp. 1112-1115.

Trappe, J., 2015, 'Foreword.' In *Mycorrhizal Networks*, onder redactie van T. Horton, Springer International Publishing.

Trappe, J.M., 2005, 'A.B. Frank and mycorrhizae: the challenge to evolutionary and ecologic theory.' *Mycorrhiza* 15: pp. 277-281.

Trewavas, A., 2007, 'Response to Alpi et al.: Plant neurobiology—all metaphors have value.' *Trends in Plant Science* 12: pp. 231-233.

–, 2014, *Plant Behaviour and Intelligence*. Oxford: Oxford University Press.

–, 2016, 'Intelligence, Cognition, and Language of Green Plants.' *Frontiers in Psychology* 7: p. 588.

Trivedi, D.K., Sinclair, E., Xu, Y., Sarkar, D., Walton-Doyle, C., Liscio, C., Banks, P., Milne, J., Silverdale, M., Kunath, T., et al., 2019, 'Discovery of volatile biomarkers of Parkinson's disease from sebum.' *ACS Central Science* 5: pp. 599-606.

Tsing, A.L., 2015, *The Mushroom at the End of the World*. Princeton, New Jersey: Princeton University Press.

Tuovinen, V., Ekman, S., Thor, G., Vanderpool, D., Spribille, T., Johannesson, H., 2019, 'Two basidiomycete fungi in the cortex of wolf lichens.' *Current Biology* 29: pp. 476-483.

Tyne, D., Manson, A.L., Huycke, M.M., Karanicolas, J., Earl, A.M., Gilmore, M.S., 2019, 'Impact of antibiotic treatment and host innate immune pressure on enterococcal adaptation in the human bloodstream.' *Science Translational Medicine* 11: eaat8418.

Umehata, H., Fumagalli, M., Smail, I., Matsuda, Y., Swinbank, A.M., Cantalupo, S., Sykes, C., Ivison, R.J., Steidel, C.C., Shapley, A.E., et al. 2019, 'Gas filaments of the cosmic web located around active galaxies in a protocluster.' *Science* 366: pp. 97-100.

Vadder, F., Grasset, E., Holm, L., Karsenty, G., Macpherson, A.J., Olofsson, L.E., Bäckhed, F., 2018, 'Gut microbiota regulates maturation of the adult enteric nervous system via enteric serotonin networks.' *Proceedings of the National Academy of Sciences* 115: pp. 6458-6463.

Vahdatzadeh, M., Deveau, A., Splivallo, R., 2015, 'The role of the microbiome of truffles in aroma formation: a meta-analysis approach.' *Applied and Environmental Microbiology* 81: pp. 6946-6952.

Vajda, V., McLoughlin, S., 2004, 'Fungal proliferation at the cretaceous-tertiary boundary.' *Science* 303: pp. 1489-1498.

Valles-Colomer, M., Falony, G., Darzi, Y., Tigchelaar, E.F., Wang, J., Tito, R.Y., Schiweck, C., Kurilshikov, A., Joossens, M., Wijmenga, C., et al. 2019, 'The neuroactive potential of the human gut microbiota in quality of life and depression.' *Nature Microbiology*: pp. 623-632.

Vannini, C., Carpentieri, A., Salvioli, A., Novero, M., Marsoni, M., Testa, L., Pinto, M., Amoresano, A., Ortolani, F., Bracale, M., et al. 2016, 'An interdomain network: the endobacterium of a mycorrhizal fungus promotes antioxidative responses in both fungal and plant hosts.' *New Phytologist* 211: pp. 265-275.

Van Tyne, D., Manson, A.L., Huycke, M.M., Karanicolas, J., Earl, A.M., Gilmore, M.S., 2019, 'Impact of antibiotic treatment and host innate immune pressure on enterococcal adaptation in the human bloodstream.' *Science Translational Medicine* 487: eaat8418.

Venner, S., Feschotte, C., Biémont, C., 2009, 'Dynamics of transposable elements: towards a community ecology of the genome.' *Trends in Genetics* 25: pp. 317-323.

Vera, J.P. de, Alawi, M., Backhaus, T., Baqué, M., Billi, D., Böttger, U., Berger, T., Bohmeier, M., Cockell, C., Demets, R. et al., 2019, 'Limits of life and the habitability of Mars: The ESA Space Experiment BIOMEX on the ISS.' *Astrobiology* 19: pp. 145-157.

Verbruggen, E., Röling, W.F., Gamper, H.A., Kowalchuk, G.A., Verhoef, H.A., Heijden, M.G. van der, 2010, 'Positive effects of organic farming on belowground mutualists: large-scale comparison of mycorrhizal fungal communities in agricultural soils.' *New Phytologist* 186: pp. 968-979.

Vetter, W., Roberts, D., 2007, 'Revisiting the organohalogens associated with 1979-samples of Brazilian bees (*Eufriesea purpurata*).' *Science of the Total Environment* 377: pp. 371-377.

Vita, F., Taiti, C., Pompeiano, A., Bazihizina, N., Lucarotti, V., Mancuso, S., Alpi, A., 2015, 'Volatile organic compounds in truffle (*Tuber magnatum* Pico): comparison of samples from different regions of Italy and from different seasons.' *Scientific Reports* 5: p. 12629.

Viveiros de Castro, E., 2004, 'Exchanging perspectives: the transformation of objects into subjects in amerindian ontologies.' *Common Knowledge*: pp. 463-484.

Vries, F.T. de, Thébault, E., Liiri, M., Birkhofer, K., Tsiafouli, M.A., Bjørnlund, L., Jørgensen, H., Brady, M., Christensen, S., Ruiter, P.C. de et al., 2013, 'Soil food web properties explain ecosystem services across European land use systems.' *Proceedings of the National Academy of Sciences* 110: pp. 14296-14301.

Waal, F.B.M. de, 1999, 'Anthropomorphism and Anthropodenial: Consistency in Our Thinking about Humans and Other Animals.' *Philosophical Topics* 27: pp. 255-280.

Wadley, G., Hayden, B., 2015, 'Pharmacological influences on the Neolithic Transition.' *Journal of Ethnobiology* 35: pp. 566-584.

Wagg, C., Bender, F.S., Widmer, F., Heijden, M.G. van der, 2014, 'Soil biodiversity and soil community composition determine ecosystem multifunctionality.' *Proceedings of the National Academy of Sciences* 111: pp. 5266-5270.

Wainwright, M., 1989a, 'Moulds in ancient and more recent medicine.' *Mycologist* 3: pp. 21-23.

–, 1989b. 'Moulds in Folk Medicine.' *Folklore* 100: pp. 162-166.

–, Rally, L., Ali, T., 1992, 'The scientific basis of mould therapy.' *Mycologist* 6: pp. 108-110.

Walder, F., Niemann, H., Natarajan, M., Lehmann, M.F., Boller, T., Wiemken, A., 2012, 'Mycorrhizal networks: common goods of plants shared under unequal terms of trade.' *Plant Physiology* 159: pp. 789-797.

–, Heijden, M.G. van der, 2015, 'Regulation of resource exchange in the arbuscular mycorrhizal symbiosis.' *Nature Plants* 1: p. 15159.

Waller, L.P., Felten, J., Hiiesalu, I., Vogt-Schilb, H., 2018., 'Sharing resources for mutual benefit: crosstalk between disciplines deepens the understanding of mycorrhizal symbioses across scales.' *New Phytologist* 217: pp. 29-32.

Wang, B., Yeun, L., Xue, J., Liu, Y., Ané, J., Qiu, Y., 2010, 'Presence of three mycorrhizal genes in the common ancestor of land plants suggests a key role of mycorrhizas in the colonization of land by plants.' *New Phytologist* 186: pp. 514-525.

Wasson, G., Hofmann, A., Ruck, C., 2009, *The Road to Eleusis: Unveiling the Secret of the Mysteries.* Berkeley, Californië: North Atlantic Books.

–, Kramrisch, S., Ott, J., Ruck, C., 1986, *Persephone's Quest: Entheogens and the Origins of Religion.* New Haven, Connecticut: Yale University Press.

Wasson, V.P., Wasson, G., 1957, *Mushrooms, Russia and History.* New York: Pantheon Books, Inc.

Watanabe, S., Tero, A., Takamatsu, A., Nakagaki, T., 2011, 'Traffic optimization in railroad networks using an algorithm mimicking an amoeba-like organism,' *Physarum plasmodium. Biosystems* 105: pp. 225-232.

Watkinson, S.C., Boddy, L., Money, N., 2015, *The Fungi.* Londen, Academic Press.

Watts, J., 2018, 'Scientists identify vast underground ecosystem containing billions of microorganisms.' *The Guardian*: www.theguardian.com/science/2018/dec/10/tread-softlybecause-you-tread-on-23bn-tonnes-of-micro-organisms [geraadpleegd op 29 oktober 2019].

Watts-Williams, S.J., Cavagnaro, T.R., 2014, 'Nutrient interactions and arbuscular mycorrhizas: a meta-analysis of a mycorrhiza-defective mutant and wild-type tomato genotype pair.' *Plant and Soil* 384: pp. 79-92.

Wellman, C.H., Strother, P.K., 2015, 'The terrestrial biota prior to the origin of land plants (embryophytes): a review of the evidence.' *Palaeontology* 58: pp. 601-627.

Weremijewicz, J., da Sternberg, L., Janos, D.P., 2016, 'Common mycorrhizal networks amplify competition by preferential mineral nutrient allocation to large host plants.' *New Phytologist* 212: pp. 461-471.

Werner, G.D., Kiers, T.E., 2015, 'Partner selection in the mycorrhizal mutualism.' *New Phytologist* 205: pp. 1437-1442.

–, Strassmann, J.E., Ivens, A.B., Engelmoer, D.J., Verbruggen, E., Queller, D.C., Noë, R., Johnson, N., Hammerstein, P., Kiers, T.E., 2014, 'Evolution of microbial markets.' *Proceedings of the National Academy of Sciences* 111: pp. 1237-1244.

Werrett, S., 2019. *Thrifty Science: Making the Most of Materials in the History of Experiment*. Chicago: University of Chicago Press.

West, M., 2019, 'Putting the "I" in science.' *Nature*: www.nature.com/articles/d41586-019-03051-z [geraadpleegd op 29 oktober 2019].

Westerhoff, H.V., Brooks, A.N., Simeonidis, E., García-Contreras, R., He, F., Boogerd, F.C., Jackson, V.J., Goncharuk, V., Kolodkin, A., 2014, 'Macromolecular networks and intelligence in microorganisms.' *Frontiers in Microbiology* 5: p. 379.

Weyrich. L.S., Duchene, S., Soubrier, J., Arriola, L., Llamas, B., Breen, J., Morris, A.G., Alt, K.W., Caramelli, D., Dresely, V. et al., 2017, 'Neanderthal behaviour, diet, and disease inferred from ancient DNA in dental calculus.' *Nature* 544: pp. 357-461.

Whiteside, M.D., Werner, G.D.A., Caldas, V.E.A., Van 't Padje, A., Dupin, S.E., Elbers, B., Bakker, M., Wyatt, G.A.K., Klein, M., Hink, M.A. et al., 2019, 'Mycorrhizal fungi respond to resource inequality by moving phosphorus from rich to poor patches across networks.' *Current Biology* 29: pp. 2043-2050.

Whittaker, R., 1969, 'New Concepts of Kingdoms of Organisms.' *Science* 163: pp. 150-160.

Wiens, F., Zitzmann, A., Lachance, M-A., Yegles, M., Pragst, F., Wurst, F.M., von Holst, D., Guan, S., Spanagel, R., 2008, 'Chronic intake of fermented floral nectar by wild treeshrews.' *Proceedings of the National Academy of Sciences* 105: pp. 10426-10431.

Wilkinson, D.M., 1998, 'The evolutionary ecology of mycorrhizal networks.' *Oikos* 82: pp. 407-410.

Willerslev, R., 2007, *Soul Hunters: Hunting, Animsim, and Personhood among the Siberian Yukaghirs*. Berkeley, Californië: University of California Press.

Wilson, G.W., Rice, C.W., Rillig, M.C., Springer, A., Hartnett, D.C., 2009, 'Soil aggregation and carbon sequestration are tightly correlated with the abundance of arbuscular mycorrhizal fungi: results from long-term field experiments.' *Ecology Letters* 12: pp. 452-461.

Winkelman, M.J., 2017, 'The mechanisms of psychedelic visionary experiences: hypotheses from evolutionary psychology.' *Frontiers in Neuroscience* 11: p. 539.

Wipf, D., Krajinski, F., Tuinen, D., Recorbet, G., Courty, P., 2019, 'Trading on the arbuscular mycorrhiza market: from arbuscules to common mycorrhizal networks.' *New Phytologist* 223: pp. 1127-1142.

Wisecaver, J.H., Slot, J.C., Rokas, A., 2014, 'The evolution of fungal metabolic pathways.' *PLOS Genetics* 10: e1004816.

Witt, P., 1971, 'Drugs alter web-building of spiders: a review and evaluation.' *Behavioral Science* 16: pp. 98-113.

Wolfe, B.E., Husband, B.C., Klironomos, J.N., 2005, 'Effects of a belowground mutualism on an aboveground mutualism.' *Ecology Letters* 8: pp. 218-223.

Wright, C.K., Wimberly, M.C., 2013, 'Recent land use change in the Western Corn

Belt threatens grasslands and wetlands.' *Proceedings of the National Academy of Sciences* 110: pp. 4134-4139.

Wulf, A., 2015, *De uitvinder van de natuur: het avontuurlijke leven van Alexander von Humboldt,* Amsterdam: AtlasContact.

Wyatt, G.A., Kiers, T.E., Gardner, A., West, S.A., 2014, 'A biological market analysis of the plantmycorrhizal symbiosis.' *Evolution* 68: pp. 2603-2618.

Yano, J.M., Yu, K., Donaldson, G.P., Shastri, G.G., Ann, P., Ma, L., Nagler, C.R., Ismagilov, R.F., Masmanian, S.K., Hsiao, E.Y., 2015, 'Indigenous bacteria from the gut microbiota regulate host serotonin biosynthesis.' *Cell* 161: pp. 264-276.

Yon, D., 2019, 'Now You See It.' *Quanta*: aeon.co/essays/how-our-brain-sculpts-experience-inline-with-our-expectations? [geraadpleegd op 29 oktober 2019].

Yong, E., 2014, 'The Guts That Scrape The Skies.' *National Geographic*: www.nationalgeographic.com/science/phenomena/2014/09/23/the-guts-that-scrapethe-skies/ [geraadpleegd op 29 oktober 2019].

– 2016, *I Contain Multitudes: The Microbes Within Us and a Grander View of Life.* New York: Ecco Press.

– 2017, 'How the Zombie Fungus Takes Over Ants' Bodies to Control Their Minds.' *The Atlantic*: www.theatlantic.com/science/archive/2017/11/how-the-zombie-fungustakes-over-ants-bodies-to-control-their-minds/545864/ [geraadpleegd op 29 oktober 2019].

– 2018, 'This Parasite Drugs Its Hosts With the Psychedelic Chemical in Shrooms.' *The Atlantic*: www.theatlantic.com/science/archive/2018/07/massospora-parasite-drugsits-hosts/566324/ [geraadpleegd op 29 oktober 2019].

– 2019, 'The Worst Disease Ever Recorded.' *The Atlantic*: www.theatlantic.com/science/archive/2019/03/bd-frogs-apocalypse-disease/585862/ [geraadpleegd op 29 oktober 2019].

Young, R.M., 1985. *Darwin's Metaphor*. Cambridge, Verenigd Koninkrijk: Cambridge University Press.

Yuan, X., Xiao, S., Taylor, T.N., 2005, 'Lichen-like symbiosis 600 million years ago.' *Science* 308: pp. 1017-1020.

Yun-Chang, W., 1985, 'Mycology in Ancient China.' *Mycologist* 1: pp. 59-61.

Zabinski, C.A., Bunn, R.A., 2014, 'Function of Mycorrhizae in Extreme Environments.' In *Mycorrhizal Fungi: Use in Sustainable Agriculture and Land Restoration*, onder redactie van Z. Solaiman, L. Abbott en A. Varma. Springer International Publishing, pp. 201-214.

Zhang, M.M., Poulsen, M., Currie, C.R., 2007, 'Symbiont recognition of mutualistic bacteria by *Acromyrmex* leaf-cutting ants.' *The ISME Journal* 1: pp. 313-320.

Zhang, S., Lehmann, A., Zheng, W., You, Z., Rillig, M.C., 2019, 'Arbuscular mycorrhizal fungi increase grain yields: a meta-analysis.' *New Phytologist* 222: pp. 543-555.

Zhang, Y., Kastman, E.K., Guasto, J.S., Wolfe, B.E., 2018, 'Fungal networks shape dynamics of bacterial dispersal and community assembly in cheese rind microbiomes.' *Nature Communications* 9: p. 336.

Zheng, C., Ji, B., Zhang, J., Zhang, F., Bever, J.D., 2015, 'Shading decreases plant carbon preferential allocation towards the most beneficial mycorrhizal mutualist.' *New Phytologist* 205: pp. 361-368.

Zheng, P., Zeng, B., Zhou, C., Liu, M., Fang, Z., Xu, X., Zeng, L., Chen, J., Fan, S., Du, X., et al. 2016, 'Gut microbiome remodeling induces depressive-like behaviors through a pathway mediated by the host's metabolism.' *Molecular Psychiatry* 21: pp. 786-796.

Zhu, K., McCormack, L.M., Lankau, R.A., Egan, F.J., Wurzburger, N., 2018, 'Association of ectomycorrhizal trees with high carbon-to-nitrogen ratio soils across temperate forests is driven by smaller nitrogen not larger carbon stocks.' *Journal of Ecology* 106: pp. 524-535.

Zhu, L., Aono, M., Kim, S-J., Hara, M., 2013, 'Amoeba-based computing for traveling salesman problem: Long-term correlations between spatially separated individual cells of *Physarum polycephalum*.' *Biosystems* 112: pp. 1-10.

Zobel, M., 2018, 'Eltonian niche width determines range expansion success in ectomycorrhizal conifers.' *New Phytologist* 220: pp. 947-949.

REGISTER